金田久璋◉著

ニソの杜と若狭の民俗世界

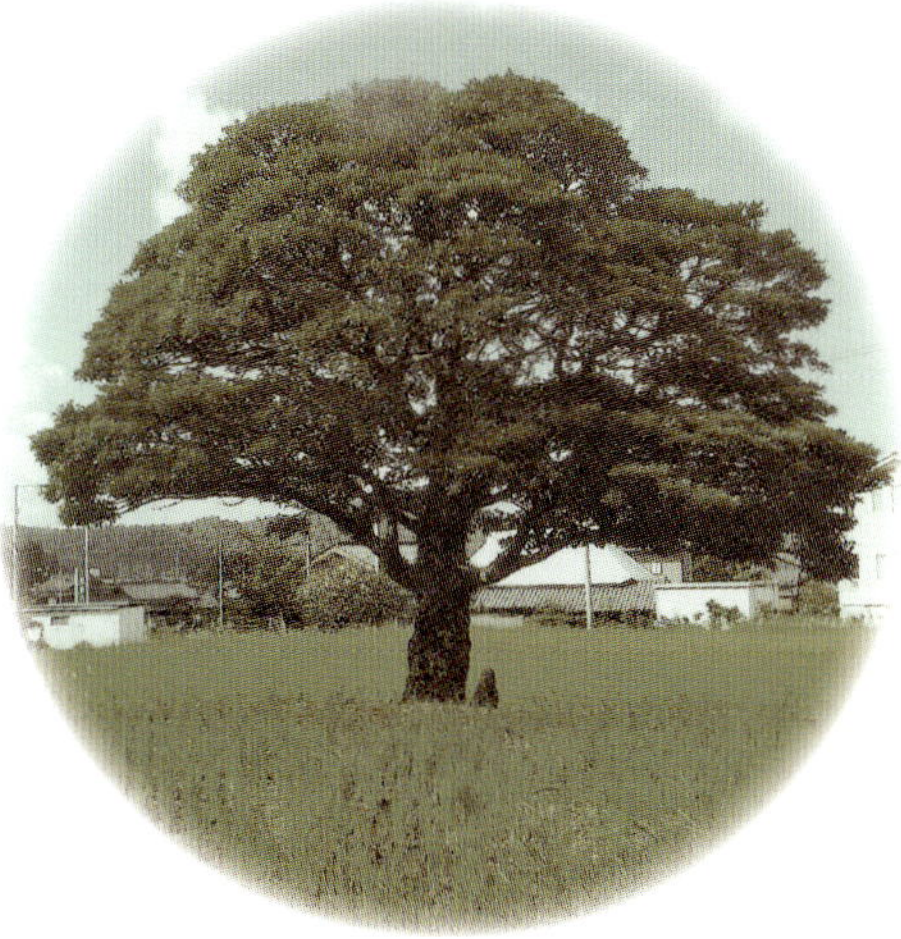

▶ダイジョコのタモの木（大将軍・弁天尊と合祀）
◉福井県三方郡美浜町大藪

岩田書院

ニソの杜

瓜生の杜▶
◉福井県大飯郡おおい町大島・西村

◀上野の杜のカラスグチ
◉福井県大飯郡おおい町大島・脇今安

浜禰の杜▼
◉福井県大飯郡おおい町大島・宮留
右側の畑から人骨2体出土。

ダイジョコ

▲藤本惣左衛門家のダイジョコ ◉福井県三方郡美浜町新庄・寄積
小祠なし、神木のみ。先祖の神に二股大根・小豆飯を供える。

▲清水治郎左衛門家のダイジョゴン ◉福井県小浜市本保
先祖の首塚と伝え、小祠なし。

田の神

アイノコトの神（田の神）▶
◉福井県越前市余田・中垣内
狐の背の上に乗り、右手に鎌、左手に刈穂を持つ

▲片山家のサツキバナのお堂の稲荷の翁（田の神）◉福井県越前市余田

▶水源に祀られる愛之御神（田の神）◉福井県あわら市北潟

来訪神

◀3月6日夜に
訪れるアッポッシャ
◉福井市越廼・茱崎

▲小正月の来訪神ガリアイ（キツネガリ）
◉福井県三方郡美浜町坂尻

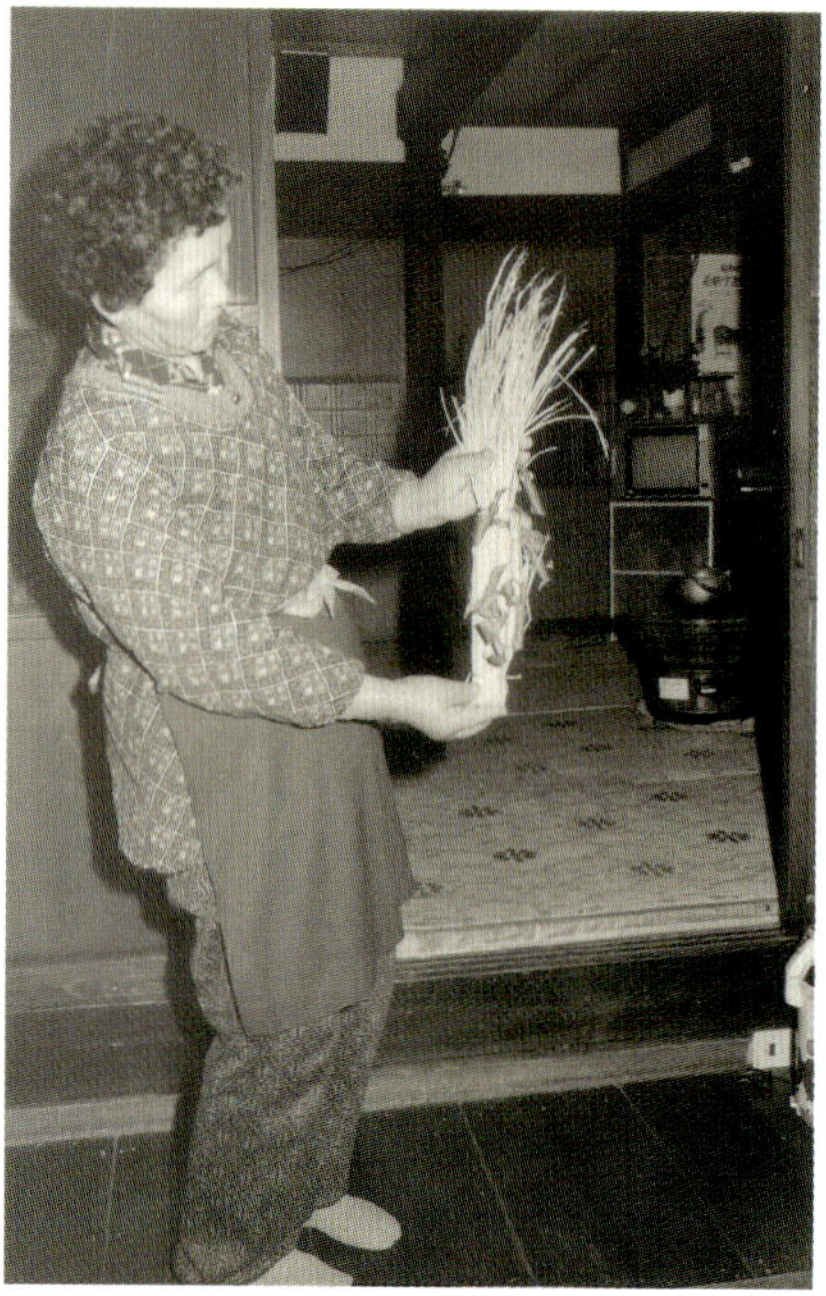

◀藁づとで包んだトシダマ
◉福井県大飯郡高浜町難波江
正月3日、ガンダマの浜から拾ってきた
トシダマを藁づとで包み、ツクリヅメに畑にさす。

正月行事

◀元日のお的射りの神事◉福井県大飯郡高浜町音海 気比神社

祭礼

▲ソッソ神事
◉福井県三方郡美浜町佐田
織田神社の春祭り

山八神事▶
◉福井県小浜市下根来
八幡神社

▲春祭りの御幣搗き
◉福井県三方上中郡若狭町・闇見神社

▲エイトンビキでジャに頭をかんでもらうと息災になるという
◉京都府舞鶴市別所

金田久璋『ニソの杜と若狭の民俗世界』目次

福井県

①あわら市 あわらし
31,631人　116.99㎢
2004年3月　芦原町、金津町合併

②坂井市 さかいし
93,554人　209.91㎢
2006年3月　三国町、丸岡町、春江町、坂井町合併

③永平寺町 えいへいじちょう
20,309人　94.34㎢
2006年2月　松岡町、永平寺町、上志比村合併

④福井市 ふくいし
266,912人　536.17㎢
2006年2月　福井市、美山町、越廼村、清水町合併

⑤大野市 おおのし
39,804人　872.30㎢
2005年11月　大野市、和泉村合併

⑥越前町 えちぜんちょう
25,467人　152.90㎢
2005年2月　朝日町、宮崎村、越前町、織田町合併

⑦越前市 えちぜんし
85,272人　230.75㎢
2005年10月　武生市、今立町合併

⑧南越前町 みなみえちぜんちょう
12,904人　343.84㎢
2005年1月　南条町、今庄町、河野村合併

⑨若狭町 わかさちょう
17,417人　178.65㎢
2005年3月　三方町、上中町合併

⑩おおい町 おおいちょう
9,325人　212.21㎢
2006年3月　名田庄村、大飯町合併

1999年4月から2005年7月までに合併した市町村
2005年8月から2006年3月までの合併予定市町村

（『imidas』2006　創刊20号記念別冊付録　集英社　より）

Ⅰ　民俗学への誘い

1 民俗学入門

短大で民俗学の講義を担当するようになって、はや十年近くになる。当初は拙著を基に論じていたが、いきなりケーススタディを学ぶのは難しいこともあって、現在は「日本民俗学に学ぶ」という科目名で、日本民俗学のパイオニアである柳田国男・折口信夫・南方熊楠・宮本常一・谷川健一の民俗学を素材にして、ごく初歩的な日本民俗学の概論を講義している。

まずカリキュラムのガイダンスを兼ねて、自己紹介がてら名字と地名の歴史や、茶髪、ピアッシング、タトゥー（刺青）など、今風の若者の現代風俗や身体装飾について、世間話を入れつつ軽くフットワークをこなし、二つのミンゾクガク（民族学・民俗学）の違いから話を進めていく。足元（身辺）には民俗学のテーマがいくらでもあり、その特殊な民俗は世界大の普遍性につながっていることを常々言い忘れない。

毎回提出してもらう「出席カード」の余白に、質問や感想、意見を書いてもらい、次回の講義の冒頭に読み上げ、回答することを心掛ける。毎回が生徒との真剣勝負であり、意見のやりとりをしたり、コミュニケーションを図る貴重な時間ともなる。しかも、自分自身の緊張気味の気持ちをほぐし呼吸を整える意味もある。

昨年度は、みな静粛に聴講しており、その成果は見事にリポートに反映された。民俗学などという学問は、決して試験による性急で拙速な成果判定にはなじまないと考え、当初からリポート（四百字詰め五枚）の提出を義務付けてきた。

時には苦し紛れに、今はやりの安直な「コピペ」で済ませるものもおり、リポートの書き方から指導する。わずか十五回ばかりの拙い我流の授業にもかかわらず、提出されたリポートは毎年素晴らしく、読む度に深い感動を禁じ得ない。

民俗学とは何か、その核心を的確に把握しており、「今どきの若いもんは」などと、今どきの大人はとても言えまい。自分のアイデンティティがどこにあるのか、その根っこ探しのヒントが得たいならば、民俗学の門を叩くべし。

（『日刊県民福井』二〇一〇年四月二日）

2　聞き書きの作法

民俗学は決して難しい学問ではない。考古学や歴史学のようにひたすら遺跡や古墳を発掘したり、終日難解な古文書とにらめっこするわけでもない。要はただ各地へ出かけて古老に会い、その土地に伝わる習俗や伝承をいかに聞き出すかにかかっている。すなわち、研究室や書斎を抜け出して日がなフィールドワークに勤しみ、現地での探訪や採話活動（民俗採訪）に従事することが研究の基本である。稀代のフィールドワーカーと呼ばれた宮本常一が、徹底して「歩く・見る・聞く」ことを強固な信条としたことはよく知られている。

その場合に「何をいかに聞くか」が常々研究者に問われることになる。いわば真剣勝負の場ではあるが、不審尋問をするような強面では相手が引いてしまう。紋切り型の切り口上ではなく、ゆったりと世間話をしながら採話するのが好ましいと、柳田国男一門の井ノ口章次は『民俗学の方法』の中で述べている。簡単なようで実は案外これが難しい。公的な調査でない限り、私は極力、教育委員会などの関係機関を頼らない。ほとんどがぶっつけ本番。戸口で来意を告げて、時には居間や座敷に上がり込み、お話をうかがう。

M・アントニオーニ監督の名画『さすらいの二人』の中で、「土着の風俗習慣は弊害とは思わないか」とのジャーナリストのロックのインタビューに祈禱師が答える。「君が満足する答を言うことはできるが、君は理解できず答から学びもしない。（中略）我々が語り合えるとしたら、君が素直な心で物事を考え、私はその誠意を信じる時だけだ」。

見事な応答である。ともすれば、人によっては、理論が先行して、そのアリバイのための聞き書きもないわけではない。天才肌の学究にこの傾向が強いようだ。いわゆる推論と仮説重視の演繹法、調査の集積による帰納法の研究方法の違いが、研究者自身に常に問われているのである。

（『日刊県民福井』二〇一〇年四月九日）

3　民俗学の旅

大まかに言えば、民俗学の研究者には二つのタイプがあるとされている。地元を中心に一地方の民俗を詳細に何から何まで調査研究をする、いわば在地的で属地主義的な研究法と、一方は研究テーマをめぐって全国を視野に入れた広域な比較を重視するテーマ主義的な立場である。

無論、研究者によっては一概にこのような仕分けになじまない人もいるし、私自身、若いころは出自の地である若狭をくまなく調べつつ、地道に地歩を築き上げ、やがて隣県・近県から次第に全国規模へとフィールドを拡大してきた。いわば、統合的な方法論に依拠しているともいえる。一地点から周辺へと調査領域を拡大していくので、勝手に「渦巻き理論」などと名付けている次第。台風の目のようなものである。

属地主義的な研究法の欠点は、やはり視野狭窄に陥り、全国的な比較検討がおろそかになりがちなところがあることと。その反面、郷土史的な裏付けによって、民俗の全体像が明確になることが期待できる。逆に、テーマ主義的な研究法は、一地方における歴史的・風土的な位置付けが軽視されがちになるが、何はともあれ、テーマの解明には広い鳥瞰的な研究は欠かせない。欠点を克服するため、古書の購入や図書館を利用して、極力全国的な調査資料の収集に邁進することになる。無論、広域のフィールドワークには精魂を傾ける。

というわけで、今年も年頭から暇があれば全国各地へと民俗採探の旅に出かけているが、なにぶん民俗信仰（来訪神・森神・餅なし正月など）をライフワークとしていることもあって、一旦関連する祭礼行事を見逃すと、また来年ということになりかねない。いやはや、因果な仕事ではある。一月には鹿児島県知覧の「カセダウチ」を、二月には山形県上山市の「カセドリ」を見学した。ともに元来は小正月の来訪神の行事であるが、東西南北の習俗の異同をどう捉えるか、日本の民俗が決して一筋縄ではないことをあらためて痛感している。

（『日刊県民福井』二〇一〇年四月十六日）

4　野生の民俗学

もとより、民俗学という学問はフィールドワークなくして、その立ち位置はない。その一分野に歴史民俗学というジャンルがあるが、文献資料（古文書など）だけに頼りデスクワークになりがちになると、本来の民俗学が持つ風土性や野性味の輝きを失いかねない。いわば学問の〝酸欠状態〟に陥らぬよう、努めて野外調査に出かけるようしている。民俗学が足が元手の商売（学問）といわれる所以である。

とはいえ、四十年このかた民俗学の研究に打ち込んできたが、大晦日《おおみそか》から元旦にかけて調査に出かけたのは、これまで数えるほどしかなかった。ところが今回は昨年末から大晦日、元旦にかけて、京都の八坂神社の削り掛けの神事の調査をはじめ、六日の伊賀市富永の山の神神事のカギヒキ（鉤引き）、十一日の同長田平尾の大しめ縄張り行事（勧請吊し）と相次いでフィールドワークに出かけることになった。

さて今回、いずれの民俗行事にも深い感銘を受けたのは、年頭における日本人の祈りの心がいまだ必ずしも失われてはいないことを確信したからであった。大晦日から元旦にかけて初詣で客の混雑する八坂神社のオケラ参りには、年配の参詣者よりもむしろ若者の姿が目立った。しかも、新年のカウントダウンをして駆けつけてきたとおぼしき、ヤンキーやケバい顔黒（ガングロ）の娘さんたちも、次々と拝殿で投げ銭をして無心になにごとか拝んでいるのを横目で見ながら、案外まだまだ捨てたものではないと妙に納得したくなる。伊賀市の山村の場合も、年々集落の過疎地化や少子高齢化が進み、年中行事を継続することが困難になっているが、厳しい状況の中で必死に年頭の神事を細々と継承している村人たちの熱い志に触れる思いがしたのだった。

地方の疲弊がもたらすものは、むろん共同体の崩壊にほかならないが、何はともあれ祭礼行事を存続することで、懸命に集落の結束が図られているように見えたのである。一神教的なイデオロギーが世界の混迷化に拍車をかけているとされる今こそ、アニミズム（精霊信仰）の有効性に着目すべきときが来ているようである。各地の素朴な年頭の祈念祭に込められた世界平和の願いを大切にしたい。

（『日刊県民福井』二〇〇八年一月十八日）

5　胎動する新しい民俗

民俗学の研究者を困らせる新聞記者の質問がある。いわく、「この祭りはいつごろから始まったのか」という、答えようのない類いの質問である。民俗にとって起源を問うことほど至難なことはない。たとえば盂蘭盆が仏教の伝来とともにわが国にもたらされ、推古十四年（六〇六）・斉明三年（六五七）には盂蘭盆が行われたことが史実であっても、お盆そのものは正月同様日本古来の祖霊信仰にもとづく魂祭りである以上、その起源は杳《よう》として歴史の霧のなかにある。文献資料があっても、文字に記録されない名もなき庶民の歴史があるからである。新聞記事にその祭礼が何百年以前から続いているなどとあるのは所詮解釈であり、厳密な研究者のいうべきことがらではない。

ところがである。当節、まちづくりと称して全国各地でさまざまなイベントが企画されている。若狭町青年会が、小中学生を対象に独自企画として初めてハロウィーン祭りを十月二十七日に開催した（十月二十七日付『福井新聞』）、敦賀でも同様の仮装行列が行われたと記事にある（十月三十日付『福井新聞』）。ハロウィーンは、他界と交流するための「その夜はまさしく『悪魔の夜』であり、魔術や妖術に結び付いた一群の信仰によって彩られている」アングロ・サクソンの十一月一日の祭りとされている（P・ヴァルテール『中世の祝祭』）。そんなオカルトまがいの西洋の収穫祭が単なる思い付きで発案され、「TRICK　OR　TREAT」などと掛け声をあげながら通りを練り歩く光景の異様さ。クリスマスやバレンタイン同様、ここには創作性や信仰が微塵のかけらもない。多くの人が集い、ひと時を楽しく交流すればいいわけで、要するに異邦のまねごと、にせものである。所詮、単なる風俗に終わるいっときの軽佻浮薄な流行現象に相違ないが、とはいえ七夕行事のように土着化すれば、その民俗の発端をいま現にわたしたちは見ていることとなる。

当初はまねごとであれ、このような新しい民俗がとりわけ越前地方の各地で企画されているのは、大いに注目される現象である。たとえば、永平寺町松岡春日の柴神社の祈年祭（田遊び）や、越前市大滝の岡太神社の春季例大祭に奉納される「紙の舞・紙神祭」、服部谷のもやいの里のズイキ神輿、春日野の松上げなどはすでに相応の歴史をもっている。福井大学教育地域科学部の鞴《ふいご》祭りや、まるおか子供歌舞伎、南越前町「街道浪漫今庄宿」の蛇踊りなど、記事にことかかない。元来、「神祇不拝」「鬼神を祠ることを得ざれ」とされて、教義上民俗信仰を排斥してきた真宗王国の地で、新しい習俗が勃興しつつあるのは、いわば自家撞着になりかねない危険性をはらんでもいる。それでもなお、地域の活力と協調、生業の安全・豊穣を願って、町起こしの新しい民俗が創造されているのは、いかにも進取の気象に富む土地柄とはいえ、実に驚異的なことに相違ない。

（『福井新聞』二〇〇七年十一月二十五日）

6　ザシキワラジの草履

「ザシキワラジ　美浜で草履発見」

まさかまさかの三面記事。しかも鳩山首相退陣の速報の下段に、大きく「東北特有の妖怪『座敷わらし』美浜にいた」と見出しのある記事が『福井新聞』六月三日付の二十五ページ（社会）に掲載されたものの、なぜ三面記事の雑報扱いなのか、いささかとまどう。

とはいえ、永池健二が「古伝承の集成とのみ思いがちな『遠野物語』の口碑群が、想像以上に今日の新聞の三面記事やゴシップの世界に近い所に立っている」と、『柳田国男全集』四（ちくま文庫）の解説で指摘しているように、決して意外なレイアウトではない。

しかり、いみじくも今年出版百周年目を迎える『遠野物語』には、いわゆる「昔話」は数編しか採話されてはいない。序文にある「目前の出来事」「現在の事実」として遠野出身の佐々木鏡石（喜善）から「一字一句も加減せず、感じたままを書き」留めたものが、明治四十三年六月に刊行された『遠野物語』である。平たくいえば当時の世間話の集成にほかならない。

美浜の座敷童子（当地ではザシキワラジと呼ぶ）もまた世間話として伝えられてきた。ただ、座敷童子のマッチ箱大の草履まで発見されたのは、前代未聞のこと。東北地方ではたまに姿を見せることはあるが、まさか証拠物件までは残さない。「ザシキワラシ」とは、旧家の座敷や土蔵に住む赤顔のおかっぱ頭の童子形をした家の守護神で、家の富貴・盛衰をつかさどる屋内神とされている。別名ザシキボッコ・ザシキコゾウ・クラボッコなどと呼ばれ、ひそかに農作業を手伝ったりすることもあれば、就寝中に「枕返し」などのかわいいいたずらをしたりする。むろん、女の子もいる。ザシキワラシが突然いなくなると家運が傾く前兆ともいわれている。

静岡県にザシキボーズの例はあるものの、主に岩手県北上山地を中心に青森・秋田に分布する伝承が、なぜ美浜町の金向《かねこ》山山麓の一集落に伝えられてきたのか、その経緯は今のところまったく分からない。

ともあれ、ある豪農が明治二十二年に母屋を新築する折、「末代栄える」と縁起をかつぎ、裏山の割谷《わりだん》にあった赤松の巨木を大黒柱に仕立てたところ、材木とともにザシキワラジも屋根裏に移り住んだというのが事の発端である。敬虔な当主は赤松の根株を山の神として祀った。ガマの穂を敷き詰めたザシキワラジの寝床には川魚の骨が散乱していたそうである。泥をぬぐって寝床につく様子に当主は草履を用意すると、梯子下の笏谷《しゃくだに》石の地幅《じふく》石に三本指の足跡があり、きちんと履きそろえてあったというから極めて現実味のある話ではないか。

ある時、当主が小川で毒流し漁をすると、河童らしい死体が上がり、以後当家は逼塞することとなる。河童とザシキワラシの関連はつとに指摘されてきたし、当地の伝承は山の神や奄美のケンムン、沖縄のキジムナーなどの妖怪との類縁をうかがわせる。いみじくも『遠野物語』百周年の記念すべき年に、若狭の一角からザシキワラジの草履発見の報は、日本の民俗文化の底知れぬ深遠さを痛感させる出来事ではある。

（『福井新聞』二〇一〇年七月十四日）

7　美浜・金向《かねこ》山山麓のザシキワラジ

今年は、日本民俗学の記念碑的名著である、柳田国男の『遠野物語』が出版されて百年目に当たることから、岩手県遠野市を中心に各地で記念行事が予定されている。確かに、三島由紀夫が『小説とは何か』の中で激賞したように、文学作品としては傑出しているが、収録されている民話は遠野に特有のものばかりとは限らない。「オシラサマ」の類話なら東北にはわんさとあるし、河童伝説の類いはこれまた全国到る所に分布している。

驚くなかれ「ザシキワラシ」も東北特有の世間話かと思っていたら、何と灯台下暗し、美浜町金山に「ザシキワラジ」としてほそぼそと伝承されていたことを最近になって知った。地元在住の優れた伝承者で郷土史家の宇都宮肇によれば、ある旧家が母屋を改築(新築)した折、「末代栄える」との縁をかついで、背後の金向山の割谷にあった赤松の巨木を伐採し尺三寸角の大黒柱に仕立てたところ、その木に棲み付いていたザシキワラジも屋根裏に移り住んだそうだ。

棟札には「明治二十二年二月」とあり、たかが百二十年前の話である。当主は赤松の根株を山の神として祀った。屋根裏には葺き替え用の茅が保存されており、ザシキワラジはすり鉢状のくぼみに蒲の穂を敷き詰めて寝泊まりしているらしく、川魚の骨が散乱していたそうな。足の泥を落として寝床に入る様子を見て、当主は草履をそろえておいた。分家にはその古びたザシキワラジの草履(マッチ箱大)が伝えられている。かつては三本指の足跡も屋根裏に残っていたらしい(別の伝承では、梯子下の笏谷石の地幅石にあったとある。前項参照)。

ところが当主が近くの川で毒流し漁をしたところ河童らしき死体が上がり、それ以来、逼塞してしまったという。家霊とも家の守護神ともいうべき当地のザシキワラジには、山の神や河童の属性がひそんでいるようだ。山人《やまびと》(ヤマンド・サンカ)の伝承もある美浜のミステリーゾーン、金向山山麓はまさしく民俗の宝庫。いわばこれまた聞き書きの効用であり、まさしく「之を語りて平地人を戦慄せしめよ」(『遠野物語』序文)と言いたくなる。

(『日刊県民福井』二〇一〇年四月二十二日)

8　おまじない考①　世直し世直し

突然地震が来ると、母は「世直し世直し」と、よく唱え言を言ったものだった。地震避けのおまじないを唱えながら、慌てふためく心をなだめては、ひたすら揺れが収まるのを待った。

おまじないは、お馴染みの雷避けの文句「クワバラ、クワバラ」をはじめ、無明の命を授かり、無常の世を生きねばならぬ人間が、災厄をかわし願望を満たすために行う神仏への祈願の呪術や呪言《じゅごん》の一種である。

『源氏物語』の「賢木」に「わらは病に久しうなやみ給いて、まじなひなども心安くせむとて」とある。とりわけ、怖いものの筆頭の「地震・雷」には、ひたすら人々は古来祈るしかなかったのだ。思いを遂げるためには人は時には魔性のものにも呪いをかけた。

所詮、おまじないは迷信に過ぎないが、森羅万象に霊魂が宿るとする素朴な日本人のアニミズムが深層心理に潜んでおり、神仏や自然を深く畏敬し、生きとし生けるものと共生してきた民衆の深い知恵が込められている。単なる迷信として排斥するには忍びない。常日ごろ、古人の伝承を謙虚に受け止めて、危機に備えたいものだ。

ところで巨大地震といえば、約三百五十年前の寛文二年(一六六二)五月一日の巳の刻(午前九〜十一時ごろ)に発生し、近畿地方北部一帯に甚大な被害をもたらした、寛文近江・若狭地震がよく知られている。これまでの研究では、この地震の震源は若狭湾沿岸の日向《ひゅうが》断層や琵琶湖西岸の花折断層などの活断層で、ほぼ同時に連続して発生した推定マグニチュード七・六の双子地震であるとされている。

『かなめいし』(仮名草子集成)の「地震ゆりいだしの事」には、洛中の人々も「世直し世直し」と唱えたとある。地震がなぜ「世直し」なのか、幕末の「ええじゃないか」騒動や「おかげ参り」をはじめ、世直し信仰は弥勒信仰にまでさかのぼる。しかし、今回の津波と原発災害を伴った東日本大震災をきっかけにして、人類は今まさしく、未曾有の文明の画期(エポック)に直面していることをあらためて、真摯にかつ謙虚に考えざるを得ない。

(『日刊県民福井』二〇一一年五月十二日)

9　おまじない考②　しんじりもんじり

どこの村にも、どの世界でも、名うての物知りはいるものである。亡母の従姉妹《いとこ》で同い年の、隣家の〝産婆さん〟も村一番の物知りとして近在に知られ、敬服されていた。生涯で何千人もの子どもを取り上げてきた経験豊かな助産婦さんだったから、十干十二支や方位・時刻をよく読み、月の出入りや潮の干潮で人の生死や風位、地震などの自然災害まで予告することができた。まさしく現代の「日知《ひじ》り」である。このような傑出したインフォーマント(話者)に出会うと採話がはかどるが、近年めっきり少なくなってしまった。

そんななかで、「チシゴ」という民間知識の最たるものを伝授されたことがある。「陰陽道で、月の出入りと潮の干満の時刻から予知される、人の死ぬ時刻。死期。しにぎわ」と『広辞苑』にあり、多くの辞書類では「知死期」と表記しているが、私は本来は「血潮」に由来する言葉ではないかと考えている。なぜなら、海から生まれた根源的な生命の営みは、月の干満にいのちのバイオリズムが支配されているからにほかならない。「満ち来る潮もろともに、六時間おきに干満を繰り返し、お産は七割方午前中にあり、真昼や南風が吹くときに生まれる子は女の子だ」として、十中八割方的中すると、自信満々に言われたものだった。

ときたま、裁縫の糸や釣り糸、毛糸、鉄線などが縺れて糸口が摑めないことが、往々にして起きる。縺れた状態を当地では「しんじりもんじり」というが、イライラするとなおさらほどけなくなることが多い。そんなときに落ち着いて「ししゃもしゃの、もしゃしゃのなかに、しゃしゃなれば、もしゃしゃなければ、しゃしゃのしゃもなし」と唱えると、たちまちのうちにほぐれるのだと、これも物知りな助産師さんから教わったまじないの一つである。

未曾有の大震災と前政権の負の遺産にほかならない人災ともいうべき原発事故で、「しんじりもんじり」状態で、何かと立ち往生気味の民主党政権ではある。しかし、イライラせずに何とか早く「しゃしゃのしゃもなし」と、全面的な解決の糸口を見つけ出してもらいたいものだ。

（『日刊県民福井』二〇一一年五月十二日）

10　おまじない考③　石三つ

子どものころは山野や川、海が遊び場だった。敗戦後の何もない時代だったから、近くの里山や藪で戦争ごっこの陣地遊びをしたり、とかく自然を相手に思う存分に活動したのである。今のように獣たちに山中で遭遇することもなかったのだ。山が荒れ放題となり、野獣が出没するようになった近年は、好きな山菜採りにも行かず、とんと足が遠のいてしまった。

先年、山の斜面を降りる際に切り株に当たり、その穴に巣くっていたスズメバチの大群に襲われたことがあった。草刈り中に巣を壊したこともある。なんら抵抗することもなく、ひたすら地面に平伏して般若心経を唱え、しばらくしてから脱兎のごとく逃げた。幸い刺されることはなかったものの、命の縮む思いをした。

野山が遊び場だったころは、アシナガバチの巣にいたずらをして何度も刺され、痛い目をしたものだった。そんな時は、すぐかたわらの石三つを裏返しにすれば、痛んだり腫れたりしないと、母から教えられていた。弁当を入れるテンゴ（手籠）の底に、手ごろな石三つを忍ばせておけば、決して腐ったりアリにたかられることはないともいう。たわいないおまじないとはいえ、何たる石三つの三位一体であることか。

庭石の三尊石も石三つを配置して、庭園の中心に須弥山を築き、曼荼羅の世界を演出する。アウトドアの野外料理は、三個の石を据えれば急ごしらえの竃になる。若狭地方は両墓制の墓地が多いが、土葬（埋墓・ミハカ）には、石が三つ置かれていることが普遍的に見られる。その下で死者は静かに永遠の眠りについているのである。

石を裏返すと、そこにはミミズやアリ・ハサミムシ・ムカデ・コオロギ・ナメクジなどの虫らが天敵から避難するようにじっと潜んでいるのだった。生命の営みが、重い石の下にも日々たゆまず続けられていることをふと垣間見て、ひとしお敬虔な思いを抱いた。

（『日刊県民福井』二〇一一年五月二十日）

11　おまじない考④　マムシなんか怖くない

人は殺生をしなければ一日も生きることができない動物である、とされている。むろん、殺人なぞに手を染めたことはないから、少年のころに蛇を数匹なぶり殺しにしたのが、わたしにとって最大の殺生ではある。本能的には人は蛇を恐れ嫌悪するとはいえ、なぜ罪もない蛇をいじめ殺したか、今となっては悔やまれる。

夜な夜な奴は夢の中にまで侵入することがあって、よくうなされたものだった。「家の主」とよばれるサトマワリ（青大将）が鼠を追って、屋根裏を這いずり回る乾いた音が時々することがあり、気味の悪い思いをしたものだった。当時、どこの農家でも鶏を飼っていたから、蛇が村中のいたるところにいたのだった。

それが当今、あまり野山に蛇類をとんと見かけなくなった。飢えた猪がミミズばかりか蛇まで、手当たり次第に食べ尽くすからだという。環境の変化はこんなところにまで及んでいることに愕然とする。

日本本土に生息する毒蛇といえばマムシとヤマカガシだが、田舎にいながらついぞ二、三度しかその姿を見たことはない。とはいえ、噛まれれば死ぬこともある毒蛇は怖い。

そこで、山中で出遭った時のマムシ除けのおまじないの文句を、かつて近所のおばあちゃんから伝授されたことがある。いわく、鎌首をもたげるマムシに向かって「昔の侍、ちょっと待て」と言い諫めると、たちまちにおとなしくなり、動かなくなるというのである。

悪臭を放つカメムシに向かって「ジョロムシ（女郎虫）、ジョロムシ」と言うように、マムシのことを「昔の侍」とは、手強い相手を褒めたたえ、遜《へりくだ》ったなかなかのおだて文句ではある。いやはや諧謔味すら感じられる。突然山中で出くわした人々との、この駆け引き。いささか愉快ではないか。「いやサ、昔の侍、ちょっと待て」と言ってみたいものだ。

美浜町新庄では、田蓑の背にマムシ除けの幾何学文様を織り込んで背守りとした。スゲや藁で編んだ手製の雨具は工芸品のように美しい。信仰を妨げる俗信としておまじないを排斥し、自然との共生の手だてを失ってしまった日本人。3・11の大震災以降、反省すべきことはあまりに多い。

（『日刊県民福井』二〇一一年五月二十七日）

12　俗信とさげすむことなかれ

カラスは嫌われものである。余程の変わり者でないかぎり一般に好むものなどいない。群がってゴミや死肉をあさる。黒づくめの羽根の色が不吉とされるばかりか、時には人の死をもその鳴き声で告げ知らせる。とはいえ、古来カラスは神の使わしめとして各地の神事に重要な役割を果たしてもいる。祭礼に先立ってカラスに献饌し、神意をうかがう、いわゆる烏勧請《からすかんじょう》・お鳥喰《とぐい》・鳥食《とりば》み神事などと呼ばれる厳粛な儀礼は、日本人の神観念を今に伝えるきわめておくゆかしい習俗である。日本サッカー協会のシンボルマークの三本足のカラスは八咫烏《やたがらす》を図案化したもの、太陽神の象徴である。

若狭町神子の「センジキ」（施食）や、高浜町内浦地区の「カラスのオトボンサン」をはじめ、嶺南地方には十一か所の烏勧請の神事が行われてきたが、あるところで「そんなもん、なんでせんならんのや」との声があがり、多数決でこの重要な村の年中行事が突然廃止に追い込まれたと聞く。戦後民主主義の悪しき一面がここにある。なにごとも安易に流れすぎる傾向があり、なさけなく、腹立たしい。営々と古来受け継がれてきた日本の民俗が、その深い意義を知らずして、無理解のまま突然中止され、今後復活することはない。戦後わたしたちは生活の簡素化の一言で、これまでどれだけ貴重な民俗文化を失ってきたことか。近年の過疎化と少子高齢化がさらに拍車をかける。かくしてなにからなにまで欧風化が進み、日本人としての矜持《きょうじ》とアイデンティティが失われていく。その結果、寒々しく砂を噛むような共同体の崩壊が進み、いずれ流民化への道をたどることになる。

「おおい・大島半島祖先信仰の聖地・『ニソの杜』寂しげ」と見出しのある十一月二十九日付の嶺南版の記事は、近年の急速な民俗信仰の衰退を危機感をもって問題提起した出色の報道である。地道な現地取材によって今なにが進行しているのかを鋭く解明している。日本民俗学の創始者である柳田国男が祖霊信仰のモデルケースとしていち早く着目し、福井県の民俗のなかでもっともポピュラーなニソの杜を、今一度沖縄の御嶽《うたき》同様その価値を再確認し、出来れば文化景観として永久に保存を考える時が来ている。神さびた照葉樹林の聖地の森は環境資源そのものであり、エコロジーの時代のシンボルともなりうる。

経済情勢の悪化に伴い、各自治体の文化予算が真っ先に削られている現状にあって、消えゆく伝統文化を保存するための先端的な自治組織「若狭町伝統文化保存協会」が若狭町に先月発足した。このたびまとめられた大部の『若狭町環境・芸術・文化振興ビジョン』には環境の再生、自然遺産や文化遺産の保護・保存のあり方、資産としての利活用のあり方、新しい芸術、文化の創造が志高くうたわれている。基本理念・基本方針として「自然環境との共存」があげられているが、むげに俗信として排斥することなく、今一度民俗信仰にこめられた自然との共生の思想を、まず見直すことから始めてもらいたいものである。

（『福井新聞』二〇〇八年十二月二十一日）

13「あどうがたり」の心

いま時、聞き慣れない言葉に相違ない。昨年五月に福井新聞社から『あどうがたり―若狭と越前の民俗世界』を出版したが、書名の「あどうがたり」というすでに死語化した古語を特に採用したのは、著者としてのそれなりの思い入れがあったからである。

書名は江戸時代後期の旅行家にして民俗学の先覚者、菅江真澄の『かすむこまがた』正月九日の一節、「雪はこぼすがごとくふりていと寒ければ、男女童ども埋火のもとに集ひて、あとうがたりせり」から採った。

三好達治の詩「雪」は太郎・次郎を深い眠りに誘ったが、このみちのくの炉端には老翁からひたすら昔話に相槌をうって神妙に耳を傾けている江戸時代の童の姿がある。然り、「あとうがたり」とはひらたくいえば「相槌」のことである。

狂言でシテ（主役）を助ける脇役をアドと称し、相槌を打つことを「アドを打つ」という。『後撰和歌集』や『枕草子』からそれぞれ「あとうがたり」「しりうごと」を引き、「ともに陰口というふ心なり　あともしりも同じ心なればなり」（『北辺随筆』）との説や、ほかにも「なぞなぞがたり」「後憂談（アトウカタリ）」などの説があり、今では相槌への変化がたどりがたい。一節ごとに「オットー」と合いの手をいれる、美浜町の一部に伝わる昔話の形式譚はその貴重な口承文芸の残存にほかならない。アドを打たないと話は前へは進まない。

とまれ、翻っていえば普段「相槌」や返事が欠けたりおろそかになっている近年の傾向が気になる。もっとも「ハイ、ハイ、ハイ」などと軽口でアドを打つのは、シテを内心小馬鹿にしていそうで、世の中のご主人方はその見極めが必要である。

日常会話ばかりではない。たとえば礼状を出すことは基本的なエチケットの一つであるが、案外おろそかになりがちである。「礼状を書くことは大切なことだ。わかっているが電話で済ましたり、失礼したりすることの方が多い」と「越山若水」（二月二十四日付）の執筆者も述べている。そのくせ、他人の非をあげつらうことにはいたって敏感である。これではコミュニケーションがはかれない。著書を贈呈しても八割方返事がないとは、ある高名な民俗学者の弁。多忙で「おれも出さないが、淋しいんだよなあ」と嘆かれるのは本音だろう。

おそらく、ことほどさように、この国は根底から劣化し崩れかけているにちがいない。おおげさな物言いかもしれないが、ものごとの大事は小事から始まることは世の習い。もっとも律儀な御仁《ごじん》もなかにはいて、印刷した礼状用のはがきを差し出される方もいる。余白に一言添えた礼状は、それはそれで人としての誠意のあらわれである。

過日、小著を西川知事にお届けしたところ、きわめて丁重なお礼状をいただいた。むろん側近の担当者が差し出されたとしても、瑣事をおろそかにされない知事の姿勢がうかがわれて、その実直なお人柄がしのばれた。まさしく「隗《かい》より始めよ」である。

（『福井新聞』二〇〇八年八月十七日）

14　魂の行方―母許《ははがり》に

わけても週刊誌は、数ある中で東北大震災以降なら、いささかお色気が過ぎるが、反原発の姿勢を強く打ち出している『週刊現代』。ついでに新聞は『東京新聞』といきたいところだが、福井のことが詳しく出ているとなると、やはり地元の郷土紙『福井新聞』を長く愛読している。新聞はまず一面から読み始め、何故か次にテレビの番組表、さらに三面記事、文化生活欄、政治欄へと逆に読み進む。興味がないので一切スポーツ欄など見ることはない。別段マンガ好きでもないが、三面記事は何と言っても四コママンガの「カンちゃん」（フジヤマジョージ作）から真っ先に見る。猫を擬人化して、日常茶飯事のなかで起きるあれやこれやの出来事を淡々と、かつほのぼのと描いており、無邪気なユーモアが読者をなごませ嫌みがない。いわば癒し系のマンガである。

ちなみに昨年七月十七日付の話は、梅雨時に多いなめくじを見つけたおばあちゃんが塩を用意する間に、カンちゃんの機転で塩だけ盛っていち早く庭木になめくじを移し、「カンちゃんが退治してくれたの、助かったわー」と勘違いするというもの。他愛ないと言えば他愛ないが、何であれ命の大切さには区別がないことを気づかせてくれる。

父は後厄で早死にをし、三十八歳で寡婦になった母はことさら信心深く、田畑七反の農業の他、農閑期には土木工事にもやとわれたり、冬場は縄綯い仕事に精出したりして、一人息子のわたしを何とか一人前に育ててくれた。いつのまにか父母の恩を痛切に感じる年齢になったが、とりわけ八十三歳で天寿を全うした母からは感性面の影響を強く受けたように思う（ちなみに詩作の才は、父方の曽祖父、幕末桂園派の安芸藩士、松波資之〈遊山〉から受け継いだものと、勝手に思っている。資之は柳田国男の三兄、井上通泰の和歌の師で国男を柳田家へ紹介したことで知られる）。仏教の教えを体現するように、母からは折りにつけて、命の大切さを教えられたものだった。我が家は代々曹洞宗を宗旨とし、仏教の教訓が日々の生活の中にとけこんでいた。

たとえば毎年盆が近くなると、たとえ小さな虫けらであれ、ことさら殺生をするのを禁じた。子供のころに、サンパツグモ（コガネグモ）の蜘蛛の巣を丸い鉄線に張り巡らせた竹竿を持って、よく蟬取りに興じたが、「もうお盆が来るから、生き物を殺したらあかん」と窘《たしな》められたものだった。むろん、お盆は先祖や死者が久々に我が家へ戻ってくるとされていたから、ただ何となく殺生はいけないことだとは肌身に感じていたが、まだ仏説の輪廻転生のことまでは理解が及ばなかったのである。

お盆間近の涼しい川の瀬や山陰を通ると、真夏の陽射しを避けるように黒い翅の精霊《しょうらい》トンボ（翅黒蜻蛉）がよく群がって飛んでいた。村の者は「カミサントンボ」とも呼んで特に大切に扱い、決して捕まえたりしない。朽ち葉の下には灰色をした「カミサンムカデ」もひそんでいて、それらの小さな生き物を神の使いとしてとりわけ大事にしたものだった。

「盆のお精霊を、山の峰へ迎えに行くという風習が、大野郡下荒井の部落にあるという簡単な記事は、私たちにとってはかなり貴重なものである。越前では今もまだ先祖の魂が、山の高い処に留まっていて、盆にはそこから子孫の家を訪れて来るという信仰が、そちこちの山村に保存させられているのではあるまいか」と「魂の行くえ」の冒頭に柳田国男は越前地方の事例をあげている。昭和二十四年の『若越民俗』に寄稿したもので、主要論文の『先祖の話』とともに、アイデンティティを見失った敗戦後の日本人の行く末を案じて論述された文章として知られる。

もっぱらお盆といえば、仏教渡来以後の盂蘭盆会を指し、語源はサンスクリット語のウランバナ(倒懸)の音訳とされている。『日本書紀』推古天皇十四年条、斉明天皇三年条にも初期の法要の記述がある。柳田は素朴な民衆が営々と伝えてきた伝承を咀嚼して、仏教渡来以前の日本人の固有信仰としての他界観、神観念を論証しようとした。わずかな越前の事例は真宗王国だけに貴重であるが、若狭地方の我が近在、美浜町山上でも、かつては夕方、山際のお墓に行くと、墓前で腰を下ろし背中を向けて、ホトケを背負うような仕種をして盆迎えをしたという。

ミソハギは盆花だった
お精霊花だった
みんな帰ってくるのだった
ミソハギが咲くと
お盆が来た

と敦賀在住の詩人、岡崎純の近作「盆花」の見事な一節にあるように、我が家でも盆花を供えて先祖を迎えた。禅宗の檀家では盆の三が日御膳のお供えが違い、いわば日替わりの御膳が供される。ナスやキュウリ・ウリ・ヒョウなどの夏野菜とともに、なかでもアカザのおひたしが欠かせない。「藜《あかざ》の羹《あつもの》」といえば「紙の衾《ふすま》、麻の衣、一鉢のまうけ」とともに「いくばくか人の費えをなさん」（『徒然草』）隠者の食物ともなり、また、磨き上げたアカザの杖は中気除けともなる。母は門徒出の妻に何代にも受け継がれてきた小難しい家例をきちんと教え、齢八十三歳で身罷《みまか》った。把っ手が黒光りしたアカザの杖は、多発性脳梗塞によるパーキンソン病を患った母の老後の人生の支柱となった。

七回忌のお盆の棚経の朝、前栽の草葉の陰からキリギリスが座敷に迷い込み、読経の間、正座をするように神妙に時折仏間の隅で鳴いていた。いつしかいなくなったと思ったら、生前寝起きをしていた母の寝間でひとしきり鳴きしきり、やがてどこかへと姿を消した。ひと夏のはかない命を慈しむように、懐かしい我が家へ母が帰ってきたのだと直感した。真昼間、古時計のゼンマイを巻くようなギスチョン（キリギリス）の鳴き声がわけもなく愛《いとお》しい。

転生の果てに母はいまどこにいるのか、「母許《ははがり》」（母の許《みもと》へ）という美しい響きの古語に思いをひそめ、今はただ、「おかんがみたい」（坂本遼『春』）と名詩の一節を口遊《くちずさ》む。

　春がまはつてくるたんびに
おかんの年がよるのが
目に見えるやうで　かなしい
おかんがみたい

お盆が過ぎ、庭木を陰らせてようやく陽射しが涼やかになってきたようだ。夕方になると、庭の隅々から秋の虫がひとときの生命を謳歌するように、一斉に集《すだ》きはじめる。ひときわ、夜陰が深くなる。

（『桑兪』第一二号、二〇一三年六月）

Ⅱ　ニソの杜と若狭の森神

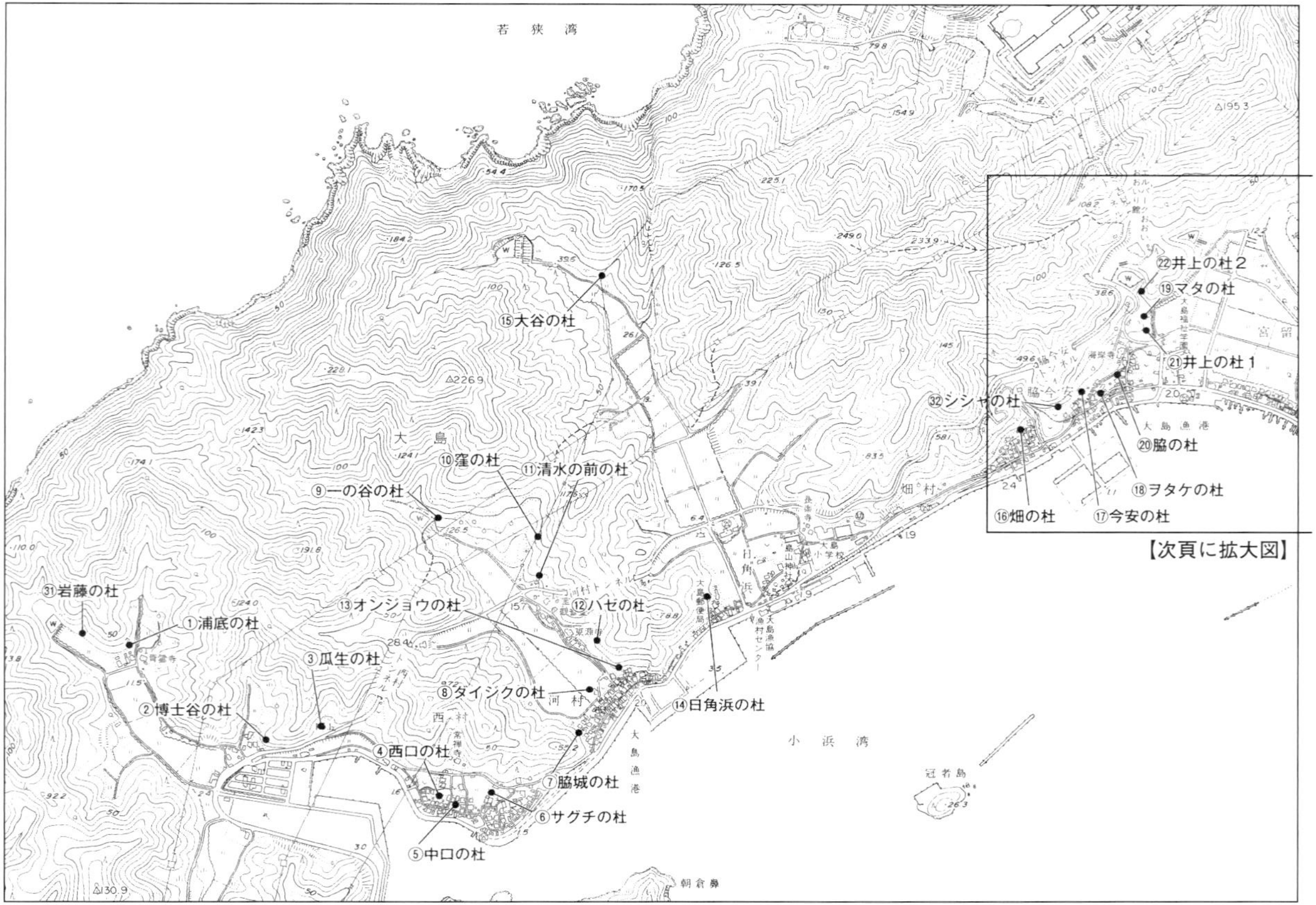

ニソの杜 所在地（『国記録選択無形民俗文化財 大島半島のニソの杜の習俗調査報告書』おおい町教育委員会、2018より転載）

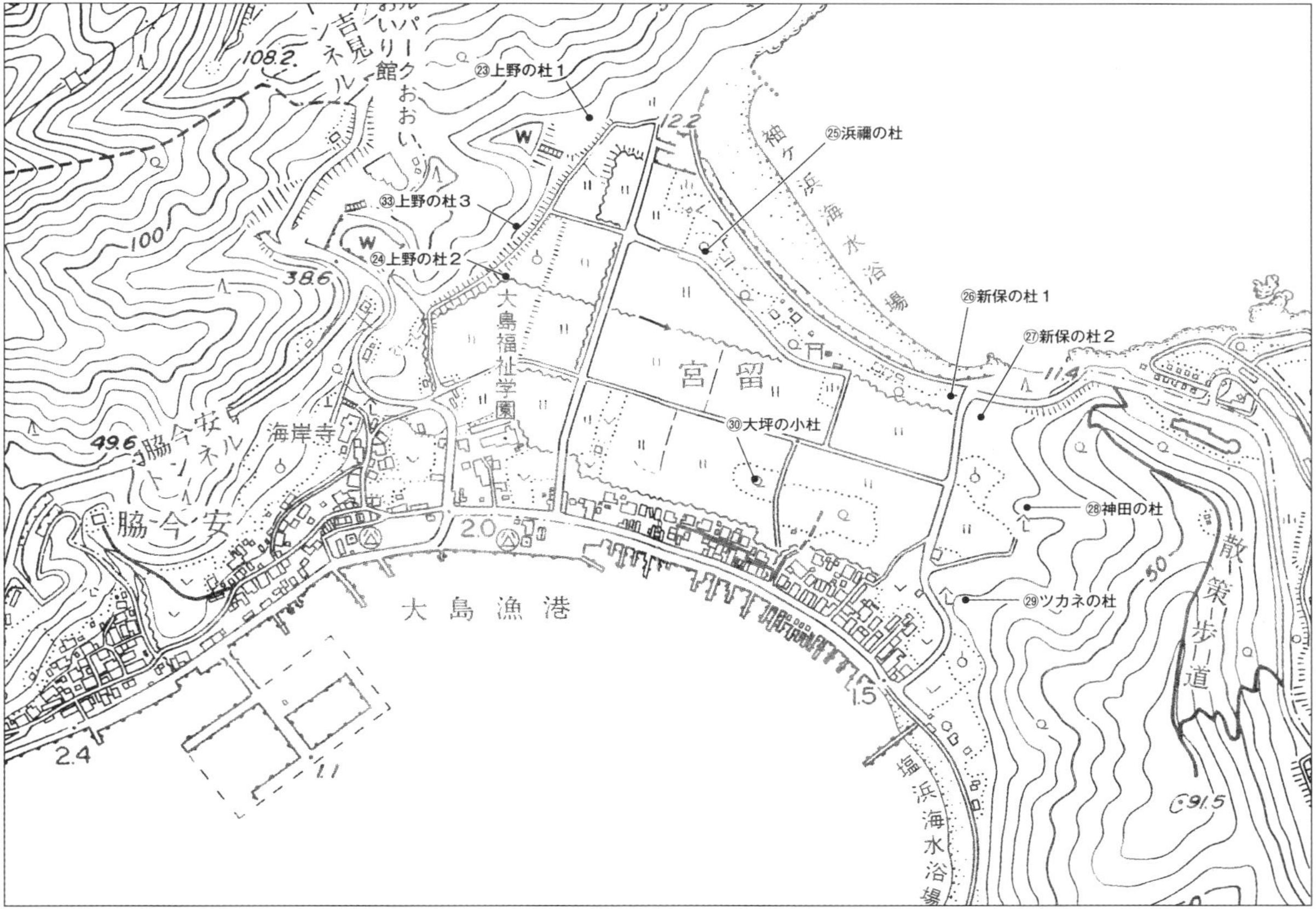
㉓上野の杜１
㉕浜禰の杜
㉝上野の杜３
㉔上野の杜２
㉖新保の杜１
㉗新保の杜２
㉚大坪の小杜
㉘神田の杜
㉙ツカネの杜
大島漁港
大島福祉学園
宮留
海岸寺
脇今安
脇今安トンネル
吉見トンネル
神ヶ浜海水浴場
塩浜海水浴場
散策歩道
108.2
100
38.6
49.6
12.2
11.4
2.0
2.4
1.1
1.5
50
91.5

ニソの杜 所在地（同上）

第一章　ニソの杜と若狭の民間信仰

1　何故ニソの杜が問題なのか

若狭大島のニソの杜の祭祀については先学の詳細な論考があるが、大方の論旨としては、祖霊崇拝の格好のモデルケースとして位置づけられ問題視されてきた。定説化しつつあったそのような論調の中で、昭和三十九年度の若狭地方の総合調査において福田アジオは、大島の村構成と親方子方制度のきわめて精緻な調査分析の結果、ニソの杜の祭神とされる宗家二十四名を中核とする同族祭祀に疑問を提示し、「集落が移動する前、すなわち漁業が発達する前の段階の屋敷神か近隣の神であったのかもしれない」（『若狭の民俗』）としている。ニソの杜を社会構造、歴史性の中で位置づけようとする氏の命題への一応の結論と思われるが、注目すべき研究動向と言えよう。さらには昨年の第三十回日本民俗学会年会の研究発表において、佐々木勝が「ニソの杜について」と題して、祖霊祭祀をくつがえし、近隣祭祀を本源とする同族祭祀の派生と、その活況化による祖神化がニソの杜の本質であると結論づけたのは画期的なことであった。

このように若い二学究によって、ニソの杜研究へのあらたな視座が導入されたことは、ひるがえってみれば祖先崇拝を基幹とする柳田学へのラジカルな問い直しであり、日本民俗学が今きわめて重要な反省期に入っていることの反映に他ならない。特に佐々木の論考は、祭祀組織の整然たる究明を基礎にした勇気と自信にみちた結論であるだけに、生新かつ説得力に富むものであったといってよい。

とはいえ地元若狭在住の一民俗学徒として、佐々木の論旨及び方法に、異論や疑問を全く抱かないわけではない。祭祀組織の研究資料とされた「ニソ講関係帳簿之写」にしても、所詮は長い歴史の一コマにすぎず、一時代を固定化してそこから神祭りの始源にさかのぼることは無理がともなうし、神もまた生成発展する。しかも墓制との関わりへの追究を避け、杜の神が一体何なのであり、神祭りの素型が何であるのか、という基本的な命題にも答えを見出していない。単なる共同の聖地では心もとないのである。祖霊伝承に懐疑を呈するのは結構だが、民俗学の基本たる常民の伝承にひそむプリミティブな直感の力や心意を決してあなどるべきではないであろう。

同族か近隣地縁かという、祖先崇拝の真疑を問う何よりのモデルケースとして、ニソの杜が注目を集めてきたことは、自然神か祖先神かの日本の神祭りの原点を見きわめることであり、同時に墓制―両墓制の先行形態としてのモリ、あるいは地の神・荒神・ダイジョコ・二十三夜待ちなどとの複雑な習合形態に関心が持たれてきたのであって、日本国有の民間信仰の解明に向けて大きな課題をはらんでいるといえよう。

私は数年前から若狭全域のダイジョコ祭祀を調査研究してきたが、大島を数度踏査してみて、ニソの杜が今まで言われてきたように、ダイジョコや地の神との類似の信仰であるばかりか、むしろ同一の信仰内容を持つものという確信を抱くに至った。本論考はニソの杜を若狭の普遍性の中に位置づけ、さらには全国的な展望のもとに置きかえるべく、今後の研究への一指標として試みるものである。

2　ニソの杜とは何か

所在地と位置については、分布図（32・33頁）を参照していただければ大よその概観はつかめると考えるが、今回の調査で新しく発見したシシャモリ（シシモリ）を含めて、三十二か所（現在は三十三か所認定）のほとんどの杜が集落近くの山すそに点在し、谷奥の一の谷・大谷の杜の各杜もかつては屋敷跡であったとの伝承がある。大島の開拓先祖といわれる二十四宗家（名《みょう》）の祖霊を祭神とし、霜月二十二日夜神祀りをし、翌日頭屋輪番制で講を持って直会をする。経費はニソ田からの収穫によってまかなわれる。神札に「遠祖大神」「土祖大神」「大上宮」「大聖権現」「地神」「荒神」などと書かれてあるように、祖霊意識と共に地の神の性格もうかがわれる。ほとんどの杜が古墳・墓地と直接間接のつながりを有し、タモ・椎・椿・欅・ムクなどの常緑あるいは大木が特異な森を形成している。ニソ・ニンソー、あるいは単にモリさんと日常呼ばれる聖地が、大島のニソの杜に他ならない。

3　ダイジョコとは何か

ダイジョコ信仰を各種の習合形態から、東北のダイシコ、九州の牛馬神としての大将軍までをも含めると、全国的に分布しているが、地の神として機能するダイジョコ（ダイジョゴン）に限定すれば、やはり近畿地方が中心かと思われる。北陸では能登周辺に個人祭祀のものがわずかに点在するが、福井の越前地方ではほとんど氏神・末社として祭祀されているのは、強力な真宗の影響を物語っていよう。若狭においては、すべからくと言っていいほど個人あるいは旧家筋を中核とした同族による祭祀形態をとっているが、真宗を宗旨とする所では皆無か、もしくは地名として残存し、村祭りの日に御幣をさしているのは、かつての信仰の片鱗がうかがわれ、まだ厚遇されている方である。かように他宗教による排斥と、神社合祀策による村祭祀への移行をとどめている事例も多い。

ダイジョコは、その呼称・祭日・祭祀形態から、各種の信仰・伝承と複雑に習合を重ねているが、若狭においては大将軍・大神宮（伊勢）・大師講との習合が著しい。わずかだが、将軍塚や検地尺縄伝承による「大縄号」という呼称から、信州を源とするミシヤグジの波及を思わせる事例もないではない。宛字は複雑きわまりないが、なかでは「大将軍」が一定の普遍性を持っていると思われる。

大陸伝来の陰陽道たる大将軍信仰が歴史上に現われるのは、京都上京の大将軍八神社の由来から、延暦十三年（七九四）平安遷都の際、王城鎮護の神として春日山より勧請したとされている頃が淵源かと考えられるが、本格的な研究もなく、確実なことは一切不明である。京都には比較的大きな大将軍社が四社あり、それらと若狭のダイジョコには、例えば稲荷のような分霊勧請という濃密な関係をうかがわせるにたるものは何一つとてなく、むしろ名田庄村（現おおい町）の安倍陰陽道（土御門家）による信仰伝播が考えられるが、今後の研究を待たねばならない。

若狭全域を俯瞰してみると、ダイジョコ・地の神・地主荒神があまねく混在しており、小浜市を中心にして西部域に地の神・地主荒神、東部域にダイジョコが多く分布している。いずれも霜月二十三日を祭日とし、タモ（タブノキ）を依代として森を形成し、小祠や自然石・五輪・石仏などが安置され、先祖を祀るとされている。祭日が盆正月とされているものは古態と考えられず、先祖意識も稀薄である。祭祀組織も重視されるほど確立したものはあまりなく、名田庄村周辺（現おおい町）、高浜町高野、三方町海山（現若狭町）、美浜町新庄・野口・麻生ぐらいが目立つところである。本家を中核とした典型的な同族祭祀を形成しているが、事例として高野と麻生を紹介してみよう。

⑴高野

京都府との県境にそびえ立つ若狭富士と異称される青葉山の中腹に、約四十戸の集落があり、かつて宮座を構成していた宗家七軒が、七森と称して平家の落人を先祖とし、地主荒神をタモ・欅・椿のしげる各森において祀っている。糀谷保二・久保庄右衛門・藤井久助・南邦男・森ノ下文治・常藤（転出）、廃絶した祭祀者不明の家一戸の計七戸の株の本家筋で、旧九月九日輪番で講を営む。先祖を祀る墓との伝承があるように、南家のモリさんは詣墓の中央にタモがあり、石仏が寄せ集めてある。糀谷家の他には森の中に祠はないが、分家も含め各屋敷に小祠があり、石や「奉勧請地主荒神・維持文化七年(一八一〇)午ノ四月廿一日」(窪田数穂家)などと書かれた神札を納めてある。「平之家臣御之守　盛次大明神魂劔　禁他見」と記された森ノ下家の神札は、隣村小和田の七森の一つ、盛次庄助家の大将軍平正盛大神との関係を暗示しているようである。大飯町大島(現おおい町)のニソの杜の浦底の杜にも落人平池盛埋葬の伝承があるが、平家の知行国としての若狭に一時居住した平正盛との史実上の関係は詳細不明である。

(2) 麻生

戸数三十七戸のうち、奥村・佐竹・上村・横山・山田・窪の本家を中心とする同族祭祀の各グループと、同族に所属しない中谷・佐本・重兼・高橋・白井家が共同で祀る村の異姓複合のもの、グループに加わりながら屋敷神として独自の祠を持つ中谷健男・白井清三家の計九か所のダイジョコがある。先祖・地の神として十二月二十三日を祭日とする。山田家の祠中には、稲荷・皇太神宮と共に「大将軍魔王天王」、佐竹家には「奉再建佐竹氏鎮守永久吉祥」、窪家には文化十五年(一八一八)、文久三年(一八六三)の日付のある「大上宮」の神札がある。濃密な同姓単独祭祀の中にあって、異姓複合対等合併式にグループをつくる事例は、名田庄村(現おおい町)の株講、小浜市栗田のダイジョゴンにも見られる現象である。

4　ダイジョコとしてのニソの杜

大飯町大島(現おおい町)は縄文前期の遺物が出土していることからも推察されるように、早くから開けて古墳時代には製塩地として活況を呈し、また大陸からの文化移入の先進地として栄えていたとされている。かつては全くの孤島同然であり、閉塞された島の日常にあって、民俗事象も相応にして独自の変容を遂げたことは当然と考えられる。若狭の地の神＝ダイジョコ祭祀の普遍性の中で、何がニソの杜の特殊性とされるのかを以下に考察してみる。

まず大島に顕著な祭祀組織の複雑で重層的な混在であるが、二十四宗家(名)が現在実体がないとしても、若狭の普遍性の中にあっては、伝承に一定の信頼が置きうると考えられる。個人から同族へ、さらには近隣地縁への発展が普遍的であり、その逆は全くありえない。小浜市東勢の宮衆の地の神は、かつては池上善七家個人のものであり、しかも宮衆の中には独自の地の神を持つ家もあることや、各家の屋敷神を集合して八神さんを垣内の神として祀る美浜町佐田の八柱カイトの事例に明らかに見ることができる。瓜生の杜なども宗家廃絶後の近戚で祀るとされている。さらにニソの杜は、若狭の宮座構成に見られる村社と氏神の関係を想起させ、各集落の氏神化し近隣共同の神として機能し、すでに祖先祭祀は風化している状況にある。白山社や諏訪社が共同祭祀である以上同様に祖神化しなければならぬが、本質的にはニソのニソたるは祭日と祖霊祭祀にあるといって過言でない。転宅後他家の杜の構成員となることも、合理をこばむ村の日常感覚としては異和を覚えない。神が土地につくことも、祖霊が地の神化すれば当然その土地の守護神となる。おそらく当時の民間祈禱者の関与、解説がそこに介在していよう。

古墳との習合も多く見られるが、若狭一円においてダイジョコと古墳がつながりを有するのは、高浜町小和田の盛次家、旧三方町岩屋(現若狭町)の上下忠二家、同白屋(現若狭町)の狐塚古墳の三例しかなく、やはり異様である。が、その関係は祟りによる神の出現を暗示していて、およそ間接的と考えられる。今では被葬者・築造者と宗家との関係はたどりようがない。ニソの杜の始源をいつの時代に想定するかということも重大な問題であるが、その傍証として浜禰の杜とその周辺に所在する製塩遺跡、杜の際からの中近世の人骨出土を関連づけて考察すると、同志社大学の報告(『若狭大飯：福井県大飯郡大飯町考古学調査報告』同志社大学文学部、一九六六年)の通り、杜祭祀はそれほど古くはなく、祖霊崇拝形成期のものと考えられる。もし杜が自然神なのであれば、古墳や墓との関係をどう説明づけうるか、少なくとも自然神でないことの証左となるだろう。

次にニソ・ニンソーの呼称であるが、ニソのニソたるゆえんも、つまるところこの呼称の特異性による所大であり、ために若狭の地の神祭祀として正しく位置づけられなかったと言ってよい。「ニンソー」はさらに名田庄村三重（現おおい町）の株講の異称である「ニジュウソ」（霜月二十三日）の発音に近く、もはや定説と考えられる。呼称は祭日記憶の常民の知恵である。けだし御祖・御遠祖・二鼠・二十苗説などは付会にすぎず、柳田国男の安間清宛返信で述べているように、歳時語彙の「ニジフソ」に他ならない。

祭場における森厳な森の形成も、原始祭祀を思わせるほど、見事に孤島独自の生成をとげている。人の入らぬ杜の入口に、神を迎えるカラスグチがあるが、若狭一帯に点在する烏勧請に他ならない。同町の佐分利川周辺では藁火をたき魂迎えをしているが、対照的である。

以上、ニソの杜の特殊性を五点あげてみたが、杜をダイジョコとして位置づける根拠は、祭祀内容を全く同じくして地の神と混在していること、大島の出村の犬見の地の神もかつてはダイジコと呼んでいたこと、杜の中にもダイヂクの杜（「鳥山私考」に「台笠」「大笠」「大上こん」の書きこみあり）があることなどによる。オンジョウの杜の神札にも「奉勧請大聖権現御守護處」と記され、「ダイジョコン」の宛字と考えられる。寛政の頃すでに正確な神名が不明となり、地の神という性格だけが伝承されたが、おおむねダイジョコ信仰は当地にも伝播していたと推察される。さらに「私考」によれば、河村の東源寺の前身が住吉ダイヂク院と呼ばれ、藤原氏の菩提寺として島における寺院の嚆矢とされていることも、墓制との関係を示唆するものである。あまねく若狭を俯瞰してみて、ニソ＝ダイジョコ説を否定する理由は何もなく、ニソの杜解明に向けて、むしろダイジョコそのものを究明することが今後の課題として浮かび上ってこよう。

5　墓制と御霊信仰

墓制とりわけ若狭に著しく分布する両墓制、あるいは古墳との関わりをも含めると、杜のほとんどが濃密に関係を有しているし、若狭全体の傾向とも合致する。現在の共同のサンマイ以前には、山すそや畑の隅に個人の葬所があったことも考慮しなければならない。大島において、昔のサンマイ地を「ニソのつかないモリさん」と言うのも注目するところである。弔い上げ後、先祖や地の神になるとの全国的な伝承も有力な証左であろう。ただ杜が詣墓の前身かサンマイなのかは、少くとも現在は不明である。ダイジョコの祭場には石仏・五輪が多いが、これなども仏教化・習合とするより、むしろ墓制そのものなのかもしれない。

そしてそのような祖霊の共同幻想の祭場こそ、鈴木棠三の言うように「御霊信仰の発生以後における神顕現の地、ないしは祟り地」（『若狭大島民俗記』）であったのであり、かつて大島にもミコ筋の家があったように、当時の民間祈禱者たちの活躍が推考しうるのである。わざわいをもたらす死霊を封じこめるその神こそ、暦法の凶神大将軍ではなかったか。両墓制と大将軍の伝播が分布図の上で重なり合うこともうなずけよう。中世の一時期に大将軍信仰がいわば御霊信仰として流行神化していたのかもしれない。橋本鉄男は「杜と墓」（『どるめん』第一一号）、「荘厳と大荘厳」（『民俗学研究』三）において、その辺のいきさつを「川上庄旧事伝記」に記された虫供養と霜月二十三日の大将軍祭において考証しているが、極論すれば墓制と大将軍信仰の研究においてしか、ニソの杜をはじめとする若狭の地の神系の民俗神は解明しえないであろうし、杜を祖霊の荒魂とし、二十四名を祭神とする余永神社を和霊とする伝承も、そのような背景を予想させるのである。

（『歴史手帖』第七巻五号、名著出版、一九七九年五月）

第二章　小さな森の祭り──若狭の森神信仰──

1　ニソの杜の現在

シャレのめして、よく「原子と原始が混在する」と評されることがある、福井県大飯郡大飯町大島(現おおい町)。むろん、「原子」は科学技術の先端をいく四基の原子力発電所であり、一方「原始」はといえば、神さびた照葉樹林の森がかもしだす神聖な「ニソの杜」のイメージをぬきにしては、このキャッチ・コピーは成り立たない。この二つの「ゲンシ」が仲良く共存しているかどうかは別にして、NHKテレビのふるさとの伝承『小さな森の祭り』の撮影にあたって、制作者に強く空撮を進言したのは、大島におけるニソの杜の現況を、降臨する神(祖霊神)の視線で鳥瞰してみたいとの欲望にかられたからであった。

テレビ映像はのっけから、大島半島の先端に点在する浜禰《はまね》の杜や上野の杜の位置を鮮明にとらえ、六か所のニソの杜が山麓に所在するダコ山の裏側に、巨大な原子力発電所の建造物群が隣接して立ちならぶ情景を映しだした。平地を歩いたり、地図をたよりにしていては決して実感できない光景である。ニソの杜のなかではもっとも景観の美しい浜禰の杜に隣接して、つい最近まで使用されていたサンマイ(土葬墓)が取りこわされ、外海沿いにリゾート建設が進むなかでの、良きにつけ悪しきにつけニソの杜を取り囲む大島の冷厳な現実がここにあると言ってよいであろう。リゾートに取りこまれた新保の杜の一つは、すでに破壊されたも同然の惨状を呈しており、周辺に点在する杜の祭祀も廃絶に追いこまれたものが多い。遅きに失したが、今からでも何らかの手を打つことを求めたいと思う。

さてここで、「ニソの杜」の概略についてあらためてのべることにしよう。『広辞苑』や『日本国語大辞典』にも載っていない、「ニソ」という不思議な固有名詞を付した「ニソの杜」とはいったい何か。その大変素朴な民俗信仰が、なぜ日本民俗学の主要な研究テーマとされてきたのか。巨木を先祖の神として崇敬する習俗が、アジア的なひろがりのなかで、なぜこれほどまでに注目を集めるのであろうか。

「ニソの杜」は大島に点在する三十三か所の聖地である（これまでの先学の論考では、大島の郷上史家故大谷信雄が著述した稿本『島山私考』のニソの杜の項をそのまま引用しているため三十か所とされてきた。その後、何度も現地調査をして確認した結果、シシャモリ（脇今安）と三か所目に当たる上野の杜（宮留）、岩藤の杜を発見し、現在三十三か所を数える。しかし、単に「モリサン」と呼ばれているモリも他にあり、今後の調査では増加が予想される）。

さらにつけ加えれば、「ニソの杜」という呼称は、大島に固有の聖地名であり民俗語彙である。それぞれの杜が所在する地名を付して、浦底の杜・博士谷の杜・瓜生《うりょ》の杜・西口の杜・中口の杜・サグチの杜・脇城の杜・だいじくの杜・一の谷の杜・窪の杜・清水《すず》の前の杜・はぜの杜・おんじょうの杜・日角浜の杜・大谷の杜・畑の杜・今安《います》の杜・おたけの杜・またの杜・脇の杜・井上《いがみ》の杜（二か所あり）・上野の杜（三か所あり）・浜禰の杜・新保の杜（二か所あり）・神田《じんでん》の杜・つかねの杜・大坪の小杜などと呼ばれている。これらの杜を総称して「ニソの杜」と呼んでいるが、なぜ大島に固有の名称かというと、「ニソ」という固有名詞を付した民俗信仰や聖地（杜）の名前が、当地以外には存在しないからにほかならない。すなわち、「ニソの杜」と呼ばれる聖地は日本中でこの大飯町大島（現おおい町）にしかない。

2　ニソの語源

では、タモ（タブ）やヤブニッケイ・椎・椿などの照葉樹林が生いしげるこの小さな森が、なぜ「ニソの杜」と呼ばれるのであろうか。

以前、ある電力会社が発行したパンフレットのなかで、ニソの杜の語源は沖縄の二匹の鼠（二鼠（にそ））の信仰に由来するというおそるべき珍説が紹介されていてあきれかえったことがあるが、これなどはまったく論外としても、これまで提唱されてきた、「御祖」「御遠祖」「二十三名」説とて大同小異の付会の説であることにはかわりはない。もっとも有力な説としては、柳田国男が真摯なニソの杜の研究者である安間清宛にしたためた手紙（昭和二十四年十月二十日付）のなかで、ニソの語源についてつぎのように言及している。

「何故にニソと謂ふならんかとの鈴木の問ひに答へて、多分旧十一月二十三日即ち東北にて大師講などといふ日に此森を祭る故にニソ（二三）といふならんと答へ置き候。播州にては歳時習俗語彙にも掲げし如く、此日はもはや節日には非ざるも、之をニジフソと称して何か変つた食物だけはこしらへをり候故、此の如く想像せしに候」

文中の「鈴木」とは鈴木棠三のこと、鈴木は『南越民俗』二―四（昭和十四年）に発表した「若狭大島民俗記」のなかで、じかに大谷信雄から聞書きをしたニソの杜の内容について報告をしている。柳田は一度も大島の地を踏んだことはなかったが、大学者の慧眼おそるべし、博覧強記にもとづいたグローバルな視野でニソの語源と本質をみごとに言い当てている。「ニジフソ」すなわち「ニジュウソウ」とは、霜月（旧暦十一月）二十三日の祭日（霜月祭り）のことであり、大飯町大島（現おおい町）に隣接する名田庄村三重（現おおい町）でカブ（同族）ごとに行われる地の神講を「ニジュウソウのお講」と呼ぶ事例がある。実際、大島においても「ニソー」とか「ニンソー」とも発音されており、「ニソ講」「モリ講」とも呼ばれるニソの杜の祭りがかつては旧暦十一月二十三日（現在は新暦十一月二十三日）に行われていたことから、柳田の見解は的中しているとしてよいだろう。先年わたくしは但馬から播州を横断して、地の神・

稲荷・ダイジョコ(大将軍)等の霜月祭りを調査し、ニジュウソウという呼称が今なお細ぼそながら伝承されていることを確認したことがあった。おそらくニソの杜の語源説は、柳田説をもって確定したと言ってよい。

３　ニソの杜の神

ではいったい、ニソの杜に祀られている神とはなにか。『島山私考』所載の口碑によれば、

「にその神は志摩の元祖に座まして二十四名の宗家各別に小祠(ホコラ)を建てて我家の遠祖を祀りてこれをにその神と尊称し奉るなり」

とされている。すなわちニソの杜は、二十四名《みょう》の島の開拓先祖を祀る聖地との伝承があり、識者の説として「にそ御祖(みそ)ナラン　御遠祖ナラン　何れも遠津御祖(トオツミオヤ)を申すなり」とする付会の語源説の根拠となっている。『若狭旧事考』『若狭郡県志』にある「島民追㆑遠、毎㆑歳祭㆓島祖㆒」の記述はこれらの伝承をぬきにしては考えられない。古墓とする口碑や古墳上に祀られているニソの杜があり、事実浜禰の杜の一角からは二体の人骨が発掘されてもいる。

最初にニソの杜を学会に紹介した安達一郎の「若狭大島採訪記」には、「二十四名《ミョウ》と『ニソノ杜《モリ》』」の一節があるように、「二十四名の開拓先祖」は決して数値を表わす単位(名《めい》)ではなく、平安時代以降荘園・国衙領の賦課単位とされた名田であり、名主の「名《みょう》」にほかならない。この点はニソの杜を研究する場合に、決してなおざりにしてはならない視点である。「二十四名《ミョウ》は古来より長百姓として種々の特権を有して居り、漁場に於いても磯引株、立網株などを持ったが今日に於いては、こうした特権は漸時失はれて各戸平等になりつつあるといふ」と安達一郎はのべている。名は苗《みょう》であり、丹波地方では同族集団を表わす。ニソの杜がふだんは住民から単に「モリサン」とも呼ばれるよう

に、丹波にも杜の神を苗の先祖として斎《いつ》き祀る事例がある。たとえば京都府北桑田郡美山町（現南丹市）の江和・北・南・河内谷の旧知井村の集落には、「知井村十苗」と呼ばれる祭祀団があり、それぞれの苗の祖先を「モリサン」と通称される小祠をかまえて祀り、十月九日に苗講を営んでいる。小祠の傍には杉や桂の古木があり、杜神としての形態をわずかに伝えている。若狭のような沿岸部ではタモや椎などの照葉樹林が聖地の神木として社叢を形成しているが、内陸部の丹波では杉や桂・欅などの針葉樹や落葉樹の巨木が神聖視される傾向がある。

ではなぜニソの杜が三十三か所も存在するのかということについて、大谷信雄は『島山私考』のなかでつぎのように言及している。「にその杜は二十四名の宗家各々我家の祖神を祀りたる処にして其の総数は余永の御祭神の数と同じかるべしとの伝へあり　然るに今にその杜の数は二十四箇所よりは多し　実数は知らされとも想ふに　その杜に小杜《コモリ》といへるがあり　即その小杜なるものは二十四杜の外にして或は二十四名中の祖神の臣ノ神に座まして其の臣家も亦主家に准ひて吾の家の祖神を祀りたるが故に小杜《コモリ》の別称を附したるにや　又第二期二十四名よりは後に志摩に渡り来て住居を構へたる者あり　前者二十四家の者に准ひて各々祖神を祀りしものなるや判明せず」。

4　習合する神々

なにぶん証明するに足りる史料があるわけではないから委細を論証はできないが、翁の仮説はまったく根拠がないとすることはできない。大飯町（現おおい町）に隣接する高浜町高野や小和田の七森には平家の落人とされる先祖を祀るモリがありながら、本家筋の屋敷神として地主荒神を勧請していたり、七森を祀る本家のそれぞれの分家においても先祖神として地主荒神を祀る事例が散見する。これらの相関関係は、鹿児島のモイドン（森殿）とウッガン（内神）の関係を想起させよう。その地方に有力な民間祈禱者がいれば、時代ごとに奉持する神名の違いはあるとはいえ、病気や不祥事を契機にして地主荒神や地神・白龍などの下級の民俗神が一種の流行神として祀られ生成してきた。大飯町(現おおい町)を縦断して流れる佐分利川流域のジノッサンや地の神・ダイジョコを調査してみると、祀りはじめの伝承にいかにオガミヤサンと呼ばれる祈禱師が関与しているかがわかる。ニソの杜とて自然発生的に祭りごとがはじめられたわけでは決してない。いつの時代であれ、神の声を伝える巫者の存在があったことは忘れてはならないだろう。

伝承では二十四名の島の開拓先祖とされているが、小祠のなかには「地主大神」「遠祖大神」「大上宮」「奉勧請大聖権現」などと祭神の名をしるした神札が安置されている。「遠祖大神」というのは伝承上の遠い時代の開拓先祖を指していると言っても間違いあるまい。「地主大神」はいわば佐分利川流域のジノッサン(地主さん)と系統を同じくする民俗神で、高浜以西では荒神信仰と習合し地主荒神と呼ばれる。いずれも先祖、または屋敷を守護する神とされている。また「大上宮」「大聖権現」という神名は、嶺南一円に分布する先祖神、ダイジョコ(ダイジングウ・ダイジゴ・ダイジョゴン・ダンジョコなどとも呼ばれる)の宛字と考えられる。ダイジョコは陰陽道の凶神にして方除けの神、大将軍神が中世以降、陰陽師によって地方に波及し、土着の祖霊信仰や作神・葬墓制・二十三夜待ち・杜神信仰・山の神などと深く習合混淆し民俗神として伝承されてきたものである。ニソの杜のなかにもダイジクの杜(河村)がある。これらの祭神の相違は、先述したように民間祈禱師の関与と、時代相によって異なる流行神の性格が影をおとしているにちがいない。応仁の乱のころ、戦火をさけるために陰陽師の土御門家(安倍)が一時、名田庄村納田終(現おおい町)に本拠地を移し、布教活動を展開したことがあった。

5　ニソの杜の祭り

祭日は霜月二十三日(十一月二十三日)。二十二日の夕刻から翌朝にかけて、それぞれが関与するモリサンへ参詣する。祭場は前日までに清掃し、砂と海藻(ホンダワラ)で清めておき、祠にシメナワを張りゴヘイをかざる。ニソ田と呼ばれる神田から収穫した米で、小豆飯のおにぎりを作りタガネというシロモチ(シトギ)をのせ、ワラヅトに盛りつけてニソの杜の神に供える。モリの一角にはカラスグイまたはカラスグチと呼ばれる鳥勧請の場を有するものもあり、供物を鳥や野獣がまかる(食べる)と「オトがあがらっしゃった」と言って吉兆とする。「オト」は御当、すなわちニソ講の当番のことである。島山神社の例祭にも御鳥喰神事が行われる。清水の前の杜を奉斎する河村の大谷一族などは、つい先ごろまで大谷講と呼ぶニソ講を営み、同族団の結束力をほこった。当夜はかつては荒天となることが多く、「ニソ荒れ」と呼んだ。ただし、「ダイジョコ荒れ」につきものの大師講の「跡足隠しの雪」の伝承は当地にはない。

かつて柳田国男は、「大いなる意義はニソウ即ち十一月二十三日を以て先祖の祭りをすることにて小生などは全く是あるが為に幾らも残らぬ老後の時間を費やすに足るとまで致し候」と、ニソの杜の調査にいそしむ安間清宛の手紙(昭和二十五年三月五日付)のなかでしたためている。祖霊信仰と民間新嘗と杜神信仰が濃密に混在する、若狭大島の聖地ニソの杜。日本民俗学のパイオニア、柳田国男が発したラディカルな問題提起は、日本の民俗信仰の根底にあるシンクレティズムの広がりと深さを、あらためて再認識させてくれよう。ポスト柳田学を浮足立たせた、祖霊信仰論批判の熱気がようやく冷めて、神さびた深い木立ちのいきづかいのなかから、ニソの杜の詩と真実(心意)が海鳴りのなかによみがえりつつあるのを、ひそかに私は感じている。

参考文献

『森の神の民俗誌』日本民俗文化資料集成二一、三一書房
『祖霊信仰』民衆宗教史叢書二六、雄山閣出版

『神と霊魂の民俗』講座日本の民俗学七、雄山閣出版　他

（『「ふるさとの伝承」解説編』、示人社、一九九七年十一月）

付1　ニソの杜のゲオポリティク

柳田国男という一国民俗学の創始者の個性があまりに強大であったがために、その絶大な影響のもとに、以後のエコールがもろもろの民俗事象を師の創見的な学説によって説明しようとしてきたきらいがないわけではない。現在各方面で展開されている通説の批判と再検討は、かつてのそういった安易さへの深い反省のもとに推し進められているものと思われる。

当然のこととして、それはそれで高く評価されるべきである。だが当節の通説批判の風潮に勇み足や行き過ぎがないであろうか。いま一度斯学本来の冷静な内省力を取り戻すべきではないか。

すべての宗教の原型が、自然崇拝か祖先崇拝かは、常に古くて新しい命題である。だが今に残る民俗事象がその命題に充分答えうるかどうかは、変遷と習合の複合過程が分析され実証されなければならないことは自明のことである。もっとも民俗学において極めて困難な作業が、この遡及力の如何にあることも事実であろう。現象を構成する要素を一つひとつ究明することは、何によって可能であろうか。伝承の基盤をあらためて問い直すことが求められてはいないであろうか。

昨年から私は地名・小祠・呼称・伝承を手がかりにして、福井のアイノコトと奥能登のアエノコトの比較検証をはじめた。その作業によって次第に明らかになりつつあることは、福井県を二分する若狭と越前の境界域に、収獲儀礼としての田の神饗応の伝承が、ニソの杜の信仰と同一の信仰とされるダイジョコ信仰のなかに部分的に見られるということ、それは何らかの歴史的な理由による民俗信仰の習合に他ならないということであった。祭場としてのモリがあり「不具神」の伝承が色濃く残っている。

だがアイノコトとニソの杜をはじめとする若狭の地の神系の民俗神との間には、重出立証されるものはほとんどないと言ってよい。田の神の墓制への近縁性は更に皆無である。ニソの杜のなかにはダイジョコ信仰は残存しているが、霜月二十三夜の片脚神の伝承がない。一方、名田庄村西谷（現おおい町）の地の神は、ダイジョコとは言わないが跡隠しの雪の昔話を伝えている。これらの差異をどう読解するかは今後の研究の課題である。

先日指宿市のモイドンを数か所調査したが、祭日が異なるとはいえ森の形態や先祖を祭神とする伝承、埋葬地との関連などにニソの杜類似の信仰を確信した。だが真宗地帯における差異の要素もかなりあり、この点について過少評価はできないと思われる。

韓国東南沿岸地方には、ニソの杜とよく似たコウルメギ信仰と呼ばれる祖霊信仰の聖地が分布していることが、張籌根「韓日両国の古代民間信仰」（『比較・古代日本と韓国文化（上）』所収）に出ている。アジアの祖霊信仰は、柳田国男という一天才の提唱した学説とは関係なく確実に存在していることも忘れてはならないことである。

確かにニソの杜のなかには、地縁や近隣で祭祀されているものがあり、祖先祭祀の稀薄な土地もないわけではないが、その変遷の原因として、祭場や神田の売買、本分家間の確執などによる祭祀権の移動が大きな要因としてあげられよう。変遷をよく見きわめず、本末転倒するのは如何なものであろう。伝承の基盤構造を究明するべく習合変遷にいたる地政学的（ゲオポリティク）な研究が今もっとも重要ではないか、というのが私の目下の到達点である。

（『日本民俗学』第一六六号、日本民俗学会、一九八六年七月）

付2　ニソの杜と巨木伝承─天と地をつなぐもの─

八世紀初頭に成立した奈良時代の地誌とされる『豊後風土記』には、「玖珠郡」の項に「昔者《むかしは》、此の村に洪《おお》きなる樟樹有りき。因りて玖珠郡と曰《い》う」とあり、郡名さらには現在の町名の由来ともなっている。郷土史家の穴井義則が採話した当地の伝説によると、阿蘇山のふもとに三万三千尺もの楠の巨木がそびえ、その巨木の影は朝日に照らされて遠くは長崎まで、夕日は四国の伊予まで影を落とし、山麓の村々は日があたらず困窮していたところ、身の丈三千三百丈もの大男、木切り別当太郎がさんざん難儀のすえに「楠の大木にまかりついているへくそかずらの精」の入知恵でようやく巨木を切り倒すことができたという。

土をはねながら倒れたのでその土地を「はね山(万年山)」と呼び、とりわけ前峰の海抜六八五メートルの「伐株《きりかぶ》山《やま》」の景観は当町が誇る名勝ともなっている。郡名はじめ「久留米」「日田」「夜明」「光岡」「朝日」などの周辺の地名と関連づけて、古くから地元で語られてきた巨木伝承である。『風土記』には記載されていないこれらの細密で具体的な伝承は、民話としての語りの息づかいや、地元ならではの風土の匂いが立ち昇ってくる。

今夏、調査の道すがら当地を訪ねたが、まさしくメサ(卓状台地・台地火山)状の山容は巨木を切り倒したような形状で、平坦な山頂はハンググライダーやパラグライダーの格好の基地になっている。「土人之を伐りて株を断つ。蟠根《ばんこん》化《か》して石となる。即此山なりと」と唐橋世斎『箋釈《せんしゃく》豊後風土記』にあるように、その山容から楠の巨木伝説を語り伝えた古代人の想像力の豊かさに畏敬の念すら抱いた。

いわゆる「巨木伝承(巨樹伝承)」とよばれる同様の日本の古代神話は、『古事記』仁徳天皇の条をはじめ『播磨国風土記』逸文、『筑後国風土記』逸文、『肥前国風土記』『常陸国風土記』『今昔物語集』のほか、各地の神話・伝説集に類語が散見する。しかし「高木は神の依代《よりしろ》と信じられ、神木・霊木としてあがめられた。(略)この種の高木にちなむ話を大樹説話・霊木説話などという」と『日本古典文学全集一「古事記・上代歌謡」』の頭注にあるように、巨木伝承を宇宙樹(世界樹・世界柱・宇宙軸)として世界の神話伝説のなかに位置付ける視点はこれまであまりなかった。

とはいえ、知の巨人南方熊楠をはじめ、神話学の大林太良らの文化人類学系の学者によって巨木伝承を宇宙樹として把握する立場が受け継がれ、先年万葉学者の中西進が「世界樹のコスモロジー」(『中日新聞』一九九一年九月一七日〜一九日)のなかで古代ゲルマン神話の宇宙樹ユグドラシルと日本の巨樹伝承を関連付けて論証している。遅ればせながら拙稿「龍蛇《りゅうじゃ》と宇宙樹の神話」(『森の神々と民俗』所収、白水社)のなかで学説史をふまえて宇宙樹論を展開しているので、ぜひ参照してほしい。

さて、その拙著の序文で、ニソの杜のなかにある巨木を世界の中心に聳える宇宙樹として比喩した。あくまでも比喩であって地元の伝承ではなく、ましてや新しい学説ではない。ところが、高名な人類学者の村武精一が『アニミズムの世界』(吉川弘文館)のなかで、沖縄の御嶽《うたき》や上賀茂神社のミアレ木、諏訪大社の御柱《おんばしら》・伊勢神宮の心の御柱とともに、若狭大島のニソの杜を例に引き、「神木は神霊の依り代として、あるいは天界と地上を結ぶ『宇宙樹』として、神霊の降臨によって『常在神』のとどまるところとなっている」と述べているのはきわめて画期的なことである。

ところで、「ニソの杜」とはなにか、について、なるべくご依頼の趣旨に沿って簡単に説明をさせていただく。ニソの杜は福井県大飯郡おおい町大島に所在する二十四名《みょう》(苗)の開拓先祖を祀る三十三か所の森神信仰の聖地で、地名を付して「浦底の杜」「瓜生《うりょ》の杜」「清水《すず》の前の杜」「上野の杜」「井上《いがみ》の杜」などと呼んでいる。地元ではふだんは「モリサン」とか「ニンソー」と呼びならわし、各家の「本尊さん」、すなわち古い先祖が祀られていると信じられてきた。

「森神信仰」とは森や巨木に神が宿っているとする、原初的なアニミズムの信仰形態である。沖縄の御嶽《うたき》や鹿児島のモイドン、対馬の天道シゲ、石見の荒神ブロなど、全国各地の森神がよく知られている。ニソの杜は霜月（十一月）二十二日・二十三日の祭日以外は決して近づいてはならない禁足地とされ、タモ（タブノキ）や椎の木の巨木、椿・ヤブニッケイなどの照葉樹が生い茂り、神さびた社叢を形成している。森の中心には大きな神木がそびえ、その下に小祠が安置されているものも多いが、数か所の森には鬱蒼とした密林だけしかないものもあり、いかにもモリの神が住んでいるような雰囲気を漂わせている。古墳や古い墓地に隣接するものもある。毎年、ニソ講・モリ講・モリマツリと呼ぶ霜月祭りが行われ、神田のニソ田から収穫した新米の小豆飯やタガネと呼ぶ粢《しとぎ》をワラヅトにのせて杜の神に供え、豊作を感謝する。森の一角には「カラスグチ」「カラスグイ」と呼ぶ烏勧請《からすかんじょう》の習俗を伝える場所が設けられ、烏がお供えを食べると、「オトが上がった」といって一安心する。氏神の島山神社の例祭でも「お烏喰《とぐ》いの神事」があり、「オト」は「御当（お当番）」すなわち当屋輪番制の名残りと考えられる。

祠のなかには「大上宮」「奉勧請大聖権現」などと書いた神札・棟札があり、若狭に普遍的に点在するダイジョコ信仰の波及が認められる。ダイジョコとは祟り神として大変恐れられた陰陽道の凶神大将軍神の方言名（民俗語彙）である。

さて、いったい「ニソの杜」の「ニソ」とは何かというと、先祖を意味する「御祖《みそ》」とか「御遠祖《みゑんそ》」、あるいは「二十三名」からきているなどと、さまざまな語源説がいわれてきたが、やはり日本民俗学の祖、柳田国男が弟子で大野市出身の安間清宛の手紙の中で「多分旧十一月二十三日即ち東北にて大師講などといふ日に此森を祭る故にニソ（二三）といふならん」といみじくも述べており、ほぼ定説と考えられる。旧名田庄村三重（現おおい町）の地の神を祀る同族の株講や、丹波から播州にかけて「ニジュウソの祭り」が見られることも有力な証拠である。つまりニジュウソの発音が詰まって「ニソ」となったのに違いない。大島でも「ニンソー」とも発音することがある。

このようにニソの杜は大島の開拓先祖を祀る大切な聖地として、これまで大事に一族縁者で祀られてきた。しかし、近年のリゾート開発や住民そのものの祭りごとへの無関心、生業や勤務形態の変遷により、一部のニソの杜の荒廃化や祭祀の放棄が進み、いちだんと危機的な状況が見られるようになったことから、平成二十二年に国の選択無形民俗文化財に指定された。そのことによって住民の意識が変わるかどうかは今のところ判断はできないものの、役場当局も調査報告書の刊行や講座の開催などに尽力しており、町づくりや観光資源としての多角的な位置づけがようやく整いつつある。実際今夏のニソの杜シンポジウムの開催以降研究者の来町も次第に増えつつあり、今後の進展に期待したい。

日本の有力な環境資源である森林の荒廃化を防ぐには、科学的・技術的な施策のみでは完全とはいえない。やはり、ニソの杜のような巨木に神が宿るとする日本古来の森神信仰や、春には山の神が里に降隠して田の神となり、豊作を見届けて秋には再び山に帰って山の神になるという、いわゆる「山の神と田の神の去来信仰（交替伝承）」が意味する山と里、さらには川と海の、すなわち自然と人間の共生と循環の思想の再認識・再発見こそ、３・11以後の日本の再生と復興をめざす基本的な立脚点となるに相違ない。あらためて今を生きる私たちの世界観が問われている。

（『GREEN AGE』二〇一二年十二月）

付3　モリと呼ばれた神の場所

「森は大あらきの森。しのびの森。ここひの森。木枯の森。信太の森。生田の森。木幡の森。うつきの森。きく田の森。岩瀬の森。立ち聞きの森。常盤の森。くろつぎの森。神南備の森。うたたねの森。うきたの森。うへつきの森。いはたの森。たれその森。かそたての森。かうたての森といふが耳とまるこそ、まずあやしけれ。森などいふべくもあらず、ただ一木あるを、何ごとにつけたるぞ。」（『枕草子』一一五段）

文献上においてはすでに『万葉集』（七―一三七八）に「木綿かけて斎ふこの社《もり》越えぬべく思ほゆるかも恋の繁きに」（作者不詳）と歌われているような事例があることからして、「大あらきの森」以下のこれらの森も神の祭場としての森に相違ないと思われるが、聖空間としての宮居の森の衰退がこの頃すでに始まっていたのであろうか、「ただ一木あるを、何ごとにつけたるぞ」との疑念は、さすがに清少納言らしい豊かな感性に裏打ちされ染め上げられている。

「モリ」という言葉は、日本民俗学のキー・ワードの一つであるといっても過言ではないが、明快でごく素朴な問題提起ともいえる清少納言の疑問のなかに、神祭りを解明する手がかりがひそんでいるように思われる。けだし、一本の巨木でさえ何故森と呼びならわされているのであろうか。

ところで民俗学の対象としてまずモリに注目し深い関心をよせたのは、言わずと知れた柳田・折口の両パイオニアである。柳田国男は「塚と森の話」の中で、「我々が神として斎くものは、根源の思想に遡つていへば、御神体でもなければ、社殿では勿論なく、其土地夫自身、其土地の上に繁茂する森夫自身である」と述べて、神社合祀策を官吏としてやや遠慮がちに批判をしている。「モリ」の語源についても「土を築くから『ツカ』というと同じ様に、土を盛るから『モリ』ともいひ得るのである」と考証の一端を述べているが、一方、人工のモリに対するに原生のモリを始源としてパラレルに論理を展開しており、根本的な矛盾がないわけではない。この初期の柳田学の矛盾は、むしろ両論併記のような形で今なお日本民俗学の学説史のなかに尾を引いているといえるだろう。

折口の場合は、再々『古代研究』の「国文学編」「民俗学編」の口絵写真に、何ら詳しい説明も加えず口能登のタブの木の杜を載せており、並々ならぬ関心を寄せていたことが谷川健一と池田弥三郎の対談集や著書で言及されている。

池田は『魚津だより』の「たぶ・つまま」のなかで「折口先生の考えが、はじめ、海流に乗って流れついたたぶを考えていたのが、後には人が海岸のたぶの杜を目指してやって来るというように、微妙な考えの違いが生じてきた」として、壮大なロマンチズムの訂正を余儀なくされたこの間の事情についてふれている。一方谷川はタブをめぐる個々の瑣末な事象にあまり拘泥せず、折口説を敷衍し壮大な仮説への意志を引継ぐべく「八重の汐路のはるか南につながる民族渡来の原郷」（『常世論』１「常世―日本人の認識の素型」）に思いをはせているかに思われる。

このようにモリは、多くはタブやクス・椎などの照葉樹林が中心をなしているが、古来磐座とともに神の依代として機能し、いわば時空を超えた民族の濃密な集合的無意識を発揚する祭場であった。とりわけ「モリが使われる場合は、一つのはっきりした特徴が見られる。それは必ず神社のまわりにあるものだけに使われていることである」（前田武輝「森林を表わす語について」『民俗』第一〇七号）としており、なかでも樹木崇拝・聖地信仰として名高い沖縄の御嶽や種子島のガロー山、奄美の神山、鹿児島のモイドン、対馬のシゲ、西石見の森神、美作の荒神ブロ、木曽谷のモロキ、山形のモリノヤマなど全国各地に見られる民俗神の祭場に顕著に見られる。

若狭においても、大島のニソの杜や高浜町高野・小和田の七森がつとに有名であるが、ここでは祭祀場所と祭祀地名（小地名「モリ」）との関わりを考察してみよう。

鈴木棠三・安間清・橋本鉄男等の調査報告によって柳田国男の注目するところとなり、一躍日本民俗学の輝かしい脚光をあびることとなったニソの杜以外にも、タモや椎のモリを祭祀場とする民俗信仰が若狭の各地に点在している。三方郡を中心にして若狭一円に分布するダイジョコ、大飯郡のジノッサン・ジヌシコージン、名田庄村（現おおい町）のジノカミ（株講）などであり、開拓先祖を祀ると伝えられてきた。

これらの同族神の祭場は、ふだんはそれぞれの神名で呼ばれるが、ただ単に「モリさん」とも通称されている。祭祀地名としては、地主（高浜町高野）、森（大飯町大島、現おおい町）、大常宮谷（敦賀市関）、大常宮（敦賀市葉原）（美浜町北田）、大神宮（敦賀市高野・谷）、大乗子（美浜町大藪）、大丈浜（美浜町佐田）、大城古前（美浜町寄戸）、大上皇元（美浜町新庄）、大将軍（敦賀市公文名）（三方町相田・常神・長江・武生、現若狭町）（名田庄村小倉畑・染ヶ谷・井上・奥坂本、現おおい町）（小浜市金屋・上根来・阿納尻）、大将後（三方町倉見、現若狭町）、大上郷（三方町鳥浜・三方、現若狭町）、大将宮（上中町堤、現若狭町）、大政護（小浜市加茂）、大将軍の森（三方町三方、現若狭町）、大将軍谷（小浜市西畑・深谷）等があり、特に多彩な宛字をしたダイジョコ信仰の関連地名が多く存在する。

これらの同族神の祭場は、多くは屋敷背後の山すそに所在し、方位も乾がかなり普遍的に選ばれている。村の景観から見た場合、例えば七森のある高浜町小和田や四塚を祀る小浜市奥田縄は、谷の奥地から次第に集落が下方の平野部へと移動し発展していることが跡づけられる。美浜町佐田の八柱神社（八神さん）は、八柱カイトの各屋敷神を古墳の密集する丘に合祀したものであるが、その一帯はかつては村の中心とされ、その森の周囲に森・森上・森下・岡本・山下（家号ダイジョコ）家等があり、姓の由来となっている事例も多い。

以上の同族神に関与する地名の他に、各市町村の小字台帳から約二百か所の「モリ」地名を採集し現地調査を試みたところ、「森の上」「森ノ下」「森元」などのモリは、小浜以西においてはほぼ九割が山の神を指していることが判明した。一方、氏神などの勧請神は神名で呼ばれる他に「宮の前」「宮ノ上」「宮脇」などと呼称されており、例えばこの用例を高浜町音海に見れば、氏神気比神社の下を「宮ノ下」、その上手に祀ってある山の神のタモの森付近を「森ケ本」というように画然と聖空間が分別されている。

なお越前の影響力が波及している三方郡以東の地方においては、「モリ」は氏神を指している場合が多いが、嶺南地方におけるこれらの分布上の用語の相異を、全国的な比較の上でどのように考察するかは今後の課題である。

「モリ」の語源にはアイヌ語「モ・リ（静かな高い所・小高い丘）」説や「守」「崖地」説など諸説があるが、いささか付会の臭いが強い。楠原佑介ほ「松岡静雄・大野晋などの唱える朝鮮語ＭＯＲＩ（山）と同源とする説はにわかに断じがたい」（『古代地名語源辞典』）としているが、やはり朝鮮古語「ＭＯ《モ》Ｉ《イ》」の古形「モリ」と同源とする金思燁説（『記紀万葉の朝鮮語』）が有力に思われる。私の調査でも半ば裏づけされたといってよい。「モリ」「モロ」「ムロ」「ムレ」「フロ」「ブロ」「マロ」などはすべて共通語であり、「ミモロ」「ヒモロギ」などという祭祀場を指す語も共通語根から派生した。

「モリ」が祭場を指すばかりではなく、広島県神石高原町豊松の田の神祭りの依代や兵庫県高砂市荒井神社の秋祭りのオダンに刺す芝・笹をも意味するようになる。一方聖域の一本の巨木を「モリキ」と呼んで特別視する地方があるが、「森全体を聖なるものとする地が辺境にみられることに注目するならば、森全体からそのうちの一本の樹へと信仰の対象が移ってきた」（西垣晴次「民衆の宗教」『日本民俗文化大系』四）結果である。先鋭な清少納言の問題提起への一つの糸口がここにある。

調査の途上、若狭町瓜生の「中ノ森」のように神社合祀策のむごたらしい狼籍のあとを数多く見てきた。しかし強権によって見捨てられたそれらのかつての祭場が、「モリからヤシロへ」とは逆に、むしろより神さびた鎮守の杜として聖域の威厳を保っているのは皮肉なことに違いない。

あらためて「日本人の力は森にある。森の力は日本の力である」（岩松睦夫『緑の大回廊』）ことに思いをいたし、プリミティヴな感性と根源的な活力をとりもどすべく、胸の奥処にうっそうと繁るモリを育むことで、混迷を深めつつある時代相に立ち向うべき時が来ている。

（『地名と風土』第二号、三省堂、一九八五年五月）

第三章　モリサンと杜神呼び出し―樹木と民俗信仰―

1　森のポリフォニー

樹木を伐りはらった、あっけらかんとしたはげ山にのぼると、髪の毛をじわりと締めあげるような森林の霊気は、ほかでもない、樹木そのものがかもしだしていたことが、逆に体感できる。時たま、半島の崖が崩れ、むきだしになった斜面には、タブや椎・モチ・椿などの照葉樹林が、まるでラッシュアワーさながら足の踏み場のないように所狭しと密生していて、ぶつくさとなにごとかを語りあっているようにも思えることがある。まさしく、出雲国造神賀詞《かむよごと》の「豊葦原の水穂の国は、昼は五月蠅《さばへ》なす水沸《みなわ》き、夜は火瓮《ほへ》なす光《かがや》く神あり、石根木立《いはねこだ》ち、青水沫《あおみなわ》も事間ひて荒ぶる国なり」のよく知られた言葉を想起させる光景である。

むろん、「石根《いはね》」も事問わないわけではない。しかし、混みいった樹木の声が多重声《ポリフォニック》なのに比して、岩石が語りかけてくる声は単声なのではないかと、ふと思う。乾燥した砂漠地帯に唯一神ヤハウェの声がなりとどろき、一神教が誕生したのもわからないわけではない。

森林のなかにひそむ動物たちのまなざしや息づかい、身じろぎも、森林の霊気をいやましにする。どこかにいどみかかるような視線や殺気を感じるのもそのためだ。里言葉で「恐神《おぞがみ》が立つ」というのは、そのような恐怖のいりまじった畏怖の感情をさしている。森林がかもしだすアニミズムの妖気は、いまも決して失われてはいない。零落したとはいえ、霊異はいたるところに現出するのである。シャーマニズムもまた森林のなかに懐胎した。

2　ただ一木あるを、何ごとにつけたるぞ

前段でわたしは慎重を期して、ことさら「森」という言葉を用いなかったのは、キイ・ワードとして軽がるしい扱いをさけたためである。文献上は、すでに『万葉集』（七一一三七八）に「木綿《ゆふ》かけて斎《いは》ふこの社《もり》越えぬべく思ほゆるかも恋の繁きに」（作者不詳）――「木綿しで（コウゾの皮の繊維をさらしたもの、幣）をかけて、祭るこの神社さえも、踏みこえるほどに思われることだ。恋の絶えまない営みのために」（『日本古典文学全集』3、小学館）とあり、「神社」を「もり」と読んでいるように、古代において「森」は神がみの祭場にほかならなかった。

その「森」とはなにか。その疑問を真正面から問いかけたのは、ほかでもない、平安の才女清少納言であった。『枕草子』一一五段をつぎにひく。

「森は大あらきの森。しのびの森。ここひの森。木祐の森。信太の森。生田の森。木幡の森。うつきの森。きく田の森。岩瀬の森。立ち聞きの森。常盤の森。くつろぎの森。神南備の森。うたたねの森。うきたの森。うへつきの森。いはたの森。たれその森。かそたての森。かうたての森といふが耳とまるこそ、まずあやしけれ。森などいふべくもあらず、ただ一木あるを、何ごとにつけたるぞ」

まさしく〈声に出して読みたい日本語〉の模範となるような、みごとな文章である。「森、森、森……」と歌枕をたたみかけて、「森などいふべくもあらず、ただ一木あるを、何ごとにつけたるぞ」とただひとこと真正直に問いかけている。「一本しかないのに、なぜ〈森《もり》〉と言うの」という清少納言の素朴な疑問は、実は真にラジカルな問題提起を含んでいるとわたしには思われる。つまりこの一節には、森は密林のように繁茂していなければならないという、共通の認識にもとづく大前提があり、しかも森の名称があるにもかかわらず、現実には一、二本の巨木しか樹木が所在しないという矛盾が、すでに一千年前の聖地をめぐる社叢の状況であったことになる。とはいえ当時、国内の森林を

はじめとする自然環境が、今日のような惨憺たる状況にあったとはとうてい思えない。となれば、そこに神が祀られていれば、たとえ一本であれ「モリ」とされる共通の理解があったと考えられよう。

「我々が神として斎くものは、根源の思想に遡っていへば、御神体でもなければ、社殿では勿論なく、其土地《そのとち》夫自身《それじしん》、其《その》土地の上に繁茂する森夫《それ》自身である」と、柳田国男は『塚と森の話』のなかでのべているように、森は神がみが降臨される祭場にほかならなかった。「モリ」という日本語をめぐって、これまで柳田国男をはじめ松永美吉・楠原佑介・山中嚢太・吉田茂樹などの地名研究者がアイヌ語まで援用して、さまざまな語源説を披瀝しているが、これまでもっとも信頼にたる説を提示したのは国語学者の中本正智であった。『日本語の系譜』のなかで中本は朝鮮語説を敷衍《ふえん》して「朝鮮語のモイと流球語および東北のムイは、木が生えていなくてもよいのに、中央日本語のモリは木が生えていなくてはならない。このちがいはどこからきたのか。それはおそらく日本列島中央では自然のモリに木が豊富に繁茂していたため、モリと木が不離の関係を結んでしまった」とし、「木に神が憑《よ》りつくという考え方から、神のましますす杜を表すようになった」とする。きわめて明解である。韓国の言語学者である金思燁は、モィ（ＭＯＩ）を山・墓をあらわす古語とし、山の神や祖霊は神木にやどり、「神山の木はみだりに伐らないから自然に森となる」（『記紀万葉の朝鮮語』）と説き、山や古墓と「モリ」との近密な関係について言及している。古語のミモロ（神の降りる場所）やヒモロギはその類語である。

３　「モリサン」と呼ばれる神

さて、本来「モリ」は単なる森林ではなく、古来日本においては神がみの来臨の場であったことをふまえたうえで、全国各地に「モリサン」「モリガミ」「モロキ」などと呼ばれる民俗神が祀られており、これまで日本民俗学の学術用語として森神信仰の名のもとに研究されてきた。たとえば若狭大島のニソの杜《もり》、木曽谷のモロキ、奈良吉野の黒淵の杜、兵庫県小野市のモリサン、西石見の荒神モリ（ブロ）、山口県蓋井《ふたおい》島の森山（山の神）、対馬の天道地、壱岐のヤプサ神、鹿児島のモイドンやウッガン、ジガン、種子島のガロー山、沖縄の御嶽《うたき》など、さまざまな民俗神が森神として祀られている。したがって森神といってもことは一様ではない。その多くは、タブや椎・アコウ・クス・カシなどの照葉樹の巨木を中心に神さびた社叢を形成しており、そのなかほどに簡素な小祠をかまえて、それぞれが祀る神がみが鏡座している。むろん、小祠があるとはかぎらない。自然石や墓石、ときにはそういった人工の施設をまったくもたない森神も多い。また、照葉樹林帯をはずれて内陸部に入ると、杉や櫟《くぬぎ》・桂・欅《けやき》・榎《えのき》などの巨木が祭祀の対象とされている。ここではそれらの各地の森神のなかから、奈良市大保《おおぼ》の「杜神呼び出し」と、若狭名田庄村堂本《なたしょうむらどうもと》（現おおい町）のモリサンと山の神、若狭大島のニソの杜やダイジョコについて、周辺の事例をもあげながら紹介しよう。

4　杜神呼び出し

奈良市大保（もと添上郡柳生村大保）は、木津川支流の水間《みま》渓と呼ばれる打滝川上流の渓谷沿いにひらけた山村である。春の山焼きで知られる若草山の東方の山中に位置し、字御影《あざごえ》・大保・尾羽根《おばね》の三字《あざ》の集落がある。戸数は三十六戸。宗旨は真言宗。牛頭天王《ごずてんのう》を祭神とし、牛宮とも呼ばれる氏神八坂神社は、屋羽根集落の小高い丘のような快木山に鎮座する。

例祭は十月十七日。一老と呼ばれる神主と副神主、老主（年寄り）十人衆、氏子総代三人、渡行者（ワタリともいう）の若衆十人が宮座となり、祭りを執り行う。まず九月十一日にオコナイの当番十人と、当屋を決め、当日からショウジャイリという精進潔斎につとめることになっている。宵宮《よみや》の十月十六日には、当屋がご神体の能面を納めた櫃《ひっ》を担《にな》って境内をめぐり、「御渡り」の神事を行う。オコナイの当番十人が笛・鼓・ササラを奏し、拝殿で三人の奏者が神前に向かって三角飛びと呼ぶ舞踏を奉納する。

例祭当日の午前十時、神主と副神主、烏帽子をかぶった素襖《すおう》姿の十人衆、渡行者十人が拝殿に整列し、修祓《しゅばつ》、祝詞《のりと》奏上《そうじょう》、開扉のあと、雅楽の流れるなか、栗・ミカン・柿・ザクロ・枝豆・菓子・白菜・神酒・塩・洗米などの神饌《しんせん》を手渡しで献饌する。ついで神主と老主、渡行者の一行は鳥居のまえへ行き、南の方角をむき、お祓いをしたあとつぎのような「杜神呼《もりがみ》び出し」の祭文をとなえる。

まず老主が、「花ようとめ　たがようとめ　千早ふ　千早ふ」ととなえると、そのあとワタリの衆が二十一社の杜神の名をつぎつぎと呼び出す。

あおいばの杜では　花のようとめ　千早ふ　千早ふ
じんでの杜では　花のようとめ　千早ふ　千早ふ
ごいの杜では　花のようとめ　千早ふ　千早ふ
たらへ（おうえ）の杜では　花のようとめ　千早ふ　千早ふ
たてざおの社では　花のようとめ　千早ふ　千早ふ
いどが谷の杜では　花のようとめ　千早ふ　千早ふ

そのあと東にむきをかえ「たど（おど）の杜」「どうの杜」「ほうぜんの杜」「しゃくが地蔵（しゃんぐわ）の杜」、また南面して「なかの杜」「みぞくろの杜」「しぶたにの杜」「ふけの杜」「とさかの杜」「なかとの杜」「どころの杜」「たばの杜（たばんど）」「たくのぼ（おくのぼ）の杜」「しょうもまえの杜」、さらに北をむき「まつげの杜」の杜の神を呼び出し、ふたたび拝殿へともどる。玉串奉奠《ほうてん》、撤饌《てっせん》のあと、当屋が面櫃《めんぴつ》を担い、オコナイ役の十人衆が笛や太鼓、鼓をはやしながら境内をまわる。そのあと広場で「ヨイショ、ヨイショ」と掛声をあげて若衆が横飛びを演じ、閉扉となる。十月二十三日の午前に当屋引継報告祭が行われ、当渡しをおえると二十一か所の杜神がふたたびお帰りになるとされている。

池田源太は「杜神呼び」(『近畿民俗』一五号、一九五五年)のなかで、「『花のよとめ　ちわやふ〳〵』というのは、神主佃氏が心憶えのために神名を記した紙片の末に、『此森神十七日祭典午前に神社馬場鳥居前に於て南を向き、清祓をして神主が呼び寄せ、森神一々チハヤフ花ノヨオトメと一回ずつ唱へ奉る事古来より伝へいる也。』と記しているのを見れば、元来は『ちわやふ、花のよをとめ(千早振る花の八乙女)』という風に順序が逆ではなかったかの疑もある」と祭文について考証している。

また二十一社の杜神について、それらしい大木はないが、場所だけなら今でも確認できるとされ、「『まつげの杜』のごとき風呂谷芳夫氏の持山で、大保小字つのせの四十一番の一にあり道の側で、正月には風呂谷氏がしめ縄を張り、神酒を供えて祭るふうである。また、ぼうぜんの杜には杉・檜《ひのき》・樫の大木、しゃんぐわの杜では大樫、なかとの杜では大檜と前からそれぞれ残っている」とのべている。

では、これらの杜はいったいなにを祀るのかというと、地元の古老によれば山の神であるという。二、三例をあげると、先述のマツゲノモリは風呂谷家裏の小山にあり、樫の樹林のなかに宗像《むなかた》神社を祀る小祠が鎮座するが、すでに八坂神社に合祀されている。山の神と当社の関係はわからない。後醍醐天皇が休まれたとの伝承があるオクボノモリは、大窪家所有の山に樫の木があり、正月にシメナワを張る。またタバノモリ(タバンド)は宮司、西窪家裏の杉・藤・椿の叢林で、決してナタや鎌を入れない禁足地であり、古いお札や神棚を納める場所ともなっている。どうしても木を伐らなければならないときは、お神酒・塩・米を供えてから伐採することとされていた。

このほかにも、柳生周辺には「ケチヤマ」とも呼ばれるモリサンが数か所山すそに点在する。地形が三角形の形状をしていたり、ミハカやセキトウバが近くにあり、時には石仏や五輪塔の破片が出土し「ケチがついた」場所を指す。下柳生には侍が合戦死したケチヤマが二か所あり、入山すると必ずけがをするとされ、山林の売買を嫌う。大窪哲道家所有の八反ばかりの持山にもケチヤマがあり、その下にはドドロクノモリ（ドドコロ）が続き、カシャコの木（雑木）が生えている。むかし、白蛇が当主の夢枕にたったという。その周辺は墓跡とされ、檜の株元から菊花の紋様のついたつぼや石棺らしきものが出土し、古い寺跡ともいわれている。

このようにモリサンは山の神とされつつも、すでに祭祀がほとんど廃絶しており、さらにケチヤマの伝承とも混在し、その起源をたどることは容易ではない。とはいえ例祭の都度、周辺の山や森から年に一回、モリガミを呼び出して歓待する神事が大和の奥深い山中に伝えられていることは、なぜかこころ安らぐものがある。なお、「千早振る」とは「神」や「うぢ」にかかる枕詞で、「玉かづら実ならぬ樹には千早振る神ぞつくとふならぬ樹ごとに」（『万葉集』二―一〇一）の古歌がある（『広辞苑』）。また「八乙女」は、「神に奉仕し、神楽などを舞う少女」（同）とある。杜神呼び出しに巫女が関与していたことをうかがわせる。

5　山の神とモリサン

山の神と森神は古来密接不可分な関係にありながら、必ずしもその実体が判然としないところがある。いずれも日本の神がみのなかで、もっともプリミティブな神といっていい。本来は小祠もなく、神さびた巨木や樹叢、磐座《いわくら》と呼ばれる巨岩を祭祀の対象とする、きわめて始源的な民俗神である。

この二神が両方とも混然と祀られている村が、若狭の周山街道沿いの山中にある。福井県遠敷《おにゅう》郡名田庄村堂本（現おおい町)は戸数三十戸ばかりの槇谷川沿いの林業を生業とする谷間の山村で、宗旨は曹洞宗。集落は上庄・下庄の二組にわかれ、それぞれの山麓に山の神とモリサンが祀られている。

上庄の山の神は横谷と染ヶ谷《しがたん》の分岐点、堂本橋近くの山麓にあり、杉林のなかのタモ(タブ)の巨木のしたに小祠を構える。モリサンは染ヶ谷との村境いの渓谷にあり、川岸の岩磐のうえに椎やタモの巨木、樫・椿の照葉樹林の森を形成するが、人工的な建造物は見当らない。

一方、下庄の山の神はもともと集落の中央、仁吾谷《にごたん》の入口に小祠を構えていたが、昭和三十年頃に溜池の砂防堰堤をつくる際に、対岸の山麓にあるモリサンに祭場を移設した。モリサンはせりだした山塊の崖下に、幹回り五メートルばかりのタモの巨木がそびえ、その傍らに山の神を祀る祠が鎮座しており、ここではモリサンと山の神が同じ場所に所在する。

山の神は山師の守り神とされ、かつては一月九日の「春の山の口」、十二月九日の「秋の山の口」には、講中が上下二か所の有力者の家をヤドにして集まり、山中での除災、一家の無事息災を祈って山の神に参詣したあと、ヤドで直会《なおらい》を営んだ。一同羽織を着け、トリザカナを前にして壮重に謡(高砂)をうたい、あとは一日無礼講《ぶれいこう》を楽しんだ。講中は上下の庄を併せ、湯上株・小西株・森口株・広畑株・山本株・森本株・植茶株など、オモヤ・インキョと呼ばれる同姓の株ごとの連合体で、谷奥の集落である染ヶ谷からの移住者も参加している。かつてはもと百姓頭の湯上新兵衛家と小西三郎家がヤドをつとめていたが、昭和以降は見性寺で直会をしていたものの、ご多聞にもれず当地も過疎化が進み、サラリーマンが多くなったことから、平成十二年以降は山の口講も中止となっている。

当地の山の神とモリサンも、伝承が絶えて今一つその相関関係がわからないが、下庄の山の神がモリサンにはからずも習合することとなった経緯の一端が、今回の調査で明らかとなった。染ヶ谷にも渓谷沿いの崖にタモの巨木のモリサンがあり、その根元に欅の木をくりぬいた小祠を構え、方形の小さな自然石を祀っている。その近くに山の神とされる刈田彦神社の分霊社がある。このほかにも名田庄村（現おおい町）から京都府美山町《みやま》（現南丹市）にかけてモリサンが点在し、苗《みょう》と呼ばれる同族団の先祖の神として祭りを営むものもみられる。なお、当地を含む若狭地方には、山の神と田の神の去来伝承は存在しない。

6　ニソの杜とダイジョコ

一方、名田庄村納田終《のたおい》（現おおい町）には応仁の乱の戦火をさけて安倍陰陽道（土御門家）の本拠地が移されたこともあり、中世以降祈禱師の関与によるダイジョコ（大将軍）や地の神系統の民俗神が、若狭全域に点在している。その多くは在地の祖霊信仰や二十三夜待ち、大師講、作神《さくがみ》、あるいは葬墓制とも習合混淆し、霊験あらたかな祟り神の信仰や禁足地の伝承も伴って森神化し、モリサンとも呼ばれている。いずれも祭日は十一月二十三日もしくは一か月後に霜月祭りが行われる。そのなかでももっともよく知られている森神として、大島のニソの杜と、若狭一円に分布するダイジョコの信仰をとりあげることにする。

⑴ニソの杜

若狭大島に点在する三十二か所の聖地で、二十四名《みょう》（苗）の島の開拓先祖を祀るとされている。浦底の杜・博士谷の杜・瓜生《うりょ》の杜・西口の杜・サグチの杜・オンジョウの杜・ダイジクの杜・窪の杜・葉勢《はぜ》の杜・清水《すず》の前の杜・脇の杜・今安《います》の杜・上野の杜・浜禰《はまね》の杜・神田《じんでん》の杜などと、それぞれの集落の小字（地名）を付して呼ばれるが、ふだんは「モリサン」「ニンソー」「ニソー」などとも言い、十一月二十二日夕刻から翌朝にかけて「ニソ講」「モリ講」「モリマツリ」が行われる。

ニソ田と呼ばれる神田から収穫された新米で、タガネという粢《しとぎ》(米の粉で作った餅)と小豆飯をつくり、ワラヅトのうえにのせて供える。ニソの杜と呼ばれる聖地は、ほとんどが裏山の山すそに位置し、タモや椎の巨木、ヤブニッケイ、椿などの照葉樹林を形成しており、祭日以外は決して入ることは許されず、また枯枝一本たりと持ち出してはならないとされてきた。禁を侵したための祟りの伝承も多い。巨木の根元に小祠を構えるものもあり、なかには「大上宮」「地主大神」「遠祖大神」「奉勧請大聖権現」などと記した江戸時代後期以降の神札を安置している。「大上宮」「大聖権現」はいずれもダイジョコ・ダイジョゴンの宛て字であり、ダイジュクの杜という杜の名や「ダイジュク道」という村道があるように、大将軍信仰の派及と考えられる。

以前は同族を中心に当屋輪番制のニソ講が行われたが、現在は講は廃止された。当日は「ニソアレ」と言って必ず荒天になるとされ、早朝、カラスグイ・カラスグチと呼ぶ一角にも神饌を供え、カラスが食べると「トウがあがった」と言って安堵した。これは当屋制の名ごりを反映した烏勧請《からすかんじょう》の習俗と考えられる。鎌やナタを持参して、必ず二人連れで詣りに行くことともされていた。なお、ニソの語源は、柳田国男によれば霜月二十三日の祭日を指す「ニジュウソウ」とされ、名田庄村三重(現おおい町)の地の神祭りの株講や、但馬から播州にもニジュウソウと呼ばれる霜月祭りがみられる。

(2)ダイジョコ

ダイジョゴ・ダンジョコ・ダイジゴ・ダイジク・ダイジョゴン・ダイジゴン・ダイジョウモンなどとも呼び、神名の表記も大将軍・大神宮・大地護・大地権・大上宮・大上郷・大乗子・大常宮・大聖権現・大政護などとさまざまな宛て字がされている。陰陽道の方位の神、大将軍神の転訛と考えられ、中近世以降の陰陽師の祈禱活動により若狭一円に派及した。大陸伝来の星の神、大将軍神は三年ごとに一巡し、その方位を侵せば「三年塞《ふさ》がり」とされていることから、大変まがまがしい凶神で祟り神の伝承も多い。
祭祀内容はニソの杜とほぼ同様で、立ちはじまりの先祖を祀るとの伝承がある。目や耳が悪く、片足の神とも言い一部に「跡足隠し」の雪の伝説も伝えられている。神饌は小豆御飯に二股大根。ニソの杜ともども古墓や古墳との関連が伝えられ、「元来土屋殿と申す人の墓にて候由、七十年前村中へたたり申に付、大将軍にいわひ籠申候、当村小太夫彦右ヱ門など先祖と申候」（『若洲管内社寺由緒記』上野木村大将軍の項）と記した延宝三年（一六七五）の文書もあることから、祟り神を鎮めるために大将軍神がまつられたことがわかる。古い葬地が森神化した一事例とはいえ、山や森に祖霊がとどまるという、日本古来の他界観・霊魂観が深い息づかいとともに脈々と伝わってくる。

（『別冊太陽　樹木詣で―巨樹・古木の民俗紀行』平凡社、二〇〇二年六月）

第四章　森の神の始原―ダイジョコとニソの杜の奇妙な関係―

1　牛馬神―九州の大将軍に始まる―

旅は思いがけない人との出会いや、新しい発見をもたらしてくれる。今年四度目になる九州旅行は、「餅なし正月」の起源を求め、『豊後風土記』の「速見郡田野」に比定される大分県玖珠《くす》郡九重《ここのえ》町田野を歩くことにしたのだった。中津に一泊して、レンタカーでその後洪水の惨禍に見舞われる耶馬溪《やばけい》を抜け、玖珠町に出て、一路飯田《はんだ》高原の山路を走り、九重町田野にようやくたどり着いた。とはいえ『豊後風土記』の神話で有名な「田野」にしては田んぼらしきものが一向に見当たらない。玄関前で草取りをしていた老人に質《ただ》すと、もう少し行けば田んぼならいくらでもあるとのこと。しばらく平坦地を走ると谷沿いに水田が見えてきた。なるほど、これなら田野といえなくはない（もっともそこはただの谷間の山田で、小さな峠を越えた九重《くじゅう》連山の山麓に広がる曠野、「千町《せんちょう》無田《むた》」こそすなわち餅を的にして没落した長者伝説の本拠地である「田野」なのだが）。九重〝夢〟大吊橋の間近の、筌《うけ》の口《くち》温泉在住の朝日長者や白鳥伝説に詳しい郷土史家、小野喜美男氏の家の近くに車を停めたところ、「ここのえガイドマップ」と書いた案内板の川端康成文学碑の下に「大将軍」とあるではないか。早速氏に聞いたところ、大将軍は牧野《ぼくや》の神で牛馬神だという。『九重町誌』上巻の「大将軍講」によると、町内には二十三か所の集落に大将軍神が祀られており、いずれも大分郡挟間《はさま》町篠原の大将軍《だいじょうごん》神社から勧請（分社）したもので、一月十三日、十四日の例大祭には区代表の代参役が参拝し、お札と笹を全戸に配っている。各集落では四月末に大将軍講をしてから牛をユルス（放牧）こととされている。

むろん私は、民俗神ダイジョコ（陰陽道の大将軍）の研究者であるから、大将軍神が九州にも分布しており、特に大分には牛馬神として祀られていることは知らないではなかったものの、うかつにも『豊後風土記』の調査で出会うとは思ってもいなかったのである。

さて、問題は本社の大将軍神社の由緒になるが、河野百雄「挟間町の神社について」や『挟間町の文化財』第六集によると、当社は平安末の寿永年間（一一八二～八四）加賀国の篠原から源平の戦火を逃れて、加藤兵部太夫が国東《くにさき》郡姫島に移り、その後挟間町時松《ときまつ》に転住、さらに「南の方向に清潔なる高山があるので遷座せよ」とのお告げにより、建久元年（一一九〇）挟間の洗いの里の小倉山に祭神の保食神《うけもちのかみ》・伊弉諾《いざなぎ》神・岩長姫《いわながひめ》神の三柱の神を奉じて大将軍神を祀ったといわれている。この由緒は明治四十四年の『神社明細牒』によるが、『肥後国志』では「安閑帝の御宇越前の国から勧請也」とあり、勧請の経緯が混乱している。さらに正徳年間（一七一一～一六）に火災に遭い当社の文献が焼失していることもあって、詳細は一切不明である。

２　戦火を逃れて

加賀・越前いずれであれ、加賀市篠原は国境の地、伝説の寛容さからすれば齟齬のうちには入らない。そこで先日、柴山潟の北西岸にある篠原へ行き、後付け調査を試みた。

北隣の篠原新町には木曽義仲の配下の手塚太郎光盛に討たれた斉藤実盛の首塚である実盛塚があり、かつては当地が源平合戦の古戦場であったことは『源平盛衰記』巻二八に見える。『加賀江沼志稿』古跡の一節「寿永二年五月二日平家ハ越前ヲ打随、長畝城ヲ立、斉明ヲ先トシテ、加賀国ニ乱入。源氏ハ篠原ニ城郭ヲ構有ケレドモ、大勢折向グレバ堪ズシテ」云々、その戦火を逃れ落人となって各地を転々とし、ついには大分に定住したことの背景はある程度は理解できる。

集落の上手の照葉樹林の社叢に鎮座する篠原神社は「延喜式神名帳」加賀国三十二座、江沼郡十一座の筆頭の古社。『石川県江沼郡誌』には「字笹原に在り、村社にして天児屋根命を祭る。延喜の制加賀国神名帳江沼郡拾一座の内に列し、大正四年五月十七日神饌幣帛料供進神社に指定せらる」とあり、「加賀国式内旧社記」に「今称塩釜明神」とも呼ばれたことは、当地が海岸に近く大聖寺《だいしょうじ》藩の製塩地であったことから塩造りの神としても知られていた。『石川県神社誌』に「元正夫皇の御代養老二年の創立と伝え、延書式内社にあてられる古社。往昔潮津から当社地に至る浜を八潮の湊と称し、故に八潮の宮と称された。境内社頭常に盛大にして七堂伽藍を有したと伝え、篠原の戦の折には、木曽義仲も祈願し、神領等を奉納したと伝えられている」とある。ただ、『江沼誌』に「祭神等詳ならず」とあるように当社と大将軍神社との関係はよくわからない。いわば篠原神社の神主とされる加藤兵部太夫が奉じた神が、すなわち防塞の神大将軍神であったことになる。一柱の神とともに遠隔の地に落ち延び、さらにその安住の地から九州一円へと信仰圏を拡大してきた経緯の一端が、少しはたどれるような気がする。

九州では牛馬の神として厚く信仰されていることは先に述べた。挟間町篠原の大将軍神社が明治時代に出した「社格昇進願」によれば、宝永六年(一七〇九)九月に肥後藩主の細川越中守綱俊が江戸参勤の折、阿蘇山中で馬が体調を崩したため、家臣を集めて協議したところ、大将軍に参詣してより回復し、宝永九年十二月に無事江戸詰めを終えることが出来た。翌年の一月十三日にお礼参りの盛大な祭典を行い、神輿や金子千疋などを献納し肥後藩の牛馬祈禱所に定め、以後九州一円に牛馬神として大将軍信仰が波及したものと考えられる(『挟間町の文化財』第六集)。

3　大将軍とダイジョコ

さて、長ながと大将軍神の流謫《るたく》と変遷を述べてきたのはほかでもない。本稿のテーマである福井県おおい町大島に点在する「ニソの杜」が大将軍神と大いに関係があると考えられるからである。ちなみに、ここで「大将軍」―「ダイジョコ(ダイジョウコなど)」と呼ばれる民俗神について、一応の説明をしておく。以下は吉川弘文館『日本民俗大辞典』の「ダイジョウコ」の項からの引用である。

大将軍が転訛したと考えられる神。主として近畿地方に分布する。神札や古文書・地名から、ダイジョウコは陰陽道の方位の神「大将軍」の転訛と考えられている。ダイジョコ・ダイジョゴ・ダンジョコ、ダイジゴ・ダイジク・ダイジョウゴン・ダイジュク・ダイジョウモン・ダイジングウ・ダイショウグンなどとも呼称され、神名の表記も大将軍・大神宮・大地護・大地権・大上宮・大上郷・大城護・大常宮・大上皇・大縄号・大聖権現・大乗子・大政護など、さまざまな宛字が見られる。俗に「三年ふさがり」といわれるように、三年ごとに一巡する大将軍神の司る方角は大変おそれられ、中世以降陰陽師によって方除けの信仰が地方に伝播し、在来の民俗信仰と習合して、畿内から江州・若狭にかけてダイジョウコ信仰を形成した。氏神としてまつられているものもある。ただし、平安遷都の折、王城鎮護のために京都の四方にまつられた大将軍社との勧請関係は見られない。江州の湖西・湖北から若狭にかけて分布するダイジョウゴウは、森神・祖霊信仰・作神・二十三夜待・大師講などと著しく習合している。普遍的には、祭日は霜月二十三日が多い。カブ・マキ・イッケ・苗などと呼ばれる同族組織によって講がもたれ、先祖まつりが営まれる。若狭ではタモ(タブ)の木が神さびた森を形成しており、祠のない社地も多い。神饌は小豆飯・ボタモチ・煮しめ・二股大根を供える。祭地(社地)が墓域や墳丘上に位置するものや、三十三回忌の弔い上げがすむと先祖神や地の神になるとの伝承もあることから、葬墓制との関連も一部に見られる。当日はダイジョウコ荒れと呼ばれる荒天になることが多く、片脚神の足跡を消すために雪が降るとされ、跡足隠しの雪の伝説には大師講との関連が認められる（拙稿。なお、大修館書店『日本の神仏の辞典』の「大将軍」の関連項目も参照されたい）。

なんともはや、多様な顔つきをした神様だが、これが民俗神の民俗神たる所以であるといえなくもない。北は山形県から南は鹿児島県まで分布し、「霊験あらたかな神」として今なお一定の影響力を持っている。陰陽道の大将軍神が三年ごとに遊行する方角に当たれば、水道工事や道路工事は困難となり、時には工事中止に追い込まれることもある。ダイジョコの先祖の祟りは今もって恐ろしい。

4　聖地ニソの杜の祭り

一昨年（平成二十二年）国の選択無形民俗文化財となり、沖縄の御嶽《うたき》とともに一躍注目をされている福井県おおい町大島に点在するニソの杜について、民俗学の研究者なら知らないものはおそらくいない。いち早く学会にニソの杜を紹介した大野市出身の安間清宛の手紙の中で、日本民俗学のパイオニアである柳田国男をして、「若狭大島ののでも大いなる意義は、ニソウ即ち十一月二十三日を以て先祖の祭りをすることにて、小生などは全く是があるが為に幾らも残らぬ老後の時間を費やすに足るとまで致し居り候。若狭も三方郡の方では唯ダイジョウゴウといふのみにてニソの語は絶えたれども、やはり日は十一月二十三日、祭るは祖霊なることが明らかにて、是と関東東北の大師講、跡隠しの雪、又その背後にあるかと思ふ各地の冬祭り、即ち上代に新嘗といひ、支那で冬至といひ、欧州でクリスマスといふものと、次々と筋を引くが故に候」（昭和二十五年三月五日付。安間清編著『柳田国男の手紙―ニソの杜民俗誌』大和書房、一九八〇）と言わしめたことの重大意義は、おそらく今もってかわってはいないだろう。少なくともここには柳田が決して狭小な一国民俗学の軛《くびき》にとらわれてはいないことがうかがわれる。ニソとダイジョウゴウ、先祖祭り、大師講、跡隠しの雪、新嘗祭、冬祭り、そしてヨーロッパのクリスマスが、同一平面上にしかと見据えられているではないか。それゆえ、後学たる私たちが物事を一面的に見ることを戒めつつ、民俗学の展望を開くため確固として継承しなければならぬ重要な指標でもあるのだ。

ふだんは「モリサン」「ニンソー」などと呼ばれる大島のニソの杜は、島の伝承では二十四名の島の開拓先祖を霜月(新暦十一月)二十三日に祀る神聖な照葉樹林の森として代々受け継がれてきた。「名」はミョウ(苗)と読む。名は荘園時代の開拓地を意味し、その所有者はかつては名主《みょうしゅ》と呼ばれた。現在三十三か所の杜が確認されており、小字名をつけて「瓜生《うりょ》の杜」「浦底《うらそこ》の杜」「オンジョウの杜」「窪の杜」「清水《すず》の前の杜」「上野の杜」などと呼んでいる。ほとんどの杜は集落近くの山際に位置し、「ニソ講」「森講」「モリマツリ」と呼ばれる祭日以外は近づくことを忌む、いわゆる禁足地とされている。実際、老人たちは枯れ枝一本持ち出したりはしない。数年前、民宿の駐車場を拡張した際に杜の一角を伐採したことがあった。すると次々と隣接する家の働き手が不慮の死に遭って亡くなり、「ニソの杜の祟り」として今なお語り継がれ畏れられている。

祭日の十一月二十二日夕刻から翌日の早朝にかけて、銘々の杜に出かけていき、神田のニソ田から収穫した新米の小豆飯やタガネ(粢)を藁苞にのせて供え、豊作を感謝する。それにつけても「タガネ」とは古い言葉である。『広辞苑』に「飴」の古名で一説に餅「水無しに飴を造るべし」(『神武紀』)との引例がある。若狭では山の神祭りや新築の石場突きの際に粢が供えられる。「一説に餅」とあるように、餅以前の神饌とも言われている。

数か所の杜には「カラスグイ」「カラスグチ」と呼ぶ烏勧請の場があり、事前に海藻や砂利で清め、御幣を刺して、神のお使いである烏にも同様の供物を供え、早々と食べれば「オトが上がった」などと言って一安心をする。島の氏神の島山神社でも例祭には御鳥喰《おとぐ》いの神事があることから、「オトウ」すなわち頭屋輪番制の名残りと考えられる。

なお、若狭地方にはかつて十一か所で烏勧請が行われていた。純漁村の若狭町神子では毎年元日の朝、「センジキ」と呼ぶ烏勧請の儀式が今も行われている。「センジキ」とは「施食」の転訛である。

5　森の神の始原

このようにニソの杜の祭祀形態はいろいろと古態を今に伝えているが、果たしていつからニソの杜が祀られてきたのか、その始原についてここで少し考えをまとめておこう。私たちは神さびたニソの杜の入り口に立つと、密生した照葉樹林のたたずまいに思わず荘厳な気持ちになり、プリミティブな感動にひたされる。相当古くから祀られているに違いないと思いがちである。

ちなみに、いささか横道をするが「モリ」という言葉の語源についても少しふれておきたい。「木綿《ゆふ》かけて斎《いわ》ふこの社《もり》越えぬべく思ほゆるかも恋の繁きに」（作者不詳と『万葉集』（七―一三七八）にあるように、古来「森」「杜」「社」はいずれも神々の祭り場を指している。清少納言も『枕草子』一一五段のなかで「森は大あきの森。しのびの森。ここひの森。木枯らしの森。信田の森。生田の森」などと各地の名高い森の名をあげ、「……かうたての森といふが耳にとまるこそ、まずあやしけれ。森などいふべくもあらず、ただ一木あるを、何ごとにつけたるぞ」と、たとえ一本でもそこに巨木の神木があれば聖なるモリであることを、平安の才女として、しかと認めているではないか。

日本民俗学の知見としてなら、柳田国男は「塚と森の話」のなかで「我々が神として斎くものは、根源の思想に遡っていへば、御神体でもなければ、社殿では勿論なく、其の土地夫自身、其土地の上に繁茂する森夫自身である」と神社合祀の理不尽さをやや遠慮がちに批判している。ニソの杜のなかにも小祠がないものが多い。

そこで語源説になるが、やはり古墓を意味するとする、山中襄太や金思燁の朝鮮語説を敷衍した言語学者の中本正智の説がもっとも説得力がある。『日本語の系譜』のなかで「朝鮮語のモイと琉球語および東北語のムイは、木が生えていなくてもよいのに、中央日本語のモリは木が生えていなくてはならない。このちがいはどこからきたのか。それはおそらく日本列島中央では自然の森に木が豊富に繁茂していたため、モリと木が不離の関係を結んでしまった」とする。なお「小高い丘」を意味するアイヌ語説もあり、山母森・金田森・駒ガ森・石板森・葡萄森などなど、東北地方には「モリ」がついた山の名が不思議と多い。四国にもないわけではない。いずれにしても、この語の成立の背景には数万年に及ぶ日本人、および民族の長い歴史と記憶がＤＮＡのように浸み込んでいるはずだ。

さて、肝心のニソの杜の始まりがいつか、話題を元に戻そう。やはり実直な郷土史家であった大谷信雄の稿本『島山私考』に、「にその神は志摩の元祖に座まして二十四名の宗家各別に小祠を建てて我家の遠祖を祀りてこれをその神と尊称し奉るなり」とあるように、いわゆる開拓先祖を祀るとの土地の伝承を尊重すれば、中世の荘園制以降の家の成立と先祖崇拝に起源を求めるのが一番納得がいく。古墳時代中期以降の墳丘の上に所在するものも数か所あり、むろん被葬者と祭祀者の有機的な関係は一切不明だが、古墳築造より後世のものであることには相違ない。ヒガンジョ古墳群の玄室に、往古天から火の雨が降った時、村人は逃げ隠れて命拾いをしたとか、性悪な若者が一時身をひそめて追っ手を逃れたとも言われ、ニソの杜が対馬の天道地のようなアジールの役割を果たしていたことも考えられる。

なかでも注目されるのは、昭和三十三年度（一九五八）から三か年にわたり同志社大学によって発掘調査が行われ、もっとも景観の美しい浜禰《はまね》の杜の東側の杜叢に接する畑の地下一二〇センチと、八八センチの地中から、成人男性の遺骨が出土したことがあった。石部正志編『若狭大飯―福井県大飯郡大飯町考古学調査報告書』によれば、外海の袖が浜砂丘地にサンマイ（埋葬地）が選ばれたのは中近世に遡り、発掘地点は当時浜禰の杜の一角に位置していたと推測され、「浜禰の杜は、今回発見された人骨の埋葬時期より後に祀られたと考えるのが妥当であろう。わたくし達は、調査の結果から判断して、民俗学上重要視されるニソの杜や両墓制の習俗ができ上がった時代は、かなり新しいのではないかと考えざるをえなかった」としている。発掘された遺物や遺構をもとに、歴史の事実を推定する考古学の知見は大いに尊重されねばならない。

民俗信仰の史料が決定的に少ないなかにあって、さらに重要な文献として、わたしは延宝三年（一六七五）の『若州管内社寺由緒記』の「上野木村大将軍」（旧上中町、現若狭町）の項を再々取り上げてきた。七十年前に土屋殿という当時の有力者が祟り、その墓に大将軍神を斎《いわ》いこめたとされ、現在は「天山さん」と呼ばれる祠が集落の中ほどにあり、霜月二十三日に祭りが営まれる。ニソの杜のなかには「ダイジクの杜」があり、おのおのの祠のなかに「大上宮」「大聖権現」などと書いた神札が奉納されていることからして、しかも祭祀内容がほとんど同じであることからも、ダイジョコ―大将軍―ニソの杜はほぼ同一の民俗の神と考えられる。さまざまな神名の表記はダイジョコの転訛である。

いずれにしても、最初に神が祀られるには神と人とを結ぶ並外れた霊能力のある仲介者がいる。中近世以降地方に散らばった陰陽師や、「オガミヤサン」「カミサン」などと呼ばれた民間祈禱師（巫覡《ふげき》）によって民俗神が各地で祀られることになる。ニソの杜もその例外ではない。少なくともその形態や景観から遠い古代や原始に起源を求めたいとの思いはわからないではないが、歴史的事実は厳然としてある。

ただ、その希望的観測に少し寄り添うとすれば、上野誠『魂の古代学―問いつづける折口信夫』の一節を引いて、森の始原に寄せる想像力を喚起したい。著者と折口との仮想の対話の中での発言。「各時代を通じて繰り返される」

「時間を無視した概念」としての「古代」、「私は、文学なら文学が発生する瞬間を『古代』と考えている。まさに、『発生』する瞬間が『古代』なのだよ」というのだ。ならばニソの杜にも当然「古代」はある。無意識の古層がある。たとえば、祭祀後一人で帰る際に、けして後ろを振り向くなという戒めは、まるでイザナギやオルフェの神話そのものではないか。

（『やま　かわ　うみ』別冊、アーツ・アンド・クラフツ、二〇一二年九月）

第五章　ダイジョコという神

1　同族神を祀る神事

毎年十一月二十三日の早朝、若狭の各地において同族神を祀る神事が行われることは、広く知られているところである。いわゆるダイジョコとかニソ、あるいは地の神の祭りといわれる民俗信仰がそれである。ダイジョコがニソや地の神と同一の信仰内容を持つものと性急に断定することは、祀り方や伝承に微妙な差異があって現時点ではさしひかえたいが、この小文においては霜月二十三日(新暦後十二月二十三日となったところもある)の祭りという共通項において筆をすすめてみたい。

ダイジョコとは、いったいどのような神なのであろうか、平凡社版『綜合日本民俗語彙』第二巻から「ダイジョウゴウ」の一項を全文引用すれば次の通りである。

「近畿地方の中央部と北部に多く分布する小祠。文字は大将軍、大城護、大上権、大縄号などさまざま宛てている。王朝時代にあった大将軍星という道教的な信仰の伝播と思われやすいが、霜月神事、ことにニジュソ(二十三夜)の神事と結びついていたらしい点からは、基本的な固有信仰と認めるべきである。ただ祭り方はすでに明瞭でないのが多く、わずかに草地や藪の名としてのこる程度のも多い。福井県大飯郡大島は同族神を霜月二十三日に厳重に祀っているところで、その聖地を総称してニソノモリと呼んでいるが、それの中にダイジクサマというのがあるのは、恐らくダイジョウゴと深い関係があろう。京都府竹野郡網野町桐畑では、吉岡マキが祀る同族神が大将軍で、ちょうど東国のマキ稲荷と同じく、氏の名を冠して吉岡大将軍と呼んでいる。滋賀県高島郡今津町梅原字大床《おおずく》では、村氏神がダイジョゴンで、モロトと呼ばれる宮座をもっている。淡路三原郡阿万町にもともとは霜月のダイジョウゴウ祭りが行われたという。大縄号と書く場合は、ちょうどシヤクジガミと同じように、検地の丈量に用いた縄を埋めて祀ったという伝承が伴っている。霜月三夜という点で東国のダイシコウとも関係が深いと見られる」とする。

この一項が明文化された背景には、福井の民俗学界の先覚たる小林一男や斎藤槻堂、あるいは滋賀民俗学会の重鎮橋本鉄男等の闇路をわけ入るような採訪調査の苦労があったことは忘れてはならないが、この一項のみで民俗信仰たるダイジョコのすべてが言いつくされたとはとうてい考えられないことは、私の三年近くの若狭一円及び近県の杜神調査を通じて強く痛感するところである。そればかりでなく、柳田国男によってほぼ定説化された日本人の神祭りの起源を祖霊信仰に求めることへの疑問を、佐々木勝は「従来の屋敷神研究はこのような祖霊信仰というものを設定しておいて、そこに事例をあてはめていく方向が多かったように思う。特に同族神という用語で包括されているものについては、現時点での伝承を重視するあまり、祖霊神という前提で研究されてきたといってよいかと思う。しかしその根拠は明確であるとは言い難い」（「同族神の変遷—木曾谷のモロキ、祝神、モリをめぐって」『日本民俗学』一一一号）と提言してあらたな問題を投げ、注目しているように、杜神の一種としてのダイジョコ祭祀においても神祭りの起源が何であったかと考えていく上で、常にアクチュアルな課題と言いうるであろう。願わくば私の調査研究が徒労に終ることなく、あらたな一行を加えうれば幸いである。更には同族祭祀の奥拠にひそむ情念を見きわめることで、天皇論への私なりの視座を築きたいと考えるのは途方もないたくらみであろうか。

2 ダイジョコの事例

それでは以下に、いまだ結論めいたことを記す時点ではないが、調査を終えた百数十例を抽出して、紙数の許すかぎり項目別に中間報告をしてみよう。まず形状であるが、事典の一項の記述に疑問がないわけではない。小祠とことわり、祀り方が明瞭でないために草地や藪の名として残るということじたい、決して正確な記述ではないばかりか、むしろ本質的には岩や森、草地、藪が神祭りの原初形態としてあり、以後の発展した形態として祠があると考えるのが、やはり本質的には正しいというべきであろう。逆転した表現ではある。もっとも地名だけ残存している事例もかなりあり、あながち間違っているとばかりは断じえないが、むしろ形状がどうであれ、そこに信仰が今なお息づいているかが肝要であろう。何がダイジョコかというその形状をしかと特定することは、祭祀者本人の認識も不確かであったりして至難なことであるが、一応、木造、藁、石造の小祠、巨木や森・藪・岩・崖・自然石・浜石・石柱・五輪塔・板碑・石仏・田等をさしているようである。小祠の中にはご神体として石や棟札、たまには布袋などの神像が置かれている。敦賀市白木のダイジョコは特別な祭日もなく、神としてもあつかわれていず、古くなったお札を納める場所でしかないのはいかにも落魄感がある。

神木あるいは依代としては圧倒的にタモ（学名タブ、イヌグス）が多く、その他シイ・タチフジ（ニガキ）・ケンポナシ・エノキ・ケヤキ・ヒノキ・スギ・松・アスナロ・柿・モチ・椿・ヤマモモ等おもに常緑の巨木が仄暗い森を形成している。三方町向笠（現若狭町）の大久保忠右ヱ門家の家紋はタチフジを図案化したものであり、いかにもダイジョコとの密接な関わりを感じ興味深い。

名称としては、ダイジョコ・ダイジョゴ・ダイジョウコ・ダイジョウゴ・オダイジョウゴ・ダイジョウコウ・ダイジョウゴウ・ダイジョウグウ・ダイショウグウ・ダイジョウゴン・ダイジョウグン・ダイショウグン・タイショウグン・タイショウゴン・ダイジゴン・ダイジグン・ダイジク・ダイジゴ・ダイジク・ダイジングウ・デイジングウ・オダイジングワ・デイジョゴン・ダイジョゴンゲン・ダイジオン・ダイジョウモン・ダンジョゴ・ダイジュクと各地各人さまざまに呼ばれる。関連の神としては、地の神・ジヌシサン・ジヌシコージン・チジンサン・ジゴノカミ・ニソ・ニンソー等である。能登志賀町にはダンジョモノモリというのがあるが、恐らくダイジョゴに相違ない。

名称が常民によって如何に表記されるかということは、そこには、ある程度古くから土地に根づいた住民の認識が反映されることでもある。最も一般的な大将軍(大将軍天)・大神宮のほか、大地護・大地権・大照宮・大正宮・大上皇・大将皇運・大上郷・大城護・大城古・大聖護・大丈講・大乗子・大城門・大常宮・大正権・大将後・大縄号・代受苦等さまざまであり、そのうちのいくつかは地名として土地台帳に記載されてもいる。三方町(現若狭町)の常神神社の所在地が小字「大将軍」なのは何か深い理由が秘められているのかもしれない。

呼称や表記に反映された神の性格としては、やはり先祖であるとか「村の立ち上りに祀った草分けの神」、地所の神、地を守る神、家の守り神、鎮守さん、氏神さん、家敷の神、田畑の神、地主さんといったように、祖霊及び地神としての特性をはっきりさせたものが若狭においてはおおまかにいって普遍性をもっているが、たまには火の神とか巳さん、病気の神といったものも散見することがある。

ここでいつもダイジョコが問題になるのは、祖霊信仰と大将軍(黄幡大将軍というのもある)、伊勢皇大神宮、大師講、あるいは事例は少ないが諏訪・稲荷・山王・不動・弁天・琴平・ミシャグジ等との習合混淆の過程が判明せず、したがってダイジョコという民俗信仰の原型が今なお不明なことであろう。「荘厳と大荘厳」(『民俗学研究』第三輯)においてダイジョコをまず民間新嘗として位置づけた橋本鉄男は、最新の論考「杜と墓―ニソの杜祭祀の先行型」(『どるめん』第一二号)でダイジョコをニソの先行型としてとらえ、杜の原初形態をサンマイ(埋葬地)に求めているのは注目されるところである。両墓制（復墓制）や古代葬制からのあらたな光をそそぐべく今後の研究がまたれよう。祭祀組織との関わりから宮座との関連も重大な関心をいだかせる。

あるいはまた前記の如く佐々木勝のように、神の降臨する森が祭祀組織の同族化により活性化した意識が育まれ、そこに祖霊崇拝へと変容をとげていく過程を見ることも、あながち無理ではないとも思われるが、俯瞰したところでは信仰の稀薄なところほど祖霊意識に欠け、したがってそのような祭祀形態を杜神の原型と考えるわけにはいかず、現時点でのコメントはさしひかえたい。

美浜町の新庄・佐田ではダイジョコさんは聾啞を意味する「つんぼ」だと言って、祭りには「つんぼダイジョコおきなれやあ」と大声をあげて起しにいくという伝承には、たしかに祖霊のおもかげが宿っているし、小浜市太良庄の岡村源二家の地の神（土地を守る神）はその祀り方からみて、かつてはダイジョコだったと推考されるが、祠に安置された棟札に「祖土大神」と記されているのは、注目しておきたい。若狭では珍しいことだが、近江大床（旧今津町）の大将軍社の祭神桂田大床介のように祖霊名がはっきりしているものとしては、美浜町木野の大同兵衛盛近大上公や、祀り方からダイジョコと思われる上中町上野木（現若狭町）窪田治家の先祖「浄華院殿天山宗高大居士」を祀る天山さんがある。

大師講あるいは太子講との習合については、北海道のデヤシコをはじめ全国に十一月二三日の祭りがあり、それにまつわる伝承「ダイシコウアレ」とか弘法大師の「デンボかくしの雪」「スリコギかくしの雪」「アトアシかくしの雪」同様の民話が美浜町木野と安江の大塩幹雄家に伝わっていること、あるいは小浜市上根来畑中助次家のダイジョウゴウの杜（地名大将軍）の祭りが大師講であったり、小浜市若狭のダイジョコのある田が大師田と呼ばれることなどからも推察されよう。

『若越民俗語彙』に「イシガントウ」の項があり、当該する三方町三方(現若狭町)宇野博之家の大将軍天の石柱を郷土史家の故館熊吉がイシガントウ説として提出したものであるが、当地以外には存在せずどうも説得力に欠けるようである。

京都の大将軍神社としては、下鴨・上京・東山・城南宮等が代表的であるが、縁起や由来も定かでなく、当事者としても困惑していることが神官たちの口ぶりからうかがえた。上京の大将軍八神社について神社誌は、延暦十三年(七九四)平安遷都と共に春日山麓より勧請し、王城鎮護・防塞の神として当時大陸よりもたらされた大将軍を祀ったとあるが、春日山より勧請された前身は何だったか。諏訪神社の前宮のように、あるいは塞の神としてのミシャグジの可能性はどうか。茅野市在住のミシャグジ研究家今井野菊の話によれば、京都の大将軍社には古老の話ではもとはシャグジだったとの伝承があるとのことである。

さて方位についてはどうか。方除けの神大将軍に最も密接な神でありながら、各地各戸においてまちまちであり、そこに確たる法則性は見られない。例外として美浜町金山字別所森川三蔵家や小浜市堅悔・大戸、京都の城南宮から火の神として勧請してきたとの伝承をもつ小浜市栗田においては、鬼門除けとしてだいたい乾の方角に祀っているのが特異なところである。

3　美浜町新庄字奥と小浜市中名田

最後に、最近訪れた美浜町新庄字奥と小浜市中名田地区の例をあげて、祭祀組織についてふれてみよう。現在では株内で祀るもの、個人・村祭祀となっているもの、講をもつもの等各種であるが、ざっと俯瞰したところではやはり株とかマキといった同族間で祀るものが、素朴な原初形態を感じさせるようである。美浜町山上では「ドン(殿)のつく家が祀る」と古老の言うように、家格としては旧家が多い。

奥集落は戸数十四戸のうち五か所ダイジョコが祀られている。そのうち個人祭祀のものは三か所であり、あと二か所は株で祀っているものである。ここでは地の神がダイジョコとそれぞれ混在しており、名田庄あたりの地の神＝大将軍と異質なところであろう。新庄村に位置している関係上、先祖とか夫婦神とかいう伝承は他区と同一であるが、山田家三家のダイジョコについては異質な感を禁じえない。というのは、約百年前山田太郎右ヱ門家の分家山田武治家が火を出し、その時山伏のすすめによって屋敷の一隅の石祠の中に勧請され、以後山田株によって今日まで火の神として祀られているが、当然ここでは祖霊としての観念は見出されず検討を要する事例である。

中名田地区における地の神の祭祀は、今なお株内において厳格に守られている。時に山佐近の中西株・大道株、持田の杉山株、小村の池田株、上和多田の木崎株・大江株・芝株からは生きた信仰の根強さを感じさせられたが、一方見谷・竹本・脇原・清水の地の神は、同じ谷の中にありながら株内の祭祀組織がくずれつつあるように見うけられた。

山佐近の中西株は裏山のシメナワをめぐらした檜の巨木、大道株は苔むした巨岩が地の神であるが、それ以外はそれぞれ小祠を持っている。十一月二十三日株内において回り番で宿を決め、「地の神講」を催し、同族間の濃密な連帯感をたしかめあう。当然ここには祖霊意識が投影されている。大島のニソ田、小浜市若狭の大師田同様、以前大江株には神饌を収穫する「地の神田」が共同耕作されていた。なお上和多田では地の神の祀り場のことをダイジョコと言い、木崎伯耆守の居城が裏山にあった頃的場に向けて矢を射る台場があったとの古老の説明は、けだし付会であろう。また山佐近の大道株は講を特に大道講と呼ぶのは、地の神以前のダイジョコの影を引いているように思われる。

今夏、小浜市内外海方面へ採訪を試みた。若狭区では山腹に「カミさんの木」と呼ばれるシイの木と、ダイジョコさんというタモの木のクズにおおわれた根元に石仏が一基あって、すでに信仰は稀薄化していたが、ダイジョコのある田のことを昔「大師田」と言って男しか入れなかったとの伝承はささやかな収穫であった。数日後田の所有者から夜おそく電話があり、土地改良で田の一角にあるタモの森が邪魔になり、役員から伐採するように強く言われているが、「いったいどうしたものでしょう」とのいかにも困惑気味な相談であった。霊験あらかたというダイジョコの祟りをおそれておられたのである。むろん私は八卦見やカミサンではないので、祟りのことは何とも申し上げられないがとことわった上で、文化財保護上、やはり現在地にいつまでもねんごろにおまつりしていただきたいとお願いしたところ、ようやく納得され現状維持の決心がつかれたようであった。祟りの効用といおうか、ともあれ息たえだえなダイジョコが一つこのようにして守られたのである。（祟りよ、永遠なれ！）

以上調査をもとにざっとダイジョコ祭祀の外観をなぞってみたが、系統立てれば、①大将軍系、②大鉮宮系、③大師講・太子講系、④大縄弓＝ミシャグジ系と大別できよう。信仰の現状も小浜市若狭区のようなところもあれば、新庄や中名田のように今なお歴然と信仰を保ちつづけられているところもある。民俗信仰の常として、現に習合し混淆し変容の過中にある大将軍という単なる方除けの外来信仰が、何故、地の神や祖霊祭祀に転じたか。あるいは素型が果して、墓地だったり神の降りたまう杜だったりの、日本古来の固有信仰なのかはいまだ判然とせず、ますます前途は暗澹たるものであるだけに、むしろ私の情熱もそこにこそ湧きでてこようというものである。

（『若越産業新報』一九七四年十一月二十六日）

付４　大同兵衛盛近太上公―福井県三方郡美浜町木野のダイジョコ祭祀資料―

(一)

「ダイジョコほどいろいろと言われている神を知らない」とは斎藤槻堂の至言であるが、一年余若狭の各地を採訪して痛感するのは、今なお習合混淆の過程にある土俗信仰たるダイジョコの、きわめてとらえがたい相貌である。全国の資料から大まかに分析し系統立てると、①大将軍系、②大師講・太子講系、③大神宮系、④大縄号―ミシャグジ系となり、さらにその祭祀の性格によって細分すれば、祖霊・田の神・山の神・地の神・牛馬神、ときには諏訪・稲荷・不動等、諸神との混淆が見られる。

美浜町におけるダイジョコ祭祀を概観すれば、一応新庄をはじめ耳川流域に顕著な、祖霊たる同族神の性格をもつものと見てよいであろう。むろん民俗信仰の常として、前記したような諸神との関わりを秘めた伝承をもつダイジョコは、各地に多く見られる。

ここではとりわけ異色な口碑伝承をもつ、美浜町木野のダイジョコ祭祀についてふれてみたい。

(二)

木野集落は椿峠の西方に位置し、天王山の山麓に点在する、小浜線沿線の戸数二十戸の農村である。近時移住してきた四戸をのぞけば、分家を含め大同姓十二戸、金松姓四戸、田辺姓二戸が往時よりの定住の家とされている。

現在までの調査で判明したダイジョコは、地図で示した通り、①大同芳男家、②金松家(金松弥治右ヱ門家分家金松弥八郎家屋敷内)、③大同兵衛盛近霊廟地(小字カジヤキシ)、④大同指物屋裏の田(祭祀者不明)、⑤小字センボ(祭

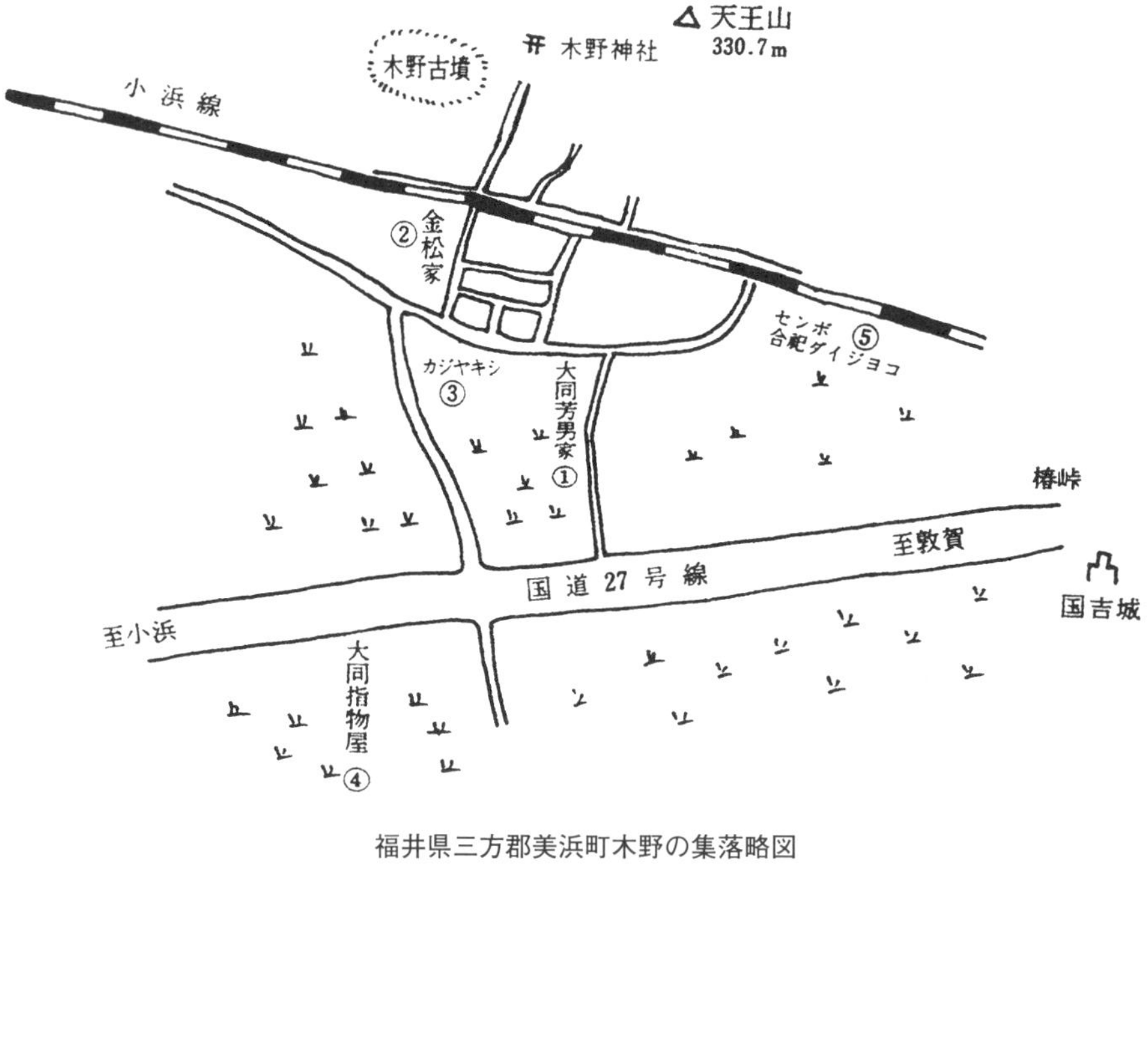

福井県三方郡美浜町木野の集落略図

祀者不明）の五か所であり、大同芳男家個人所有のダイジョコ以外は、小字センボと呼ばれる集落東方の畑地の中の小高い丘に、以前のものとともに昭和初期合祀されている。依代としてのタモの木が、鬱然と空をおおっているのは、如何にも若狭のダイジョコにふさわしい光景である。コンクリート・ブロックの祠の中には、天正―慶長年間に流行したといわれる板碑の二基の五輪塔の浮彫（双体五輪塔型）と、その傍に一石五輪塔一基が安置されていて、木野の場合すっかり仏式化されている様子がうかがわれる。ゆえに祠というよりはむしろ堂宇というべきかもしれない。

なお合祀以前の各ダイジョコがどのような形姿であったかというと、金松家のものは巨木であったらしいタモの古株に、またあらたなひこばえが森を形づくりつつある。祭祀者不明の大同指物屋裏の田の畦にあったという、やはりダイジョコのタモの森は、今はもう見るかげもないような状況にある。小字カジヤキシの盛近のダイジョコについても、以前そば畑だった丘陵地が今ではすっかり杉や檜の林となり、故老さえ祭祀跡がしかとつかめないほどである。

金松家はともかく、十一戸の大同家の同族関係や宗旨については、今では皆目不明であるが、大同兵衛盛近なる武将を祖とする口碑が残されているのは、大変興味深く思われる。明治三年八月、小字カジヤキシにあった盛近を祀る小祠を改造した折に、佐柿の青蓮寺法印祐盛が口碑を板書して奉納した簡札を見てみよう。簡札は尖頭型で、長さ二六×幅四六・八×厚さ一・五センチ、現在、町の文化財保護委員の大同芳男が所蔵している。

（表書）

木野村元祖大同兵衛盛近太上公新造営神廟記

夫在㆓忠孝之道㆒神仏儒家古往今共ニ興ニ不㆑可㆑有不㆑抛㆑焉題也　于茲当邑之元祖大同兵衛盛近者依村人之口碑熟原其本稽厥古不知其姓住洛陽守護禁裏之武士也　大同二年之頃田村将軍入於鈴鹿山之軍中辱蒙命助太刀大有功褒賞其勲功以大同仝家名矣　然後物換星移居当村之民間殆乎久而不知其幾世幾年也　而後国吉城主木村常陸守移当

村於城下構佐柿一邑然城主厭一邑敗亡唯教大同兵衛盛近居当村故其所領之田地九十二石餘免許公役矣　如旃当村者以為大同之苗裔二十八所宮神事之出仕道橋普請掃除惣公私之諸役免許焉也　実不大同元祖ノ徳光而何矣《ャ》　茲年享和元年酉暮春朔日裔孫等聊欲報萬一之恩徳謹辨備供具設如在之礼祭新造営廟社請予於遷宮因捧号上称大同兵衛盛近太上公依而記比因由云爾香語不比旃檀蘭麝貴無陰陽地発香鮮熟為五分所何祝太上徳光萬歳煽

（裏書）

奉納

明治三庚午八月改

青蓮密寺法印祐盛敬白 

要約すれば、大同二年（八〇七）の頃、鈴鹿山の戦い（『福井県の伝説』では鎌倉山の軍）で坂上田村麻呂に助太刀して武功をあげたため、年号にちなむ姓を賜わり、以後諸役を免除されたとされている。盛近が実在の人物であるのか、鈴鹿山の戦いが何を指しているのか等の歴史的な背景については、ここでは一応ふれないでおくとして、注目すべきは、やはり「太上公」という宛字に注目したい。宛字は所詮宛字であり、それに拘泥することは本質を見失うことになりかねないが、ダイジョコを常民がどのように表現したかということは、とりもなおさず祭祀の性格を示す一つの証左に違いない。「太上公」とはまた苦心の命名であるが、祖霊への敬称としてあるいはふさわしいのかも知れないし、田村麻呂との関係も一考を要するだろう。このような宛字はあまり見かけないが、新庄の小字には「太上皇元」と宛字するダイジョコがある。なお、木野の故老に尋ねてみても、ダイジョコがどのような神で、どのように書くのか等については、よく知るものがいない。ただ大同芳男によれば、大将軍という大陸の星の神の信仰であるとかの一般的な知識はさすがに持っておられるが、おしむらくは伝承ではないので、資料としてとどめておくわけにはいくまい。

（三）

以上の口碑伝説のほか、盛近にちなむものとしては、田村神社を創建したとき（戦勝祝いとの説もある）、祝賀のモチがのどにつまって亡くなったため、以後大同姓の家にかぎり正月のモチをつかないという習俗は、一般によく知られている（島田静雄「正月餅を祝はぬ村」『若越民俗』二―一、『越前若狭の伝説』等参照）。その他、ダイジョコに関して今まで採録されなかった伝説として、霜月二十三夜のダイシコウアレの類話に次のような話がある。

当日は必ず荒天となって雪が降るといわれるが、これは盛近が鈴鹿の戦いで片脚となったため、その一本脚のみにくい足跡をかくすためだといって、特に「ダイジョコアレ」として村民に記憶され伝えられている。同様に、安江にはただ一か所、大塩幹雄家所有の田の神だというダイジョウコ（小字大城古）があり、そこには「ダイジョウコさんのスリコギかくしの雪」だとの言い伝えが残されていて、美浜町におけるこのような例は、ともに東北や長野、中国地方の「デンボかくし」「スリコギかくし」「アトアシかくし」等の大師伝説との習合がいちじるしくとりわけ興味深い。若狭におけるダイジョコ祭祀は、名田庄を基点とした安倍陰陽道による大将軍信仰の波及と、近江の大将軍の影響が大であり、いわば大将軍系として位置づけられようが、たとえば小浜市上根来のダイジョウゴウの杜は、土地台帳によれば「大将軍」でありながら、霜月二十四日に大師講が広峰神社で営まれ、御神酒やお鏡をタモの木の杜に供えたというように、一概に大将軍系とわりきることはできない。その他にも、大神宮と宛字する場合は、きまって「お伊勢さん」を意味する。

ダイジョコに武将の固有名詞が付せられている例は、滋賀湖西の大床《おおずく》集落（旧今津町）の氏神大将軍社における同族神・桂田大床介の祭祀があるが、祖霊名が歴然としているのは、若狭では今のところ珍しい例といえよう。

（四）

以上の他に、木野におけるダイジョコ祭祀について、特記すべきことはあまりない。十二月二十三日早朝、赤飯と大根二本を神供とするなど、他と似たりよったりであるが、ただ二本の大根がダイジョコさんの箸がわりだとする伝承は、今まで他では聞くことができなかったことである。講も各地同様すたれてしまっている。

ともあれ、木野のダイジョコ祭祀についての早急な結論はここではひかえたい。やはり若狭全域の調査をひとまずおえた段階で、全国的な資料との比較操作をへて、おのずから位置づけられる問題であろう。そのための一過程として、木野のダイジョコ祭祀について一文をものしたのである。

（『えちぜん・わかさ』第四号、福井民俗の会、一九七七年九月）

第六章　ニソの杜・ダイジョコ・ジノッサン

1　ニソの杜とは何か

若狭といえばニソの杜、ニソの杜といえば若狭といわれるほど、民俗学の研究者の間ではよく知られている。日本民俗学の父、柳田国男のキィ・タームである祖霊信仰の格好のモデル・ケースとして、これまでニソの杜は学界から熱い注目をあびてきたといってよい。祖霊信仰を明らかにすることは、日本人の神祭りの素型を究明することに他ならなかった。

「大いなる意義は、ニソウ即ち十一月二十三日を以て先祖の祭りをすることにて、小生などは全く是あるが為に幾らも残らぬ老後の時間を費やすに足るとまで致し居り候」と柳田国男は、「ニソの杜」(『民間伝承』一四の二)の筆者安間清宛の手紙(昭和二十五年三月五日付)のなかで述べている(安間清編著『柳田国男の手紙―ニソの杜民俗誌』大和書房、一九八〇)。

ニソの杜は、昭和十四年六月に発表された安達一郎「若狭大島探訪記」(『南越民俗』第二巻第三号)によって学界の知るところとなり、以後、鈴木棠三「若狭大島民俗記」(『ひだびと』一二の三・四・五)、安間清「ニソの杜」(前掲)、橋本鉄男「ニソの杜」(『近畿民俗』第二六号)、直江広治「『ニソの杜』信仰とその基盤」(『若狭の民俗』吉川弘文館)、福田アジオ「若狭大島の村構成と親方子方制度」(同)、佐々木勝「ニソの杜信仰の変遷」「杜神信仰の諸相」「杜神信仰の構造」等(『屋敷神の世界』名著出版)、金田久璋「同族神の試論的考察」(『民俗学論叢』第二号)「斎いこめられる死者」(『日本民俗学』第一五四号)などの本格的な研究があいついで発表されて今日にいたっている。日本民俗学の大きな命題となっている、ニソの杜とは何であろうか。

ニソの杜は、大飯町大島(現おおい町)の二十四名の開拓先祖を祀る聖地といわれ、これまで三十三か所のモリが確認されている。所在地の地名を付して「浜禰の杜」「上野の杜」「井上の杜」「瓜生の杜」などと呼称されるが、地元の人びとの間では、ふだんは改まった言い方はされず、ただ「ニソ」とか「ニンソー」「モリさん」と呼ばれている。「ニソの杜」に類似の聖地や民俗信仰は、薩摩半島のモイドン、石見の荒神プロ、沖縄のウタキ、対馬の天道地(シゲ)をはじめとして全国に点在している。しかし「ニソの杜」という呼称は若狭の大島に固有のものとされている。

では、「ニソ」とは何か。「御祖」「御遠祖」「二鼠」「二十三名」などと、これまでいろいろの付会の説が提言されたが、柳田国男は安間清宛の手紙(昭和二十四年十月二十日付)のなかで次のように述べている。

「何故にニソと謂ふならんかとの鈴木の問ひに答へて、多分旧十一月二十三日即ち東国にて大師講などといふ日に此森を祭る故にニソ(二三)といふならんと答え置き候。播州にては歳時語彙にも掲げし如く、此日はもはや節日には非ざるも、之をニジフソと称して何か変つた食物だけはこしらへをり候故、此の如く想像せしに候。」

すなわち、「ニソの杜」の「ニソ」とは「ニジュウソウ」のことであり、霜月(旧十一月)二十三日の祭日(霜月祭り)を指している。県下でも名田庄村三重(現おおい町)の地の神講を「ニジュウソウのお講」とも呼ぶ事例がある。柳田国男はニソの杜を実際に調査したわけではないが、翁の博覧強記にもとづいた知見は、ニソの杜の起源が何であるかを確実に見通していたといってよい。事実、地元では「ニソー」とか「ニンソー」といった発音もされていて、歳時語彙の「ニジュウソウ」に近い。先年筆者は但馬から播州を横断して、地の神祭祀の分布を調査したところ、やはり今なお細々とニジュウソウという呼称が伝承されていることを確認した。

三十三か所のモリのうち、二、三か所は枯死して小祠のみとなったり、原発道路によって分断されているものもあるが、ほとんどのモリは、屋敷地の背後の山すそにあり、タモ（タブ・イヌグス）やシイ・椿などの照葉樹林の森を形成している。祭日以外は絶対入ってはならず、木を切ることはおろか、枝も拾ってたき木としてはならないと言われており、禁足地ゆえの祟りを大変おそれている。ニソの杜のモリたるゆえんである。

祭場となるモリは、祭祀者の現住地からかなり離れているものも数か所あり、かつてはモリの近くに家があったとする伝承も残っている。例えば、宮留の新保の杜は外海の袖ヶ浜沿いに二か所あり、いつの時代かは不明だが、かつての村跡とされている付近にある。上野の杜・窪の杜・大谷の杜についても同様の伝承がある。居住地の移動や祭場・神田の売買、祭祀組織の変遷により、長い間に宗家（本家）を中心とする同族祭祀から、地縁近縁の祭祀へと変っており、伝承も次第に稀薄になっているものも多い。血縁から地縁への変遷は、家の分化拡大、祭場の所有権の移動によって跡づけが可能であり、類似の民俗信仰とされるダイジョコやジノッサン、地主荒神などにも顕著に見られる。

ニソの杜に祀られている神は、伝承によれば二十四名の島の開拓先祖であることは先述した。個々の祭祀者の伝承、意識にも、家のたちはじまりの先祖を祀るとするものがあり、モリは先祖を埋めた古サンマイであるとの言い伝えも見られる。逆に民俗学者が時たましたり顔に強弁する、「先祖が祀った神」などという伝承は皆無である。事実祭場の地目が墓地であったり、古墳の上に祀られているものもある。ニソの杜と墓制が深い関係にあることは、ダイジョコや地主荒神にも見られるし、先日調査した奈良県西吉野村黒渕の黒渕の杜もやはり同様の伝承を残している。むしろ古墳の被葬者とニソの杜の祭祀は直接つながるものとは考えられないが、全国的にも多く見られる神社と古墳の関係を類推させよう。

また、一九五八年から六〇年にかけて同志社大学による製塩遺跡の発掘調査の際、浜禰の杜の一角から中近世にさかのぼるとされる熟年男性の人骨が二体出土したことは注目される。当時発掘に関係した考古学研究家は、浜禰の杜の地表には中近世の埋葬地があり、さらにその下層には五、六世紀と推定される居住と作業場の未分離な製塩遺跡が埋もれていると述べている。その後の発掘調査によっても杜そのものが、すっぽりと製塩遺跡の表層にのっていることが推察されている。すなわち、浜禰の杜を構造的に図解すれば、基層に製塩遺跡が浜辺に横たわっており、その上に若狭の両墓制に顕著な埋葬地（サンマイ・ミハカ）があり、最上層にたちはじまりの先祖神を祀るニソの杜が神さびた樹相をしげらせていることになろう。モリそのものは大島においては今なお生き続けている民俗信仰であるから、おいそれとは手がつけられないし、浜禰の杜をもってニソの杜のモデルケースとはすることはできない。しかし、少なくとも浜禰の杜に関しては、発見された人骨の埋葬時期以降に祀られたものであることが理解できよう。むろん現存する杜そのものは比較的新しいものであっても、民俗信仰の変遷のなかで位置づけられることは当然だから、ニソの杜の信仰が中近世以降に起源をもつということでは決してない。

2　ニソの杜の祭り

さて、ニソ講とかモリ講と呼ばれるニソの杜の祭りは、毎年十一月二十二日の夕方から翌朝にかけて行われる。当夜は必ず荒天になるとされ、「ニソ荒れ」と言った。むろん旧暦の頃の伝承である。輪番で講宿を決め、当番がモリに参拝したあと、講員一同の楽しい直会となる。祭主ほ必ず供の者を一名伴い、腰に魔除けの鎌をさしてモリへ出かけることとされ、この習俗は葬送儀礼を思わせる。昔は早くから物忌みに入ったが、戦後生活様式も一変してからは、服喪中以外は厳然とは守られていない。礼装の素襖も着用せず、もっぱら普段着になっている。ニソ講も現在は清水前の杜の祭祀者である大谷一族以外には行われてはいない。ニソの杜の祭場は、砂と海藻で事前に清められ、シメナワ・ゴヘイを飾りつけておく。供え物は小豆飯を丸めたものを藁づとにのせ、その上にタガネという白餅(シトギ)を盛りつける。これらの神饌は、ニソ田と呼ばれる神田から収穫された新米が用いられる。ニソ田は当番で耕作、神田ゆえ決して不浄にならぬよう心を配ったという。

ニソの杜は、日本人の神観念の古い形が伝えられているとされており、数か所のモリの一角にカラス口《ぐち》と呼ばれる、神鳥である鳥への献饌をする場所がある。若狭地方でセンジキとか「カラスのオトボンさん」といわれる、いわゆる鳥勧請に他ならないが、大島においては氏神である島山神社の神事にも必ず行われている。カラスが神饌をついばむと「オトがあがらっしゃった」といって吉兆とする。「オト」は「お当(頭)」であり、当屋を意味する言葉である。「お当があがる」ことは、すなわちニソ講の物忌みがとかれ、重責を果たしたことに他ならなかった。

ニソの杜のなかには、小祠を持つものと持たぬものがある。その祠には「大上宮」「地主大神」「遠祖大神」「奉勧請大聖権現」などと神名をしるした神札(棟札)を納めてある。「大上宮」はダイジョウグウ、「大聖権現」はダイジョゴンの宛字であり、ニソの杜のなかにダイジクの杜があるように、これらはダイジョコ・ダイジゴ・ダイジングウ・ダイジゴン・ダンジョコなどと呼称される若狭における大将軍信仰の一種に他ならない。ダイジョコ信仰は広く若狭一円に点在しており、主に三方郡から敦賀市にかけて濃密に分布している。

大将軍は陰陽道の星の神で、三年ごとに一巡し、その方位に当ると「三年塞がり」とされているように大変恐れられた凶神である。方位を司る神として、平安京の遷都の際、王城鎮護のために京都の東西南北に大将軍神社が祀られた。ただ、ニソの杜同様、草分けの先祖を祀るとする日本に固有の濃厚な祖霊崇拝と、大陸伝来の陰陽道の御霊防塞の神が、いったいどのような経緯で民俗信仰として習合したのかは、いまだ究明されてはいない。滋賀県の大将軍信仰ともかなり信仰内容を異にしており、滋賀県においてはむしろ野神が杜神を代表している。応仁の乱の頃、名田庄村納田終(現おおい町)に布教の根拠地を置いた安倍陰陽道との関わりが考えられるが、もっとも確たる史料があるわけではない。ただ次のような文献が、ダイジョコ信仰の展開の背景として残されているのは注目されていい。『若州管内社寺由緒記』(延宝三年〔一六七五〕九月)から「上野木村大将軍」の項を引く。

「元来土屋殿と申す人の墓にて候由、七十年前村中へたたり申に付、大将軍にいわひ籠申候、当村小太夫彦右衛門など先祖と申候」

該当の上中町上野木(現若狭町)の大将軍は「天山さん」と呼ばれ、現在十一月二十三日に天山カイトによって祀られている。史料に記載された小太夫は武田正直家、彦右衛門は植野玲治家に該当し、武田家の屋敷に接して天山さんの小祠がある。同族祭祀から地縁祭祀へ発展した典型的な事例である。

ジノッサン・地主・地主荒神は大飯町(現おおい町)以西に濃密に分布し、しかも荒神信仰(火の神としての三宝荒神・内荒神とは別)としては、石見の荒神ブロと類似の信仰とすれば最北端に位置しよう。すなわち地主神・地の神と荒神が習合した境界域の民俗信仰である。ジノッサンは大飯町(現おおい町)の佐分利川中流から上流にかけてのみ分布している。一方、高浜町小和田・高野には地主神を祀る七森がある。いずれもニソの杜と同じく、霜月二十三日(三方郡以東では十二月二十三日)に先祖を祀るとされ、タモの巨木が信仰のシンボルとなっているものが多い。

これらの民俗信仰を分析すると、祖霊崇拝・大師講・杜神信仰・大将軍・地神・作神・田の神・山の神・二十三夜待ち・霜月祭り・墓制などが複雑に習合していることがわかる。その経緯を歴史的に論証することは至難であるが、種々の要素は抽象化しえよう。しかし、やはり中核に祖霊信仰が基底にあることは確実である。

霜月二十三日は新嘗祭に当ることから、ニソの杜・ダイジョコ・ジノッサンの祭りも、一種の民間新嘗と言われている。それはそれで決して間違いではないが、新嘗祭のために祀られた神ではありえない、と私は考えている。何故ならアエノコトのように年中行事における種々の儀礼は、予祝儀礼と収穫儀礼が対になっているものだが、ニソの杜をはじめとする若狭の同族神には、豊穣を祈願する神事が皆無であることなどがあげられよう。収穫祭は田の神の祭りであるから、ニソの杜にしてもダイジョコにしても田の神としての儀礼があってしかるべきである。しかるにツクリゾメもサナブリもホガケも、一切これらの民俗信仰とは無縁である。あくまでも先祖の神（祖霊）に収穫を祝って新穀を献饌し、同族間の結びつきを緊密にするために祭りが営まれたのであった。なお、神饌の二又大根は、畑作儀礼としても注目される。

国際森林年以後、地球環境の悪化もあって、にわかに森や巨木が関心を集めている折、照葉樹林文化としてのニソの杜をはじめとする若狭の杜神信仰を、今こそ大切に保護しその現代的な意義や価値を見直す時期にきている。

（『若狭の四季―年中行事と祭り』福井県立若狭歴史民俗資料館、一九八九年十月）

第七章　若狭佐分利川流域の地の神

1　屋敷神としての地の神

京都府との県境に水源を持ち、大飯町（現おおい町）を縦貫して流れる佐分利川の流域に点在する各集落には、ダイジョコ・ジノッサン、あるいはジヌシコウジンといった屋敷神としての地の神が多く存在する。近年、河口対岸に位置する大島のニソの杜との関連において、犬見の地の神、小堀のダイジョコ、川上のジノッサン等が注目されてきたところであるが、(1)全地域にわたる綿密な調査がなされたうえで、有機的な関連づけがされたわけではない。私は昨春から今冬にかけ、数度にわたって、若狭全域のダイジョコ調査の一環として、佐分利谷の全集落の踏査を試みたが、以下にその調査報告の要旨と問題点を整理してみたい。

2　ダイジョコ

今回の調査で確認できたダイジョコ（ダイジングウ・ダイジゴ）は十二集落二十四か所を数える。すなわち長井・本郷・父子・神崎・小車田・川上・笹谷・岡安・万願寺・岡田・小堀・犬見集落に祀られている。

①長井　すでに祭祀組織もすたれて、伝承も今や衰微しつつある。田倉典幸家の田の畦に置かれていた丸い石、藤田八兵衛家の小屋の傍の地蔵、徳庄継夫家裏庭のタモ、龍虎寺の墓地がある山すそのタモの四か所が、故老の記憶をたどってようやく再現しえた祭祀場であり、前二者は土地改良や廃家で消失、徳庄家のタモは朽ちかけ、現在龍虎寺

の墓地下のダイジョゴのタモの木に、十一月二十三日近隣五戸で赤飯・甘酒を供えて祀っている。「ダイジョコ荒れ」という言葉が残っているが、「跡足隠しの雪」の伝説はない。近隣祭祀に特色を有する。

②本郷　本郷きっての旧家、荒木新輔家の天明以前の旧宅跡に「ダイジョコのモリ」がある。タモの根元に五輪の断片が置かれてあり、正月にシメを張りおかがみを供える。聖地のためゴミを捨てず、葬列はさけて通るのがならわしとなっている。なお現在の荒木宅の庭にはかつて地の神を祀っていたという礎石がある。

③父子　旧家の中瀬利兵衛家の殿屋敷という旧宅裏の山すそに通称ジノカミ、棟札によれば上大神宮・下大神宮の二社を祀っている。上の方にはシイの下に祠がありフジづるがまきついているためフジノモリ、あるいはモリさんとも呼んでいる。一〇〇メートル下方の下大神宮には祠はなくシイの巨木があり、正月にはシメを張る。こちらはジノカミとは言わない。十二月二十三日、むかえ火として藁をたき、赤飯・酒を供える。分家は参らない。

④神崎　新田一族の堀口四郎行義の末裔という掘口儀兵衛家の屋敷裏の山手にダイジゴ（ジノカミ）のタモの巨木がある。旧家猿木甚左ヱ門家にも持山の山すそにダイジングウのモリがあったが、現在は祀っておらず、一切不明。

⑤小車田　筒井甚左家の前栽に祠があり、「大将宮・三宝大荒神」の神札が納められている。家人不在にて調査不能。なお分家筒井甚四郎家の倉の後に「サヨノモリ」というタモの木がある。小夜のお墓だという。祠はなく、屋敷の神として十一月二十四日、藁二束を焼やし赤飯を供える。

⑥川上　当集落は呼称としてはジノッサンが一般的であるが、祭日、祭祀形態、伝承ともダイジョコとほぼ同様であり、なかでも大西伊平治家のジノッサンの小祠中には「奉請地主大将宮大荒神守護所」という神札が入っているように、かつてはダイジョコという呼称が存在したことをうかがわせる一資料である。すなわち地主神・大将軍・荒神がみごとに習合している。

⑦笹谷　田中嘉滋郎・宮本勘兵衛・渡辺作左衛門・柿本三郎家の近くの山すそにダイジゴのタモの木がある。祠なし、伝承稀薄。

⑧岡安　治面地六兵衛・治面地六右衛門・竹内太左衛門家の屋敷裏にタイジングウ（ダイジゴ）を祀る小祠がある。祭日は笹谷の渡辺家が十二月十八日であるように、ここでは十二月十八日となっていて、藁火をたき、赤飯・お頭・ナマスを供えて祀る。藁火をたくのは、ダイジゴさんはミノカサ持ちの位の低い阿呆神で、出雲にいつまでも残っているので、火をたくと家が焼けると思い、早く帰ってくるからだという。

⑨万願寺　福尾助左ヱ門・森口与兵衛で祀るダイジョゴ（ダイジングウ）がある。福尾家のモリは、集落の上手にあたる谷奥の山すそにシイの森があり、昔の墓地だという。森口家のダイジングウは山すそ近くの畑の隅に位置し、タモの巨大があったが伐採、祟りがあり、森下イシの夢のお告げで昭和五十年に祠を造営した。ともに十二月二十二日、本分家で祀る。ミノカサ持ちの伝承あり。

⑩岡田　もと阿弥陀堂の上手にダイジョコさんがあったが、現在若宮神社に大将軍神社として合祀、以前の祭祀形態は不明である。『稚狭考』に岡田の大将軍神社として記載されている。

⑪小堀　七戸地の神を祀る家があり、そのうち中宮九郎左衛門家の地の神のことをダイジョコと呼んでいる。祭日四月二日、赤飯・酒を供える。ニソノモリに匹敵する椿・樫・竹の森を形成しているが、隣の吉田平蔵家の地の神を女神、中宮家のダイジョコを男神と呼んでいる。「奉請大地主神」「天神地祇」等の神札が多数納めてある。

⑫犬見　当集落は以前三十戸ばかり戸数があったが、現在は二十六戸になっている。直江広治は「『ニソの杜』信仰とその基盤」(2)において、旧家持ちの地の神と書いているが、故老によれば昔は貧乏家二、三戸をのぞき各戸に地の神を祀っていたという。十三戸の地の神を確認したが、そのうち森本芳雄家・木村太市郎家・後上久蔵家の地の神を、

昔はダイジコと言ったといい、特に森本家の場合は元屋敷だという山すそに、タモの巨木がうっそうと森を形成しているので、「ダイジコのモリ」と呼んでいる。十二月二十三日、藁一束をたき、赤飯を供える。森本家をネギとして彦惣一郎・村本郁代・下畑政直・津原敏夫家もこの地の神に参るが、同族ではない。四家は個人持ちの地の神を持たない。

後上家のダイジゴは通称塚浜《ヅカハマ》、地目墓地の田の畦にモチの木を神木として祀っている。以前は樫の巨木、椿、グミの森だったが伐採、祠はなく正月にはシメを張り、二月九日の御祈禱の日には大槃若の札を貼る。祭日十一月二十三日。同日お堂で老女たちの大師講を営む。習合の一過程がうかがわれるような示唆にとんだ一例である。塚浜という通称からも古墳と考えられるが、刀子一本、土器等が出土したという。根元に男根状の石棒が安置してあった。

以上の他に、尾内の通称弥兵衛のモリについて一言記しておきたい。区のサンマイがある山すそに隣接して大きな椎の森がある。時岡弥兵衛家の持山で古サンマイと伝え、木の根元に五輪二個が置かれてある。本郷から移住してきた人は、「弥兵衛のダイジョゴ」と呼んでいるが、当の時岡家では祭祀もせず何の伝承もないので、何のことか意味がわからないとのことである。サンマイとモリ、ダイジョコとの関係を暗示するような一資料である。

3　ジノカミ・ジノッサン・ジガミ・ジヌシコウジ

佐分利川上流の川上・三森ではジノッサン、中流の石山・佐畑ではジガミあるいはジヌシコウジン、下流域の集落においてはジノカミと呼称するのが普遍的であるようである。一応総称して地の神とするが、佐分利川流域のほとんどの集落において地の神を祭祀し、しかも本郷の祈禱師高橋与助家(天龍神社)の奨めにより、今なお新しい地の神が年毎に増加しつつあるように、新旧の地の神が生成消滅し混在している特異な地域であると見てよい。民間祈禱師の活躍、祟り伝承、墓制、そして共同幻想としての先祖崇拝が、ニソの杜を解く鍵だとこの頃考えているが、佐分利流域はそのよいモデルケースたりうるだろう。

①尾内　小谷助太夫家の前栽に祠があり、「奉勧請地荒神」(于時宝暦八戊寅八月十三日建立)の神札が入っているが、伝承稀薄である。すでに廃家となっている尾内一の旧家松宮忠兵衛家の畑の一隅に墓地があり、そこに地の神の森があったが、逼塞の際何か出ないものかと掘ったところ、刀子と朱塗りの椀の一部が出てきたという。安置されていた地蔵は境内の三界万霊等の隣に移転してある。

②本郷　ダイジョコの項で述べた荒木家の他に旧家時岡八兵衛・村松喜太夫・三宅庄太夫・永谷刀禰家に古くから祀る地の神がある。時岡家は丸石二つ、先祖の墓ではないかと言っている。三宅家は地蔵、村松・永谷家は小祠を設けて祀っている。永谷家はもと網元、弁天を地の神(神札「土地守護大明神」)としている。いずれも屋敷内にあり特定の祭日なし。他に時岡昌平家のように新設の地の神が多数祀られていると思われる。

③山田　小林源右ヱ門(本)・小林源治(分)・小林孫左ヱ門(分)の三戸で、屋敷背後の山すそのタモを地の神として祀っている。分家小林源助家は別の所に祀っているので加わっていない。十一月二十三日、早朝藁をたき小豆御飯を木の葉に盛り供える。

吉田孫右ヱ門家の地の神は、もとは本郷の松宮家所有の小字カジバナという田の森に祀られていたもので、二十年前、地所購入の際祈禱師にうかがいをたてると、地主につくより買主につきたいということで、分家もまじえて祀るようになったという。現在は裏山の欅・椿の根元にあるが近年おろそかにして祀っていない。

④芝崎　杉木立ちに囲まれた区有の地の神社がある。各戸のものを合祀したもの。

⑤野尻　新設のものとしては浦松吉兵衛家、旧来のものとしては武長善左ヱ門家の倉の前に小祠を建て、六左ヱ

門・新右ヱ門・太郎助四戸の一族で祀るジノカミがある。後者はタモの巨木だったが、立枯れたため祠を造り、生り物をつかさどる神として地の神(御幣)を家の上手に川があるので水の神として弁天(像)を安置したという。十二月二十三日、藁一把をたき小豆飯のニギリを供える。その時「ジョモヤ、ジョモヤ」と唱えるというが、ダイジョコのことを、ダイジョモ・ダンジョモと発音する地域があるように、その名残りであろうか。他で聞いた所では、両家とも祈禱師が関わったようである。

⑥父子　中瀬家のフジノモリの他に、木村伊左ヱ門家の守り神としての地の神がある。正月に前栽の椎にシメを張り祀っていたが、八年前新築の折祠をたて、不動滝の巫女に祈禱してもらい、「白竜王地主大神」の神札を納めてある。

⑦石山　杉谷善右ヱ門・辻亀蔵家に旧来の小祠、民安孫左・井関富太郎家の庭には、病気の折、祈禱師の奨めにより近年祀りはじめた自然石のジガミがある。井関家のは特に「御地大明神」と言い、屋敷の神であり、毎月十三日を地の神の日とし、その他、一日・十五日に祀る。

旧家武藤喜則家と昔の親類筋に当る石倉久右ヱ門家で祀るジヌシ(ジヌシコウジン)さんは、武藤家から石倉家に嫁いだ娘が夜家を出たまま行方不明になり、その時より両家で同時に祀るようになったという。武藤家の祠内には丸石があり、神札には「文化六巳年(一八〇九)七月廿三日」と記されている。石倉家の祠には年代不詳の神札があり、「奉勧請地荒神家内安全」と記されている。隣に自然石二つを並べたジヌシさんあり、祭日不明。この石山区の新旧の例は祈禱師の活躍をよく物語っていると思われる。

⑧川上　旧来のもので個人持ちのジノッサンとしては、渡辺九右ヱ門・杉左近久郎右ヱ門(本、二社)・杉左近清左ヱ門(分)・渡辺善兵衛・広畑信・三谷弥助・松野寛治・清水鏡治・山端敏夫・木原喜助・藤原丈右ヱ門(廃村の宝尾より移住)・三谷稔・松野梅春・川北治郎右ヱ門・堀谷佐太夫・大谷作左ヱ門(新旧二社)・大西伊平治(ダイジョコの

項参照）・河原千代右ヱ門家を確認した。大谷家の新設のものは祈禱師が関わったもの。大西・河原家のものは、大西家の背後の山腹に隣り合わせて祀っている。右隣の丸い平石は母親が病気の折、卵を供えて祀ったというが地の神とは言わない。墓地（ハカショ）に近接し、家新築の折土取りしたところ人骨が出土したという。松野梅春家のものは向いの山すそから前栽に祭場を移動した。雪中を参上するのは困難との理由による。

隣接の共同祭祀のものとしては、小谷憲二・渡辺公司（渡辺九右衛門分家）・渡辺勇三家のものと、山崎仲西（本）・山崎伊右ヱ門（分）の他、続班八戸の講中で祀る樫の森がある。山崎伊右ヱ門家裏の大公孫樹の根元にも以前ジノッサンがあったという。

近来のものとしては、小谷助左衛門・大谷吉左衛門・橋本久右衛門家（杉左近分家）があるが、全て病気の折、祈禱師の奨めによるもので、寝床下の石塊を祠に安置している。特定の祭日はなく、正月、祭礼、月始め等に祀っている。旧来のものの依代あるいは神木としてはタモ・椎・檜・欅等、常録の木か巨木となるものが「モリキ」として特別視されている。祭日は旧十一月二十三日、出雲へ行っている神を早く呼び戻すため藁一束を焼やし、小豆飯をつとに入れて供える。屋敷周りの主で家を守ってくれる神だとされ、ジノッサンの足はスリコギ足でビッコなので、その足跡をかくすために当日は「地主荒れ」の雪が降るのだとのことである。なお翌二十四日はダイシさんの日で、仏法納めの念仏講を行う。近隣祭祀の場合、祭祀場は共有地になっている。祭場としては、背後の山すそが顕著である。祭祀組織がくずれ個人祭祀となる例を小谷、渡辺二家の神祀りに見ることができる。

⑨三森　旧家岩崎佐近、藤原五左ヱ門家には以前ジヌシサンを祀っていたが、現在祠なし、伝承稀薄。

⑩福谷　旧来のジノカミとして水口清二家の前栽で祀り、祠中に「金神除」の神札が入っている。祭日は正月。近来のものには、田中吉左ヱ門・湯口源太郎・中直博雄・田辺利一・佐仲老己家があり、それぞれ祠の中に自然石を安

置する。病気を原因とする祭祀である。
⑪佐畑　畑中俊一郎・柳原友吉・山口繁治家で祀るジヌシコウジン(チンジュ)があるが、伝承稀薄である。
⑫広岡　木村佐兵衛家の前栽に自然石のジノカミを祀っている。病気を原因とする。
⑬万願寺　旧来のジガミとしては、木村善兵衛・岩崎徳太夫・福尾長左衛門の祠があり、福尾家の祠中には「牛頭天王」の神札がある。祭日なし。近来のジノカミとしては、森口本家のダイジングウ祭りに参加しながら、病気の折天龍神社の奨めで前栽に石を安置して小祠を設けた森口与作家がある。
⑭小堀　中宮九郎左ヱ門家のダイジョコの他、中宮九右衛門(分)・吉田平蔵・斎藤又左衛門・寺井佐右衛門・江上三右衛門・渡辺善四郎家のジノカミがある。江上・渡辺家以外はタモを依代とし、寺井家をのぞき小祠を有する。祭日は正月、山の口、宮の当祭に赤飯を供える。寺井家のジノカミは数本のタモが伐採されて、無惨な様をさらけ出しているが、もとは相当な森であったと思われる。自然石が横たわり、その下に縄八百貫が埋められていると故老は言っており、大縄号すなわち検地埋縄伝説や、シャクジの伝承を想起させる。森の背後の山は現在小浜線が通っているが、「有明の月の沈むとき云々」の黄金伝説があり、掘削の際土器類が出土したという。
⑮犬見　それぞれの田の畦に西尾和夫・岸本彦右ヱ門家のジノカミがある他、米沢きみ子家他二戸は、八幡神社内に安置した石をジノカミとして祀っている。岸本家のものは、寺跡とおぼしき所から出土した地蔵を、地蔵の命日という霜月二十三日に藁一束を焼やして呼び戻すのだという。後上久蔵家のジノカミ(ダイジコ)へは、隣の田の所有者大道久兵衛家も参ることになっている。

4 モリ

ニソの杜との関連において、今回の調査では特に聖地・祭場としてのモリに注目したが、当地方は若狭一円から俯瞰して見ると、モリという言葉が著しく神聖視されて使われているようであり、それだけでも特異な地域である。

ざっと数えあげただけでも、弥兵衛のモリ(尾内)、ダイジョゴのモリ、源太夫モリ(本郷)、モリさん(野尻)、ダイジングウのモリ、フジノモリ、ハクサンサンのモリ、四七モリ(父子)、サヨノモリ(小車田)、モリさん(川上)、佐近の森、比尻の森、新鞍の森(三森)、モリさん、フクノモリ(万願寺)、ダイジゴのモリ(犬見)等がある。川上で聞いた話では、ジノッサンを祀るモリさんの中心の巨木を、モリキと呼んで特別視するという。佐々木勝報告による「同族神祭祀の変遷―木曾谷のモロキ・祝神・モリをめぐって(3)」を想起し注目したところであった。

先日脇今安のニソの杜を調べ歩いて、モリさんという言葉をごく自然に聞くことができたが、佐分利川流域の地の神のモリもニソの杜に匹敵する杜を形成している。ここにおいてもはやニソの杜に何の独自性があろうか。大谷信雄翁の宗家崇拝と愛郷心、島の閉鎖性が杜の解明に大きくわざわいしているようである。墓制と巫術、若狭一円の民俗信仰の基底にある地の神としての大将軍信仰からの照射が、ニソの杜の謎を解きはなつことだろう。

5 民俗信仰の習合

以上重複した点も多く、祭祀関係者たちの発音を表記して項目別に述べてみたが、佐分利川流域の地の神を踏査し俯瞰してみて考えられることは、いささか我田引水めくが前記した通り大将軍信仰と墓制、巫術としてのシャーマンたる民間祈禱者の濃密な関わりを、今後一層重視していかねばならないと考える。株や講の祭祀組織を追究してもあまり教訓は得られまい。

病気や不幸の祟りをもたらし、家人を苦しめ、冥界から手厚く祀るようにとの通信をもたらすのは、多くは祖霊たる先祖たちのなす業であろう。祭場が古墳や古サンマイに多いのは、そこに先祖が実際に埋められているというより、祖霊としての神が巫者をなかだちにして荒々しく顕現したからに他ならない。言ってみれば祖先崇拝などというものは共同幻想にすぎない。若狭において名田庄を光源とする安倍陰陽道と民間祈禱者との間に、どのような有機的なつながりがあったかどうか不明であるが、方位の神としての大将軍が墓制との関わりにおいて御霊防塞的な性格を発揚し、言わば流行神としての機能を持った時代があり、一方では祭日及び発音から大師講と習合し祖霊崇拝化したものと思われる。直江広治は、両墓制以前の祭祀形態として名田庄の地の神に注目しているが[4]、その時代的な間隙を埋めるにたる歴史的な資料といえよう。

結論と資料整理が前後してしまったが、佐分利川流域の地の神の最も旧態の祭場は、屋敷背後の山すそに多く見られる。そしてそこは今では村びとの記憶からうすれつつあるが、共同の村のサンマイ以前に存在した個人持ちのサンマイであったにちがいない。故老たちがそう伝え、事実、人骨や土器が出土している土地にある。さらに五十年忌がすめば、仏は地の神になるという伝承を重ねあわせれば、より理解は容易であろう[5]。

佐分利川流域の地の神が以前は大将軍であったであろうと推測することは、中下流域に残るダイジョコの伝承・分布、川上の大西家の神札や、犬見の地の神が昔はダイジコと呼んでいた等の故老の話からも充分うかがわれることである。また美浜町松原においては、ダイジョコとジノカミ(ジヌシサン)の併称が今なお行われているように、ダイジョコさんというのはどのような神かと質問した時、必ずと言っていいほど「地の神」或は「屋敷を守護する神」と答えが返ってくることが多いが、地の神というのは、その神の性格を表徴していると考えられる。ダイジョコという表記がさまざまなように、混乱し常民の記憶から忘れ去られ、何のことかわからなくなった時点で、より本質的な性格名が呼称されるようになる。犬見・神崎・父子・小堀の例はその一過程を示していると考えられる。

最後に如上の結論を補足するような一例に一昨日会ったので、紹介しておきたい。

三方町相田（現若狭町）三二の小字大将軍は、村を貫く旧国道下に面し、約二反ばかりの土地である。そこに居住する河村太郎右ヱ門家の屋敷には、前栽の右側のタモの巨木の根元に地の神として大将軍、左側に先祖さま、「イキキノコンジン」の三社を祀っている。先祖さまの祠中には血脈やお札が納めてあり、何代にもわたり早死病気といった不幸が続くため、以前から神としてお祀りしているという。イキキノコンジンとは巡り金神、あるいは亡母がよく言うように回り荒神のことであろうかと思うが、当主の話では稲荷だと話している。現在祠は朽ちてしまい、いずれ近いうちに建てなおす予定とのことだが、三社も守りきれないので合祀しようかと考えておられる。大将軍（地の神）、先祖、コンジン（金神・荒神）が現に見事に習合しつつある、なまなましい事例を見て、民俗信仰の習合混淆の道筋が明らかにたどりうると考えるが、今後一層手広く資料を収集して検討してみたい。佐分利川流域の調査の終りに際して、暗合のようにふとめぐりあった貴重な示唆に富んだ一事例を、いささか神がかりめくが地の神の配慮のように思われたことである。

註

（1）和歌森太郎編『若狭の民俗』吉川弘文館、『郷土誌大飯』大飯町教育委員会、一九七一年。
（2）直江広治「『ニソの杜』信仰とその基盤」（『若狭の民俗』所収）。
（3）佐々木勝「同族神祭祀の変遷―木曾谷のモロキ・祝神・モリをめぐって」（『日本民俗学』一一一号、日本民俗学会）。
（4）直江広治『屋敷神の研究』（吉川弘文館）、第二章「祭場の移動」。

（5）　直江註（3）、橋本鉄男「杜と墓」（『どるめん』一四巻五号）。（『えちぜんわかさ―福井の民俗文化』第六号、福井民俗の会、一九七九年八月）

付５　美浜町松屋の宗吾祭祀

三方郡美浜町松屋は、新庄谷の最奥にひらけた戸数十一戸の山村である。炭焼きと、糊口をしのぐ山峡の棚田をほそぼそと耕すことが、昔からの生業《なりわい》であったが、近時日銭かせぎに土方にも出かけていくようになった。マキノ町へとぬける県境には、水上勉の小説『湖の琴』のヒロイン梅尾さくの在所栗柄（小説では栗柄）があり、すでに山をおりて廃村となっている。松屋に一家族移住している他はすでに行方知れず、さくの末路同様哀れをもよおす話ではある。

六月十四日、松屋・浅ケ瀬のダイジョコ祭祀を調べるべく、先学たる小林一男から一応の助言を得て、まず松屋に向ったのであるが、そこで若狭では大変珍しいと思われる義民佐倉宗吾を祀る小祠を発見した。若狭の義民、松木荘左ヱ門を神としてあがめ祀っているというのなら理解できぬことではないが、間違いなくそれは宗吾なのである。

宗吾を祀っている尾上浅太郎家は、当主の話によれば少なくとも二百年以上は続いているという旧家である。いつの時代から、どのような媒介によって、何故に宗吾を神として祀っているのかという肝要な問いかけには、今のところ一切不明であり、三月二日を祭日として当日はお鏡を供える他に、宗吾をこの家の鎮守として年中床の間に「宗吾神社」の掛軸をかかげ、お水をかかさずに内祀をしている。

三月二日にどのような意味がこめられているのであろう。宗吾父子が公津ケ原において断罪されたのは、小学館『万有百科大辞典』によれば承応二年（一六五三）八月四日（「宗吾霊略縁起」には承応二巳年八月三日となっている）であり、この祭日とは符合しない。蓋し祭日とするに足る何らかの理由がこめられているのに相違ない。

先代は下総の宗吾神社に一度参拝したというが、その時にでも手に入れたものであろうか。床の間にかかげられた雨乞いの竜神をえがいた掛軸を脇に、中央にすすけた「宗吾神社」の掛軸をかかげ、その文字の下には何と「まさかどの　神の鎧を　身にまとひ悪魔をはろう　神の八剣」と歌がしるされている。読み下し文になおしたが、実際の書体は変体仮名で書かれてあり、老当主の話ではこのように読むのだと伝えられている。

佐倉宗吾（木内惣五、惣吾郎ともいう）については、歴史学上諸説があって、実在さえ疑われていたらしいが、一九五七年公津村の名寄帳が発見されてより、田畑三町六反歩、石高二十六石九斗三升を所有する有数の高持百姓であり、下総印旛沼郡公津台方村の名主であることが確実視されているらしい。松永伍一の『佐倉宗吾論』によれば、「実在とか非実在」を論ずるより「「民衆がそこにいた」こと、そこにいたかれらが「その前に立つ義民」のイメージを必要とした事実の相互の有機的関係をあきらかにするのが私の仕事である」、「なぜ虚像が実像をはるかに上回る偉力をもたねばならなかったかをさぐるために」と前置きして論をすすめながらも、「物語に出てくる宗吾像は架空のものであり、木内宗吾という名主がいてその反抗的態度を中心に、他の物語ないしは史実（ここでは「万石騒動」や「屋代騒動」と呼ばれる北条一揆）を加味し、変形、創造されたのではないか。変形、潤色のために、幕末の芝居のストーリーが大きな役割を演じたことは疑いを入れない」と結論づけている。民衆や心情面から義民伝説を照射した松永ならではのすぐれた論考である。

歌に出てくる将門と宗吾の関係であるが、ともにお上をおそれぬ挫折した叛徒への共感はむろんのことであろうが、史実としても「承応三年十一月、大佐倉将門出城跡にある将門神社の廃頽せるを復興して口ノ宮神社を建立し、宗吾を祭神として盛んなる祭事を営み」（『義民宗吾伝』豊由実）、「延享三年堀田正信の弟正俊の子孫堀田正亮が山形から佐倉に移封されると、翌年には将門山に惣吾郎の宮を再建し、ついで百年忌の宝暦二年には口の明神を造営した」（『万有百科大辞典』）との記述によっても、将門との浅からぬ縁が理解できよう。

「出生の秘密や経歴などはどうでもよく、怨念をたぎらせたひとりの理想的人間のイメージに、民衆は夢を託することで、反権力の心情をたぎりたたせるのである。これはいわばカタルシスでもあった」、「義民信仰が、自分ができないために、こちらの気持を代って示してくれた人間への安堵のごときものを少量ながら含んでいることに、あらためておもいついた。それは農民の本来的にもっているエゴイズムの裏返しとしての崇拝であったから、かえって人々は、美談をきいては、安心してからだごと感嘆し、泣けたのではないか」と、農民の心情の暗部にあるものをえぐりだすような透徹した眼で松永伍一は書いている。とまれ異土を遠くへだてたこの若狭の山峡に、心の山ひだの奥深く義民像をあたためている一群の杣人がいることも、「宗吾魂神にもあがめ、思い晴らして農作頼む、今に佐倉の鎮守とまつり、後の世までも大明神と、国の守りとその名は残る」という「くどき」からも、山峡であればあるほど農の祈りが理解できるのである。「まさかど云々」の歌についても、叛徒への共感と同時に、真に神は我らが味方であり、正義は我らにありとする素朴で意固地、愚直なばかりの神への信頼がうかがえはしないか。

前記引用したように、芝居が義民伝説や信仰をはぐくんだと松永伍一は指摘しているが、当主の話によると、子供のころ宗吾伝説を人形劇化した田舎芝居の一座が回ってきた時、この村には宗吾さんをお祀りしているから芝居なぞ許すわけにはいかないと追い返したことをうっすらおぼえているとのことである。「民衆の錯覚の上に義民信仰が枝葉をつけ」て、ひとたび神格化した義民像が、逆にそれをはぐくんだ芝居を神の威厳をもってかたくなにこばんだのだった。

嵐寛寿郎主演の映画「怨霊佐倉大騒動」（渡辺邦男監督、一九五六年）を観たのは、中学生のころだったろうか。処刑後の空が一天にわかにかきくもり、怨霊となって悪役人にたたるラストシーンだけが鮮明に思いだされる。その怨霊に見守られて、松屋の村びとは新庄峡谷の奥深く山峡《やまかい》にいだかれて、ひっそりとくらしているのであろう。たとえ遠くはなれた異土の義民逆臣であれ、その根深いところで共感しあう心の琴線が、まるで飛行グモの糸のように、木洩れ日をうけて一瞬きらめき、浮かびあがるような梅雨の間の一日であった。

（『えちぜん・わかさ』第三号、福井民俗の会、一九七六年八月）

付6　饗《あえ》の神の足跡

先日、能登の富来町相神と門前町道下を訪れた。以前から「相」という字のつく地名に関心を深めていて、かねてねらいをさだめていたのである。富来町相神は大字、門前町道下には小字に相神小路がある。ともに相の神と読めなくもない。「相の神」とは何か。

秋のなかばから初冬にかけて、今なお細ぼそと各地で収穫儀礼が行われる。なかでも奥能登のアエノコトと呼ばれる田の神の行事は、民間の新嘗祭としてよく古習を伝えるとされ、民俗学上注目をあびてきた。刈り上げの終わった田から、目が不自由な田の神を迎え入れて、そこに神がいますかのように風呂をつかわしたり、種子俵をすえた座敷に田の神を案内して、一年間の苦労をねぎらい饗応する儀礼が奇習とされ、とりわけ関心を呼んだのである。すなわち、柳田国男によってアエノコトは「饗の事」であるとされ、以後定説となっている。

田の神を饗応する儀礼が、奥能登だけの特殊な習俗でないことは、かつて福井にもアイノコトと呼ばれる春秋二季(二月五日・十二月五日)の田の神の行事があり、「相ノ事」「アイノコダ」「相ケ市」などという小地名が残っていることで理解できよう。なかでも故斎藤槻堂によって紹介された武生市余田《はぐり》(現越前市)の相ノ事は、最も典型的な事例である。すなわち、南出・中出・北出の三垣内《かいち》の地縁の田の神としてそれぞれ小祠があり、祭日には祠の前で垣内ごとにささやかな神事が執行され、各家では神棚や土蔵の種子俵に供物がささげられる。南出の田の神がある余田三九号は小字を「相の木」といい、そこにはかつて杉の古木があった、北出の祠の傍らにも欅《けやき》の木があるように、これらの神木はいわゆる田の神の依代《よりしろ》なのである。

武生市西部の白崎にも「間《あい》の木」と呼ばれる場所が村の中にあり、文化五年（一八〇八）の銘のある田の神の石祠と欅の木が残っている。この他にも各地に「合の木」「相の木」「逢の木」などという地名が多くあり、出自の地にちなむ苗字が散見される。柳田国男は「御刀代田考」のなかで「一番大事な家督としていつまでも手離さぬ田の一つに、斯うした特徴のある樹があってそれが地名となり、やがては又そこを根拠として住む家の苗字ともなった」と述べている通りである。田の神はまたアイノカミとも呼ばれる。すなわち饗《あえ》応の神、神人共食の神であり、坂井郡の一部では田の神祭りをアイバマツリとも呼んでいる。地名「饗庭《あえば》」は道饗《みちあえ》というより田の神を饗応し相贄《あいにえ》する稲積み（ニホ）の場であった。当地の末社、合葉神社の祭神が曽保登《そほど》神、すなわち一本脚のかかしなのは由縁のないことではない。アイノカミはまた当然ながら水の神でもある。

一方滋賀から京都にかけて、「綾の神」「綾の木」「綾の森」「綾戸」「綾堂」「綾場」などとアヤ地名が各地に点在する。これらはいずれも綾織りの職能神というより、むしろ稲作の神・田の神の祭場に他ならない。

民俗神の祭祀において、しばしば外祭りから内祭りへの傾向が見られることから、福井と滋賀の饗の神を私は奥能登のアエノコトの先行型と位置づけている。饗の神の足跡に、アイノキと呼ばれるひともとの神さびた木が生いしげる光景を求めて、当分私の旅は終わりそうにない。

（『毎日新聞』一九八八年十一月十二日）

第八章　饗応《あえ》のトポス—相の木・アイノカミ・アイノコトをめぐって—

1　「相の木」との出会い

岡崎純（敦賀市在住）の詩「相の木」（日本現代詩人叢書第二五集「岡崎純詩集」所収、芸風書院）は、次のように語り出される。

樹齢　数百年を経たという
ぼくの部落の中ほどの
欅に似た一本の木
二本がひとつになったといい
相の木というのです

自らをワキの位置におき、現代の語部として村の伝承をとつとつと囲炉裏の火にかざすように語りだす手口は、さすがにあざやかである。二本がひとつになった「相の木」のイメージは、二連において「父たちは／大きくなるに従って／相の木にあこがれて／いつか愛の木と呼びました」と展開し、土俗の風土の内側でつちかわれてきた愛の実相を、民話的手法でうたいあげる。かつて禁欲的と言っていいほど「愛」の一語を決して口にしなかった岡崎純の一群の秀作のなかにあって、「相の木」の一編は「愛の木」「愛を埋めて征く若者」という二つの修辞によって、岡崎純特有の詩的なリアリティを必然的かつ一過的に弱めこそすれ、「相」が「愛」へと変身する伝承の基層に横たわる元型《アーキタイプ》をみごとにとらえているのである。

十数年前この詩を一読したときは、むろんこのような感想をいだいたわけではない。私の家の近くに「相の木」「奥相の木」（美浜町佐田）と呼ばれる小字があり、そこには欅や榎の林があって、その根元からは一分と手をひたしておけないほど冷たい清水《しょうず》が湧き、用水として村中を一巡し田をうるおしていたが、もしかするとこの村の一画を領する小地名は岡崎純の詩と何らかの関連がありはしないか、と考えたのだった。運命的な「相の木」との出会いである。

２　地名「相の木」とアイノカミ

以後機会あるごとに「相の木」もしくは「相」（アイ・アエ）という語のつく地名を集め、折を見ては現地を調査し伝承を聞書した。今までに採集した資料によれば、嶺北地方の穀倉地帯から嶺南地方の中部にまで小地名として点在しており、特に武生市（現越前市）周辺に濃密に分布が見られる。「相の木」をはじめ「合の木」「逢の木」「相ノ森」「相田」「相堂ヶ市」「相垣内」「相ノ木谷」「相ヶ町」などの他に、今立町（現越前市）には「相之事」（国中）、「相ノ事」（中津山）と表記された小字も残っている。採集地を全て調査したわけではないが、この不思議な暗合はただごとではないと思われた。

更に以前から大いに気になっていた小祠がある。「愛神」（三方町北前川、現若狭町）、「相木神」（三方町田井、現若狭町）、「愛大神」（美浜町上野）、「饗神神社」（美浜町北田）、「アイノカミ」（美浜町丹生・敦賀市白木）、「合葉の神」（坂井町島・東荒井・正善・西今市、現坂井町）、「相葉神社」（芦原町田中中、現あわら市。坂井町宮前、現坂井市）、「愛之御神」（芦原町北潟、現あわら市）などと表記されるアイノカミである。

アイノカミとは何か。この神のことをはじめて学界に紹介したのは藤本良致である。『近畿民俗』旧三ノ二に資料紹介された小祠は美浜町丹生と敦賀市白木にあるが、丹生では「田の口」と「奥」との両集落の中間にあるからアイノカミというとされている。丹生のアイノカミは以前は海岸に小祠があったが、現在は村道の崖下に石仏と共に移されている。白木には「アイノカミの森」と呼ばれる一画が村の上手にあり、森の中には小祠がある。森の入口にある大石の下には黄金が埋めてあり、村が窮した時には掘り出せとの言い伝えがある。なお当区では正月二日に昔ボラが一万三千匹もとれたことを祝って、「アイノザシキ」という行事を行う。毎年五軒ずつがアイバン（当番）となって年長者の家で祝宴を開く（三年で一巡）。ハツボラがとれるようにとの大漁祈願の神事であるが、夜明けにアイノカミへ献供することからしても、「アイノザシキ」はもともとアイノカミにまつわる直会の神事であったと考えられる。以前は当社の御堂で行われたと言われている。

北田の村中にある饗神神社は地蔵盆に子供組によって祀られるが、特別の伝承はない。他の三方郡内の小祠も同様にこれといった伝承をもたないが、佐野の愛大神は地元の僧侶によって愛染明王とされてしまったものの、故老の言い伝えでは耳川の水利の神とされている。

このように嶺南地方におけるアイノカミの伝承は重出立証法的な一致点を見出せないが、一方嶺北地方に分布するアイノカミは間違いなく田の神である。

例えば小祠をもたない今庄町八飯（現南越前町）周辺や武生市本保（現越前市）においても、田の神をアイノカミさんと呼んでいる。詩「相の木」の舞台となっている岡崎純の生地武生市白崎（現越前市）には、「相の木」と呼ばれる聖域が村の中にあり、二本の欅の木の下に田の神の石祠が祀られていて、故老は田の神のことをアイノカミとも呼ぶ。

祠には「文化五辰春　若連中」の刻字がある。以前は「相の木」さんとの家号をもつ家があり、古井戸が聖域に接して今も残っている。白崎村はもとは高田と呼ばれる所にあったが税が高く、十軒の百姓が現在地へ移り住んだとされ、村発祥の地が「相の木」と言われている。十二月五日田の神祭りが行われるが、現在神主が祈禱をするぐらいで特別の神事は伝えられていない。アイノカミは女神だという。笏谷石製の小祠のなかに二〇センチばかりの木像が安置してある。

坂井町島（現坂井市）の春日神社の境内には石の祠があり、「合葉の神」と書いて「アイノカミ」と呼ぶ。祠の中には向って左に箕を持った神、右には升を持った神が彫られている。田の神は夫婦神であるとの伝承が広く分布することや、芦原町北潟（現あわら市）のアイノカミ（愛之御神）が男女二神像であることからしても、この島の合葉の神も夫婦神であろう。

祭日は節分（現在は一月四日）と習合しており、当日は左義長も祠の前で行われる。合葉の祭りは当番制で行われ、早朝男子二、三人が各家から米を五合程集め、当番の家で一つ一升におにぎりを二つ作り、竹かよしの箸をさし、新藁で作った円い台に大根をそえて合葉の神に供える。左義長のあと当番の宿で子供たちが集まり直会をする。なお島の合葉の祭りで注目すべきことは、神饌を鳥や獣がどのように食べたかによって豊凶の作占いをすることである。跡形もなく早くたいらげてあると豊作、何日たっても少しも口をつけていないと凶作とされ、合葉の神のお許しがないと鳥や獣はおにぎりを食べないといわれている。これは嶺北地方には珍しい烏勧請の一資料と思われる。

3　アイノカミと相の事

以上の資料からアイノカミが田の神であり、「相の木」と呼ばれる地名が田の神の祭場を意味することが理解できる。そこで問題となるのは、武生市余田《はぐり》(現越前市)の「相の事」という田の神の行事である。「福井のアエノコト」としてはじめて資料紹介を行った斎藤槻堂の『余田の民俗』(吉野村資料第九輯、丹生郡吉野村誌刊行会、一九五二年)から該当の部分を次に引用する。

「十二月五日は田の神の神祭であるが、余田ではこの日『あいのこと』(相の事)と云ふ特殊な行事が行はれる。即ち三垣内ごとに『田の神』の祠が祀られてあって、この神さんにはそれぞれ半反歩程宛の高(田圃)がついてゐて、垣内の者が当番でその田圃を作り、この日その田圃の収穫でもって祭りをいとなむ。この祭事が即ち相の事と呼ばれる行事であるが、つまりここでは『相』の字を宛ててゐるけれども、本当には『饗の事』で、田の神祭の直会を意味するものである。さてこの行事は、昔はなかなか盛大に行はれたもので、今下垣内の例でみると、当番の家が宿を引受けて、朝の十時(上・中垣内は昼過ぎから)に垣内仲間の人々を招いて宴《さかもり》をする。その酒盛りの肴には、あげ・豆腐・棒巻・塩物及び盛合せなどもつけ、飯はもちろん仕舞には大盃まで出て、なかなかの大宴会であった。それでお客の方でも羽織袴で威儀を正して出かけたといふ。何しろ一生のうちにさう度々宿が廻って来るわけでもないので、嫁取り婿取り祝儀などに準じて、盛大な座敷をしたものだ。しかし、その経費は僅かな田圃の収入をこれに充てるだけで、大部分は当番になった者の負担であったので、時世の移変りによってその負担に堪へず、仲間から脱退するものが続出するやうになったので、日露戦争を境に遂にこの酒盛りを中止して、この収入を積金することに変更した。しかし今でも当番から垣内の各戸へ白米二舛宛を配り、これを受けた方では銘々で自分の家の神棚へ、くさぐさの御供とともにこの白米を供へて、謹んでその年の収穫を感謝し、半日の業を休むことになってゐる。

田の神さんには神棚のほか、床へは三社託宣の軸をかけ、また土蔵の米俵の上にもそれぞれお供をするが、その神饌は大体次のやうなものである。神酒・するめと前記相の事の白米のほかに、飯(藁の椀をこしらへてその中に)、蕪汁・向附（必ず尾頭付のあかもの）と芋と小豆を煮たものの四種を、新しい箕を膳代りとして用ひ、献供することになつてゐる。」

余田は九十二戸の平野部の農村で、宗旨は天台・浄土・浄土真宗・時宗であるが、このうち浄土真宗が最多を占める。三垣内とは南出（上）・中・下（北）の地縁組織をさす。南出と中・下の田の神の小祠があり、南出と中の小祠には狐に乗った田の神の石像が祀られている。右手に鎌、左手には稲穂を持つ。なお「余田三九相ノ木」は南出の田の神の所在地に当り、もとは福塚孫兵衛家の地所にあり、杉の木が二本生えていた。田の神のことを「アイノコトの神さん」とも言い、農作の神として春には山から降り、秋には山へ帰られるという。

これらのアイノコト類似の行事が武生市平林（現越前市）や今立町五箇（現越前市）でも行われていたし、今立町国中（現越前市）や中津山（同）には小字「相ノ事」として地名にも残されていることから、かつては嶺北の穀倉地帯から嶺南の中部にかけて、アイノコトと呼ばれる田の神への豊作祈願と収穫感謝の饗応儀礼が行われていたことが明らかとなったのである。つまり分解過程にあった「相の木」（地名）―「アイノカミ」（小祠・呼称）―「アイノコト」（儀礼）の三項が、これまでの調査によってようやく本来の姿を取り戻して劇的に一線上に並び立ったと言ってよいであろう。

4 アイノコトとアエノコト

余田のアイノコトについては前記の通り、斉藤槻堂の報告によって知られ、以後市町村誌や『日本の民俗・福井』や『生きている民俗探訪・福井』などの二、三の民俗書で取りあげられているぐらいで、管見ではこれまで福井のアイノコトとして奥能登のアエノコトとの本格的な比較が試みられたことはなかった。

先年珠洲市若山町火宮の田中福松家のアエノコト（秋）を見学しただけで、比較などおこがましいかぎりであるが、

『奥能登のあえのこと』（奥能登のあえのこと保存会、一九七八年）を参考にしながら、福井のアイノコトと奥能登のアエノコトの差異を考えてみた。

何よりもまず「相の木」という地名や「アイノカミ」という小祠があるように、福井における田の神の祭場が屋外にあること、すなわち奥能登のアエノコトが内祭りであるのに比して、福井のアイノコトが外祭りであることが大きなちがいとしてあげられる。郷田洋文は「家の神去来信仰」（『日本民俗学』第四巻第四号）で「田の神の祭祀を屋外から屋内に取り入れたために成立した家の神が、田の神信仰とどのようなかかわりを持つか、その去来信仰について両者の関係を考えてみようと思う」との問題意識のもとに、「家の神の去来を分類すると、一、田から家へ出て行くというもの。二、家から田へ帰ってくるというもの。三、山から家へ来るというもの。四、家から山へ帰るというもの。五、家と田とを去来するというもの。六、以上の伝承を欠くもの。七、去来伝承を故意に否定して留守神とするもの。この七つの型になる。これらがお互い同一信仰を元にしているということを示すためには、家と田を去来するという最も基本的な型に統一せしめねばならぬが、その結果は屋外における田の神祭祀との関係に発展していく」として、珠洲郡西海《さいかい》村馬緤町（現珠洲市）の南家の例をあげ、「（裏山のタモの木の下の地神に献饌をする）この行事は、先に挙げた松波町の春のアエノコトに山へ神を迎えに行くことと共に、アエノコトにおける神祭りは、単に屋外から屋内への祭場が移動した姿であって、よくその古い作法を伝えているものという以外に、神は祭を受けたら帰り行くという古式をも保存している一方、屋内祭祀の形式がやがて蔵や納戸を中心にした家の神成立の方向に動いており、既にその例も若干見出せる」と評価している。

であるとすれば、福井における屋外祭祀の資料上の意義は非常に大きい。祖霊祭祀とされる若狭の地の神系のダイジョコ信仰においても、本家から分家が分化するにしたがって外祭りから内祭りへと祭場が移動する傾向が顕著に見られる。また祭祀者の信仰心が稀薄になるにつれて内祭りへと移行しがちである。例えば芦原町重義（現あわら市）では田の神をアイバサマといって、二月五日に山から田へ降り、十二月五日に山へ帰るとされ、四日夜、手土産としてボタモチ二つ、豆腐小半丁をモロブタにのせ、オマエサマ（仏間）に設置した一斗マスにローソクをともして西向きに供えるが、昔はギット（律義）な家は田に出て稲株の上にボタモチを供えたという。なお当地ではアイバサマは女の神で歯が悪く、やわらかいものを好むとされている。

柳田国男は「田社考大要」のなかで「大体の傾向としては、田のほとりから屋内へ、それも竈の前から次第に床の間神棚の方へと移り行くことが、祭の期日もしくはその中心点の動きに伴なひ、それも祭の慎みよりも、寧了式後の豊の明りに、重きを置くやうになった一般の傾向と、相関するものだったらしい」と注目すべき見解を述べている。祭場の移動については直江広治の『屋敷神の研究』においても柳田の説を布衍して論を展開している。鈴木昭英も「能登での、アエノコトによって祭られる田の神は、家の神すなわち先祖の神であると同時に、それは本来山にとどまる山の神であったものが、家での饗応の儀礼が強調されて、山との送迎の習俗を失したと考えられぬこともない」（「山の神と里神」『講座日本の民俗七』有精堂）としている。外祭りから内祭りへの過程は大方の支持を得ているとしてよいであろう。

5　饗応《あえ》のトポス

ではその祭場はどのような祭祀空間なのであろうか。

「相の木」系の小地名や「アイノカミ」の小祠を調べていると、決して多くはないが水利との関連が見られる。美浜町佐田八二の「相の木」が清水の湧出地であることは先に述べたが、上中町海士坂《あまざか》（現若狭町）二五・同麻生野（同三九の「相の森」は田野を流れる用水の合流点に当たる。芦原町北潟（現あわら市）のアイノカミ（「奉建愛之御神石堂施主」「于時永禄八年五月吉日敬白」の銘あり）は字中町と寺崎の境に位置し、山すそに欅の森と石の祠があり、男女二神の石像が安置されている。現在は民家がたち並んでいるが、かつては北潟湖に面した水田地帯であり、アイノカミはその用水の水源地に祀られている。現在は簡易水道の貯水池になっていて、地蔵盆に子供たちによって祀られており、すでに田の神の伝承はない。アイノカミの水で眼を洗うと眼病がなおると言われており、田の神は片目との伝承をわずかに想起させる。

この他に、小浜市飯盛では田植え後干天続きで用水に困った時、思いがけない慈雨があると区長の布令があり、上下二組の宿で「間《マ》の講」を営んだと言われている。高浜町立石・園部でも雨乞いのあとの祝宴をマノコウと言った。美浜町丹生のアイノカミが田の口と奥集落の間とされ、武生市白崎（現越前市）の「相の木」が的場と高田の間と解釈されたり、アエノコトが秋祭りと正月の中間と言われるように「アイ」を区間とする付会の説が多いが、敦賀市野坂には神田としての「アイノコダ」があるように、おそらく間の講は饗の講であろう。

このように田の神が水の神としての性格をもっていることは、敦賀市の旧愛発村一帯に田の神のことをタツガミサンと呼んでいることからもうかがわれるが、藤本良致によれば、武生市本保（現越前市）の田の神祭り（アイノカミ）において、十二月五日におはぎや尾頭つきの赤い魚を家の中の井戸端に供え、田の神はこの日井戸へ入って休まれて一月五日に田へ出て行くとされている（『南越』一一号）。この場合、祭場は屋内に取りこまれているが、水の神としての性格を伝えている資料として注目される。柳田国男の「田杜考大要」によれば、田社は大水神とされているが、故のないことではない。

次に田の神とされる「アイノカミ」の聖空間に涼やかな樹陰をおとす「相の木」とは何であろうか。小地名「相の木」の領域にはタモや欅・榎・松・杉などの聖樹があり、敦賀市白木のアイノカミにおいてはタモや椿の森を形式しているが、言うまでもなくこれは田の神の依代である。

柳田国男は「御刀代田考」のなかで「壱岐の島のミト田には多くは木を栽ゑ、その木が一つ〳〵ちがって居たらしく、那賀郡湯岳といふ部落の如きは、塚はミト田の中央に在って、其上に古松が生えて居るので有名であった」と述べ、「わざわざ変った木を立てて置いた趣旨は、神を特定の樹の下に祭り来った家の伝統を守る為に、その田が樹陰になることをも厭わなかったので、それが自然に作り主の記号とも、又土地の字名ともなったものかとも思われる。現在は枝を折って田の水口に挿す木なども、家によってちがって居て、其種類は可なり数多いのは、この昔の仕来りの名残りかも知れない」としている。更にその考えを布衍して「幾つもある田の中の親田、近頃の農民の言葉を借りていふならば、うちに取って一番大事な、家督としていつまでも手離さぬ田の一つに、斯うした特徴のある樹があってそれが地名となり、やがては又そこを根拠として住む家の苗字ともなったものと思ふ」と述べている。実に卓見というしかない。こうした推論の一資料として、武生市白崎（現越前市）の草分けの地にある家号相木家や宮崎村小曽原（現越前町）の名家相木家の家名伝承が有力な手がかりとなろう。『越前若狭の伝説』によれば、もと加藤姓を名のっていたが、門の左右にそびえる老松を「相生の松の木」としてみて「相の木」と呼ぶようになったと言われている。相生はむしろ付会であり、家督をつぐミトシロの松であったにちがいない。

こうした小地名や小祠・家名を手がかりとして、「相の木」のある場所が田の神を饗応する場所《トポス》であることが、次第に明らかになったわけだが、更にもう一つ考証を加えておきたい神名がある。

前述の通り、坂井郡一帯には「合葉の神」（相葉）と書いてアイノカミと呼ぶ田の神が、芦原町田中中（現あわら市）、坂井町正善・宮前・西今市・東荒井・島（現坂井市）に氏神の境内社として祀られているが、芦原町重義（現あわら市）

では田の神をアイバサマ（アイバマツリ）と言っていることは先に述べた。『地名の研究』のなかで柳田国男は、地名・家名「アヘバ」すなわち響庭（相場）を道饗祭、邪神祭却の祭場とし、更にアヒノ田「間田」も饗場の田としている。アイノカミの場でドンドが行われる事例もあるが、これはやはり田の神の饗応の場であろう。

坂井郡の合葉（相葉）神社の全てが（東荒井のみ火産霊命、秋葉に付会か）祭神を曽保登紳としているが、ソホドすなわち案山子であり片脚神の伝承を秘めているものと思われる。

田の神やダイジョコ信仰には、盲目・片目・片脚・聾唖の神とした不具神の伝承が多い。敦賀市山のダイジゴは目耳とも不自由な先祖神とされ、「ダイジゴドン〳〵、アカママもござるし、お神酒もござるし、大根のワンギリもござるし、ゆっくりあがってくだい」と言って供えるのだと言われている。一方、「ダイジョゴ荒れ」にまつわる片脚神の伝承もある。嶺南東部における地の神系の民俗神と田の神との習合形態として注目されるが、こういった不具神への饗応は外祭りにおいても行われていることを忘れてはならない。

坂井町大味（現坂井市）には曽保登神を祭神とする稲葉神社がある。稲葉は稲場であり、柳田によれば刈稲を積んで置く場所、すなわち物忌をするニホの祭場であった。余田のアイノコトにおいては外の祭場と個々の神棚・土蔵の米俵への献饌がトータルに見られるが、石塚尊俊は「納戸神をめぐる問題」（『日本民俗学』一巻二号）のなかで穀霊誕生の斎場として、稲積から神祠（ホクラ）、更には土蔵・納戸へと変化する過程を跡づけ、各地の去来伝承をふまえて「本邦の田の神信仰には、稲そのものの霊と、これを来り育てる神との、本来二系統があったのではないか」との結論を導いている。

稲魂と祖霊・歳神との関係については、更に資料を多く集め、もっと深く考えてみなければわからないことが多い。

また、祭日が福井の場合二月と十二月五日に対応しているが、奥能登の春のアエノコトは二月九日となっており、山の神去来伝承との習合を思わせる。祭祀組織も福井は地縁を主とするが、普遍的には血縁から地縁への分化過程として跡づけられよう。なお、伝承母体が真宗地帯であることも考慮しなければならない。「信仰の本筋からすれば、神の去来を、山と田の間に直接感ずべきことであったかもしれないが、現実には、この中間祭場（家）を出発点とする信仰が、今日では主流をなしている」とし、「個人の『家』というのは、その一形態にすぎず、これを集団的に求めれば頭屋となり、神社ともなる」と平野孝国は「祭場と神供」（『講座日本の民俗宗教』一、弘文堂）で述べており、今後の課題としても重要であろう。

本稿は岡崎純の詩「相の木」との出会いを契機に、日本民俗学の大きな命題のなかで、現存する小地名や小祠の伝承を手がかりにして、日本人の神観念の場を考えるためのワン・ステップである。とはいえ、「相の木の下で／幾組もの夫婦が生まれ／ときどき　雷が嫉妬して／相の木に落ちました／そのたびに　ぼくの部落の人たちは／密かに祝福したのです」とうたう詩人の想像力は、伝承をこえ落雷の場をイカヅチとかイナウルイとして稲と稲妻の結婚を祝祭する常民の集合的無意識に深く通底しているのはおそるべきことである。付会とはいえ「相の木」を「愛の木」とし、「饗の神」を「愛の神」とする原型がここにある。しかも「たびたびの落雷に／相の木は空洞になっていきました」との哀れな結末はシンボリックに愛の実相を見事にとらえているのではないか。

（『北陸の民俗―北陸三県民俗の会年会記録第三集―　一九八五』
富山民俗の会編集、福井民俗の会、加能民俗の会（当番）　一九八六年五月）

第九章　饗の神の系譜―アエノコトの関連地名をめぐって―

1　アイノカミの登場

その神の名は「アイノカミ」と呼ばれている。民俗神としてはことさら注目をあびることはなかったが、路傍や田の畔にたたずむ、その神名が藤本良致によって、『近畿民俗』三の「よもやま話」の欄に「アイの神」として資料報告され、学会に民俗神としてはじめて登場したのは昭和二十五年五月のことである。藤本の報告は『綜合日本民俗語彙』（平凡社）、『分類祭祀習俗語彙』（角川書店）に再録されているが、以後『日本民俗事典』（弘文堂）、『日本宗教事典』（同）などの主要な事典類には何故か立項されずに現在に至っている。

藤本の話によれば、当時アイノカミが奥能登のアエノコトと関係があるなどとは思わなかったということであるから、筆者が研究史をふりかえって関連づけて言及するのはいわば結果論にすぎない。四柳嘉孝が「能登半島アエノコト分類と形態―特に鳳至郡を中心として―」を発表するのは昭和二十六年十月のことゆえ、藤本の報告は一年以上前のことになる。当時『近畿民俗』を編集していた錦耕三の勧めで小資料の報告を行ったものである。

『近畿民俗』三の「アイの神」によれば、「アイの神は丹生（若狭三方郡、分布図①）と白木（越前敦賀市、分布図②）にあり、丹生のアイの神は字田の口と奥の中間に小祠があり、以前は古いお札を納めたところで、村の中間にあるからアイの神と呼ぶとされている。白木にもアイの神のお堂があり、正月二日にこのお堂でアイノザシキという行事が行われる。昔、この日にボラが一万二千匹とれたことがあり、そのお祝いと言い、十五軒の家が毎年五人で当番にな

（今井勤『日本地図帳』国際地学協会出版部）

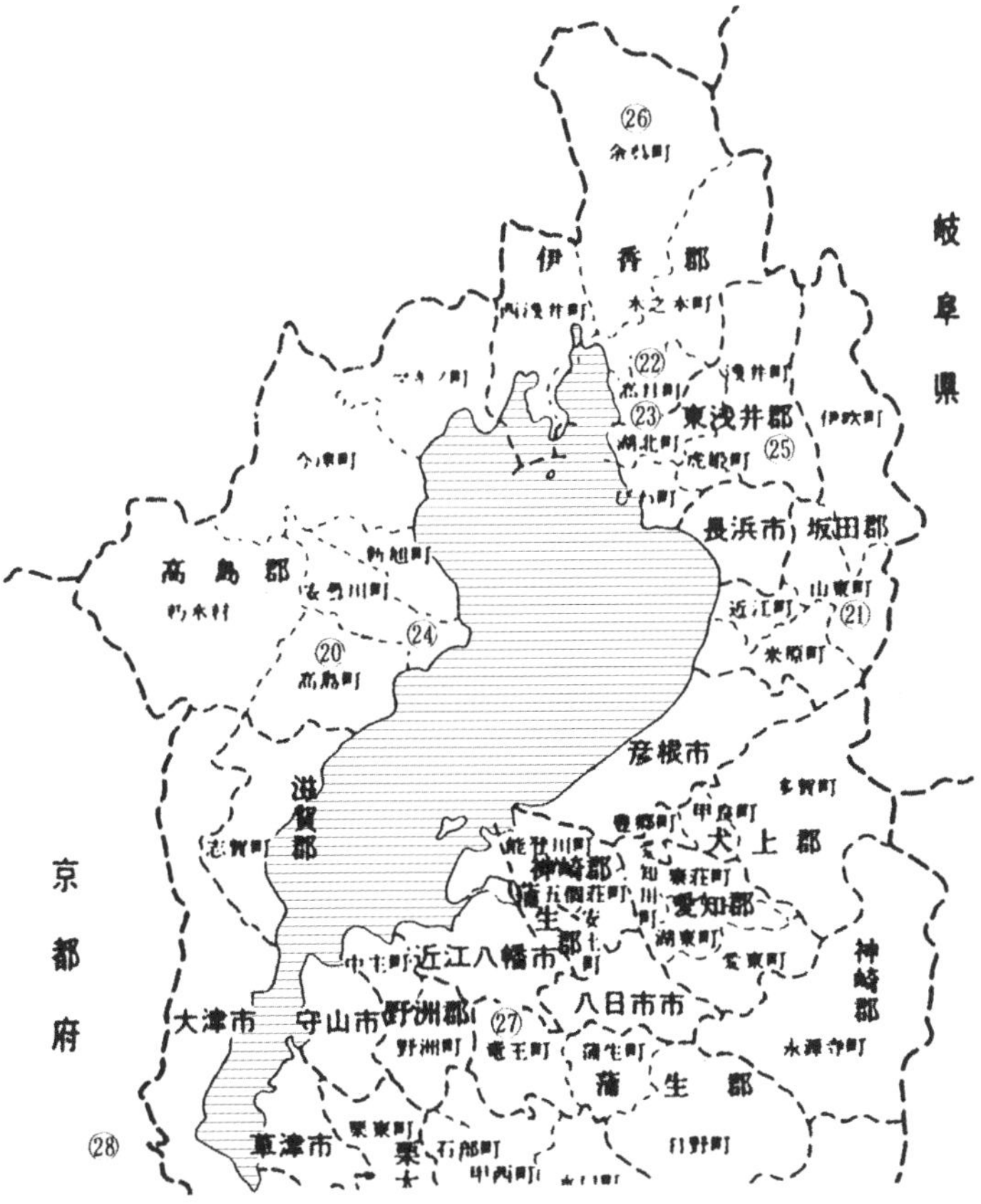

滋賀県

アエノコト関係地名資料分布図

り、現在その名の年長者の家で祝宴を催す」（要旨）、とある。

その後『近畿民俗』一四（一九五四年六月）の「資料通信」欄に小林一男が「アイの神さん」を執筆、白木のアイの神についてはほぼ同様の報告をしている。白木のアイの神は『越前若狭の民俗事典』（斎藤槻堂著、同刊行会、一九八一年）に「あいのざしき」として立項され、以後これらの資料をふまえて藤本が『福井県史・資料編一五・民俗』（一九八四年）の「年中行事」の中で田の神として位置づけられるまで、正当に論究されることはなかったと言ってよい。

先学によるこれらの研究をふまえて、筆者は先に「饗応《あえ》のトポス」（『北陸の民俗』第三集、一九八五年）を発表しているが、本稿ではそれ以後の調査をもとに、主としてアエノコトの関連地名をめぐって春秋二季の田の神祭祀の問題点を、神名と祭場の考証を通して明確に位置づけてみたい。

2 「アエノコト」と「アイノコト」

奥能登の田の神祭りにおいて、特に予祝と収穫儀礼をアエノコトまたはアイノコトと称しているが、その初見は『珠洲郡誌』の直村の章、田祭の項とされている。これまでの研究では、それ以前の史料にはアエノコトの呼称は発見されていない。柳田国男は「年中行事調査項目（十）」（『旅と伝説』第七年第二号、一九三四年二月）の「田神祝と山祭」のなかで「アエノコト」「ヨイノコト」「タノカミイハイ」「タノカミムカヘ」について珠洲郡の例をあげて言及し、「コトは多くの府県で祭をする意味に用ゐられて居るから判るが、是をアエノコトといふ理由はまだ確かで無い。或は間の事で秋祭と正月との中間に行ふ祭の義だといふ説もあるが、その正月九日の祭をも、アエノコトといふ村が有るらしいから信じ難い。私の想像ではアエが正しく、神を饗するアエでは無いかと思ふ」と述べており、以後

「アエノコト」は「饗の事」であるとされてきた。[1]

「珠洲郡誌」の宝立村の章には、「田の神を祭るを、俗に田の神様又は『よいの事』といふ」との記述もあるが、『奥能登のあえのこと』（奥能登のあえのこと保存会）によれば、柳田村の一部と内浦村にアイノコトの呼称がある他はアエノコトが一般的である。

「アエ」か「アイ」かの発言上の相違は、調査者の聴覚によっても生じるほどの差異でしかないが、福井の田の神祭りの場合はアイノコトと称して、武生市（現越前市）の近辺に分布している。

例えば武生市余田《はぐり》（現越前市）には、十二月五日に今なおアイノコトという田の神祭りが行われている。斎藤槻堂の『余田の民俗』（吉野村資料第九輯、丹生郡吉野村誌刊行会、一九五二年）から「あいのこと」を引用してみよう。

「十二月五日は田の神祭であるが、余田ではこの日『あいのこと』（相の事）と云ふ特殊な行事が行はれる。即ち三垣内ごとに『田の神』の祠が祀られてあって、この神さんにはそれぞれ半反歩程宛の高（田圃）がついてゐて、垣内の者が当番でその田圃を作り、この日その田圃の収穫でもって祭りをいとなむ。その祭事が即ち相の事と呼ばれる行事であるが、つまりここでは『相』の字を宛ててゐるけれども、本当には『饗の事』で、田の神祭の直会を意味するものである。さて、この行事は、昔はなかなか盛大に行はれたもので、今下垣内の例でみると、当番の家が宿を引受けて、朝の十時（上・中垣内は昼過ぎから）に垣内仲間の人々を招いて宴《さかもり》をする。その酒盛りの肴には、あげ・豆腐・棒巻・塩物及び盛合せなどもつけ、飯はもちろん仕舞には大盃まで出て、なかなかの大宴会であった。それでお客の方でも羽織袴で威儀を正して出かけたといふ。何しろ一生のうちにさう度々宿が廻って来るわけでもないので、嫁取り婿取り祝儀などに準して、盛大な座敷をしたものだ。しかし、その経費は、僅かな田圃の収入をこれに充てるだけで、大部分は当番になった者の負担であったので、時世の移変りによってその負担に堪へず、仲間から脱退するものが続出するやうになったので、日露戦争を境に遂にこの酒盛りを中止して、この収入を積金することに変更した。しかし今でも当番から垣内の各戸へ白米二舛宛を配り、これを受けた方では銘々で自分の家の神棚へ、くさぐさの御供とともにこの白米を供へて、謹んでその年の収穫を感謝し、半日の業を休むことになってゐる。

田の神さんには神棚のほか、床へは三社託宣の軸をかけ、また土蔵の米俵の上にもそれぞれお供えをするが、その神饌は大体次のようなものである。神酒・するめと前記相の事の白米のほかに、飯（藁の椀をこしらへてその中に）、蕪汁・向附（必ず尾頭付のあかもの）と芋と小豆を煮たものの四種を、新しい箕を膳代りとして用ひ、献供することになってゐる。」

余田は旧武生市近郊の農村で戸数九十二戸、宗旨は天台・浄土宗・浄土真宗・時宗があり、門徒が最も多い。田の神の祠は南出・中出・北出の三垣内ごとに現存している。田の神のことを「アイノコトの神さん」とも呼んでいる。元庄屋増田新左ヱ門家には享和三年の「北出田神講定書」が所蔵されているが、奥能登同様、史料の中に「饗の事」の呼称はない（分布図③）。

武生市平林（現越前市）でも十二月五日と二月五日に田の神祭りが行われている。当区は日野山の山麓に所在、村の中に十坪ほどの田の神の祭場がある。昔田から出土したという自然石が五個田の神として祀られており、ひともとの欅の古木が影をおとしている。村にとっては重要な聖域のため葬列もさけて通ることとされている。当区の宗旨は真宗、戸数四十五戸、氏神は愛宕神社を祀る。

十二月五日午後、祭当番が立会い役の十人衆の一人と羽織袴を着て田の神に神饌を供える。夕刻宿では十人衆を正座にすえ、長事《おとなごと》をすました順に着座、神酒をいただく。長事というのは氏子入りの儀式で、男子が十六歳になると「ヨボシギ」といって三月七日の長事講に米四升と小豆一升を納め座付けを行い、宮座の一員となる（現在は村外からムコ入りしたものは米一升、村で生まれたものは五合とされている）。酒の肴は以前は生大根の輪切りに塩しかなかったが、現在ではオカラ・ニマメ・ニシンなどがつく。長事がすまないと座敷にも着座できない。各家では神棚にボタモチ・藁で作った茶碗・箸・タイ・大根・ニンジンを箕の上に並べて供える。真宗のためか田の神そのものの伝承は稀薄であるが、村の年中行事のなかに占める位置は重要のように思われる。アイノコトという呼称は残っていない（分布図④）。

旧武生市に隣接する今立町赤坂（現越前市）にはかつてアイノコトという行事が行われていたことが、本間整著『赤坂むらの年中行事』(2)のなかに出ている。それによると正月二十日のアイノコトを「春の堂の講」ともいい、十二月五日には「暮れの堂の講」が行われた。刈原地籍に一反半ほどの神様田（堂田）があり、山野助次郎家が作人となり、年貢四俵を経費に当て春秋二回の堂の講が行われ、男子全員が講員として参加した。講員になるには、区長に申し出て堂付米（加入米）玄米五升を納め講付けをしてもらうこととされていた。他村に嫁いで初産で男子を生めば、「土よごし」といって三升から五升の玄米を納めたという。春暮ともに四人が当番をつとめ、朝八時頃食事の準備ができると歩き（用務員）が「ご時分よろしい」と各戸をふれ歩く。講は常福寺の本堂で行われ、飯盛男二人が五合モッソを盛りつける。大根ナマスと小豆の煮もの、塩くどい蕪の味噌汁がつく。舌がヒリヒリするような辛い味噌汁を飲めないものは弱虫とされたという。この行事も明治四十四年に廃止となり、記念として氏神三嶋神社の鳥居を建立した。

平林同様真宗地帯のため祭祀伝承が明らかでないが、通過儀礼として春秋二季の田の神祭りが位置づけられているのは興味深い。ただもともと日本古来の神ごとであった田の神の行事が、真宗の教化によって堂の講という仏事となった過程で幾多の変遷があったことは推考できよう（分布図⑤）。なお当区に隣接する中津山には、地名として小字「相ノ事」がある。アイノコトと呼ぶ行事は現存しないが、十二月五日の秋の田の神の日にはモチやボタモチを箕やマスに入れ神棚に供える。田の神はこの日ボタモチを土産として親の家である出雲へ帰るのだという。引き続き十二月八日にはカンジャ祭、九日には山祭りが行われた（分布図⑥）。

3「相の木」という名の祭場

余田の三か所の田の神のなかで、南出垣内の田の神は　余田三九字「相の木」に所在する。もとは福塚孫兵衛家の地所にあり、杉の木が二本生えていたといわれている。この神木と地名の「相の木」は決して無縁ではあるまい。すなわちアイノコトの神の依代として、田の神の祭場に植えられたものである。

旧武生市の西部、白崎の田の神も通称「間の木」と呼ばれる場所にある。大きな欅が二本生えており、笏谷石で造られた田の神の祠が祀られている。「文化五辰春　若連中」の記銘があり、祠の中には木製の二〇センチほどの神像が安置され、故老は田の神のことをアイノカミと呼び女神だという。『王子保村誌』によれば、千二百年以前には十六軒の草分けの家が高田にあったが、重税のため無償で妙法寺村に譲り、大欅の付近へ移住、田の神も欅の根元へ遷座した。氏神斗布神社のある的場と原住地高田の問にあるため誰言うとなく「あいの木」と呼ぶようになった。戦前まで欅の傍に小泉吉松家があり、家号を「あいの木」と言っていた。現在は大虫在住であるが、もとは草分の十六軒の一つだと言われている。傍に当家の古井戸が残っている。欅と別種の木が合体したので「合の木」だともいう。十二月五日に田の神祭りが行われるが、神主のご祈禱の他は特別の神事はない（分布図⑦）。

この他にも武生市常久・行松・妙法寺・余川・戸谷・長尾・三ツ屋・小野谷（いずれも現越前市）に小字「相ノ木」、また黒川（現越前市）には「相の木谷」がある。

「相の木」「相の森」地名は嶺南地方にも分布している。例えば「相の森」（上中町海士坂・麻生野、現若狭町）、「逢の木」（美浜町麻生）、「相の木」「奥相の木」（美浜町佐田）、「合の木」（美浜町山上）などがあり、このうち美浜町麻生の「逢の木」は王の舞で有名な郷社弥美神社の旧跡地とされ、田の畦に石碑が建っている。かつては立松が生えており、例祭の折この古木を目じるしとして、近在の祭りの行列がこの場所で合流したので「逢の木」というのだとされている。弥美神社から五〇〇メートルほど離れたこの旧跡地が何を意味するのかは不明だが、この伝承は全く付会の説にすぎまい（分布図⑧）。

金津町中川（現あわら市）には村の通りに「アエノキさん」が祀られており、昔火事があり火防の神とされていて田の神の伝承はないが、「相の木」が神社名になっていることは注目される（分布図⑨）。『坪江郷土誌』によれば、「二月八日の春祭りに豊作を祈り、六月二三日に、そぶ落し祭をして清掃する。昔は、主人が田圃へ神様を迎えに行って入浴させてから、ご苦労をねぎらって、饗を供える家もあった」とあり、田の神の相貌をかすかに伝えている。

武生市白崎（現越前市）の小泉家が家号で「あいの木さん」と呼ばれていたように、宮崎村小曽原（現越前町）には名家相木七良右ヱ門家がある。『宮崎村誌』によれば、相木家は越前朝倉の一族で加藤姓を名乗っていたが、万治の頃、七郎兵衛の代に相木と改姓し、天文の初めの頃には信州に移り阿江木丸岩城の城主となった。相木市兵衛常元を祖として代々甲斐武田の武将となり、六代目の相木市兵衛信房の時天目山の戦で武田勝頼に殉死、その家族は先祖の越前の地を頼って小曽原に移住、代々庄屋をつとめ、苗字帯刀を許された旧家である、とある。その出自の地は今立町（現越前市）相木とされ、近年記念碑が建立された。

相木姓の由来については『越前若狭の伝説』に、「相木家はもと加藤姓を名のっていたが、ある年松平但馬守がおなりになって、門の左右にそびえる老松の風致を激賞し、「相生の松の木」と命名して、小そで一領を賜わってから、「相の木」と呼ぶようになった」とあるが、万治の頃には相木姓を名乗り、長野県南佐久郡北相木村坂上に阿江木（相木）丸岩城主となっていることからして、単なる家名伝承で付会の説にすぎない。苗字の起源からすれば、むしろ出自の地である今立町相木（現越前市）に由来すると思われる。室町時代にすでに相の木にちなむ地名があり、苗字があったことが注目されるところである（分布図⑩）。

4　アイノカミとアイバ

藤本・小林によって紹介された白木・丹生のアイノカミの他にも、敦賀半島にはアイノカミと呼ばれる地名と小祠が残っている。半島の東側の敦賀市浦底には、海岸沿いの村はずれの一角にダイジョゴン・エビス・山の神などの小祠に隣接して、浦底一五「相《あい》の上《かみ》」と呼ばれる田地がある（分布図⑪）。また半島のつけ根に当る美浜町北田の村の中の、氏神織田神社の参道口に饗神《あえのかみ》神社が祀られており、七月二十三日、子供組によって地蔵祭りが行われる。北田の子供組は上庄と下庄に二分しており、上庄は村の入口の地蔵を祀っており、下庄にある饗神神社も子供組の年中行事に組みこまれたのであろう。祠の中には一五センチほどの木造の地蔵が納められている。『雲浜鑑』には「間ノ神宮」とある（分布図⑫）。

三方郡内には、この他にも三方町南前川（現若狭町）にアイノカミ、同田井（同）の多由比神社内に相大神、美浜町佐野にアイジンサンがあるが、すでに祭祀もなく、これといった伝承も伝わっていない。佐野のアイジンサンは僧侶によって現在愛染明王とされているが、もとは耳川上流の雲谷の山中に祀られていたものを耳川治水の神として現在地に移したものである。七月一日に神事が行われる（分布図⑬）。『若州管内社寺由緒記』には、「間の神　本尊阿弥陀古来より御座候由緒不レ知」、『三方郡誌』には「愛神社。佐野に鎮座す。久那斗神を祀る」とある。由緒記が記述された延宝三年（一六七五）当時、すでに間の神と表記されていたことがわかる。また『雲浜鑑』に「間ノ神」、『旧藩秘録』

に「間ノ神六月朔日湯立」の記事がある。

　これらの嶺南地方のアイノカミはすでに田の神の伝承は失われているが、木の芽峠をこえて嶺北地方に入るとアイノカミは田の神の別称となる。例えば余田に隣接する武生市本保(現越前市)では田の神はアイノカミともいわれ、十二月五日におはぎや尾頭つきの赤い魚を家の中の井戸端に供える。田の神はひと冬井戸の中に入って休まれ、一月五日に田へ出て行くとされている。[3] 旧武生市の隣り、南条町(現南越前町)八飯でも田の神をアイノカミと呼び、十二月五日と三月五日に田の神祭りを行う(分布図⑭)[4]。

　福井の穀倉地帯とされる旧坂井郡には相の木地名も多く分布し、坂井町島(現坂井市)の氏神春日神社の境内に末社合葉神社が祀られている。合葉神社と表記してアイノカミと呼び、その祭礼を「アイバの祭り」と呼んでいるのは大変興味深い。『木部村誌』によれば、合葉の神の祠は青色凝灰岩製の入母屋造りで、祠の中には左側に箕をもった神、右側にますをもった神が浮彫りにされている。百姓の神とも豊作の神ともいわれ、節分に祭りが行われる。祭りは輪番制で行われ、当番の家では早朝子供に各家から三合ないし五合の米を集めさせる。当番の家では男が米をとぎ御飯をたいて、お初(新穀)で一つ一升にぎりという大きなおにぎりを二つつくる。大根を漬物のような形に切り、新藁で円形の台をつくりおにぎりと大根をのせる。竹かよしで箸をつくりおにぎりにさして正午頃合葉の神に供える。藁と青竹で花をたて、左義長の用意が出来たことを太鼓で村中に知らせ、神主が祈禱を行う。お花に火をつけ、左義長の火で餅を焼いて食べる。お供えのおにぎりは、豊作の年は鳥やけだものが早く見つけて食べるが、凶作の年はいつまでも食べないという。合葉の神の許しがないと、鳥やけだものが集まってきても手をつけないのだとされている。毎年節分がすむと、近隣の村の者は「島のあいの神は今年はどうじゃ」と尋ねる人が多いとのことである。これはあきらかに烏勧請に相違ない(分布図⑮)。

この他にも旧坂井郡には「合葉の神」（相葉）と書いてアイノカミと呼ぶ田の神が、芦原町田中中（現あわら市）、春江町正善（現坂井市）、坂井町宮前・西今市・東荒井（現坂井市）に氏神の境内社として祀られている。祭神は『福井県神社誌』によると、東荒井（現坂井市）の合葉神社が火産霊神となっているのは、おそらく秋葉神社に付会した妄説と思われるが、その他は全て曽保登神となっている。ソホド即ち案山子である。坂井町木部新保（現坂井市）の紀倍神社内の田上神社も曽保登神であり、同上野田（同）の日吉神社内の田の神社は大年神となっており、いずれも田の神に由縁の深い神である。坂井町大味（現坂井市）の稲葉神社（同大味）の祭神も曽保登之神とされている。なお小祠をもたない集落においても、例えば芦原町重義（現あわら市）では田の神のことをアイバサマ、田の神祭りのことをアイバマツリと言っているように、旧坂井郡一帯ではかつて一般的に呼称されていたようである。アイバサマは女の神で歯が悪くやわらかいものを好むという（分布図⑯）。

『地名の研究』のなかで、柳田国男は地名・家名の「アヘバ」すなわち饗場（相場）を道饗祭、邪神祭却の祭場とし、更にアヒノ田「間田」をも饗場の田としているが、福井の合葉の神の事例からすればむしろ稲積（ニホ）の場に祀られる曽保登、すなわち田の神の祭りに他ならない。柳田国男の説は道饗のアエにつきすぎた仮説であろう。饗場・稲葉も神名として各地に分布するが、稲積と無縁ではあるまい。

あわら市芦原町北潟の字中町と寺崎の境にはアイノカミのお堂がある。祠の中には男女二神の石像が安置され、「奉建愛之御神石堂施主」「于時永禄八年五月吉日」と笏谷石の祠に刻まれている。アイノカミが祀られている場所は、山すその水源地に当り、現在簡易水道の貯水地になっているが、かつては北潟湖に面した水田の用水として利用されていた。アイノカミの水は眼病に卓効があると言われている。すでに田の神の伝承はなく、地蔵盆に子供たちによって祭りが営まれる（分布図⑰）。

北潟の対岸、金津町（現あわら市）にも「稲場」「東藍場」「西藍場」（北金津）、「相ノ神」（南金津）、「合ノ木」（伊井）、「相田」「東藍木」「西藍木」「アイノキ」（樋山）などのアイノコトの関連地名が分布している。樋山二〇のアイノキは水田で、現在、祭祀跡もなく田の神の伝承も残存しないが、春日神社（樋山神社）の右隣に石の祠があり、中には輪島市里町梶正徳家蔵の田の神の掛軸と同じ図形をした、稲束を右肩の前後にかかえ左手に鎌をもった、いわゆる稲荷の翁の神像が一体安置してある。『奥能登のあえのこと』の写真説明によれば、「両度のアエノコトに、この絵像の前に種籾俵を供えて饗応する」とある。旧坂井郡一帯の田の神の祠が、神社合祀後氏神の境内に移されていることからして、春日神社にある祠もかつては小字アイノキにあったものと考えられる（分布図⑱）。

あわら市高塚のアイノカミも現在は春日神社の境内へ移動しているが、戦前は通称西宮にあり、ハゲッショに子供たちが瓦の上でソラマメをいって食べる行事が行われた（分布図⑲）。

福井県の上中町（現若狭町）以北に残る以上の小祠、小地名、伝承から、アイノカミ―アイバ―アイノキ―アイノコトがいずれも同一の起源から派生した民俗であることがわかるであろう。

では、次に福井県に隣接する地域ではどのようなアエノコトの資料が分布しているか、滋賀県の事例を見てみよう。

5　アヤノカミ・アヤノキ・アヤド

滋賀県には湖北から湖東の稲作地帯にかけて、綾の神・綾の木・綾の森・綾戸（堂）など「綾」地名が多数分布している。『角川地名大辞典　滋賀県』の小字一覧からざっと拾いあげただけでも約三十か所を数える。この他にも、圃場整備のために消滅した地名も多いはずである。

管見では、これまで「綾」地名に係る民俗について、資料報告・研究論文とも発表されてはおらず、わずかに郷土誌の神社の項に神名をとどめているにすぎない。例えば『近江愛智郡志』四、葉枝見村三ツ谷豊田神社の合祀社である綾戸姫神社について、「布製業・織物製造の地に祭る。二月二十二日祭」と述べているが、これは伝承ではなく「綾」という言葉に付会した執筆者の独断である。

圧倒的な「綾」地名の中に、福井と同じく「相之神」「相ノ木」「間の神」「愛野神」などの小地名が混在していることから、アエノコトの関連地名と考えられる。福井県の嶺北地方と同じく、湖北から湖東一帯は真宗の勢力の強い土地であるため、祭祀も行われず伝承も稀薄であるが、これまでの調査をもとに極力復元を試みてみよう。

何故か若狭には田の神の祠がないとされている。隣接する湖西にも田の神の形象は見られないが、数少ない事例として高島市宮野の白井万左右家所有の小字「間の神」の田の中には五輪石の一部が祀られている。アイノカミは田んぼの神とされ、その祭場は草を刈るにも鎌を用いず、女はけがれているから草むしりもさせないという。祟りにふれるとコブルイがくるといわれている。田の神は山の神になるとされているが、真宗のため現在田の神の祭りは行われていない(分布図⑳)。

山東町天満(現米原市)の小字「綾の木」は二か所あり、現在祭祀跡はないが隣接する小字本堂に「田分の神」が祀られている。田の神ともヤマトタケルともいい、三十年前には祠のあたりには一本杉の森があり石仏が寄せてあった。本堂には寺があったが信長に焼かれたという。圃場整備のためかなり地形が変り、地名も整備されているが、この田分の神と小字「綾の木」は何らかの関係があったものと思われる(分布図㉑)。

高月町落川(現長浜市)の小字「綾木」は、現在家が建っているが、以前は松・杉・ツツジのアヤノカミの森があり、祠の中にはゴヘイが安置してあった。この他にも小字金堂・八原に戦前までアヤノカミの祠があり、これらの三か所のアヤノカミは村の鬼門に当り、村の安全を守るとされた。疱瘡がはやると、サンダワラに赤ゴヘイ、赤握飯をのせて頭にくくり湯をかけたあとアヤノカミに供えた（分布図㉒）。

高月町尾山（現長浜市）の小字「綾堂」は小高い丘になっており、一説では古墳といわれている。樫の木が二本生えており、塚から出土した石仏が根元に置いてある。村の上手に当り、田の用水が傍を流れている。これといった伝承はないが、正月と二月十八日のオコナイには「綾堂の分」としてモチを氏神に供えることから、かつては社地であったことがわかる（分布図㉓）。

安曇川町横江浜（現高島市）の綾神社は、隣りの今在家の斎藤姓三十六戸の同族神となっている。四月十一日、十一月十一日に天台宗の家が当番をつとめ「斎藤まつり」を行っている。本尊は石像といわれているが、どういう神を何のために祀るのかは伝承不明である。斎藤一族は越前の佐々木の落武者が定住したという。渕田勉家は同族ではないが、希望して祭りの仲間に入っている（分布図㉔）。浅井町木尾（現長浜市）の綾木神社は、綾木家五戸のドウケの神（同族神）で、以前はオモヤで元庄屋綾木新右ヱ門家の前栽に祀られていたが、もとの地に帰りたいとのお告げにより現在はシンヤ綾木藤雄家の庭の隅に移した。二月十八日（現在は三月十八日）に綾木のオコナイが輪番制のオコナイヤドで営まれる。モチ・酒・海山のものを供える。綾木神社は竜神とされている。綾木家は旧姓綾衣といったが、公家のようなので改姓したという（分布図㉕）。

余呉町文室（現長浜市）の氏神北野神社の境内社である綾野社（『近江伊香郡志』には祭神綾野神と記載されている）は、現在秋葉社が祀ってあった枯れた大杉の根元に野神社・神木社・山神社と共に祀られているが、八十年前は綾戸と呼ばれる文室川の川岸に祀られていた。現在はポンプ小屋が建ち整地されているが、以前は深い渕になっており、ジヤが住んでいたという。毎年村の娘を一人人身御供にとったので、大蛇の供養のためアヤノカミを祀るという。正月四日には四日神事（アヤノカミのオトウ）があり、氏神総代がなった大シメナワを崖上の桜・杉・欅・ニガキの木から村道へ一年中張り渡した。この神事は滋賀県一帯に「勘定木」という地名があるように勧請吊しと思われる。アヤドの清水は必ず盆に仏前に供える。「他村へ嫁へ行ったものは、アヤドの水を飲まんと死なれん」とも「末期（死にしま）の水はアヤドの水を飲ます」こととともされた。アヤドの付近には綾戸四郎兵衛家を本家とする綾戸家六戸がある（分布図㉖）。

地名アヤドが濃厚に水と関係があるように、余呉町（現長浜市）一帯にはかつて綾の踊りという雨乞い踊りが伝えられていた。文室の場合「天の織姫《おりめ》が　あやおり召さる／お天神様の　おしょぞくに（繰返し）／お天神様の　おしょぞくならば／みんな　氏子に綾おらそ　〱／末ははるかに　ながけれど／あやのおどりは　これまでよ」と、短冊・丸帯・カルサン・五色のタスキがけをした太鼓五名鉦五名のはやしでうたい踊った。各地の綾の踊りはほとんど織物に付会した歌詞となっているが、古風を残す中之郷の「阿屋の踊」の詞は「これ程の大寺に　鐘のないこそ不思議／なれん　諸国巡りて　具面して／これの御庭で　鐘鋳さしょ〱／是の御庭で鐘鋳れば／諸国女良衆は恋をする／いよいよ恋はめさるな／めさるな　俺の国には妻が有る」となっており、織物とは関係のない内容である。

柳田国男は「踊の今と昔」(5)の中で「鶏の毛にて作りたる冠を被りアヤと称する丸竹の両端に彩紙を切りて附けたる物を持ち鉦を首に掛けこれを打ちて踊る。其名を緩踊と云へり」(6)として、飛騨の水無神社の八月十五日の踊について述べているが、綾の神が水の神的性格を有し、綾の踊りが雨乞い踊りであることからしてアヤはむしろ神名に根拠を有しよう。水無神社も水に大変由縁の深い神社である。

綾神社と綾戸の関係では、竜王町綾戸（現近江八幡市）にも綾神社が祀られている。当地には県社苗村神社があり、村の祭りは当社中心に行われるが、氏神は綾神社であるという。十二月十日に神事が行われる。子供の神とされ「綾御前が綾錦を織っていた」との地名伝承がある。綾戸は祖父川の右岸にあり、浄土宗。当社は村下の小川の傍に鎮座する(分布図㉗)。

一方、隣接する京都府については、『大日本年中行事大全』(儀礼文化研究所編)の九月の条に、「南禅寺綾戸祭」(九月九日)、「久世綾戸祭」(十三日「㊢綾羽祭」(十七日)、「京上久世綾戸同子守勝手の社祭」(十九日)とあるが、このうち南禅寺綾戸社はアヤトノモリと呼ばれ、今も同寺の鎮守として門前に現存している。『南禅寺史』によれば、「南禅寺の伽藍は徳治・延慶の頃迄に悉く完成するに至ったが、之より先永仁元年亀山法皇は未だ伽藍の完成を見ざるに、先づ鎮守綾戸廟を勧請された事は注目に値する」として、「やがて綾戸廟を　くわんしょうの趣　はからい　申され候目出思食　候へ　よく〳〵敬白あるべく候」との亀山法皇の宸翰(勧修寺家所蔵)を引いている。何故寺の鎮守としてどこから勧請されたのかその経偉は不明だが、当時すでに綾戸社がどういう機能をもった神社かは判然としなかったようである。続けて

「大有有諸は天下南禅寺記の中に、綾戸廟の事に説き及び、

世伝、文応帝之飼牛人居二綾戸小路一、常造二醇酒一献上、帝愛レ之、死有レ霊、土人小祠焉、

と言ってゐるが、この説が伝説を其の儘記した牽強附会の説であった事は勿論であった。瑞渓周鳳の著臥雲日件録に上生院生の話として、

南禅寺有二綾戸明神祠一、此神蓋関東レ築也、某都寺、就二南禅寺一作レ祠祭レ之、大有和尚南禅寺記所レ載恐非乎

云々、

と記載してゐる。大有有諸の南禅寺記に載せる説に対しては早くから疑念を持たれつつも尚其の真相は知り得なかったのである。日件録に言ふ関東武士の築く所とせるも亦誤りと言はねばならない。要するに綾戸廟は決して南禅寺のみに祭られた独得の神ではなく、例へば東寺領上久世庄にも室町時代に祭られてゐた事は東寺文書に「綾戸御宮」と

して屢々見られる事に知られる。」

と著者が述べている通りである。地元の伝承としては綾戸大明神は酒造りの神で、開山二世と亀山法皇が土を運ぶモツコとして用いた錦のふくろを埋めたので錦嚢塚とも呼ぶ。会館建築の際、現在地に社地を移したが、もとは寺の裏山に源を発する草川の岸に祀られていた。現在も九月九日に神事が行われている（分布図㉘）。

地名に綾戸・綾堂・相堂などと表記されるアヤドとは何であろうか、祓戸の戸と同じであれば饗応の場所であり饗庭と同義、祠堂の堂なら饗応の神祠ということになるが、まだ確実な証明ができない。とまれ滋賀・京都の場合田の神の伝承が稀薄であるが、地名資料を手がかりに調査したかぎりにおいて、アヤノキ（アヤノモリ）―アヤノカミ―アヤドが、資料上、民俗信仰として立証できる。更に福井のアエ・アイ地名を媒介にして石川県の相の木・相神地名とも結びつき、奥能登のアエノコトのバリエーションとして位置づけることで、よりグローバルな研究の視座が展けてきたといえよう。

6　アエノコト論の展望に立って

奥能登のアエノコトと福井・滋賀のアエノカミ・アヤノカミを比較した場合、田の神の祭場がどこに設けられているかということが、歴然とした差異となっている。すなわち奥能登の場合、これまでの調査にみる限り全てが茶の間の神棚の下か座敷となっており、儀礼がすむと穀霊が宿るとされる種子俵は土蔵か物置、土間の縁の上などに春先まで保管される。ところが福井・滋賀においては祭場は小祠またはモリとされ外祭りが多い。むろん種子俵が保管される場所においてはいずこことも同じである。神は巨木や岩などの依代を目じるしにして降臨されるという日本古来の神観念からすれば、当然外祭りが先行する。「相の木」という地名が注目される所以である。アイノコトの神田を指す場合もなきにしもあらずだが、これまでの調査では祭場が多い。ダイジョコや地主荒神などの民俗神の祭祀において、祭祀組織が分化拡大するにしたがって、内祭りへと移行する傾向が顕著に認められる。おそらく奥能登においても古くは外祭りが先行していたに相違ない。輪島市門前町道下の小字相神小路や、富来町相神（現志賀町）の相見神社は、地名や神名において注目されるが、残念ながら論証に耐えうる資料が不足しており、いまだ仮説でしかない。『能登志徴』には相神若宮について、「式の相見神社是也といへれど、相神てふ村名に随て云ひ出したる説なりとぞ」とあり、地名が先行するが、確かな地名伝承はない（分布図㉙）。西海村馬繋（現珠洲市）の南家では、両度のアエノコトの際、田の神を饗応した後ゴテが伴人をつれて裏山のタモの木の下の地神（稲荷）に神饌を供え、後を見ずに帰ってくるとされているのは[7]、その名残りであろう（分布図㉚）。

　郷田洋文が「家の神去来信仰」（『日本民俗学』第四第四号）のなかで「この行事は、先に挙げた松波町の春のアエノコトにおける神祭りは、単に屋外から屋内への祭場が移動した姿であって、よくその古い作法を伝えているものものという以外に、神は祭を受けたら帰り行くという古式をも保存している一方、屋内祭祀の形式がやがて蔵や納戸を中心にした家の神成立の方向に動いており、既にその例も若干見出せる」と述べているのは注目されるところである。その外祭りの祭場は「アイバ」であり、またともに曽保登を祭神とする稲葉神社であった。「稲場といふ語からも推測せられるのは、是が苅稲を積んで置く場所だったことで、以前は或期間稲を家に持込むことを物忌とし、同時に又ニホの祭といふものがそこで行なはれたのかと思はれる」とした柳田国男の仮説は[8]、「爾閇《にへ》（嘗）は、新饗《にひあへ》を約《つづ》めたるにて、新稲《にいしね》を以て饗《あへ》するのを云ふ名なり」とする本居宣長の説[9]にあるように、新嘗の古義に迫るものである。

　芦原町重義（現あわら市）のアイバサマは、二月五日に山から田へ降り、十二月五日に山へ帰るとされ、四日の夜手土産としてボタモチ二つ、豆腐小半丁をモロブタにのせ、オマエサマ（仏間）に設けた一斗マスにローソクをともして西向きに供える。昔はギット(律義)な家は田に出て稲株の上にボタモチを供えたというように、外祭りから内祭りへの傾向を伝える資料である。『田社考大要』[10]のなかで柳田国男は、「大体の傾向としては、田のほとりから屋内へ、それも竈の前から次第に床の間神棚の方へ移り行くことが、祭りの期日もしくはその中心点の動きに伴なひ、それも祭りの慎みよりも、寧了式後の豊の明りに、重きを置くやうになった一般の傾向と、相関するものだったらしい」と述べているのは、この間の消息を指しているのである。

「能登での、アエノコトによって祭られる田の神は、家の神すなわち先祖の神であると同時に、それは本来山にとどまる山の神であったものが、家での饗応の儀式が強調されて、山との送迎の習俗を失したと考えられぬこともない」との鈴木昭英の指摘は[11]、春秋両度の祭日が一致しない奥能登のアエノコトの矛盾をついている。この辺の事情について西山郷史も「アエノコトの諸問題」[12]のなかで追究しているが、伝承が稀薄とはいえ、やはり背景に山の神と田の神の去来信仰をぬきにしては考えられない。

二つの神が全く無関係かというと決してそうではなく、門前町道下(現輪島市)ではアエノコトという呼称はないが、十二月四日と三月九日に田の神祭りを行う。ゴテ(当主)が山仕事で山へ行くので、田の神とは言わず山の神と言っている。田へ山の神を迎え、家の神に小豆飯を供える。山の神としての特定の祭場はないが、当日は山の神に腹一杯ごちそうするとされているように、ここでは田を司るのも山の神なのである(分布図㉛)。一方内浦町(現能登町)不動寺の新出亀吉家の二月九日のアイノコトの際、若木迎えに行き、鎌を磨ぎ蓬餅一つ白餅二つを持参して山の神の年頭をする事例がある[13](分布図㉜)。

福井のばあい、越前地方の穀倉地帯においては、春には山から山の神が降りてきて田の神となり、秋には田の神が山へ上り山の神となるという伝承がある。去来信仰についてては疑問を呈する向きもあるが、これらの現存する資料は否定できまい。もっとも田の神は一年間田に常住している訳ではない。武生市余田（現越前市）の伝承では「十二月五日より以前に田のミズマワリをしておけ。でないと五日には田の神さんがおいでになるから、クワをたてると神さんの頭を打つことになる」とされているように、時と場所を定めて降臨するのである。

山の神と田の神の関係は、まだ充分解明された訳ではない。単純に習合論でかたづけられぬ問題を胎んでおり、焼畑農耕から稲作への過程がその関係を裏づけている。

山の神が田の神に変身するには、田のほとりにめじるしが必要となる。すなわち「相の木」とか「綾の森」と呼ばれる饗の神の依代に他ならない。小地名「相の木」の祭場にはタモ・欅・榎・松・杉などの巨木が植えられている。柳田国男は、「御刀代田考」(14)のなかで、「わざわざ変った木を立てて置いた趣旨は、神を特定の樹の下に祭り来った家の伝統を守る為に、その田が樹陰になることも厭わなかったので、それが自然に作り主の記号とも、又土地の字名ともなったものかと思われる。現在は枝を折って田の水口に挿す木なども、家によってちがって居て、其種類は可なり数多いのは、この昔の仕来りの名残りかもしれない」、「幾つもある田の中の親田、近頃の農民の言葉を借りていふならば、うちに取って一番大事な、家督としていつまでも手離さぬ田の一つに、斯うした特徴のある樹があってそれが地名となり、やがては又そこを根拠として住む家の苗字ともなったものと思ふ」と述べている。越前町の相木姓の由来は、饗の神すなわち田の神の依代として植えられた、家督をつぐミトシロの相生の松であった。滋賀の綾木姓も同様の由来によるものと思われる。

「壱岐の島のミト田には多くは木を栽ゑ、その木が一つ〳〵ちがって居たらしく、邦賀郡湯岳といふ部落の如きは、塚はミト田の中央に在って、其上に古松が生えて居るので有名であった」（「御刀代田考」）とあるように、相の木・相の神・綾堂（戸）地名は用水との関連が深い。柳田国男は「田社考大要」のなかで田社を大水神としている。すなわち田の神は水の神としての性格を秘めているのである。

美浜町佐野のアイジンサンは耳川治水の神として、雲谷山中から移し祀られたことは先述した通りである。芦原町北潟(現あわら市)のアイノカミも水田の水源地に祀られている。小浜市飯盛の「間《ま》の講」は、田植えの後、旱天が続き思いがけない降雨に見舞われたような時に、上下二組の宿に分かれて行う(分布図㉝)。高浜町立石・薗部の雨乞いのあとの祝宴も「マノコウ」と言った(分布図㉞)。「饗」が「間」の字義に付合されて伝承される事例が多いが、恐らく「間の講」は「饗の講」であろう。敦賀市野坂には「アイノコダ」と呼ばれた神田があった(分布図㉟)。武生市本保(現越前市)では十二月五日のアイノカミの祭りに、おはぎや尾頭つきの赤い魚を屋内の井戸端に供える。田の神はこの日井戸に入って一冬休まれ、一月五日に田へ出ていくとされている。このように奥能登のアエノコトに先行する外祭りの祭場が、祭祀空間としてどのような意味を持ち、構造的に如何に位置づけられるのかは今後の課題であろう。

饗の神の分布は京都から滋賀・福井を経て石川県に及ぶが、周圏論的な構造についてはにわかに論じがたい。隣接する若狭地方は、民俗学の宝庫と言われるほど豊かな民俗を残存しているが、上中以西には饗の神関連の地名は見出せず、若狭には田の神の祠も存在しない。予祝儀礼にはじまって播種儀礼・成育儀礼・収穫儀礼などの年中行事は、越前地方に比すべくもなく濃密に分布しているのに、特定の田の神祭りの場がないのはどう考えたらいいのだろうか。

敦賀市山のダイジゴは家の先祖とされており、屋敷神として家の周囲に祀られている。盲目で聾唖の神とされ、「ダイジゴドン〱、アカママもござるし、お神酒もござるし、大根のワンギリもござるし、ゆっくりあがってください」といって一品ずつ神饌の名をとなえながら供えるのは、アエノコトの饗応儀礼によく似ている[15](分布図㊱)。

この他にも若狭地方の地の神系の民俗神のなかには農作の神、作りものの神の伝承もあり、田の神との習合形態[16]と考えられる。とりわけ三方郡内のダイジョコ祭りは一部にナンドマツリもあり、二又大根の神饌も注目される。

これらの若狭の民俗神は祭日が霜月祭りと呼ばれる十一月二十三日、あるいは改暦後十二月二十三日となっている。民間新嘗とされているように、こちらの方が宮中の新嘗祭に該当する。とすればアエノコトの行われる十二月五日(十一月五日)は、仲冬(十一月)上卯の相嘗祭に対応しはしないか。霜月祭りを宮中の新嘗祭に比してことさら細分化することは、本居宣長の『古事記伝』に「ただに後ノ世の朝家の大嘗祭・新嘗祭の事をのみ思ふは、古意にあらず」[17]とあるように本末顚倒かも知れないが、例えば二宮正彦は、「相嘗祭の考察」[18]のなかで相嘗祭について次のように述べて、「饗」の語源を論究しており、民俗学の問題としても再考を要しよう。

「(『古事記伝』巻八の「嘗」の字義を引いて)すなわち「アヒ」と訓ずる文字は「相」のほかに「饗」「会」をもあてることができるのである。「饗」の場合は宣長の説明をまつまでもなく「饗応」の字義があり、「会」の場合は神・人のつどい集まる字義に解されるのである。そして「アヒ」に「饗」「会」の文字をあてれば、「嘗」と同じく新穀を神に供えて祭る字義が得られるのである。」

つまり「アヒニヘのマツリ」とは、わが国古来の新穀感謝祭の汎称と理解されるのであり、それが「神紙令」に「相嘗祭」と記載されるに至るのは、国家祭祀として神嘗祭―大嘗祭(新嘗祭)が規定されたにもかかわらず、特定の諸社で行われた新穀感謝祭を、神嘗祭・大嘗祭のいずれにも分離統合できぬ事情があったためと考えるのである。

つまりアエノコトの「饗」について、字義の本来の意味に立ちかえって考えるべき時が来ている。

『ことばの歳時記』(角川ソフィア文庫)のなかで、「あいの風」について山本健吉は能登のあえのことを例に引き、「この「あえ」には、饗の字を当てている。(略)このあえと、同じ意味らしい。田の神によってもたらされた珍味佳肴があえだが、同様に、あゆ(あえ、あい)の風とは、沖から珍宝をもたらす風なのである。風によって浜辺に多くの寄り物がもたらされるのである」としている。

白木のアイノカミの祭りは、ボラが一万二千匹獲れたことを祝って、アイバンと呼ばれる当番を中心にアイノザシキが行われ、アイノコトとも呼ばれることからこれまで田の神として位置づけてきた。丹生のアイノカミもかつては渚に祀られていた。ともに漁業中心の村で水田の開発も近世に行われている。『珠洲郡誌』木郎村の「諏訪祭のあいの風」の伝説によれば、「此の神はアイの風を起して此の地に漂着せられたる故、今に至るまで諏訪の宮の祭礼には、定めたる如くアイの風吹くなりと言へり」とあるように、アイの風とアエノコトも全く無縁ではない。能登は寄神の地で富来町相神（現志賀町）の相見神社も「海からあがらっしゃった」神さまである。

とまれ、アエノコトは奥能登に特有の民俗ではない。福井・京滋ばかりか但馬にも田植え後と刈上げ後の亥の日にアエノコトが行われていた(19)。アエノコトの行事を奥能登の田の神の饗応儀礼だけに限定して、あれこれと論じあう偏狭さはもういいかげん克服されてもいい頃だろう。「古い地名、伝承、氏族、神社。この四つを組み合わせることで、文献記録だけではたどれない古代に遡行することができると考える(20)」とする谷川民俗学の方法論が、この場合大いに参考となることは言うまでもない。アエノコト研究の門戸は、今ようやく開かれつつあるのである。

註

（1）今村充夫『加賀能登の年中行事』（北国出版社、一九七七年）には柳田村字柳田野本武家のアエノコトの祝詞が記録されている。田のミナクチでとなえる祝詞のなかに「報賽《みむくひ》の神事《かんわざ》」という言葉があり、それに対応して茶の間では「饗《あへ》のことの神事《かんわざ》」という祝詞が奉上される。今村充夫の話によれば、この祝詞は明治以降のものとのことである。

（2）本間整遺稿集『ふるさと赤坂の歩み』（同編集委員会、一九八五年）。

（3）藤本良致「南越地方の年中行事について」（南越文化財研究会員季刊誌『奈戈衣都』一一号、南越文化財研究協議会、一九三五年七月）。
（4）『福井県民俗資料緊急調査報告書』（福井県教育委員会、一九六四年）。
（5）柳田国男「踊の今と昔」（『定本柳田国男集』第七巻）。
（6）本文には「緩踊」とあるが、別巻第五の総索引には「綾踊」で掲出されている。
（7）堀一郎「奥能登の農耕儀礼について」（『新嘗の研究』第二輯、一九五五年）。
（8）柳田国男「田の神の祭り方」（『定本柳田国男集』第十三巻）。
（9）「古事記伝」八之巻（『本居宣長全集』第九巻、筑摩書房）。
（10）柳田国男『田社考大要』（『定本柳田国男集』第十一巻）。
（11）鈴木昭英「山の神と里神」（『講座日本の民俗』七、有精堂）。
（12）西山郷史「アエノコトの諸問題」（『北陸の民俗』第三集、富山民俗の会・福井民俗の会・石川民俗の会、一九八六年五月）。
（13）今村充夫『加賀能登の年中行事』。
（14）柳田国男「御刀代田考」（『定本柳田国男集』第十三巻）。
（15）拙稿「周縁における同族神の祭祀形態―『同族神の試論的考察』資料補遺」（『若越郷土研究』二六の二、福井県郷土誌懇談会、一九八一年三月）。
（16）拙稿「同族神の試論的考察」（『民俗学論叢』二号、相模民俗学会、一九八〇年十二月）。
（17）「古事記伝」八之巻。

(18)　二宮正彦『古代の神社と祭祀―その構造と展開』（創元社、一九八八年）。
(19)　谷原匡「但馬のアエノコト」（『加能民俗』二の五、加能民俗の会、一九五三年八月）。この報告書は短文で執筆者が故人のため、どこの事例か詳細は不明。
(20)　谷川健一『青銅の神の足跡』（集英社、一九七九年）。

（『民俗文化』創刊号、近畿大学民俗学研究所、一九八九年三月）

第一〇章　福井の山の神と田の神―若狭と越前の民俗相違―

1　福井の南北問題

『福井新聞』の一九九三年三月二十七日付の論説に、「「福井の南北問題」解消に理解を」と題して、論説委員が次のように述べている。福井の県民性を歴史の流れのなかでよくとらえていると思われるので、少し長いが引用してみる。

「嶺北と嶺南のわだかまりの根は深い。明治十四年、現在の福井県域が決まるまで、嶺南は滋賀県に属していた。風俗習慣も京都・大阪の影響を色濃く残し、同じように関西圏の一員とはいえ、嶺北のそれとは大きく異なる。さらに経済や人的交流も嶺北より、京都・大阪に依存している。

地縁、血縁的な両者の差異は、住民意識にも反映する。嶺南の住民は嶺北の住民を、「下《しも》の者」などといい、「こすっからい」と敬遠する。一方、嶺北住民は嶺南住民を、「もったりしていて、つかみどころがない」「自助努力が足りない」と切り返す。置県以来百十余年、いまだに両者の対立は根強く、根深い。」

福井県は、嶺南と嶺北の市町村によって構成されている。今庄町（現南越前町）と敦賀市の間に屹立する木ノ芽山地（木ノ芽嶺）を境界として、通称嶺南・嶺北と呼ぶ。もっとも藩政以前は若狭国と越前国に分かれていたから、「水と油」と他県人から揶揄されるような県民性のちがいは、むろんきのう今日に始まったものではない。「若狭国之風俗、人ノ気十人一和セズ」と評し、越前はといえば「高慢にして底意地悪敷、軽薄ニ有レ之」と記した『人国記』の作者の冷徹な評言は、今なお耳に痛いではないか。

当然のことながら、このような地域性のちがいは民俗信仰や民俗行事に顕著に反映している。「若狭は民俗学の宝庫である」とよくいわれるように、敗戦と高度成長期以降の民俗の変転は著しいにもかかわらず、それでもなお若狭の民俗は濃密に伝承されている。

それに比して越前地方は、地元の研究者をしてなげかわしめているように、伝承行事の層がきわめて稀薄である。この民俗における地域差の原因はいろいろと考えられるが、やはりこれまで指摘されてきたように、浄土真宗の教化に起因しよう。「鬼神を祠ることを得ざれ」(『教行信証』)との弥陀一仏の親鸞の教えは、鬼神とされた民俗信仰の息の根をとめた。

アニミズムを母胎とする民俗信仰のコスモロジーが、専修念仏の信仰に変容してしまった結果が、民俗文化の地域差としてあらわれているように見受けられる。

以上のような嶺南と嶺北の歴史的な経緯と地域差をふまえて、バラエティにとんだ福井の「山の神と田の神」の諸相をとりあげてみたい。

2　山の神

日本の神々のなかで、もっともプリミティブな神は山の神であろう。山の精霊が神格化された守護神としてのその祭祀形態において、きわめて原始的な姿が祭場や神事に伝承されている。

山の神はところによっては「モリさん」とも呼ばれる。典型的な祖霊信仰の形態をとどめている大飯町大島(現おおい町)のニソの杜や、大飯町(現おおい町)以西の地主荒神、若狭一円に分布するダイジョコ(大将軍)も森を禁足地とする信仰であり、同様に「モリさん」としばしば呼ばれることから、山の神と混同されやすい。

各地を歩いてみると、いずこの山の神も高い山頂に祀られているわけではない。そのほとんどが村里に接した山麓であったり、谷の入り口に鎮座する。ひときわ大きなタモの木(タブ・イヌグス)や椎・樫などの照葉樹の古木が、山の神さんの休み木として村びとから畏敬され祀られている。

里山の黒ぐろと繁った森の一角には磐座と思われる巨石があったり、神木の根元には山の神を祀る小祠が鎮座している。むろん、木や石で作られた祠は後世の神観念の変転によるものであり、本来は森そのものが山の神と認識されていたのであろう。若狭にはきわめて原始的な祭祀形態を伝える山の神が、今なお残存している。

もっとも、広く深い山中で山麓の一角だけが山の神として聖別化される以前の、より原初的なかたちをとどめている山の神の伝承も時には聞かれる。たとえば福井市国山では、かつて焼畑耕作を行っていた山中の斜面集落にもかかわらず、特定の山の神が祀られてはいない。平田文雄氏(大正十五年生)によると、山の神はテングで「テングさまの巣」と呼ぶ松や桜などのコブのある老木に住みついており、このような異相の古木は山の神として畏怖し決して切らない。どうしても伐採しなければならない時は般若心経をあげ、山の神に「移っておくれ」と拝んでから切るという。この巨木の伐採の作法は、焼畑の「木おろし」の儀礼を思わせる。山の神が山麓の一画に画定される以前の、古い伝承が伝えられているのである。

さて、年中行事のなかで山の神が祀られる日は、一年におよそ三回あって、まずは年頭の初山入り(一月二日、または四日)と、ついで春の山の口講(一月九日)と冬の山の口講(十一月九日)が行われる。祭日は改暦後、一か月遅れとなっているところも多い。初山入りは、キリゾメ・コリゾメ・若木迎えなどと呼ばれている。二日または四日の早朝、近くの山へ入って、山の神にお神酒を供え恵方に向かって拝礼したあと、シバを一荷、またはところによってはユルダ(ヌルデ)や川柳などの材質のやわらかな木を切ってくる。シバは束ねて持ち帰り、庭に置き一升マスに米と餅を供えて、今年一年無事に仕事ができるよう拝む。

初山入りに切ってくるシバは、樫やサカシバと呼ばれる榊などの常緑樹が多い。これらのシバは、各地の田遊びにおいては稲をあらわし、農耕予祝のシンボリックな役割を担っていると同時に、シバは緑肥として田にすきこむ刈敷きをも意味しているのである。

上中町三生野(現若狭町)では、一月二日のキリゾメに切り出してきた栗の木を、アキホウに向けて田の中に倒しておき、十一日のツクリゾメに豊作を祈る行事を行う。その際用意するものはワラヅトと稲穂、石三つで、稲穂はホガキ(穂掛け)の初穂を床の間に飾っておいたもの、石は近くの小川からひろってくる。目をつむってあてずっぽうに川の底をさぐって小石をひろい、囲炉裏の四隅に置いて「石やと思ったら桃の種子やった」といってナリモノの豊作を祝う。

十一日の早朝、田に出てアキホウに向かって田を打ち、「奥山とやま　とやまの奥のモミの木の下に　臼ひとからげにヨネが八石」と田植え唄を歌う。そのあと栗の木で「ガンクツな」(頑丈な)箸とカユカキのホコ、戸祝いの槌を作り、小正月の行事に用いる。カユカキのホコは、一月十五日の粥占いに使ったあと、二月立春後のエトガシラの子《ね》の日に、大根の豊作を祈って大根畑にさすことにしている。

このように初山から求めてきたシバや祝い木は、ただ単に稲や作物の形状を表徴しているばかりではない。若木には山の精霊がやどっており、海や川から求めてきた年玉の小石とともに、畑作や稲作の予祝・家の祝福を約束するものであった。しかも初山入りに祀る山の神は、山の口講に祀る特定の山の神ではなく、画定される以前の一木一草にやどる山の神であり、いわば焼畑耕作において祀られる山の神の性格を秘めているといってよい。

山の口講は山の神講とも、山まつりとも呼ばれる。若狭と越前では祀り方もいささか異なっており、若狭では村単位か字、または名田庄村堂本（現おおい町）のように、株と呼ばれる同族組織で山の神を同族神として祀る村もみられる。一方越前では、山師が仕事仲間と山まつりを行い、山中で災難にあわぬよう山の神を祀った。

山の神への供え物は、シトギ（シロモチ・オシロイモチ・スリゴク）が用いられる。また、山の神は大変不細工な女の神で、オコゼを供えると自分よりみにくいものがこの世にいたかと喜ばれるという。高浜町鎌倉では山の神はアラクタイ（乱暴な）ことを好むとされ、神饌の魚を焼いて当番の者が食べ、悪態をしつくして頭と骨だけを供える。高浜町横津海でも、山の神は不細工な神ゆえ夜に祀るという。柏の葉で鯛の形を作り、川柳で弓矢を作って初弓をひいた。山の神は大変バクチ好きな神なので、ユリダの木（ヌルデ）でサイコロを作って供える。祠の前でドンドを焚き、「火事や、火事や」と大騒ぎをすると、さすがにバクチの手を止めて出雲から大あわてで帰ってくるといわれている。

春には山の神は白ウサギにのって木の種子を蒔き、秋にはひろい集めるので、山の神の日には、決して入山してはいけないとの伝承はよく聞く。もし禁を破って山へ入ると、木と一緒にかぞえこまれて災難にあうともいわれている。最後にシトギが、山の神の神饌として特別な意味をもつ、敦賀市赤崎の山の神講を紹介しておこう。赤崎の山の神講は、十二月八日に行われる。早朝、男子小学生が「ヤマノカンコーのヤド」に集合し、一夜水につけた五合の米をすり鉢に入れてお神酒をそそぎシトギを作る。すりこぎで泥状につぶしたシトギは、新藁の巨大なツトに包み、注連縄を腰にまいた大将を先頭に、全員がパンツ一枚の裸になって、「山のカンコーの祭りやー」「そりゃー何の祭りやー」と、元気に声を掛け合いながら宿を出発、時には雪の降りかかる野の道を大日堂へと向かう。

お堂に着くと、かつて山の神が祀られていたという松の根元にツトを供える。堂内で囲炉裏の周囲を三回まわったあと、小祠の前に整列して持参したシトギを顔と胸にぬりつけ、子供組の講は終了となる。神饌のシトギを体にぬりたくるのは、かつて鵺《ぬえ》という怪物が出現し村中を荒らし回ったので、その災厄をのがれるために、魔除けとしてシトギの霊力を身につけるのだといわれている。

3　田の神

田の神も山の神以上に、若狭と越前では大きく様相が異なっている。いずれも田の神という呼称はあるが、まず若狭には田の神を祀る小祠が皆無であること、その小祠を祀る十二月と二月五日の田の神祭り（田の神講）が行われないことが特徴としてあげられよう。そのかわり、穀霊を祀る歳徳神と呼ばれる正月の年俵や一月十一日に行われるツクリゾメ・サビラキ・サナブリ・ホガケなどの、稲作のサイクルにともなう予祝と豊作感謝の年中行事は、越前ではほとんどすたれてしまっているが、若狭ではいまも信仰の篤い村むらで細ぼそと続けられている。

屋代弘賢の『若狭小浜風俗問状答』の五月の条「さびらきさのぼりの事」には、

「吉日を撰び、和布豆あらひ米を蕗の葉に包み、是を糸にてつなぎ合せ、多くこしらへて栗の木の枝を折、その枝に右の包みおきし物を添て苗代のふちに持行、少し地をならし此栗の枝にかけ、明方を向き豊穣を祈念し、其後苗を三株五かぶばかり植て、其日は酒など酌て遊び候、是をさびらきといふ。外に殊成事無御座候。

一村残田を植終りて後、庄屋より日を定め、田の神をまつる赤飯、或は餅などをそなへ、二日に一夜は何事もせず遊ぶ、田の辺りへ立寄る事をも禁ず、是をさのぼりといふ。」

とあるが、この約二百年前の風習は、ごく近年まで若狭の村むらで行われていた。とりわけ、北川流域の上中町（現若狭町）と小浜市の農村で、田植えじまいのサノボリのあとのサツキヤスミ（ヤスンギョウ）に行われる子供組の田の神祭りは、全国的に類例のない行事として最近注目をあびている。

サツキヤスミは各集落によって日は異なるが、五月中旬から六月末の日曜日に村中が野良仕事を休み、賑やかに田の神祭りの子供神輿がくりだす。『若狭の田の神祭り―小浜市・上中町における農耕儀礼の調査報告』（福井県教育委員会・県立若狭歴史民俗資料館）によると、北川水系の流域では廃止した集落も含めると、四十か所の村むらで田の神祭りが行われている。いずれの村でも子供組が中心になって祭りが執行され、大将が一切をとりしきる。いわば通過儀礼として田の神祭りが位置づけられており、小正月の戸祝いやキツネガエリとともに、子供たちにとっては生涯忘れられない楽しい行事である。

子供神輿は現在購入した小型の神輿がほとんどであるが、小浜市池田・検見坂・本保では、麦藁を用いてムギワラミコシを作っている。一時麦作が行われなくなって麦藁が手に入らないことからムギワラミコシが姿を消したが、かつては二十二か所の集落で麦稈を用いた子供神輿が作られていたという。田の神祭りの宵祭りの夜には、大将の家のミコシ宿をお互いに襲い、宿の家の前に立てられた榊の奪い合いをする集落もある。

子供神輿は神社を出発して村中を巡幸し、各家からお賽銭をもらい大将の采配で分配する。掛け声の囃し言葉は、集落によって「チョーサイトー」と「サイヨーレ」（「サイヨ」「サンヨー」）の二系統がある。なお小浜市太良では、丹生神社の社殿の後ろに小さな田を作って苗を植え、その上に神輿をすえる。また上中町兼田（現若狭町）では、稲の苗でオタビショを作る事例もみられ、農耕儀礼のうえからも大変興味深い。

越前の田の神祭りは、奥能登のアエノコトに類似しており、武生市余田《はぐり》（現越前市）周辺ではアイノコト、また坂井町（現坂井市）や芦原町（現あわら市）ではアイバマツリと呼ばれ、十二月五日に祭りが行われる。

これらの地方では、田の神をアイノカミ・アイバサマと呼ぶ。三方郡から坂井郡にかけて、「相ノ木」「相田」「相ノ事」などの小字が点在するが、これらの小地名は田の神、すなわち饗の神の祭場をあらわしている。

なかでも武生市余田（現越前市）では、南出・中出・北出の三垣内に田の神（アイノコトの神）が祀られ、十二月五日に田の神講が行われる。このうち南出垣内の田の神は、余田三十九字相の木に所在する。また、各家でも田の神を祀り、土蔵の種子俵のうえに神酒・スルメ・小豆飯・蕪汁・向附け・芋と小豆の煮ものなどを箕にのせて供え豊作を感謝する。田の神は盲目の夫婦神とされ、お供えは二膳分用意するとの伝承も広く分布している。ところによっては、山の神と田の神がお互いにまつりのよび合いをするともいう。

春には山の神が里へ降りて田の神となり、秋には田の神が山へ上って山の神となるという、いわゆる山の神と田の神の去来伝承（交替伝承）も、南条郡から坂井郡にかけて多い。田の神の小祠同様、若狭にはほとんど存在しない伝承である。かつて焼畑耕作を行っていた福井市国山では、十二月九日の山祭りには山の神が刈田の稲株をかぞえるので、農作業をしてはならないという。その後、山の神は山にはいず、家の流しに一冬籠り、一月九日には山へもどるとされている。

福井市国山における山の神の去来伝承は、山の神から田の神が分離する以前の神観念が反映されていよう。佐々木高明や竹村卓二らの近年の焼畑文化の研究では、焼畑から畑作・稲作への変遷が跡づけされ、山の神と田の神の去来伝承も明快に説明されている。越前地方における山の神と田の神の深い関係も、やはり焼畑耕作の研究を通して解明されるに相違ない。福井における若狭と越前の、山の神と田の神のきわだった性格のちがいは、民俗神の起源を問う場合に、有力な資料を提供できるはずである。

（『祭礼行事・福井県』おうふう、一九九五年一月）

第一一章　若狭の民俗神

1　民俗学の宝庫　若狭

若狭はしばしば「民俗学の宝庫」と言われている。事実、呼称こそちがえ、各種の民俗学事典に掲載されている事項で、若狭に見当たらないものはないと言っていいほどである。もしある民俗事象が若狭に存在しないとしたら、逆にその理由を問うことが若狭の民俗研究の一方法論になりうるとさえ言えるであろう。

若狭は本州・九州を合わせた日本海側のほぼ中央に位置し、かつては大陸文化を受け入れる表玄関であると同時に、背後に京滋の王朝文化をひかえて、それらの強い影響下に特異な民俗文化を形成してきた。したがってそこには南方的要素・北方的要素・大陸的要素・宮中的要素が混然一体となっている。

では、なぜ若狭には民俗文化がよく残りえたのか。隣国の越前地方と比較するとはっきりするが、まず浄土真宗の影響が少なかったことがあげられる。たとえば両国の境界に位置する敦賀市を調査すると、市内を縦断して流れる笙の川を境として、その東側では民俗事象が稀薄になる。地の神系のダイジョコ信仰を調べてみても、この川を基点にして個人祭祀・同族祭祀と村祭祀に画然と分かれている。そこには「鬼神を祠らず」とされた浄土真宗の過激な信仰によって家の神が村の神へと変貌したことが認められよう。そのほか、若狭は交通の隘路であったがために大きな変化や衰退にさらされず、民俗が狭隘な風土に閉じこめられて伝承されてきたとも考えられる。

若狭には民俗信仰の崇拝対象としての民俗神も多様に分布しているが、ここでは代表的なもののみに限って紹介することにする。なお若狭の民俗神としては、山の神、森神、田の神（アイの神）、地の神（ダイジョコ・ニソの神・地主荒神・ジノッサン・地神）、水神（竜神）、産神、厠神、疱瘡神、勝負神（当勝《まさかつ》さん・マリシテン・有我《ゆうが》さんなど）、エビス、稲荷、義民信仰（宗吾社・松木神社）、火の神、歳徳神、サイノカミ、風の神、来訪神、巳《み》ーさん（自竜さん）、寄神（余永・黒駒など）、猿神、野神、石神のほか、チンポ地蔵、イボ地蔵、蛸薬師、咳の地蔵、歯の神といった緒病に利益あるとされる石仏や諸神など、まさに八百万の神々が至るところに分布し群集して、庶民の信仰のなかに脈々と息づいている。

２　来訪神（小正月の訪問者）

民俗学用語で「小正月の訪問者」と呼ばれる行事には「戸祝い」「キツネガエリ」がある。七、八十年以前は若狭の一円で行われていたが、時の教育者が乞食の所行として廃止させ、いまは全集落のうち一割（約二十五集落）にしか残っていない。

一月十四日の夕方から深夜にかけて、ユルダ（ヌルデ）の木で作った祝棒や祝槌を持った子供たちが、各家を回り戸口を叩きながら、

戸祝いましょう
あらあらめでたや
こなたさまにも福の神やお入りになって
せどにもかどにも銭倉金倉
なかには四本四面の蔵をたてて

今年の稲はほうづきあまづき
十月二十日にカイセンうけとり
おつまるようにステテンテン
馬屋に四匹三才駒がいたどにかねどに
ズッスリズッスリ
（上中町上野木、現若狭町）

というようなめでたい文句を唱え、家人から菓子やミカン・お金などをもらって歩く。嫁取りのあった家では特別に「ドンドやーサンキチやー、嫁の尻祝おう」などと唱え、祝棒で若嫁さんのお尻を叩き、子授けと安産を祈願した。これらの行いが性行為を連想させることが、中止させられた一因にもなっている。しかし『ヨーロッパの祭と伝承』（植田重雄著）によれば、戸叩きの行事は中部ヨーロッパにもあり、第三待降節の夜、変装した若者や子供たちが各家の戸を木槌や薪、干草掻きで叩き回り、「叩くぞ、叩くぞ、木槌で叩くぞ／パンは台所に／ナイフはそのそばに／わたしに少々分けて下さい！／おめでとうおめでとう／わたしの仲間にも分けましょう！」と歌って、クリスマスや新年を祝ったという。

この行事は新しい年の神をことほぐ「春のことぶれ」であり、豊穣を祈る新春の魂振りであろう。現象面にとらわれて本質を見誤り、貴重な民俗文化を廃止に追いこんだ時の教育者の責任は重大とせねばならない。

近畿・中国地方に分布する「狐狩り」は、若狭では「キツネガエリ」とか「ガリアイ」「ガンヤリ」と呼ばれている。戸祝いの道すがら、

キツネのスシは七桶ながら
八桶にたらんとて

キツネガエリ　キツネガエリ

というような狐を恫喝《どうかつ》する文句を大声でわめきながら、村境へと狐を追い払っていく。

昔は子供組の宿があり、夕方から深更にかけて「戸祝い」「キツネガエリ」を行い、翌朝ドンド焼き（左義長《さぎちょう》）をしたが、現在ドンドの宿もほとんどすたれてしまった。

これらの小正月の行事は、地域によって呼称・持物・参加年齢・組織・文句もまちまちだが、もともとはマレビトの家ほめと悪魔払いの要素をもっていたと考えられる。

『大飯郡誌』には、「正月十四日深更より翌日暁天にかけて、各区の青年所定の宿に集まり、区内を木をたたきつつ古来より伝はれる狐狩の歌をうたひつつ、各区の境界或は辻に至り、其歌の終句を珠更に大声に且つ長く引きてうたひやむ。伝ふ、これ往昔後醍醐天皇の一皇子逃れて、丹後国加佐郡東大浦村栃尾西山の地御所ケ谷に落ちさせ給へる程に、御悩みありしを卜者狐の仕業なりと云ひければ、各区内に布令して狐狩をなさしめたる古事によれるなりと」とあるが、「われやどこ祭るぞ、若宮祭るとて狐狩やんれい」というような文句の背景には、往時の狐つきや御霊信仰、若宮信仰の流行があったようである。

所によっては、村の風紀を乱す家の悪口を、キツネガエリの文句の間に声高にはさむ悪口祭的な意味もあったものと思われる。また高浜町の内浦地方などでは、ふだんはけっしてキツネガエリの文句を言ってはならないとされ、秘密結社的に世代間の相伝が行われていた。

このほか小浜市阿納や犬熊では、ハリゴマ（コマヤマイリ）と呼ばれる春駒系の門付けがいまなお子供たちによって伝承されている。なお、三方町（現若狭町）常神ではキツネガエリの文句のなかにハリゴマが習合しており、阿納・犬熊の場合は佐渡の春駒の祭文に酷似している。

3 カラスのオトボンさん―烏勧請―

餅やスリゴク（シトギ）・赤飯などの神饌をカラスに供えて神意を占う、いわば祭の主要なセレモニーである烏勧請が、現在も三方町神子・小川（現若狭町）、小浜市西小川・平野、名田庄村井上《いがみ》（現おおい町）、大飯町大島（現おおい町）、高浜町鎌倉・下・上瀬・小和田などで行われている。

三方町神子（現若狭町）では、十二月二十六日に浜宮の前に仮屋を設営し元日の朝センジキを行う。仮屋のなかで神饌を準備し、エビスを祀る浜宮の祠の屋根に白蒸を供える。センジキ用の板膳に白蒸を敷いて、丸いカラス餅にアワビ貝のワタと鮭のヒレをのせておき、別にカラス呼び餅六個を重箱二箱分用意する。正月神事をつとめる二人の麻当が夜明け前にこれらの準備をし、神主を迎え、夜が白みはじめる六時半頃、浜宮前につるしたマトイゴモを背に神主が着座して成就を祈念したあと、麻当が男児を伴って村の入口の崖下にあるセンジキ岩にカラス餅を供えに行く。そして「カラスよ、カラスよ」とカラス呼び餅を放りあげながら一時間ばかり辛抱づよく待っていると、やがて裏山の愛宕さんのほうからカラスが飛来して供え物をついばんでいく。これを「センジキがあがった」と称して拍手かっさいし、今年一年の豊漁が約束されたとしてよろこぶ。もしセンジキがあがらないときは精進が悪いとされ、再び水垢離をとって餅をつきなおした。

大飯町大島（現おおい町）では、島山神社の祭例や正月に鳥居の根元に餅を供え、カラスが食べると「オトがあがった」といって吉兆としている。ここではニソ講（モリ講）の際にも、杜の一角にあるカラスグチに小豆めしをツトにのせて供える。カラスは神さんのお使いだとされている。

同様に高浜町内浦地方（鎌倉・下・上瀬）では氏神の祭に際して「カラスのオトボンさん」という烏勧請が行われる。カラスが早く餅をまかる（食べる）とゲンがよいとされ、まからんと何か不浄があったといわれる。また故老の話では、

「カラスのオトボンさん」は太陽のことだともいう。

大島や内浦地方で使われている「オト」とか「オトボンさん」という方言は、宮座における当屋制（当番）から派生した言葉と思われる。神の使いであるカラスに献饌して神意を占い、供物を食べることではじめて当屋の奉仕が成就したのであった。

名田庄村井上（現おおい町）の斎《いつき》神社には「オタガさん」と呼ばれる烏勧請の場がある。若狭に広範囲に分布する烏勧請の習俗が、近江の多賀大社の影響下にあるかどうかは今のところわからない。

このほか個々の家の行事のなかにも断片的に烏勧請が散見される。敦賀市白木では「サンバのメシ」とか「カラスのメシ」といって、一日、十五日、法事の日などに御飯を軒下に供えている。「サンバ」とは「散飯《さば》」（生飯）であり仏教用語であるが、烏勧請と餓鬼供要との習合と考えられる。墓の供え物をカラスがまかると縁起がよいという意識は普遍的にあるが、これなども同じたぐいの遺習であろう。

ニソの杜《もり》以外の地の神・ダイジョコ・地主荒神などの同族神の祭祀にも、神供をアケガラスの渡らぬ先に供えねばならないという伝承が多くあり、かつてはこれら家の神の祭祀のときにも烏勧請が重要な位置をしめていたことがうかがわれる。

これらの事例のほか小浜市矢代の加茂神社や名田庄納田終（現おおい町）の加茂神社の神事でも、烏に献饌をする意識は現在ないが鳥居の根元に神饌を供えており、烏勧請の形を今に伝えている。矢代の場合は「お鳥居まつり」と称しており、鳥居の起源が朝鮮のソッテか雲南の門の笠木かは別にして、神意を告げる神鳥とのかかわりは興味深いところである。

4　疱瘡神

かつて疱瘡(天然痘)は非常に恐れられ、罹病しないようにといろいろなまじないが各地で行われていた。いわゆる痘瘡神送りであり、村の四辻や村境に、サンダワラのうえに起上り小法師と小豆飯と小石をのせて痘瘡神を祀り、村外へすみやかに退去することを祈願したのであった。

このように悪厄は人々から忌みきらわわるのが普通であるが、逆に厄神を手厚く歓待してその恩恵をこうむろうというしたたかな考え方もないではない。『拾椎雑話』巻十二に「組屋六郎左衛門家伝り候疱瘡の神の事は、永禄年中に組屋手船北国より上りし時、老人便船いたし来り、六郎左衛門方に着、しはらく止宿にて発足の時、我は痘瘡神也、此度の恩謝に組屋六郎左衛門とだに聞は痘瘡安く守るへし。とちかひて去ぬ。六郎左衛門其時の姿模様を画にうつし留し也」とあり、当時の獲符が現在も残っている。

同様の信仰が、現在なお節分行事として名田庄村井上(現おおい町)の下野株三戸に「ホーソージさん」として伝えられている。節分の夜、下野家では床の間にオコワ・焼き物(魚)・ツユ・カネイシ(川石)を二膳供えて座敷の電灯を消し、ホーソージさんの訪れを待つ。昔はイロリの灰もとり、塩をまいて清め、台所の灯も消して家族一同神妙に忌みごもりをした。二膳供えるのは痘瘡神がおじいさんとおばあさんだからである。しばらくするとカタリと音がしてオコワを盛ったお椀のふたがとれ、ホーソージさんが訪ねて来られたことがわかるといわれている。当家では戸口にヤグサメ(カヤ)もささず福豆も作らない。一膳分を隣家におすそ分けし、そのかわりに福豆をもらって家中で祝う。

同じく厄神を歓待する習俗としては、小浜市府中の東野健次家の「鬼の宿」や、美浜町新庄藤原弥左衛門家の「貧乏神さん」がある。

5　山の神

若狭では一村に一か所以上必ず山の神が祀られている。組や字単位に共同で祀るものがほとんどであるが、名田庄村堂本（現おおい町）のようにカブで祀る所もある。明治の神社合祀策によって氏神の末社扱いをされている事例も多く、かつての祭祀跡が「モリさん」と呼ばれて畏怖され、タモや椎の木の神厳な森を形成しているのは、何という皮肉であろうか。

「森」という祭祀地名を調べると、山の神を指していることが多い。たとえば高浜町音海の「森ノ上」は山の神を、「宮ノ下」は氏神気比《けひ》神社を中心に画然と名づけられている。

祭日は春の山の口が一月九日、冬の山の口が十二月九日とされているが、改暦により前後の異同も見られる。春の山の口の日に山の神さんが白ウサギに乗って種子をまき、冬の山の口に種子をひろって回るといわれ、当日は絶対山へ入ったり木を切ったりしてはいけないとされている。二度の山の口講の日は山仕事を休み、講宿で飲み食いして村人としての和を深めあった。

山の神さんは大変めんどい（不器量）女の神さんだから、不細工なオコゼを供えると、この世に自分よりまだめんどいものがあったのかといってよろこばれるという。御幣十二本（閏年は十三本）スリゴク（シトギ）や赤飯・甘酒などを供えるが、高浜町鎌倉では、山の神さんは大変あらくたい（荒々しい）神だからといって、当屋の家で掛《かけ》の魚《いお》を食べてしまい、骨だけを供える。

大飯町山田（現おおい町）の山の神は人身御供の伝説を伴っている。昔むかし、人身御供の白羽の矢が岡右衛門の家に立った。一人娘のこととてみすみす得体の知れない怪物の餌食にするわけにはいかず、なげき悲しんでいると、旅の僧が一匹の犬をつれてやってきて一切拙僧にまかせなさいと言う。僧の発案どおり犬を唐びつに入れ、山奥の供え場に運んで一夜一睡もせず待っていると、犬が血だらけになって戻ってきた。行ってみると年経た大きな狸が死んでいたという。狸のたたりをおそれて、山の神の日には必ず魚や赤飯のほか木片に人の顔を描いたものを供え、供養することになっている。

敦賀市奥麻生の山の神は氏神日吉神社(山王権現)のほかに二か所祀られている。この二か所の山の神の祭日は年四回あるが、三月九日は山で災難にあわないよう祈願する祭で、十二月九日はその無事を感謝する山師の祭となっている。一方、百姓の祭は四月十六日が収穫祈願、十月二十八日が収穫感謝の日だという。当区に伝わる山の神の伝説としては、南北朝のころ後醍醐天皇の皇子尊良・恒良親王が滋賀県の集福寺を経て落ちのびる際、一行のうちの貴人が行き倒れとなり、塚を築いた場所が村の上手の谷にある山の神だといわれている。当日、山の神のお使いであるヨツジロという白い足をした狼が、海水を飲みに村の道を通るとされ、その姿を見ると災いがあると恐れられている。

6　田の神・アイノカミ

なぜか若狭では、田の神を祀る常設の祠や石像などが見られない。地の神や山の神と比べても不思議な現象である。ただ一か所、小浜市湯岡に村の田の神とされるタモの木の森があり、村祭のとき御幣をさす場所となっている。ただこの場合も、田の神的な性格をもつ地の神が変化したものである可能性が強い。田の畦などに祀られた地の神が作神的要素をもつという例がいくつかあって、祭祀の変遷過程が認められるからである。また、いわゆる山の神と田の神の去来伝承も、今のところ上中町無悪《さかなし》(現若狭町)以外には見当たらないようであり、さらに深い調査が待たれる。なお越前には、二月五日に山から田の神がミト尻におりてきて十二月五日に山へ帰るという、山と田との間の去来伝承があるが、田の神と山の神は同一視されていない。

では田の神は年中行事のなかでどのように祀られているのか、二、三の事例を見てみよう。

まず正月十一日のツクリゾメに、田や畑の一角で田の神が祀られる。依代に用いる木は所によって異なるが、若葉(トクワカ)・松・樫・榊・栗などの常緑樹かユリダ(ヌルデ)の木で作ったゴズエ・イワイギ・ゴオウギと呼ばれる祝棒をさして祭場をととのえる。それにカネヒロイといって浜からひろってきた玉石(高浜町難波江ではオトシダマという)三個を紙やワラヅトにくるんでくくりつける所もある。早朝家の主人が一升枡に餅と米を入れて祭場に供え、三鍬ほど打ちならし、その年の恵方を向いて豊作を祈る。供え物は歳徳神(トシトコさん)に正月中供えておいたものである。三方町田上(現若狭町)のダンジュクさんは、このツクリゾメの日に降りてこられるといわれている。

三方郡あたりでは、苗代開きの際に水口《みなくち》に栗の木をさし、フキの葉にいり豆・米・若布を包んだものをつるして田の神を祀る。

田植の朝、敦賀市刀根や奥麻生では、洗った苗三把をホーバメシ・ボタモチ・魚とともに箕にのせ、鍬をたてて二膳分神棚か台所の大釜に供え、「枡はとりおき箕ではかる」と二度くりかえして豊作を祈る。奥麻生ではこの三把の苗のことを「サンバさん」といっているが、サンバイさん(田の神)のことであろう。なお田の神のことを当地ではタツガミ(竜神)さんと呼んでいる。

田植が終わったときにも、美浜町あたりではサナブリとかサノボリといって同様の祭を営んでいる。屋代弘賢の『若狭小浜藩風俗問状答』には「一村残らず田を植え終わりて後、庄屋より日を定めて田の神を祀る。赤飯あるいは餅などを供え二日一夜はなにもせず遊ぶ。田のあたりへ立ち寄ることをも禁ず。是をサノボリと云う」とある。

北川流域の上中町(現若狭町)や小浜市の村々では、村中の田植が終わったころを見はからってヤスンギョウ(休業)と定め、子供組の田の神の神輿が家々を回る。所によっては以前は麦藁で神輿を作っていた。夜になると、宿の戸口に立ててある榊の木を他の集落の子供たちが盗みに来る。大隈半島の田の神盗みを想起させる習俗である。七月二日のハギッショに田の神祭をする所もある。

秋のカリゾメは月のはじめの卯の日とか「未《ひつじ》がひらく日」が吉日とされているが、ホガケといって当日の朝田の一角を刈り取り、オンガラで小さな稲架を組み初穂をかけて田の神に収穫の感謝をささげていた。そのあと氏神のコマ犬や社殿、家の神棚にも初穂を供えたが、かつてはどこの村々でも見られた奥床しいこれらの行事も、農業の機械化が進むにつれてほとんど行われなくなったようである。

奥能登には田の神祭として有名なアエノコトがいまなお行われているが、福井県内でも武生市余田《はぐり》・平林（現越前市）、隣りの鯖江市、南条町（現南越前町）、今立町（現越前市）あたりで十二月五日に田の神祭を営む。武生市白崎（現越前市）の村の田の神はアイの木と呼ばれる欅の木の下に石の祠が祀られているが、「相ノ事」とか「相の木」「相田」「相垣内」といった小地名が武生市（現越前市）の周辺には点在しており、かつて田の神が祀られていたことがわかる。敦賀市野坂にも「アイノコダ」と呼ばれる神田があった。

若狭にも同様の地名や小祠が上中町（現若狭町）以東に点在しており、この区域にはかつて「田の神」と「アイ（エ）ノカミ」が複合的に存在していたことが考えられる。たとえば小地名としては「相の木」（美浜町佐田・山上）、「相ノ森」（上中町麻生野・海士坂、現若狭町）などがあり、地理的に水利との関係があるようである。小祠としてはアイノカミの森（敦賀市白木）、アイノカミ（美浜町丹生）、饗神神社（同北田）、愛神社（同佐野）、合の神（三方町北前川、現若狭町）があり、村の末社か合祀扱いをされている。

なお、美浜町佐野の愛神礼（愛染明王に習合）には水の神の伝承はあるが、ほとんどが特別の祭祀も伝承もなく、若狭におけるこの田の神祭祀の二重構造はまだ解明されてはいない。

7 ニソの杜・ダイジョコ・地の神

これらは地域によって呼称こそ異なるが、神の性格としては開拓先祖であるとか家を守る土地の神であると言われており、祭祀の素型は同じものと思われる。祭日も霜月二十三日が基本的であり、改暦後一月遅れとなったものや、正月・盆・例祭に移行したものがある。

家の退転・分家・祭祀機能の発展・土地の売買などによる祭祀権と祭場の移動により、血縁の神から地縁近隣さらには村の神へと変遷したものも散見されるが、祭祀構造の基本は個に属し、カブとかマキ・イッケと呼ばれる同族の繁栄によって同族神としての発展をとげている。名田庄村下三重（現おおい町）などの株講（ニジュウソウ）がこれに当たる。この間の祭祀の変遷を物語るものとしては、『若州管内社寺由緒記上下・若州管内寺社什物什記全』（延宝三年〔一六七五〕九月）の「上野木村大将軍」の項に、「元来土屋殿と申す人の墓にて候由七十年前村中へたたり申に付大将軍にいわひ籠申候　当村小太夫彦右衛門など先祖と申候」と記されており、現在も「天山さん」という小祠を近隣組識である天山組十戸で十一月二十三日に祀っている。

地の神系の民俗神の約千五百例のなかで数こそ少ないが大島の浜禰《はまね》のモリの傍から人骨が出土したように、古態を思わせるもののなかには墓制との深い関連を有するものもある。神供は小豆飯が普遍的であり、美浜町耳川流域と敦賀市南部（旧粟野村）のように二又大根（あるいはワンギリ大根）を添えるところもある。

分布を概観すると、ニソの杜は大飯町大島（現おおい町）、ダイジョコ（ダイジョゴ・ダイジゴ・ダイジングウ・ダイジョゴン・ダンジョコなど）は小浜市東部以東、地の神は名田庄村（現おおい町）と小浜市西部、ジノッサンは大飯町（現おおい町）佐分利川流域、地主荒神は高浜町というように大別できるが、実際のところは呼称も入りくんでおり、これらの民俗神が長い間にいかに習合混淆をくりかえしてきたかがわかる。たとえばニソの杜はふだんはニソの神さんとかニンソ・ニソー・ニソノモリ・モリサンと呼ばれるが、性格としては先祖・地の神とされており、祠のなかを開けると「大聖権現」（オンジョウの杜）とか「大上宮」（清水の前の杜）というようなダイジョコ関連の神札が納められている。ジノッサンのなかにも「地主大将宮」と書かれたものがある。また高浜町小和田・高野には七森、小浜市奥田縄には四塚があり、地主荒神・大将軍・地の神を開拓先祖として旧家筋の家が祀っている。一般にこれらの民俗神の祭場は屋敷背後の山すそに多く、方位としては乾《いぬい》に位置するものが比較的多い。「モリキ」とか「神さんの休み木」と呼ばれるようにタモや椎などの常緑樹が依代とされ、ほとんどが小さな祠や石を安置しているが、神さびた森だけの古態を思わせるものも少なくはない。「大常宮谷」「大神宮」「大乗子」「大城古前」「大上皇元」「大上郷」「大将後」「大将宮」「大政護」「森」「地主」というように、小地名として祭場のおもかげをとどめているものもある。

佐分利川流域のジノッサンは、「氏神のミノカサ持ちの神で阿呆神さん」といわれており、祭の日の朝、藁一把を燃やすのは、家が火事になったとあわてて出雲から帰ってくるからだという。零落した小さな神の姿がここにはある。

このほか注目すべきものとして、この種の神々を聾・盲目・片脚など「不具の神」とする伝承がある。おそらくこの項の神々は、霜月二十三夜が祭日であることともあわせて、民俗信仰の習合過程を究明するうえで重要な鍵となるであろう。さらにこれらの神々については、日本各地の地の神・杜神信仰や韓国東海岸に分布するコウルメギ信仰をはじめ、アジア全域に濃密に分布する祖霊信仰の広がりのなかで、しかるべき位置づけがなされねばならない。

（『日本の神々―神社と聖地　第八巻　北陸』白水社、一九八五年十一月）

第一二章　日本の龍—「悪蛇」か「神」か—

1　邪悪なものから善神へ

「八岐《やまた》の大蛇《おろち》」が龍として描きだされるように、日本の民俗においては、蛇と龍の区別はつきがたい。しかし、龍と大蛇は善悪の対極に位置する存在なのである。

「長すぎる」とたった一言、蛇について語ったのは『博物誌』の作者ジュール・ルナールだったか。一見、たしかに髪の毛が逆立つほど長い。戦慄が走ることをわが里言葉で「恐神《おぞがみ》が立つ」などと言うが、長すぎるという一点において、古来蛇は嫌われ、かつ畏れられてきた。寸づまりの蛇などカナヘビとそうかわりないではないか。なまめかしく光る弾力のあるムチのようなしなやかなからだを、いささかもてあまし気味に、ほこりっぽい地表をはいずりまわり、現世と他界のはざまを行き来する非運の生きもの、蛇。

方言で蛇のことをそのものズバリ、「ナガモノ」と言ったりするが、その語源はひとえに蛇身の形象によるものなのか、あるいはサンスクリット語で蛇を意味するナーガがなまったものかはあえてここでは問うまい。ただ、まさしく龍頭たる新千年紀《ミレニアム》、二千年紀の初頭をかざる干支《えと》の龍(辰)もまた、ルナールにならって「頼む、かんべんしてくれ」と言いたくなるほどの長大な胴体をもち、水の神ナーガとの関連性も深い。

「海中または池沼中にすみ、神怪力を有するという想像上の動物。姿は巨大な爬虫類で、胴は蛇に似て剛鱗をもち、四足、角は鹿に、目は鬼に、耳は牛に似、地上では深淵・海中に潜み、時に自由に空中を飛翔して雲を起し雨を呼ぶという」（『広辞苑』）と定義された龍と大蛇にまつわる神話や伝説、民俗芸能はあまたあるが、日本の民俗において龍蛇の区別はつきがたい。

たとえば八岐《やまた》の大蛇《おろち》退治の神話を劇化した中国地方の荒神神楽《こうじんかぐら》の大蛇は、すべて龍体である。畏怖心に染めぬかれた悪のシンボリズムの図像化が龍であるとすれば、大蛇伝説を起源とする龍蛇信仰の背景には、祟り神としての大蛇から龍神への御霊的転換が考えられよう。

安珍清姫の伝説をもちだすまでもなく、古来蛇は執念探い動物とされてきた。邪悪なものの極致は蛇体においてもっとも際立つ。一方、想像上の動物でありながら龍は、龍王とも龍神とも呼ばれるように、仏法の守護神もしくは民俗神として、人間に幸いをもたらす善神とされている。大蛇と龍はまさしく善悪の彼岸に位置する対極的な動物といっていい。

祟りをなす怨霊を鎮魂してひたすら利益を乞う御霊信仰は、なにも菅原道真や崇徳上皇のような非業の死者のみを契機として発生するとはかぎらない。いわゆる憑き物とされる狐や蛇、イズナなどの動物もまた、はげしく祟ることによって祟り神から善神へのダイナミックな変貌をとげようとする。

各地にこれらの動物を祀る神社があるのは、霊験あらたかな神への信仰のあらわれにほかならない。悪霊を慰撫、鎮魂して斎いこめるというしたたかな魂胆が、いつごろから日本人の精神構造に組みこまれたものか、ともあれ、まずは大蛇退治と神社の創建伝承から話をすすめることとする。

2　退治される存在としての龍蛇

日本の八百万の神がみのなかでは、龍蛇を祀る神社があっても何ら不思議ではないが、退治された大蛇の分断された蛇体をご神体とする神社が、丹後から若狭にかけて点在している。

英雄と大蛇とのはげしい戦いによって切断された、頭と胴体と尾をそれぞれの神社で祀っていると伝えていても、むろん誰一人として見たわけではない。大蛇を祀ると言ってもそれはあくまでも口碑の類いであり、公的な祭神は日本神話の神である場合も多い。いくつかその由来譚の事例をあげよう。

⑴池姫神社と石引き（京都府舞鶴市布敷《ふしき》）

古くは千瀧雨引社と呼ばれ、社伝では市杵島比売命《いちきしまひめのみこと》を祭神とするが、地元の伝承では大蛇（龍神）を祀ると伝えられている。

境内横を流れる池内川の上流に鬼住池という池があり、いつの時代か大蛇が住んでいた。ある時、岸谷の五右衛門《ごえもん》がショウブの葉を矢羽根《やばね》にして矢をつくり、大蛇の目玉を射ぬいたところ、大蛇は谷をのたうちまわり池下でついに息絶えた。大蛇の祟りか、五右衛門の家では七代片目の子供が生まれたという。射止めた大蛇の頭を祀り池姫神社の祭神とした。

『丹哥府志』にもつぎの記事がある。

於是《ここにおいて》磐別命其《そ》の岩を開きて流を通し、其の大蛇を捕へ是を斬る。後に其蛇祟をなす。よって是を祭り池姫大明神といふ。於今《いまにおいて》、其の岩を取る時必ず雨降る。蓋《けだし》其亡魂なりと伝ふ。

とあるように、かつては干天が続くと村中総出で雨乞い祈願の石引きを行った。五老の滝から大石を池内川の川底を引いて池姫神社の境内まで運ぶ雨乞いの神事で、「ヤーレ綱の衆、テコの衆も」「ハー　ヨイトセ」と威勢よく掛《か》け声をかけながら重さ数トンの巨石にいどむと、願いが天に通じたのか、数日をへずして雨天になったといわれている。

⑵雨引神社と揚松明《あげたいまつ》（舞鶴市城屋《じょうや》）

弘治二年（一五五六）七月十三日のこと、女布村の郷士森脇宗坡の娘が嫁入り先の何鹿《いかるが》の赤井家から里帰りの折城屋の日浦が谷にさしかかると池の主の大蛇があらわれ、娘を丸呑みにして池の底へ姿を消した。娘の仇をうたんと、宗坡はたけりくるう大蛇を退治し、その胴体を三つに切断した。大蛇の頭を城屋の雨引神社に、腹を野村寺の中森神社に、尻尾を由里の下森神社（尾の森神社）に祀り、うちとった大蛇の鱗は宗坡の末裔が今も所蔵しているという。

雨引神社は社名の通り、雨乞いの神として広く信仰され、大蛇を退治した故事にちなみ、旧暦七月十四日（現在は八月十四日）の夜に揚松明の行事が盛大に行われる。この民俗行事は、若狭の南川水系から丹波にかけて点在する、松上げと呼ばれる柱松の行事で、盆の仏送りと愛宕の火祭りが習合している事例もある。

⑶蛇切り岩《じゃきばいわ》（舞鶴市与保呂《よほろ》）

昔むかし、多門院の黒部に美人の姉妹がいて、与保呂の奥山で草刈り中、姉娘が池の主に見初められ大蛇の妻となった。娘を救出しようとモグサで牛形をつくり火を放つと、それを呑みこんだ大蛇はのたうちまわり、大水に流されて与保呂川の大岩にあたって三つに切断された。その大岩は蛇切り岩と呼ばれ、大蛇の祟りをおそれた村びとたちは、大蛇の頭を日尾池姫神社に、胴は行永《ゆきなが》のどう田の宮に、尻尾は森町の大森神社（彌加宜《みかげ》神社）に斎いこめた。

舞鶴市に隣接する福井県大飯《おおい》郡高浜町では、頭は大森緋社（祭神・天御影命）に、胴は青の青海神社に、尾は難波江《なばえ》の大森さんに祀るとの異伝も伝えられている。東舞鶴市中の大森神社は、湧水の水源上に社殿が築かれ、今もなお豊かな水量を噴きあげ涸れることがない。

⑷八岐の大蛇《おろち》と闇見《くらみ》神社（福井県三方郡三方町成願寺、現若狭町）

福井県と滋賀県の県境に位置する三十三間山（八四二メートル）の山中には、八岐の大蛇の退治伝説にちなむ地名と延喜式の古社が鎮座している。

旧家所蔵の古文書「闇見神社立始並に闇見神社の発端の事」によれば、垂仁天皇のころ日没《ひぐれ》が嶺の山腹に大池があり、池の主の年へた大蛇が姿を現わし、村びとを困らせていた。ある時、素戔嗚尊と奇稲田《くしなだ》姫が忽然と現れ、はげしく争ってついに八岐大蛇を退治した。

素戔嗚尊が投げた剱が大岩にささり日光のように輝いたので、岩剱大明神（滋賀県高島郡今津町酒波《さなみ》（現高島市）、日置神社）として斎いこめ、また奇稲田姫が大蛇の角を投げたところに角神（同北仰《きとうげ》、津野神社）を祀ったという。

以下、大蛇退治の次第を山中の地名（明語谷・赤坂・二段が原・頭上が谷・尾見坂・角川・石田川など）によって由来を説き、切断された蛇体の一つは美濃国に落ちて不破《ふわ》神（岐阜県安八《あんぱち》郡墨俣《すのまた》町）となり、片方は若狭に落ち一時世の中が暗闇になったので大蛇を祭神として闇見神社に祀ったと神社創建の由来を記している。

この出雲神話の類話は、今津町酒波（現高島市）の日置神社の社家に伝わる「淡海《おうみ》国高島郡大江保幷河上荘旧事伝説」にも記載されている。

闇見神社は公には沙本之太闇見戸売命《さほのおおくらみとめのみこと》を主神とし、相殿に天満大神と十二座の神がみを祀り、毎年四月五日に春祭りが行われる。

王の舞・獅子舞が奉納されたあと、荒縄を大きな御幣の四方にくくりつけ、参道をひきまわし何度となく地面にはげしく打ちつけ、こっぱ微塵に破砕する大御幣搗《つ》きという神事があり、祭りの熱狂をまきおこす。神への冒瀆とも思われかねないこの珍しい神事は、八岐大蛇の退治に由来すると説かれている。

3　池河内《いけのこうち》諏訪神社の雨乞い踊り（敦賀市池河内）

敦賀市を縦断して流れる笙の川の水源は、阿原池（鴨池）と呼ばれる池河内湿原に行きつく。その湿原の岸に生えているハクレン（キタコブシ）の木の根元の渕には、かつて龍神の一族が住んでいたと伝えられている。

むかし、若狭高浜の田の浦の住人が、ある朝太陽を拝んでいると、巨木の影がさしてくるので訪ねていくと、山中の阿原池に出た。村を拓くためにハクレンの木を伐り倒そうとすると、龍紳が現われて、三国岳の夜叉池へ一族が移り住むまでしばし待て、わが一族を諏訪神社に祀り、干天には雨乞い踊りを奉納すれば霊験あらん、と言って忽然と姿を消した。その由来により、毎年八月十六日に雨乞い踊りが行われる（福井県指定無形民俗文化財。現在中止となり、指定取消し）。

これらの龍神退治の伝説は、いずれも大きな河川（池内川・高野川・与保呂川・石田川・笙の川）が母胎となって育まれてきたことがうかがわれる。河川の洪水は、あばれ川を流域の住民に印象づけ、蛇行する水流は龍蛇の姿を垣間《かいま》見せよう。

退治された大蛇は治水のシンボルとして水の神となる。上流には頭が、中流には胴体が、下流には尾が治水の神として祀られ、時には雨乞いの神として機能する。邪悪な神から、民衆に幸いをもたらす御霊神へとみごとな展開をとげるのも、日本の民俗神の特異な傾向がよくあらわれている。

伝説では大蛇と言いながら、実際のところ藁蛇（雨引神社）や絵馬（池姫神社）の図像では龍神として形象されるのは、邪悪な大蛇よりも龍の方が神威が高く、霊験あらたかと民衆に認識されてきたからであろう。

4 藁蛇の民俗―エイトンビキ―

日本の年中行事のなかで、「ジャ」と呼ばれる藁製の蛇が登場するのは、年頭の勧請吊るし（道切り）と綱引き、雨乞いや疫病除けの大蛇お練りに限られる。

香りの良い新藁を用いて力綱を綯いあげた藁綱は、ひときわ霊力がこもった呪具として、新年を予祝し災厄を追いはらう。悪蛇もひとたび斎いこめられれば幸いをもたらす善神となる日本の習わしを、大蛇お練りのエイトンビキと綱引き、勧請吊るしに見てみよう。

舞鶴市の池内川流域には、前述した大蛇退治の伝説とは直接関係のない大蛇お練りの民俗行事が現在も伝えられている。藁製の大蛇を村中ひきまわし、各戸を訪れて祝福する子供組のこの年中行事は、エイトンビキ・エントンビキ・エトンビキと呼ばれ、毎年八月一日（八朔。現在は九月一日）に行われてきた。

別所のエントンビキは前日夜、公民館で持ち寄った七、八束のモチ米の藁を綯って、約一二、三メートルの蛇体を作り、翌日午後、「エントンビキじゃ、ワッショイ、ワッショイ」と掛け声をあげながら村通りをひきまわし、門付けをしてお駄賃をもらう。

サンダワラを二個重ねてジャの頭を作り、ナスビ・ホオズキ・ミニトマトで目玉を、ハランで舌を、トウガラシで牙をそれぞれ見立て、ミノグサの髪をたらし、榊と御幣を頭にさしたジャにかんでもらうと息災になるといわれている。

以前は腰にトウガラシをさし、女性を追いかけて無理やりなめさせた。村中ひとまわりしたあと、仲井・谷家の荒神を祀るシイの巨木に藁縄をまきつける。

池内川上流の上根では、同日、稲藁とススキ・キビを三つ編みにして約三メートルのジャを綯い、サンダワラで頭、ハランで舌、トウガラシで牙、ナスビとホオズキで目玉、ビワの葉で耳を作り、藁製の刀を口にくわえさせる。尾には必ず青い稲穂を綯いまぜることとされている。

藁製の刀とフサを二本の笹竹に吊るし大蛇を先導して、「ヨイーサ、ヨイーサ」と掛け声をあげ、全戸を門付けして回ったあと、山の神にジャを納める。むかし、疫病がはやり村中が困窮したため、魔除けと五穀豊穣を祈ってエトンビキを行うと伝えられている。

青葉山麓の大《おお》波《ば》上《かみ》では同様の行事を「アクマバライ」と呼び、藁蛇を子供たちが村中かついで回り、悪霊を追い払う。

5　綱引き・勧請縄

⑴八朔綱引き

八朔は「田実《たのむ》の行事」と呼ばれるように、風除けと稲の豊作を祈るとされているが、県境の福井県大飯郡高浜町日《ひ》引《びき》では九月一日に八朔綱引きが行われる。大蛇の尾には上根と同じく未熟の稲穂をさす。

綱引きの習俗は各地に多いが、東日本は年頭に、また西日本では八、九月に仲秋の十五夜綱引きが行われ、いずれも大蛇に見立てている。

なかでも毎年一月十四日に盛大に行われる、福井県三方郡美浜町日向《ひるが》の水中綱引きは、三方五湖の一つ、日向湖と若狭湾をつなぐ運河にはりわたした大蛇に見立てた大綱を、若衆が日向橋からとびこんで口や手で切る奇祭である。伝説ではむかし悪蛇が河口をふさぎ、疫病がはやったため、災難除けと大漁祈願の祈りをこめて、水中綱引きが行われるとされている。

同日、隣の敦賀市相生町の市中では、夷子方と大黒方に分かれて勝敗をきそう「夷子大黒の綱引き」が行われる。「夷子勝った大黒勝った　エイヤサーエイヤサー」の掛け声をあげ、夷子が勝てば豊漁、大黒が勝てば豊作と言い、時には大綱が切れて引き分けとなることもある。

(2) 勧請吊るし

悪霊が村内へ侵入しないように、村境に藁綱をかける、年頭の道切りの行事とされる勧請吊るしも全国各地に多い。「勘定」などという小地名は、かつて道切りが行われた名残りであろう。

若狭大島(福井県大飯郡大飯町大島、現おおい町)では、この行事をオコナイ、「花祈禱《ハナントウ》」とも呼び、宮留《みやどめ》・河村・脇今安《わきいます》・畑村・西村・浦底の集落の入口には正月にはりめぐらした大綱が、一年間村びとの安全を守る。

祈禱文を記した勧請板を吊るす勧請綱をジャと呼び、悪蛇が変じて村の守護神となるこの日本の民俗のダイナミズムの背景には、やはり御霊信仰の根深い流れがひそんでいよう。しかもその藁綱は禁断の聖域を仕切る注連縄の原形であり、悪蛇から龍神への変身譚《メタモルフォーゼ》をみごとにその図像にとどめている。

(『月刊歴史街道』ＰＨＰ研究所、二〇〇〇年二月号)

付7　白蓮の木と巨龍の伝説

⑴ 移住と開拓伝承

福井県大飯郡高浜町の内浦地区は、秀麗な山容を誇る青葉山（六九九メートル）の北側の山麓下に、波の静かな内浦湾を囲むように、京都府舞鶴市に隣接して上瀬・日引・宮尾・下・鎌倉・山中・神野・音海の八集落が点在する。「富士なくば富士とや言はん若狭なる青葉の山の雪のあけぼの」と後陽成天皇の皇子で桂離宮を造成された八条王子が詠まれたように、青葉山はその優れた景観から古来「若狭富士」「鋏山」とも呼ばれる。今から約二百万年以前の地質時代新生代に活火山としてマグマを噴出しその後死火山となり、その激しい造山活動により内浦湾は沈降して深い峡湾となったといわれている。

国道二七号から音海中津海線を走り田ノ浦隧道の直前の海岸一帯に、昭和四十五年に関西電力高浜原子力発電所の建設が着工される以前は、これらの村のほかに田ノ浦という小さな漁村があった。さて、ここからが離村と移住にまつわる樵《きこり》と龍と巨木の伝説である。

ある日の朝、田中何某という篤実な樵が東の空に向かって朝日を拝んでいると、山の上に黒ぐろと巨木の影が差してきた。不思議に思って、高々と黒い木の影の差す方へ長い道のりをひたすら歩いていくと、ついに越前国敦賀の池河内《いけのこうち》の阿原が池に出た。現在は「池河内湿原」と呼ばれるハンノキが茂る湿地になっており、休耕田が広がる湿田の入り口から木橋をたどって奥へと散策が出来る。池のほとりには三本の巨大な白蓮の木（白木蓮）が生い茂り、直線で五〇キロも離れた若狭の田ノ浦にまで巨木の影を投げかけていたのだった。

池河内はその名の通り盆地状の谷あいの土地で、阿原が池は敦賀市を流れる笙の川の源流になっている。小天地のような土地がすっかり気に入り、一族を呼んで移住し開拓しようと、まず白蓮の木から伐ることにしていざ斧を振りおろそうとすると、岸辺の三本の白蓮の木に囲まれた池の中から、忽然と白髪の老人が現れて「自分はこの阿原が池の主の龍神である」と名乗った。その白蓮の木はわが龍神の魂の木であるとも述べた。

「ここを気に入られたのならしかたがないが、ついては山向こうの三国岳の山上にある夜叉が池へわが十二頭の眷《けん》属《ぞく》が移り住むまでしばし待ってはもらえないか。たってはこの地を切り開いて住み着き、われらを神として祀ってくれるならば、汝らの繁栄と幸福を保証しよう」と述べてふたたび姿を消した。龍神との堅い約束通り、遠く高浜の内浦湾の浜辺の村から樵の一族が住み着いたのが、池河内のそもそもの起こりである、との開拓伝承が伝えられてきた。白蓮の木を伐採した斧は今も諏訪神社に奉納してあるともいう。

白蓮の木は植物学上はキタコブシと言い、四月末ごろから五月にかけてコブシのような気高い純白の花をつける。コブシよりも高木になり、葉より先に花が咲くので満開の樹冠は遠く岸辺からもよく見える。白蓮の木は阿原が池の三か所の岸辺に生えており、その三点を結んだ聖なるトライアングルの水中に龍神の一族が住んでいた。

ある時、龍神の女が御堂の大岩に腰掛けて髪を梳っているところを運悪く村人に見られてしまった。姿を見られてはもはやこれまでと、白装束の遍路姿になって、池辺に生えているラフ竹を杖にして夜叉が池へ移ったとの余話もある。ラフ竹はキセルのラフ（煙管の竹の部分）に用いるまだら模様のある竹で、夜叉が池の岸には逆さ竹のラフ竹が生えているという。ある老人が西谷からトンネル温泉近くの谷口へと山越えをする際に、たまたま髪を梳く龍女を見てしまい、他言すれば殺すと言われ、臨終の際に龍神との秘密の約束を言い残して息絶えたともいう。また別に、ある時代に龍神が現れ一夜にして大沼になったが、龍神が夜叉が池へ移ったので一挙に泥海が引いた。その際、清涼な清水が湧く白蓮の木の根元に三枚の鱗を埋めていった。今も巨木の切り株などがまれに出土することがあるとされている。

(2) 龍神と夜刀神

この伝説は人間と水の神である龍神との治水(洪水)伝説ともいえるが、『常陸国風土記』行方《なめかた》郡にみえる「夜刀《やと》の神」と呼ばれた大蛇退治の話を想起させる。すなわち、継体天皇の御世に、箭括氏《やはずのうじ》麻多智《またち》が郡役所の西の谷の湿原を開拓し、墾田を造成しようとしたところ、頭に角が生えた大蛇がたくさん現れ、なにかと耕作を妨害した。襲われて退散する際に後ろを振り返ると、その人の家が祟りで滅んだりした。痲多智は怒り猛々しく武装して夜刀神を退治し、山際に杖を刺し「ここから上の山は神の土地、下は人の田として分け、今後は神の祝《ほおり》(司祭者)となって末永く祭ることにしよう」と告げて、小さな神社(夜刀神社)を建てて夜刀神を祀った。

箭括氏の子孫は繁栄したが、その後時は移り、孝徳天皇の時代に律令役人の壬生連麿《みぶのむらじまろ》がため池を築かせたところ、夜刀神が突然池のほとりの椎の木に現れたので、「人民のために池を修築しておるが、なぜ神ともあろうものが天皇のおもむけ(風化)に従わないのか」と述べ、以後逆らうものは野獣も虫けらもすべて殺戮せよと高らかに宣告したところ、その後再び夜刀神は一切姿を現すことはなかった。池の傍に大きな椎の木がそびえているので「椎井の池」と呼ぶ。「律令国家体制の支配の頂点に立つ天皇の権威を至上のものと捉え、あらゆる神もまたこの天皇の権威には従うべきものとする信仰のあり方があらわれている」と天皇の権威＝「風化」の背景について、秋本吉徳は『上代説話事典』(雄山閣)の「夜刀神」の解説のなかで述べている。

ここには猛威を振るう自然と人間の開拓をめぐる相克と征服、服属儀礼の物語が反映しているのかもしれない。あるいは先住民、すなわち蝦夷と大和政権の開拓をめぐる闘争と和睦の趣もうかがえる。いわば夜刀神は山の神ともされ、少なくとも龍神は水の神であり、時には荒れ狂う水の流れを支配し、洪水を修めるために龍神を祀った。雨乞い踊りを伝える氏神の諏訪神社の本社、信州の諏訪大社の前身として祀られるミシャグチ（シャグジとも）神は、縄文以前の大地の神（地母神）で蛇体であるとも言われている。龍や大蛇を御神体とする神社も全国に多い。なぜか当地の開拓伝説には樵と龍神との熾烈な争いの話は省略されているが、あるいは若狭人の温和な性情が反映しているともいえる。

⑶巨木伝承

むろん、樵と白蓮の木の巨木伝承の類いは、『古事記』仁徳天皇の条や『播磨国風土記』逸文、『筑後風土記』逸文、『肥前国風土記』『今昔物語集』『日本伝説集』に類似の説話が掲載されている。詳しくは拙著『森の神々と民俗』（白水社）の第二章「龍蛇と宇宙樹の神話」を参照されたい。県内にも他に、杉原丈夫編『越前若狭の伝説』の高浜町若宮の「神代木」によれば、「むかし若宮の海岸に一本の巨大なえのき（榎）があり、その木の影は、朝は太陽光を受けて、青葉山のふもとの中山の里にその影を映し、夕暮れには犬見山をその木の影がおおった。ある時地震にあい、海中へ倒れてしまった。いまなお天気のよい波静かな日には、海中に木の幹をみることができる。明治二十三年に郡長が、この木を海中から引きあげようとして、村中の者が綱で引いたが、どうしても引きあげることができなかった」という伝説もある。これらの巨木伝承は、国内だけにとどまらず、世界規模からすれば宇宙樹（世界樹・世界柱）につながる伝承であることが注目される。

（『21世紀の緑を考えるＧＲＥＥＮ　ＡＧＥ』11、日本緑化センター、二〇一三年十一月）

第一三章　龍蛇と宇宙樹のフォークロア

一　宇宙樹の民俗学は可能か

民俗学の研究者なら、〈宇宙樹〉というタームが、民俗学とは場ちがいで、きわめてなじみのうすい言葉であることぐらいはよく了知しているはずである。すくなくともこれまでに刊行された民俗辞典の類にはこの言葉はない。一九九九年秋から二〇〇〇年春にかけて刊行された上下二巻の大冊『日本民俗大辞典』（福田アジオ他編、吉川弘文館）は、日本民俗学をとりまく内外の情勢をふまえて、学際的に新しい学問の傾向をも参考にしながら企画編集された、現代日本民俗学のひとつの集大成ともいえる辞典であるが、〈世界観〉という言葉は立項されていても〈宇宙〉という関連用語はまったく除外されている。当然といえばごく当然なことであって、民俗学と宇宙との接点は皆無と考えるのが一般的な常識というものであろう。

「宇宙樹は世界樹ともいい、宇宙はこの巨木により体系だって構築されているとするものである。世界の秩序と安定はこの巨木によって維持される。宇宙樹は一般に、上部に日月と鳥が、中央部には有蹄類が、下部の根元の部分には魚や蛇が結びついている」(1)と、実地に日本とアジアのシャーマニズムを踏まえて、現在もっとも果敢に宇宙樹論を展開している萩原秀三郎がのべているように、宇宙樹は宇宙軸とも、あるいは世界樹・世界柱・世界軸などとも呼ばれる。「樹木は食糧や住居の材料など物質的供給源としてではなく、トーテム、しめ縄の張られた聖樹、聖人の誕生の場、会議の場、憩いの木陰として精神生活と結びついた空間を形成しているが、その中で最も体系立って構築されている観念の一つが世界樹である」（倉田勇）との『文化人類学事典』（石川栄吉他編、弘文堂、一九八七年）「世界樹」の解説の前には「世界観」が立項されている。評価の高い『日本民俗事典』（大塚民俗学会編、弘文堂、一九七二年）にはまだこの言葉は見当らない。二十一世紀を直前にしてようやく脱領域を果たしたかにみえる『日本民俗大辞典』に、「世界観」があって「世界樹」や「宇宙樹」がないのは、日本民俗学の限界を示しているとみるか、もしくは自ずとそれぞれの学問の領域に立脚しての見識ととるかは、評価がわかれよう。立項如何によっては日本民俗学の根拠が問いただされることにもなりうる。

むろん、わたし自身宇宙樹という言葉には異和感をおぼえないわけではない。感性的に日本の民俗を語るうえで、本質的なところでこの言葉になじまないのを充分承知している。実際、わたしがある出版社から一冊目の民俗学の本を刊行する際に、民俗学の師とあおぐ谷川健一先生から、書名に関連してつぎのような助言を受けた。

「『神は細部に宿りたまう』というが、とりわけ民俗学には宇宙という言葉はなじまない。民俗学は宇宙大の事象を研究する学問ではない。もっと小さな、こまやかなものごとを扱う学問ではないのか。どうせ用いるのなら〈世界樹〉の方がまだしも納まりがよい」と。むろん、わたしに異論はない。少なくとも語感に関しては、直感的な異和感がある。

とはいえ、『古事記』の仁徳天皇の条をはじめ、『日本書紀』や、『播磨国風土記』、『筑後国風土記』逸文、『常陸国風土記』、『今昔物語集』など、古来日本にも巨樹伝説が多く伝承されており、それらはおおむね「大木の秘密」として立項され「御霊信仰に由来する伝説的昔話の一話型」(2)として解釈されてきた。

すでにわたしは「龍蛇と宇宙樹の神話」[3]のなかで、『古事記』をはじめとする日本の巨樹伝説について、宇宙樹論の視座のもとに論及したことがあり、ここではあらためてくりかえすことはしない。ただ、これらの日本の巨樹伝説が「樹霊信仰に由来する伝説的昔話の一話型」とする従来の解説では、グローバルな展開をおのずと抑制してしまう危惧がありはしないか。文化人類学的な視野に立脚すれば、日本の巨樹伝説も宇宙樹のジャンルに含まれることは自明のことである。そうである以上、宇宙樹・世界樹のタームのもとに、学際的な脱領域をはかり、お互いの共通の認識に立脚して日本民俗学の脱構築をめざす試みは可能性を秘めているはずである。もはや、固有信仰の根拠がくずれていることは誰の目にも明らかないま、当然のことながら世界的な類型との比較が求められている。その回路はいまようやく開かれつつある。

「巨樹の翁の話」のなかで、いちはやくこの問題に先鞭をつけたのは、いわずとしれた南方熊楠であった。「外国にも滅法界な大木譚が少なくない。古カルジア人は宇宙に大樹あって天を頂とし地を足とすと信じ、インドのカーシア人はむかし人が高樹を攀じ昇天して星となったと言い、パラガイ国のムボカビ人は死んだ人は木を攀じて登天すと言い、ニュージーランド人は太古天地連接せしを神木生えて押し開いたと伝う」とし、更に古スカンジナビアの神話に出てくる宇宙樹イグドラシルについても言及することを忘れてはいない。[4]

また、神話学の立場から大林太良も近年積極的に宇宙樹論を展開している。大林は「巨樹と王権―神話から伝説へ―」のなかで、「このような巨木は垂直的には、いわば天と地を結合する宇宙樹であったが、そればかりではなく、水平的には、その影によって一つの世界を画定していた」として、「これらの巨樹は王権の栄光と結びついている」とのべ、宇宙樹の垂直性ばかりでなく、水平的な要素が王権の波及を示しているとする。[5]いわば王権論のコンテキストのなかで新しい宇宙樹についての位置づけを試みているのが注目される。

果敢な脱領域の論者は、いまや万葉学にも及ぶ。「世界樹とコスモロジー」のなかで中西進は、「人類基本の、人間のレベルにおいてユーラシアの認識は一つであることを十分知っておくべきであろう。しかも片々たる風俗、習慣においてではない。世界樹をその一例として示したのは、宇宙論という重大な認識にかかわるものだからである」[6]とまでのべている。

根本的なところで、わたしに学術用語の使用上、注意を喚起された師も、「地方の神話・伝説―もう一つの神話空間―」のなかで潜伏キリシタンの著作である『御パションの観念』に登場する「ダニエル書」の神話について、『風土記』や『古事記』の大樹伝説を宇宙樹神話の残欠とすれば、その影響も十分ありうるとのべている。[7]

このほか、学会での孤立をものともせず、近年果敢に『稲と鳥と太陽の道』や「依り代・依りましと〝宇宙軸〟」等の著作のなかで、アジアの柱信仰と宇宙樹を関連づけたすぐれた論考を発表している萩原秀三郎の業績がとりわけ注目されよう。[8]また、保立道久「巨柱神話と天道花」、桜井龍彦「境界に立つ柱」、飯島吉晴「日本の柱信仰―世界樹としての柱」、北村皆雄「アジアの御柱」、吉田敏浩『宇宙樹の森』など、最近とみに日本民俗学の枠組みにとらわれないラジカルな著作が、若い研究者によって発表され、まさしく宇宙樹論の幕が切っておとされたかの感がある。

さらに三十年来のニソの杜の研究者であるわたしにとって決定的かつ驚天動地な発言が、文化人類学の一角から提起された。『アニミズムの世界』のなかで、村武精一はニソの杜や沖縄の御嶽・上賀茂神社のミアレ木、諏訪大社の御柱、伊勢神宮の心御柱を例にひき、「神木は神霊の依り代として、あるいは天界と地上とを結ぶ『宇宙樹』として、神霊の降臨によって『常在神』のとどまるところとなっている」[9]とのべるにいたるのである。

このように隣接する人文科学の分野から、停滞しがちな日本民俗学のパラダイムの変換が迫られているとき、果たして宇宙樹の民俗学は可能だろうか。

二　宇宙樹の影と龍蛇退治

さて、これから紹介する事例は、北陸の一地方から若狭、丹後にかけて分布する龍蛇と神社の創建に関する神話伝承である。神社の創建を物語る縁起譚には、語源論はもとより、空間論的にも森＝巨柱神話が基層に横たわっている。以下の事例は、いずれも龍蛇退治と、宇宙樹、森神信仰、雨乞いの習俗が奇妙にないまぜになりながら伝承されてきた。

1　諏訪神社（敦賀市池河内）

確かな年代はわからないが、池河内は若狭高浜の田の浦から移住してきた住人によって、開拓されたと伝えられてきた。青葉山北麓にある田の浦は現在、関西電力高浜原子力発電所の所在地となっており、池河内とは直線距離で約五〇キロははなれている。

むかし、田の浦の田中某という樵が、朝方日の出を拝んでいると、大きな木の影がさしてきた。不思議に思った樵は、その影がさす方角に向ってひたすら歩いていくと、越前の池河内の山中にたどりついた。盆地の窪地は大きな池になっており、岸辺には三本のハクレン（キタコブシ）の巨木が影を落していた。樵はすっかり気にいり、一族をひきつれて移住することに決めた。いざそのハクレンの木を伐ろうと斧に手をかけたとき、池のなかから龍神があらわれ、「われらはこの阿原池（鴨池）の主である。夜叉池へ眷属が移り住むまで、その木を伐るのは待ってほしい」と告げて姿を消した。樵の一族は龍神を諏訪神社に斎いこめ、雨乞いと安産の神として祀り、毎年八月十六日夜には雨乞い踊り（福井県無形民俗文化財、現在中止）を奉納している。

敦賀市内を縦断して流れる笙の川の源流は、池河内湿原と呼ばれ、阿原池のほとりの三か所には今もハクレンの木が生えている。その三か所をむすぶ三角地帯に龍神の一族が住んでいたとされ、この伝説の類話も周辺に多い。ハクレンの木は、いくら巨木とはいえ、とても丹後に接する若狭の西端までその影がとどくとは考えられない。しかし、この開拓伝承には、朝日夕日に照らされて遠くの山や島にその巨大な樹影を映したとする、『古事記』や『日本書紀』『風土記』の巨樹伝承の影響が認められ、また『常陸国風土記』にみえる開拓をめぐっての夜刀の神との闘争と祭祀伝承を想起させる。大林太良にならえば、宇宙樹の影は畏怖すべき龍神の神権の領域を示しているといえるかもしれない。

２　池姫神社（舞鶴市布敷）

池内川の左岸にあり、古くは千瀧雨引社と号した。社伝では市杵島比売命を祭神とするが、地元の伝承では大蛇（龍神）を祀るとされ、つぎのような大蛇退治の伝説がある。

池内谷の山中の尾根に鬼住池という沼沢があり、池の主の大蛇が時おり里に降りてきて危害を加えることがあった。岸谷の武勇にすぐれた若者が、ショウブの葉を矢羽根にして弓をつくり、大蛇の目玉をみごとに射ぬいた。大蛇は谷をのたうちまわり池下へ逃げたが、ついに絶命した。若者の家では七代片目の子供が生まれたとされ、その祟りを鎮めるため、射止めた大蛇の頭を池姫神祭の祭神として斎いこめた。

享保二十年（一七三五）の『丹後国加佐郡旧語集』には、伝説同様大蛇の遺骸を祀るとあり、また天保十二年（一八四一）の『丹哥府志』にもつぎの記事がある。

「五老の瀧は、池姫大明神と相隔つ僅に三、四丁、凡歳旱する時は、即ち、池の内八ヶ村相い集りて五老の瀧より大いなる岩を引て宮の傍に至る。如斬する時は雨降るといふ。蓋瀧の上は川なり。其川岩にせかれて流るる事能はず、よって、昔は沼なりといふ。その沼に大蛇すみて人を害す。於是磐別命其の岩を開きて流を通し、其の大蛇を捕へ是を斬る。後に其蛇祟りをなす。よって是を祭り池姫大明神といふ。於今、其の岩を取る時必ず雨降る。蓋其亡魂なりと伝ふ。(10)」

この『丹哥府志』の記述とわたしが上流の岸谷で採話した伝説では、池の位置や固有名詞、大蛇退治の方法等において少し差異があるが、大筋では類話と認められよう。雨乞い祈願の石引きは、六〇〇メートルばかり上流にある五老の瀧から巨石を、修羅・テコ・コロを用いて池姫神社の境内まで村中総出で、乾いた川底をひきずり運ぶ行事である。村民の悲願が通じたのか、石引きのあと数日をへずして降雨をみるとされていたが、昭和十四年以降この雨乞行事は中絶となっている。

3　蛇切り岩《じゃきば》(舞鶴市与保呂)

東舞鶴の与保呂川の上流にも池姫と名のつく神社がある。日尾池姫神社と言い、龍神を祀る。一神社の由来を物語るつぎのような伝説が伝えられている。

むかし、多門院の黒部におまつ、おしもという美人の姉妹がいた。与保呂の奥山へ草刈りに出かけると、池の淵で美しい若者に出会った。姉のおまつは池の主の大蛇の化身である若者に見染められ、池の底へとのみこまれていった。妹から一大事を知らされた父親は、村びとともにモグサで牛の形をつくり、火をつけて池の中になげいれた。ひとくちでモグサをのみこんだ大蛇は、くるしまぎれにのたうちまわり、池の水は洪水となってあふれでた。水源池から流れくだった大蛇の死体は与保呂の大岩にとまり、そこで三つに切断された。大蛇の祟りを鎮めるため、頭部を上流の日尾池姫神社に、胴体は中流の行永の橋の傍にあるどう田の宮に、また尻尾は東舞鶴市中にある森町の大森神社（彌加宜神社）に祀った。地元の伝説には異説もあり、胴体は大森神社に、尾は川下の白糸浜神社にとも、あるいは隣接する福井県高浜町青の青海神社に胴体を、難波江の大森さんに尾を斎き祀ったともいわれている。なお、雨乞いの際に龍神を怒らせるため、汚物や牛の首を池の中に投げこむ習俗が各地にあり、モグサの牛もおそらく雨乞いに用いられたものと考えられる。

4　蛇神と揚松明（舞鶴市城屋）

揚松明とは、一般的に柱松と言い「七夕や盆のときに、広場に身の丈に倍する高さの、二抱えほどの太さの柱を柴草でつくり立て、その頂上に御幣《ごへい》やサカキを挿し、これに点火する習俗」[11]のことである。火アゲ・投げタイマツ・アゲマツ・ホアゲ・ハシライマツ・柱祭・柱巻さなどとも呼ばれ、畿内をはじめ全国各地に広く分布する。福井県の南川流域の小浜市・名田庄村（現おおい町）の村むらにはマツアゲ、大飯町（現おおい町）の佐分利川流域にはオーガセ（大火勢）と呼ばれる盆の火祭りがあり、愛宕の火祭り・盆送り・虫送りが習合している事例が多い。

城屋の揚松明は旧暦七月十四日（現在は八月十四日）に雨引神社の境内で盛大に行われるが、つぎのような大蛇退治の由来を伝えている。

後奈良天皇の弘治二年（一五五六）陰暦七月十三日のこと、一色氏の遺臣で女布の郷士、森脇宗坡の娘が、嫁ぎ先の何鹿（綾部市）の赤井家から里帰りをすることになった。登尾峠をこえ、ようやく城屋の日浦が谷にさしかかると、蛇が池の水面がにわかに波立ち、水中から鎌首をもたげた大蛇が一気に宗坡の娘を丸呑みにしてふたたび水底へと姿を消した。供の危急の知らせを聞きつけた宗坡は、二日がかりで大蛇の両眼を射抜き、たけりくるう池の主を退治し、その胴体を三つに切断した。その頭部を城屋の雨引神社に、腹部を野村寺の中森神社に、また尾部を由里の下森神社（尾の森神社）に祀った。大蛇の鱗は森脇宗坡の末裔がいまも所蔵しているという。雨引神社は名が示すように雨乞いに霊験の神として近在に知られ、大蛇を退治した日にちなみ、旧暦七月十四日に揚松明が行われる。なお、宗坡の名は『御料所旧記』『丹後国加佐郡旧語集』にみえ、実在の人物と思われる。

5　闇見村立始並に闇見神社の発端の事

福井県三方郡三方町（現若狭町）と滋賀県高島郡今津町（現高島市）は、分水嶺の三十三間山（八四二メートル）によって隣接する。その南北二つの山麓下に、出雲の八岐大蛇退治に類似の神話を伝える古社がある。三方町成願寺には闇見神社、今津町酒波に日置神社、同北仰に津野神社があり、三方町井崎（現若狭町）の井上安清家所蔵の「闇見村立始並に闇見神社の発端の事」と題された古文書にそれらの神社創建に関わる由来が記されている（以下は前半の主要部分のみ概説。本文は拙稿「龍蛇と宇宙樹の神話」(12)参照）。

「高島郡の川上の庄上下大明神（日置神社・津野神社のこと）は、素戔嗚尊と奇稲田姫の示現の社である。戌亥の方角に近江・若狭・越前の国境にそびえる日没《ひぐれ》が嶺という高い峰があり、山中の大池に大蛇が棲んでいた。天変地異を思いのままにして、美濃や越前・若狭の住人をさんざん苦しめ、垂仁天皇の御代にはついに大蛇の支配下におかれるまでになってしまった。

住人が困り果てていると、山が鳴動し雷鳴がとどろいて、七口川の水がまっかに血に染り、ほどなくして暗雲がはれた。山に登ってみると二人の老翁がいて、「災いの元凶である大蛇をいま退治した。この蛇は出雲の国の簸の山で先年退治したものであるが、ふたたび生気をとりもどし、悪道のかぎりをつくしたにつき、ふたたび斬り殺したものである」。二人の名は素戔嗚尊と奇稲田姫であると告げ、その剱を投げると八尾の谷をこえて里近くの大岩の上にとどまり、日光のように輝いたので、そこに岩剱の神を祀った。また神がみが立去られる際に、奇稲田姫が大蛇の角をなげると、ふたたび山が鳴動し大水が出て谷を崩し、角が上ったところを角山と名づけて角神を祀った。大蛇退治のとき、神が私語された場所を明語谷、大蛇の腹の色にちなみ蛇腹の赤坂、八丈幅もある大蛇が二段に折れたため二段が原、蛇の頭をみつけたところを頭上が谷、尾があったところを尾見坂とそれぞれ名づけ、二人の神が姿を消されたので水別れの神として祀った。

　岩剱の神は天降った神ゆえ降りの宮とも呼び、また大蛇の角を投入れた川を觝《つの》下り川と名づけ觝落の谷といい、そこから流れる川を角川と呼んだ。角が流れる際に大小の土砂を流し田野を埋めたので石田川という。退治された大蛇は空へとびあがり、一段は美濃の国へ、もう一段は若狭の山中に落ちて闇見の神となつた。落下の際にあたりがまっくらになったので、闇見の神社と名づけ村の名も闇見村としたのである。川上の庄というのは、川の流れが七口ありその上流ゆえ川上といい、出雲の国の簸の川上にちなむともいう。」

　末尾に「康和三年八月二十三日／倉見之左近／河上庄酒波岩剱大菩薩へ参る」と記されており、年号からして西暦一一〇一年の文書と考えられる。闇見神社と川上庄上下大明神（日置神社・津野神社）は、古来深い相関関係があり、いつしか相互の往来はとだえたが、かつては祭礼時には倉見から峠を越えて祭礼に参加した。橋本鉄男はこの間の経緯について、「険しい山坂を越えての参加が難儀だったため、これを辞退することになったが、その代償として、倉見村伝来という古筆の大般若経を川上荘内へ贈り届けた。しかしそのとき一巻だけを遺したので、全六〇〇巻のうちの九九巻だけが川上荘に伝えられた。それが川上山下の古刹酒波寺（日置神社の北方約二〇〇メートル）に所蔵されている経巻だという」[13]としている。前記の文書にはその経緯についても言及しており、また上の宮の社家には、ほぼ同じ内容の八岐大蛇退治の神話を記した「淡海国高島郡大江保幷河上荘旧事伝説」が所蔵されている。それによれば、スサノオが退治した大蛇は二つに切断され、半分は若狭へ落ちて闇見神となり、片方は美濃の不破神となったとされ、その由緒によって美濃国多芸郡宿村（岐阜県安八郡墨俣町）より両社の例祭には御供が献餅された。

池河内の雨乞い踊りや城屋の揚松明のように、龍蛇退治の伝説は、それぞれの神社の祭礼においても民俗芸能化の傾向が見られる。

闇見神社は、伴信友の『神社私考』や『神社明細帳』では沙本《さほ》之《の》大闇戸売命《おおくらみとめのみこと》を主神とするが、古来前述のような八岐大蛇退治の伝説を伝えてきた。同社は相殿に天満大神と十二座の合祀の神がみを祀っており、毎年五月五日の春の例祭を「闇見の大まつり」「天神さんの春まつり」と呼び、王の舞・獅子舞が盛大に奉納される。そのあと、大御幣が来年の当屋番にひきつがれ、大御幣つきの神事が始まる。

天下の名物ほどに奇祭と呼ばれる祭礼は数多いが、本来なら神霊の依代ともいえる大御幣を、さんざん虐待する所作は思えば何とも異様な感じがする。祭りには民衆の熱狂《オルギー》はつきものとはいえ、荒縄を大御幣の四方にくりつけ、御当渡しが行われる大槻《おんげやき》の広場から長い桜並木の参道をひきまわし、過酷に何度も激しく大御幣を地面に打ちつけ、木端微塵に破砕するという荒々しい儀礼を、いったいどう解釈したものか。少なくとも近在には、畏怖すべき対象にむかって、このように暴虐の限りをつくす祭りをわたしは知らない。故渡辺正三宮司は「闇見神社祭神事」のなかで、この神事について八岐大蛇退治の様子を再現したとする説と、氏子が一体となって氏神が領地する土地を堅固に搗き固めるという二つの説を紹介している。[14] 伝承どおり大蛇を祭神とするなら、邪悪な意志との戦いを象徴的に演出したものと考えられよう。災厄の元凶である大蛇は退治され、手厚く鎮魂されて御霊神となり、崇敬する民衆に富と幸福をもたらすのである。

三　藁蛇の民俗

日本の龍蛇の民俗のなかで、忘れてならないのは藁綱で形造った藁蛇を用いる年中行事である。藁蛇を来訪神の象徴として村中かつぎ、各家を門付けして回るもの、村の入口に蛇縄と呼ばれる太い注連縄をはりめぐらすもの、大蛇にみたてた力綱を引きあって年占を行うものの、大きく分けて三つの形態がみられる。これらの民俗は主に関西地方に多く分布するが、ここでは前述の龍蛇退治との関連上、若狭と丹後の事例を紹介しよう。

1　エイトンビキ

「エイトンビキ」「エントンビキ」「エトンビキ」などと呼ばれる子供組の八朔の行事で、現在は毎年一か月遅れの九月一日に、舞鶴市の山間部、池内川流域の別所・上根・今田・布敷で、大人たちの協力のもとに今も継承されている。本来は男子だけの行事であったが、近年子供の数が減少しており、やむなく女子も参加することになっている。新藁を用いて作る藁蛇の大小のちがいはあるにせよ、行事そのものの内容には三集落とも大差があるわけではない。ここでは別所のエントンビキを紹介する。

八朔の前夜、体育振興会とＰＴＡの役員が公民館に集まり、持ち寄った七、八束のモチ米の藁を綯って、約一二、三メートルの「ジャ」と呼ばれる蛇体を作る。サンダワラを二個あわせて頭部を、自家製のナスビ・ホオズキ・ミニトマトで目玉を、ハランで舌、トンガラシで牙を形作り、ミノグサの髪をたらして、榊と御幣を頭にさす。完成したジャは一晩床の間の三方の上に祀っておく。

翌日の午後、下校した子供たちが公民館に集合し、「エントンビキじゃ、ワッショイ、ワッショイ」と掛声をあげて村通りをひきまわし、各家を訪れてお礼のお駄賃をもらう。大神楽の門付けの際に獅子頭に頭をかんでもらうように、エントンビキにおいてもジャにかんでもらうと長寿と幸福にめぐまれると言われており、幼い子供や老人の頭を「健康で長生きしてください」と言ってやんわりとかむ。

エントンビキの由来譚としては、むかし、大蛇が里にあらわれて娘に巻きつき、さらっていくことがあった。その際に、逃げまどう娘たちを土蔵や便所に隠した故事にちなみ、以前は腰にトンガラシをさし、女の子をみつけると追いかけまわして、無理やりトンガラシを口に押しこみなめさせた。稲作に甚大な被害を与える風の神の退散と五穀豊穣、村びとの無病息災を祈る八朔の行事といわれている。

村中をひとまわりすると、カブ(同族)の先祖を祀るとされる仲井・谷家の荒神がある裏山へ藁蛇をかつぎあげ、椎の巨木の根元にまきつける。隣りの上根でも、全戸をまわりおえると、池内川の左岸にある山の神に参拝して、小祠の左横に藁蛇を奉納することになっている。また、同日大浦半島の基部にある青葉山麓の大波上でも、エイトンビキに類似する「アクマバライ」と呼ぶ藁蛇の門付け行事が行われている。

2　勧請吊るし

カンジョウカケ・ツナカケマツリ・ジャナワなどと呼ばれ、年頭に魔除けと平安を祈って村の境界や入口に大綱をかける行事で、龍蛇をかたどったものが多い。若狭では高浜町小和田、大飯町大島(浦底・河村・西村・畑村・脇今安・宮留、現おおい町)、小浜市荒木・法海で現在も行われているが、ここでは宮留のジャナワを紹介しよう。

宮留は大島半島の突端、小浜湾に面した漁付で、一月七日の午前中に八人講社の当番宅に講員が集まり行事の準備作業を行う。この行事はハナントウ（花祈禱、河村はハナノトウ―花の当）もしくはオコナイと言い、高浜町馬居寺の住職の指導のもとに海岸寺の住職も加わって、講員が勧請板・ミテグラ（御幣）・牛玉札（牛玉宝印）・カドボトケ・ジャナワを作る。尖頭形をした勧請板の表には「種々善根目録之事」と墨書した祈禱文を、また裏面には旧家の八人講社の家名を書く。明治以前はすべて藤原姓を名乗っていたと伝えられ、藤原太郎太夫・助太夫・弥助太夫・太郎右ヱ門・小西太夫・中間太夫・大道太夫・孫左衛門の名がある。浦底の場合は物部とある以外は、河村・西村・畑村・脇今安とも藤原を名乗っており、「若狭大島民俗記」のなかで鈴木棠三は「藤原とあるのは、島山神社の末社に春日神社を奉斎しているのと関係があろう。すなわち、春日神社の氏子というので藤原としたのか、あるいは前から藤原という伝えがあって、それで春日神社が奉斎されたか、そのどちらかであろう」とのべている(15)。

ジャナワは新藁を綯ったもので約七メートル、ミテグラを一年の月の数だけさし、ネズミノキと呼ぶキヅタの枝をつるす。これはジャの足にみたてたもの。準備がととのうと、村のはずれの字神田にある観音堂へと場所を移し、入口にあるタモとモチの木にジャナワをかけ、ミテグラを根元にさして御神酒をそそいで、災厄が村へ入らぬよう祈る。観音堂で般若心経をとなえたあと、全戸に牛玉札とカドボトケを配る。牛玉札は田畑にさして虫駆けとする。カドボトケは仏教化しているが元来はサイワイギ、ニュウギなどと呼ばれる正月の祝木の一種であろう。玄関に立て、散米し水をそそいで家内安全を祈る。

小浜市法海では一月六日に六日講を行い、龍蛇の形をした勧請綱を村の入口に吊るす。綱にさす御幣を帝釈天・水天・毘沙門天などの十二天とし、栗の木で作った削掛けを轡《くつわ》に見立てている。作業が終ると阿弥陀堂に移り、「一斗八升、もう一斗」と豊作を予祝して全員が大声をあげ、床をはげしく踏みならす。これは修正会の乱声を受けつぐ儀礼と考えられる。また、高浜町畑ではかつて勧請吊るしの際に、勧請板に女陰の形をえがき魔除けとした。生命を生みだす女性器の絶大な呪力を、道切りの習俗に応用したのであろう。

3　綱引き

分布上、綱引きは「東日本各地では、小正月の時に、西日本では盆行事の一つとして、九州では仲秋の名月の機会に行われる」[16]とされている。九州の十五夜綱引きの場合も大綱を大蛇と見立てる伝承がある。福井県内で行われる綱引きも、京都との県境いにある高浜町日引ではエイトンビキと同じく九月一日に八朔綱引きを、また敦賀市相生町の夷大黒綱引きや美浜町日向の水中綱引きは小正月の一月十五日(現在は一月の第三日曜日)に行事があり、分布上両系統が混在する。

三方五湖の一つ、鹹水湖の日向湖と日本海に面した漁村である日向では、海と湖をむすぶ運河にたらした藁綱を、集落を二分する東所と西所にわかれた青年たちが、寒中パンツ一枚になって川にとびこんで断ち切る年頭の予祝儀礼が行われる。

十五日の早朝、稲荷神社に若衆が集合し、各家から集めてきた新藁を用いて、太さ二〇センチ、長さ五〇メートルほどの太綱を威勢よくないあげる。古老の語では、むかし大蛇が日向川に現れ、悪病や災いをもたらしたので、村中が力をあわせて退治した様子を再現したのが今に伝わる水中綱引きだという。また、一説にはこの行事はもともと東西にわかれて太綱を引きあい、漁の豊凶を占う年占の行事でもあったとされている。

なお、地域史の研究者である故・岡田孝雄の研究によれば、寛永十二年(一六三五)に小浜藩主の酒井忠勝によって運河の開削行事が行われ、それ以前においては日向川は三方町苧(現若狭町)から久々子湖へそそいでいたとする。水中綱引きが開削以前から行われていたかどうかは史料上不明であるが、いずれにしても年占の綱引きに道切り行事の要素が混淆して、現在まで水中綱引きが継承されてきたと考えられる。

四　龍蛇の元型とシンボリズム

語彙からして、大蛇と龍はまったく別の動物である。大蛇は実在するが、龍は人間のイマジネーションの産物にすぎない。『広辞苑』によれば「海中または池沼中にすみ、神怪力を有するという想像上の動物。姿は巨大な爬虫類で、胴は蛇に似て剛鱗をもち、四足、角は鹿に、目は鬼に、耳は牛に似、地上では深淵・海中に潜み、時に自由に空中を飛翔して雲を起し雨を呼ぶという」とされている。

これまで、大蛇・龍蛇・龍神などと、わたしはその都度恣意的にこれらの言葉を用いてきたかのような叙述をあえてしてきた。特別な意図はまったくないが、厳密さを欠くという批判は当然予想してのことである、なぜなら、日本の民俗において大蛇と龍の区別はつけがたい。ナラトロジーにおいて伝説上大蛇とされていても、実際の祭儀では龍を図像化したものが用いられている。たとえばエイトンビキの藁蛇や、中国地方の荒神神楽の八岐大蛇にしてもしかり、出雲の浜に寄りくる海蛇は「リュージャサマ」（龍蛇様）と呼ばれもする。闇見神社の大蛇退治の伝承も、津野神社という神名や角川という地名の由来譚の通り、角のある大蛇、すなわち龍蛇として伝えられてきた。城屋の揚松明においても、当日雨引神社の橋に藁製の龍蛇が欄干に吊るされる。これらは一地方の事例にすぎないが、全国的な傾向に大差はない。

つまり、伝承上は大蛇であっても、いざ形象化しようとすると龍の形をとらざるをえないところに、日本人の集合的無意識の謎がひそんでいるとわたしは考えている。それはなにか。

たとえば縄文以前に龍はまだ日本の風土には存在していないが、縄文中期の勝坂式土器の口縁部には蛇の装飾がみられる。谷川健一によれば、「蛇の頭部は三角形で、口は大きく開き、あきらかにマムシであることをその形姿は示している」として、信濃境の井戸尻遺跡から出土した女人土偶がとぐろを巻いたマムシを頭上にいただいていることから、奄美のノロがアヤナギ(ハブ)を頭髪にまきつける習俗をひき「この女人土偶は何を示すか。私の考えでは、縄文中期に巫女が出現したことを意味する。それは日本における神観念の黎明を告げるものである」とするどい考察を提起している。「邪悪な毒をもつものが同時に叡智をそなえているという、背反する属性にたいする畏敬の念こそ、蛇にたいする人間の端的な感情の表示である。古代人が蛇をよぶときの「可畏(かしこき)神」ということばが、まさしくそれをつたえている」[17]のである。ここに日本の蛇神が誕生する契機があった。

また、安田喜憲は土器にえがかれた龍の図像を通して、蛇から龍への変身をつぎのように説明している。「弥生時代の大阪府舟橋遺跡や池上・曽根遺跡の土器には、明らかに龍と見なされる絵が描かれるようになる。銅鐸に書かれた蛇を殺す図像と、土器に新たに登場してくる龍の絵の出現は、新たな世界観の転換が語られているように思われる」[18]。稲作を伴って大陸から渡来してきた、弥生文化のコスモロジーの象徴としての龍の出現は、まさしく文明史的な転機にほかならなかった。追放され殺される蛇神と龍が出会ったことにより、龍蛇の図像が思いえがかれることになる。

その図像は民衆のイマジネーションとして心層意識下に深く沈み、昔話や伝説の語りの場で鎌首をもたげるのである。その契機を、わたしは御霊信仰の発揚にみる。たしかに歴史上に記録された御霊会は平安時代にさかのぼるが、それ以前に怨霊を鎮魂する心意は、森羅万象に霊魂が宿るとするアニミズムの世界にまで求められよう。

退治された大蛇は、頭・胴体・尾に分断され、怨霊の祟りを畏れる民衆によって、畏敬され鎮魂されて龍蛇神となる。とりわけ雨乞いに霊験のある神社の祭神として崇敬を集めてきた。大蛇退治の伝説は、おおむね舞鶴市池内川・与保呂川・高野川や、滋賀県今津町（現高島市）の石田川、福井県三方町（現若狭町）の鰣《はす》川など、主要な河川の流域に伝承されており、当然のことながら時に凶暴性を発揮し猛威をふるう河川の、蛇行する形象が下地になっていることは充分理解ができよう。蛇が木にのぼると必ず雨がふるという里諺も、龍蛇の面影を反映している。

　神社の起源は自然崇拝や祖霊信仰に求められる。とりわけ分断された大蛇を祭神とする神社が、それぞれ大森・中森・下森・尾の森などと呼ばれるように、古い森神信仰の形態を伝えていることは、もっと注目されてよい。それらの森の中心をなす巨樹こそ、池河内の開拓伝承にみるように日本の宇宙樹の系譜を具現化したものにほかならない、祭礼をかぞえる時に幾柱と呼ぶのはその証といえよう。伊勢神宮の心の御柱の根源には八大龍王が斎いこめられていることは「心の御柱考」のなかで山本ひろ子がすでに指摘している[19]。揚松明の柱松の行事も、神話の宇宙樹につながる柱信仰の民俗と考えられる。その世界軸の根元に、両義性を秘めた邪悪な龍蛇を配する洋の東西の神話的図像は、人類の深層意識に根ざした元型《アーキタイプ》といえるものである。

　各家を訪れて住民に祝福を与え、災厄をはらうエイトンビキの藁蛇のつくりものも、つとめを果たしおえて山の神や荒神の巨木の根元にまきつけられる。あるいはジャナワと呼ばれる勧請吊るしのように、村の入口や境界に吊るされて道切りをし、災厄を防ぐ善神ともなる。悪蛇が変じて人民に幸福をもたらすという、龍蛇神への変容において、日本の御霊信仰のダイナミズムはみごとな展開をみせている。

〔付記〕　安田喜憲教授を座長とする国際日本文化研究センターの共同研究「龍と気象の文明史」への参加を通して、わたしは文明史というグローバリズムによって日本民俗学が根底から問い直されているような衝撃を受けたことを、ここに正直に告白しておきたい。とりわけ宇宙樹論の先導者である萩原秀三郎先生からは、再々重要なご指摘をいただいた。また、雲南の民俗伝承に詳しい君島久子・百田弥栄子両先生からは、龍を退治分断する習俗があることも研究会の質疑を通してご助言いただき、あらためて雲南の地に思いをはせた次第である。

このように一国民俗学という狭い視野にとじこもりがちなわたくしに、温かい思いやりと試練の場を与えてくださった安田教授に、ここにあらためて感謝を申したいと思う。ようやくにして、わたしの民俗学の脱構築はいまはじまったばかりである。

註

（1）萩原秀三郎「依り代・依りましと〝宇宙軸〟」（『民俗芸能研究』第一九号、民俗芸能学会、一九九四年）六八頁。
（2）稲田浩二他編『日本昔話事典』「大木の秘密」の項（弘文堂、一九七七年）五三〇〜五三一頁。
（3）拙稿「龍蛇と宇宙樹の神話」（『森の神々と民俗』白水社、一九九八年）一四二〜一四六頁。
（4）南方熊楠「巨樹の翁の話」（『南方熊楠全集』二、平凡社、一九八四年）五三頁。
（5）大林太郎「巨樹と王権―神話から伝説へ―」（荒木博之他編『日本伝説大系』一六　別巻（研究・索引編）、みずうみ書房、一九八二年）三七六頁。
（6）中西進「世界樹とコスモロジー」（『中日新聞』一九九一年九月十七日〜十九日付）。
（7）谷川健一「地方の神話・伝説―もう一つの神話空間―」（『別冊歴史読本』最前線シリーズ〈日本古代史（神話・伝説）の最前線〉、新人物往来社、一九九六年）一三六頁。
（8）萩原秀三郎『稲と鳥と太陽の道』（大修館書店、一九九六年）、『神樹―東アジアの柱立て』（小学館、二〇〇一年）、「稲と鳥と太陽の祭祀」（『日本民俗学』二二二、日本民俗学会、二〇〇〇年）などがある。
（9）村武精一『アニミズムの世界』（吉川弘文館、一九九七年）四～五頁。
（10）『丹哥府志』（賢美閣、一九七九年）五四二頁。
（11）大塚民俗学会編『日本民俗事典』「柱松」の項（弘文堂、一九七二年）五六六～五六七頁。
（12）拙稿前掲註（3）一五九～一六四頁。
（13）橋本鉄男「日置神社・津野神社」（谷川健一編『日本の神々―神社と聖地』五　山城・近江、白水社、一九八六年）三七五頁。
（14）渡辺正三「闇見神社神事」（『福井県無形民俗文化財』福井県無形民俗文化財保護協会、一九九七年）八三頁。
（15）鈴木棠三「若狭大島民俗記」（谷川健一責任編集『日本民俗文化資料集成二一　森の神の民俗誌』三一書房、一九九五年）四二一頁。
（16）前掲註（11）「綱引き」の項、四六六～四六七頁。
（17）谷川健一『神・人間・動物―伝承を生きる世界』（平凡社、一九七五年）一三一～一三二・一四四頁。
（18）安田喜憲『蛇と十字架―東西の風土と宗教―』（人文書院、一九九四年）一六〇頁。
（19）山本ひろ子「心の御柱考」（季刊『自然と文化』三三号「柱のダイナミズム」、日本ナショナルトラスト、一九九一年）一四頁。

（『龍の文明史』八坂書房、二〇〇六年二月）

Ⅲ　若狭の国名と地名

第一章　若狭の語源をめぐって

1「若狭」語源説の種々

若狭の小浜が舞台となった、NHKの朝の連続テレビ『ちりとてちん』のヒロインが、徒然亭若狭を名乗ったことから一挙に全国的な知名度がアップしたが、その地名としての「若狭」の語源や由来については必ずしも明確とは言いがたい。なぜ若狭なのか、これまで語源についての学際的な研究が行われていないなかで、市井の郷土史家である故岸部光宏（小浜市）は「『若狭国』地名起源説—歴史的背景から見た若狭国名原型考証の試み」を、昭和五十三年（一九七八）六月から『若越産業新報』に四回に渉って連載された。若狭国の地名起源説をごくおおまかに氏の考証から紹介すると、かつて次のような語源説が唱えられてきたとされている。

①　稚桜（部）説（『日本書紀』）
②　神女の説（『若狭国風土記』）
③　「分去れ」説
④　アイヌ語「WAKKA‐SA」説
⑤　朝鮮語「ワカソ」説
⑥　「若草乃妻」説　—「枕詞」—
⑦　「大勝砂（わかっさ）」説

⑧「脇狭（わきさ）」「腋狭（わきさ）」の転訛説
⑨「低湿地（帯）」説
⑩「湧浅（わくあさ）」説
⑪「和間さ（わかさ）」説
⑫「和」氏と「加左」氏説
⑬「神聖な霊異の働く国」説
（他に「変若水《おちみず》信仰」説や「ワカやくサチの国」説、「水分（みくまり）」説、「ワカササ」転訛説、など十六説を掲げるが省略）

これらの語源説のうち、主に①から⑤までの説が人口に膾炙しており、以下にその地名の語源について概説する。

①稚桜（部）説

『日本書紀』巻第十二「去来穂別天皇（履中天皇）」三年十一月条に稚桜宮・稚桜部造・稚桜部臣の名の由来として、「三年の冬十一月の丙寅《ひのえとら》の朔 辛 未《かのとひつじのひ》に、天皇《すめらみこと》、両枝船《ふたまたぶね》を磐余市磯池《いはれのいちしのいけ》に泛《うか》べたまふ。皇妃《みめ》と各 分《おのおのわか》ち乗《の》りて遊宴《あそ》びたまふ。膳臣余磯《かしわでのおみあれし》、酒 献《おほみきたてまつ》る。時《とき》に桜《さくら》の花《はな》、御 盞《おほみさかづき》に落《おちい》れり。天皇《すめらみこと》、異《あや》びたまひて、則《すなは》ち物部長真膽連《もののべのながまいのむらじ》を召《め》して、詔《みことのり》して曰《のたま》はく、「是《こ》の花、非時《ときじく》にして来《きた》れり。其《それ》れ何処《いどこ》の花ならむ。汝《いまし》、自《みずか》ら求《もと》むべし」とのたまふ。是《ここ》に、長真《ながま》膽連《いのむらじ》、独《ひとり》花を尋《たづ》ねて、液上室山《わきのかみのむろのやま》に獲《え》て、献る。天皇、其の希有《めづら》しきことを歓《よろこ》びて、即《すなは》ち宮《みや》の名《な》としたまふ。故《かれ》、磐余稚桜宮《いはれのわかさくらのみや》と謂《まう》す。其れ此《こ》の 縁《ことのもと》なり。是《こ》の日《ひ》に、長真膽連の本姓《もとのかばね》を改《あらた》めて、稚桜部造《わかさくらべのみやつこ》と曰《い》ふ。又《また》、膳臣余磯《かしわでのおみあれし》を号《なづ》けて、稚桜部臣《わかさくらべのおみ》と曰ふ」（『日本古典文学大系』六七）とあり、時期はずれの桜の開化（返り花）を奇瑞として改姓の由来を説く。小浜藩の国学者、伴信友は「若狭旧事考」のなかで「国名稚桜の号に因るとならば、やがて和加左久羅と称ふべきを和加左と云ふは、言便に久羅の省かれたるなり」とのべている。すなわち、「稚桜」→「椎狭」→「若狭」と転訛したとする。

②神女の説

『風土記　逸文』若狭国（若狭国号）に「風土記に云はく、昔、此の国に男女ありて夫婦と為《な》り、共に長寿にして、人、其の年齢を知らず。容貌《かほかたち》の壮若《わか》きこと少年の如し。後、神と為《な》る。今、一の宮の神、是《これ》なり。因《よ》りて若狭の国と称ふ。云々」とあり、小浜市遠敷の若狭比古神社（上下宮）の祭神や八百比丘尼伝説に付会したもので、日本古典文学大系の頭注は「国名風土記にある記事で古代の風土記記事と認められない」とする。岸部は「注意すべきは「少年のように若々しい」年齢不詳の神に因んで「わかさ」と称したという伝承には、神格再生の神秘がうかがわれる」「「霊魂復活、変若水の信仰」説に通じる重要な意義が「若狭国風土記の国号」にかくされている」と注記している。

③「分去れ」説

「若狭は五畿内七道から見れば、本道である北陸道から脇道にそれる—つまり「別れ道」の意であるという説で」、「児童文学者であり詩人でもある山本和夫が提唱したもので日本地理学界における異質の地名起源説として注目された」が、「歴史的、文学史的（特に俳諧史的）には「若狭路は古代既に独立していた」」として反論している。

④アイヌ語「WAKKA‐SA」説

水が拡がる平地、水が湧く場所、海辺・海浜・水辺、の意味で「若狭は往古、この地に住んでいたアイヌ人が「水の多い所、水の湧く所、水の清らかな所」と名付けただけあって、実に水は豊富でいたるところに、こんこんと良質の湧き出る掘り抜き井戸がある」とし、さらに敷衍して「やはりWAKKA‐SAR、即ち「低湿地でどうにもならない葦原の土地」であったと私考する」としている。

⑤朝鮮語「ワカソ」説

朝鮮語の「ワカソ」(往来)に由来するとし、「日本海は古代日本の表玄関であり、若狭はその上陸地点であったことを思えば、朝鮮語地名を起源、語源とする説は大きなウェイトを占めることになる」とする。作家の金達寿は『日本の中の朝鮮文化―若狭・越中・能登・越後ほか』のなかで、『週刊朝日』(一九七二年五月十九日号)の「残る古代朝鮮文化の跡　第十二回・若狭小浜」と題する長塚記者のルポから、小浜の神宮寺の説明として「若狭の古代文化は、対馬海流にのって渡来した朝鮮の新羅系の人々が築いたもの」であり、「ワカサの語源は朝鮮語のワカソ(往き来)である」との一節を引く。「若狭、遠敷などの語源についてであるが、若狭が朝鮮語の『ワカソ(往き来)』であるかどうかは、私にはよくわからない」と述べ、さらに言語学者の金思燁も生前「朝鮮人にとって大迷惑な説」としていることから、肝心の朝鮮側の支持が得られていない。

2　若狭以外の「若狭」地名

では、「若狭」とは何か、その地名・国名の語源を究明するために、若狭以外の「若狭」地名をいくつかここに挙げて、今後の課題としたい。

① 沖縄県那覇市若狭町
② 香川県三豊市財田町の若狭峰
③ 鳥取県八頭郡若桜《わかさ》町若桜
④ 兵庫県相生市若狭野
⑤ 滋賀県甲賀市水口町下山字若狭

⑥　滋賀県甲賀郡甲賀町高峰字若狭
⑦　滋賀県能登川町阿弥陀堂字上若狭・下若狭
⑧　滋賀県彦根市野田山字若狭塚
⑨　滋賀県伊香郡余呉町下丹生字若狭洞
⑩　滋賀県湖南市石部町石部字若狭島
⑪　岐阜県揖斐郡池田町般若畑・若狭（通称）
⑫　石川県金沢市末町字若狭
⑬　石川県白山市四ッ屋町字若狭
⑭　石川県鹿島郡中能登町瀬戸字若狭見
⑮　石川県羽咋郡志賀町高浜字若狭町
⑯　石川県輪島市門前町浦上字若狭
⑰　青森県十和田市深持字若狭

他に「若佐」（北海道）、「若狭」（埼玉県）、「若狭庄」（奈良県）、「若狭原」（広島）などがある。

これらの「若狭」地名は、これまでの語源説では解明ができない問題をはらんでいる。交流・交易・移住による地名の移動、神社の勧請、地形の形容などなど、あらたな語源の学際的究明が期待される。

（『第二十七回全国地名研究者大会資料』日本地名研究所、二〇〇八年五月）

第二章　若狭という風土と地名の課題

1　境界の国・若狭に生きるということ

福井県の嶺南地方には、越前の一の宮(気比神宮)がある敦賀郡(市)と、若狭の三方郡・遠敷《おにゅう》郡・大飯郡があり、かつては嶺南四郡とも呼ばれていた。なかでも隣接する敦賀市と三方郡は「二州」とも通称され、同一商業圏を形成し、行政上も古くから密接な関係を有する地域である。わたしは、その若狭と越前の国境の村、旧山東村(現美浜町)佐田に生を受けて、長らく住居を構え、一時勤務の都合上県都福井市に転勤した体験を踏まえ、外部から故郷である若狭を客観的に観察する機会を養ってきたつもりである。

なぜ、この狭い嶺南地方に原子力発電所が十五基も建設されたのか。今でもなぜ滋賀県への復県運動の機運が内攻するのか。その理由はなにか。(1) 若狭に生を受け、一生暮らすことにどのような意味を見出したらよいのか。とりわけ若狭という風土と国名・地名の語源については、若いころから強い関心を抱いてきたこともあり、あらためて境界の国若狭のアイデンティティを確認したい。

2　国境いをめぐる逸話

「若狭」は旧国名の「丹後」「丹波」「江州」「越前」に囲まれ、日本海のほぼ中央の若狭湾に面した小国である。『古事類苑』地部二一に「若狭国ハ、ワカサノクニト云フ、北陸道ニ在リ、東ハ越前、近江、西ハ丹後、南ハ丹波、近江ニ界シ、北ハ海ニ至ル、東西凡ソ一二里、南北オヨソ四里、其地勢ハ、山嶺東北ヨリ西南に走リテ、丹波及ビ丹後トノ分堺ヲ成シ、沿海岬嵜ニ富ム」とあるように、いかにも弱小の小国である。それだけに、いかに隣国との境界をめぐって争論を繰り返してきたか、端的に三国との国境の争奪に関して最初に当地の伝説を紹介することから始めたい。まずは、丹後との境界をめぐっての「犬石」の伝説から引く。

①犬石（高浜町六路谷《ろくろだに》）の伝説

本村から丹後の志楽村に出る坂路を吉坂といふ。坂頭の左右に大石がある。その形状は犬に似てゐるので、犬石と呼んでいる。この石のあるところが若狭と、丹後の境界である。丹後に向かって右側にある石を若狭犬、左側にあるを丹後犬といっている。昔両国間に境界の争ひがあった時、各二頭の犬を出してその犬の勝負によって境界を決定しようとした時、若狭の犬が優勢であったので遂に此の処まで追っかけて来て丹後の犬を死に至らしめたのであった。(2)

（『福井県の伝説』）

②峠の下が国境になった話（若狭町熊川）

国の境がまだはっきりしていなかった昔、近江側の朽木の殿様と若狭側の小浜の殿様とが協議して、お互いに馬に乗って自分の城を出発し、出会ったところを国境と定めようとした。しかし、近江の殿様が早く出発したために水坂峠をおりて、若狭の殿様に出会ったところが今の県境のところである。（林正巳『峠の民俗誌』）

③関峠立石谷ノ由来伝説（美浜町佐田）

粟屋・朝倉攻防戦当時、山東ト関ノ住民国境ニ就テ争ヒタル由、ソノ時関の住人暗夜ヒソカニ多人数ニテ境石ヲ山東ノ方へ移動シタルヲ、山東十郎兵衛大ニ怒リテ、ソノ巨石ヲ一人ニテ持チアゲ、立石谷中央ニ打立テタルヲ、関住人之ヲ見テ大ニオドロキ逃ゲ去リシト云フ。ソレヨリ立石谷ヲ国境トナスト。立石谷ハ現在鉄道スノーセットノ山手ノ谷也。今ニ立石有リト。(本間宗治郎「山東海岸ノ噴火ニ就テ」『ふるさとの歴史と民俗』)

①の事例は、丹波国との間でうまく若狭側が立ち回ったことを反映した伝説である。古来、大陸文化の渡来地として丹波国とは同じ条件にあり、また山城の京都とは古くから後背地として華やかな都の文化を受容し、交易や商品の流通、人事の往来など共に密接な関係を有してきたことなども、裏付けともなる。③の力持ちの伝説は、若狭武田・越前朝倉の国吉城をめぐる果敢な戦闘が反映しており、もっぱら実力を示す以外に国境を守る手だてがなかったことを表している。

さらに②の場合は、若狭側がのんびりと大名行列を仕立てたともいい、現に中央分水嶺の水坂峠を二キロばかり下った上大杉と下大杉の間が国境となった。「越前詐欺、加賀乞食、越中泥棒、若狭正直」との俚諺があり「トロイ・ボコイ・ノロイ」とよく評される、若狭人の鷹揚さや温厚さがじかに滲みでたような象徴的な伝説である。反面この伝説は、近江商人を輩出してきた利口で抜け目のない滋賀県民の気風をよく反映してもいる。天正元年(一五七三)の『人国記』に「若狭の国の風俗、人の気十人は十人一和せずして、思ひ思ひの作法なり」云々とあり、また越前については「日本に双びなき智慧国と覚えたり」としながらも、「邪智多くして義理鮮し」としている。隣国を含めて若狭の風土性や人情がよくわかる逸話である。

3　若狭国の登場

さて、北陸道の西端に位置し、源順撰『倭名類聚抄』五・国郡に「若狭・和加佐」と呼ばれる当地が、具体的に若狭国として日本の歴史に登場するのは、『日本書紀』垂仁天皇三年三月の分注に「是に、天日槍、菟道河より泝りて(略)近江より若狭国を経て、西の但馬国に至りて」云々とあるのが初見とされている。『角川日本地名大辞典一八　福井県』の「若狭国」には天武天皇四年のころには呼称が定まっていたとする。天日槍は記紀に登場する伝承上の新羅国の皇子で『古事記』では天之日矛。同垂仁紀には崇神天皇の時代には金海加羅国（意富加羅国）より都怒我阿羅斯等《つぬがあらしと》が越国の笥飯浦《けいのうら》に漂着したともされ、古来朝鮮との関係は深く、当地にはいろいろな伝説が伝えられている。

国名の表記について、『日本歴史地名大系一八　福井県の地名』の「若狭国」の古代の執筆者は、「藤原宮出土の丁酉年（六九七）の木簡に「若侠丹生評岡田里」あるいは「若佐国」とあるが、和銅六年（七一三）の平城宮出土の木簡には「若狭国遠敷郡」とある。「若侠」あるいは「若佐」から「若狭」への用字の変化は、平城宮出土の和銅五年の木簡に「若□国小丹生郡野里」とあることをも併せ考えれば、和銅五年から翌六年の間と思われる」と推考している。

4　「若狭」地名の語源

以上、簡略ながら若狭国についての歴史的な経緯を踏まえて、いよいよ「若狭」と呼ばれる地名の語源について、現時点での考証をいささかなりと試みたい。『角川日本地名大辞典一八　福井県』の「わかさのくに・若狭国」の執筆者は次のような語源説を挙げている。「国名の由来については、朝鮮語で「来て行く」の意を持つ「ワカソ」によるとする説（若狭文化財散歩）、海を渡ってきた男女（若狭彦・姫の二神）が年をとらず少年のようであったので「和加佐」と名付けられたとする説（若狭郡県志）などがある。景行天皇の時に膳臣の先祖の磐鹿六鴈命が当国を代々領することとされ（高橋氏文）、履中天皇の時冬十一月にもかかわらず美しい桜の花が天皇の盞に舞い落ちたことにより、膳臣余磯が稚桜部臣の名を与えられたというが（『日本書紀』履中天皇三年十一月辛未条）、伴信友は、国名はこの稚桜部の縮まったものとしている（若狭旧事考）」と、おおよそよく人口に膾炙した代表的な語源説を紹介している。『古事類苑』地部二の「名称」にも、『若狭旧事考』や『諸国名義考』『若狭郡県志』からの引用が見られる。

さらに具体的なことについては、「第二十七回全国地名研究者大会―若狭を中心とした日本海の交流」の講演「若狭の語源をめぐって」（本書所収）を参照していただきたい。なお、そこに「若狭」地名十七件を掲げたが、大会後、宮城県大崎市在住の太宰幸子さんから大崎市田尻北小牛田中埣《なかぞね》字若狭があることを教示された。

以上のうち、その後、鳥取県八頭郡若桜町若桜と、大崎市田尻北小牛田中埣字若狭、青森県十和田市深持字増沢・若狭の三か所を実際に調査を試みたので、若干の報告をしておく。特に東北地方の後者はアイヌ語地名との関連で注目をした。

まず、前者の鳥取県の若桜は、『若桜町誌』第一章「古代の若桜」第一節「意非神社と最初の開拓者」によれば祭神の天饒速日命の三世の孫、若桜部造の祖長真胆連にちなむとされ（『若桜町誌』）、いわば伴信友説の応用にすぎない(3)。特に語源についての地元の伝承は聞けなかった。同誌はまた第四節「地名」で池田末則『日本地名伝承論』を引き、『書紀』履中紀の若桜連の桜花にちなむ語源説を付会説として退け、「狭い谷」という地形語に「若」という美称をつけて「若桜」と説く（『若桜町誌』）。次に大崎市の中埣字若狭は、現在は五、六戸の地区で江合川沿岸の平坦地。かつては遠田郡金田の庄に属し、大字の中埣は旧村の七埣の一つで「埣の文字は、川沿の埆地又は荒蕪地という」と『中埣村史』にある。地元の長老の戸部信一氏（昭和二年生まれ）によれば、むかし万宝長者、もしくは若狭御前様という分限者がおり、六反ほどの屋敷があった。召使の女を愛人にし、それが発覚したため生き埋めにして殺害したところ、その祟りで滅亡したと言い、下女の墓地が今も残存する。墓は現在戸部家前の畑から先年真言宗松景寺に移設された。村史には「此の寺内より聊か隔たりて巽に方り空屋敷を若狭屋敷といい伝う」として、次のような伝承を引いている。

其濫觴を尋ぬるに昔昔のこととか、此屋敷の全盛には、その主人を若狭と呼び、金銀米銭諸名の器はいうも更なり、七珍万宝山の如く蓄えて、万宝長者と敬われ富貴萬福栄耀天か下に名高き福者にして、数多の男女を召使う中に美女一人下女若狭が妻の妬みにより、七尺深く地を穿ち、真逆まに埋めつつ無実に殺せし天罰にや、下女の亡魂怪異をなし、彼の家忽ち断絶して、跡は田野なりぬれど今に変化の妖怪ありて居住する者なかりけり(4)

墓は未確認だが、もしかするとこの長者の没落譚は近くに天正六年(一五七八)勧請の氏神熊野神社があることから、若狭御前とは歩き巫女の熊野巫女の布教が推考される。とはいえ、やはり村史の「第四章　沿革」三　村の来歴「先住民族」に、「今より千二百四十年前の天平二年(聖武天皇の御世)正月当地方の高地に住める蝦夷等、賊心を改め百姓となって集村をなすようになり、朝廷より遠田雄人をしてこれを領せしめた。その後六十年を経たる延暦九年に至り、朝廷これに遠田の姓をたまひ、この地方を遠田と名つけたという」(『中埣村史』)とあり、蝦夷以前の地名と考えるべきである。当地の遠田郡一帯は「太古には悉く海であった」とされ、江合川沿岸の若狭には「上戸《あがとべ》」と呼ばれる船着き場があったという(『中埣村史』)。すなわち低湿地帯であり、アイヌ語の語源説を裏付けるもののように考えられる。

その可能性を強く印象付けるのが青森市に隣接する十和田市深持字増沢・若狭で、十月上旬、八甲田山山麓の現地を踏んだ。先年電話で、地元の古老からかつては九戸中先住民のアイヌの末裔を名乗る家があると聞いていたからである。集落を縦断して八甲田山から流れ出る奥入瀬川の支流沿いの峡谷は、まさしくアイヌ語の「ワツカ・サ」にふさわしく水量の豊富な山村であった。すくなくとも訪れたいずれの若狭も、水の豊かな景観を呈していることに、アイヌ語説へと強く惹かれるものがある。

5　語源探究のアポリア

「『若狭国』地名起源説」のなかで、岸部光宏はWakka-saが「水が清しい土地・水が湧きひろがる土地」として知里真志保・畑中友次などの関連説を挙げ、さらに私説として、Wakka-sar(sari)説を説き、「葦原・湿地・沼地の意であることから、「低混地」の意である」とする。むろんwakkaが「水」（知里真志保『地名アイヌ語小辞典』）であることを踏まえての語源説であるが、saは「①（山に対して）浜、②（奥・後に対して）前」（同）とある。またwakataは「水くむ」の意（同）。一方、ワッカ・サク・ナイは水のない土地である（山田秀三『アイヌ語地名の研究』著作集3）。更に具体的に言えば「水はあるが金気などで飲み水に適さない土地」ともいう。(5)『日本歴史地名大系一　北海道の地名』の「ワツカシャクナイ」（稚咲内）は、「水なき沢と訳す。この川水、鉄気強ふして飲事ならさる故字になすと云ふ」と「地名考幷里程記」の説を引いている。また『やまがた地名伝説』第五巻は、「わかさ（若狭）」は「火の神」として「若狭比古命の支配した国」で「アイヌ語ではワッカ（水―流）―サ（前）で「水流の前」の地をさして言う語もある」とする。言語学は専門ではないのでこれ以上の詮索は控えたい。

ところで、先の全国地名研究者大会（若狭大会）の折、名子や若狭地名についての地元研究者の報告に対し、日本地名研究所の谷川健一所長（当時）は了解せず、『福井新聞』に二〇〇八年七月一日から四日にかけ四回にわたって反対意見を掲載された（「若狭耳別の祖」「別去れ説」「高橋氏（膳臣）」「長寿伝説」）。谷川はその後、二〇一〇年刊の『列島縦断地名逍遥』「若狭―別去れの道」のなかで、「若狭は北陸道へと向かう大彦命が、丹波に向かった日子坐王やその子の室毘古王と別れた分岐点である。そこで『別去れ』から若狭の名が起こったのであろう」と述べている。壮大な古代史のロマンチズムである。しかし、地形や景観をわたくしは重視する。東北に先住民のアイヌの足跡が記されていることをわたくしが強調すると、谷川は「そうかもしれないが、アッカはサンスクリット語の水を意味するから早計に結論付けてはいけない」と諭した。それ以上の論究は目下のわたくしには出来ないが、那覇から樺太まで若狭関連地名が分布することは、日本の民族移動の交流の足跡が地名に深く刻まれている証拠かもしれない。

註

（1）「復県運動」については、福井県郷土新書七・池内啓『福井置県その後』の一「置県の陣痛」に詳しい。

（2）同様の伝説は『若狭高浜むかしばなし』に「犬石」として子供向けに民話化されて掲載されている。

（3）「若桜郷」について、吉田東伍も『郡郷考』『若狭旧事考』を引き、稚桜部説を採っている。

（4）『中埣村史』には「明治維新当時の村史　中埣状（原文の侭）」とあり、その全文の転載による。

（5）アイヌ文化アドバイザー楢木貴美子氏（樺太出身）教示。

参考文献

『人国記・新人国記』浅野健二校注、岩波書店、一九八七

『古事類苑　地部二』吉川弘文館、一九七六

『諸本集成和名類衆抄　本文編』臨川書店、一九六八

『中埣村史』戸部耕治郎、一九五六

『日本書紀上』日本古典文学大系六七、岩波書店、一九六七

『日本書紀下』日本古典文学大系六八、岩波書店、一九六五

『角川日本地名大辞典一八　福井県』角川書店、一九八九

『日本歴史地名大系一八　福井県の地名』平凡社、一九八一

『日本歴史地名大系一　北海道の地名』平凡社、二〇〇三

『福井県の伝説』福井県鯖江女子師範学校・福井県立鯖江高等女学院郷土研究部、一九三六

『ふるさとの歴史と民俗』美浜文化叢書Ⅲ、美浜文化叢書刊行会、二〇〇八

『やまがた地名伝説』山形新聞社、二〇〇九
『大日本地名辞書』吉田東伍、富山房
『若狭高浜むかしばなし』高浜町教育委員会、一九九二
『若桜町誌』鳥取県若桜町、一九八二
岸部光宏「「若狭国」地名起源説」『若越産業新聞』若越産業新聞社、一九七四
金田久璋「若狭の起源をめぐって」『第二十七回全国地名研究者大会―若狭を中心とした日本海の交流』日本地名研究所、二〇〇八
谷川健一『列島縦断地名逍遥』冨山房インターナショナル、二〇一〇
知里真志保『地名アイヌ語小辞典』楡書房、一九五六
林　正巳『峠の民俗誌―境をめぐって』古今書院、一九八〇
池内　啓『福井置県その前後』福井県郷土新書七、福井県郷土誌懇談会、一九八一
山田秀三『山田秀三著作集3　アイヌ語地名の研究』草風館、一九八三

（『地名と風土』第八号、日本地名研究所、二〇一五年三月）

付1　地名は大地に刻まれた歴史の記憶

このところ、地名に関する記事が再々新聞紙上で取り上げられている。地名が個々の人間のアイデンティティを保証し、実存の根拠そのものであることから、地名への関心はたいへん有意義なことにちがいない。また、歴史ある地名は郷土愛をはぐくみ、往々にして矜持《きょうじ》のよりどころともなっている。

「越の国から即位1500年」特集の関連記事「『角折』に石碑」（『福井新聞』二〇〇七年二月二十四日付）や、「継体天皇ゆかりの地・三尾野町に石碑を設置」（同十二月三日付）の記事を読むと、県民にとって継体出自の地がいかに誇らかなものかがわかる。むろんそこには日本人特有の事大主義や権威主義の匂《にお》いを嗅《か》ぎ取る人もいるだろう。しかし、たとえば福井市大年町の本郷小学校の卒業生が敷地内の山に自主的に「さわらびやま」と名付けたとの記事（四月九日付）には、実にほのぼのとした感動を覚えた。今風のけばけばしいファッション地名でないところが純真さを感じさせる。

昨年（二〇〇七）十一月二十三日付の論説「字、町名変更」や、四月六日付の「取材余話」の「歴史ある地名大切に」は、平成の市町村合併の矛盾や混乱をするどく突いており、為政者は禍根を後世に残さぬようすみやかに善処すべきである。地名は決して単なる記号などではない。大地に刻まれた歴史の記憶、「人間の過去の索引《インデックス》」（谷川健一）である以上、ファッション感覚やフィーリングで軽々しく決めるようなことがあってはならない。また四月から始まった囲み記事の連載「町名・地名知りたい」は、身近な地名の歴史を要領よく簡素に解説して興味がそそられる。

去る五月二十四日には日本地名研究所・若狭地名研究会主催の第二十七回全国地名研究者大会が小浜市文化会館で

開催され、翌日の見学会をふくめるとのべ五百名の全国からの参加者があり、主催者の一員として二日間とはいえ「ちりとてちん」の若狭をさらに深く歴史的に味わってもらえたことと思う。初日は谷川健一日本地名研究所長の基調講演のあと、若狭の語源や名子地名、羽賀の由来、鯖街道、八百比丘尼、海民と漂流物などの研究発表があり、「若狭を中心とした日本海の交流」をテーマにパネル討論が行われた。その内容については、「若狭路地名考」の連載や谷川所長（当時）へのインタビュー、論説「小浜で地名研究者大会」（五月二十二日付）、今月一日から始まった谷川の連載「若狭の国名と八百比丘尼」を参照されたい。新説の若狭語源説が注目されるが、後日論評することとする。

今回の地名研究者大会の特徴は、さすがに歴史ある小浜市が開催地なだけにひときわ若狭の古代史がクローズアップされ、谷川の所説のとおり、とりわけ膳臣と八百比丘尼、その出自の高橋長者との関連がかなり明らかになったことが特筆される。さらに「高橋氏文」に関連づけられる高橋長者といわゆる若狭の三刀禰（高橋刀禰）との関係が究明されれば、若狭一宮の古代神話の起源がより明確になるにちがいない。

（『福井新聞』二〇〇八年七月六日）

付２　市町村合併での地名変更に異議あり

「申年餓死《さるどしがっしん》」とはよくぞいったものである。つくづく異常気象を痛感させられた今夏の猛暑と台風、さらに追い打ちをかけるような震災が相次ぎ、これが戦前ならとっくに飢饉《ききん》を引き起こしていたに相違ない。なるほど「餓死」とはひもじい空腹になんと強く響く言葉であることか。わたしたちの先祖は、凶年の記憶をこのような俚諺で幾世代にもわたって伝えてきたのである。

これらの天変地異によって、河川の流れが変わったり、崩落による山塊の変容が大地に刻まれることがあっても、その土地の名―地名がおいそれとは変更されることはない。ところが、わたしたちのアイデンティティの根拠である地名を、当今、市町村合併の名の下に、こともなげに改変する風潮が全国各地にみられる。その最たるものとして、四国中央市とか南アルプス市などの市名が取り上げられ、心ある識者の不評を買っているが、県内においてもいくぶんその兆候がないわけではない。

とりわけ郡域を超えた小さな町村が合併する際に、合併後の庁舎をどこに置くかという行政上の方針もさりながら、新しい地名をどうするかという難題に直面することとなる。

そこでもっともデモクラティックであるかのような、当局側の安直で打算的な思い込みによって、公募で新しい市町名が採択されることになるが、結果的にはいかにも軽佻《けいちょう》浮薄でミーハー的なものもないわけではない。先日大津市で谷川健一日本地名研究所長にお会いした折、「田」という一字がつくだけで今時ダサイとの理由で敬遠されることがあるとのこと。地名をも時代的な気分やファッション感覚で左右される軽薄な風潮は情けなく、まことに嘆かわしい。

ところで、郡域を超えて来年三月三十一日に合併が予定されている「若狭町」については、むろんそれ相応の手順や手続きを踏んだ上のこととはいえ、やはり他の若狭地方の住民からすれば、周囲市町村への配慮が感じられず、一種の僭称《せんしょう》であり強い違和感をおぼえる。今年誕生した飛騨市の市名が同様に僭称であるとして、周辺住民が不服をとなえ反対運動が起きたことは当然であろう。あえて『日本書紀』の膳臣《かしわでのおみ》の故事（巻第十二）や、「若狭なる三方の海の浜清みい行き返らひ見れど飽かぬかも」の万葉歌にこじつけられなくもないが、せめて所在位置を明確に「若狭中町」か「東若狭町」ぐらいにとどめておくことはできないか。新郡名についてはもはや思考停止としか言いようがない。同様に「越前」をめぐっての周辺自治体の混迷も、やはり僭称に起因する。

ともあれ、地名はわたしたち日本人のアイデンティティの根幹であり、行政の都合でいたずらに改変されるのは許されないことである。将来に禍根を残さないよう市町村合併の際には、安易な公募方式だけに頼らず、歴史や地理・民俗に詳しい学識者を中心に十分な審議、検討を重ねて最終決定することが肝要であることはいうまでもない。

それにつけても、いま民意はどこにあるのだろうか。

（『福井新聞』二〇〇四年十二月二十五日）

Ⅳ　祭りと年中行事

第一章　日本のお正月

1 正月を迎える行事

かつては「もういくつ寝るとお正月」とうたわれ、とりわけ子供たちに待ちこがれられた正月。また、「正月さん　どこまでござった　丹波の沖まで　みそねぶり　みそねぶり　ござった」（福井県三方郡美浜町菅浜）などとわらべ唄にうたわれているように、「正月」は単に暦の月の名にとどまらず、年神様とか歳徳紳とも呼ばれ、各地に大年神社などという神社があるように、「正月様」は神様の名前にほかならなかった。

古来、日本人は年月の移ろいにも神がみのはたらきを認めた。その淵源は古く、森羅万象に霊魂の存在を信じたアニミズムに求められよう。

この企画では、「民俗学の宝庫」と呼ばれ、無い民俗は無いほど大変豊かな習俗をいまなお伝えている福井県若狭地方を中心に、全国各地の正月行事を日取りをおって紹介しよう（伝承地に県名を記さないものは、すべて福井県若狭地方である）。

⑴ コトハジメ

正月は神ごとの開始をつげる節目であるが、実際は旧年のうち、十二月中に正月様を迎えるしたくが行われる。

十二月八日、または十三日を「コトハジメ」と称し、正月の準備をはじめる風習は各地に見られる。「コト」とは祭り事・神ごとを意味する言葉で、類語にコトノカミ・追事・事納・事八日・春ゴト・オコト・サナブリオコトなどがある。事始と事終をまとめて「コト八日」ともいうが、二月八日を指す地方もあり、いずれを事始とするか混乱が見られる。それぞれ神がみの去来や英雄的な武将の出陣・帰陣にかこつける由来譚があるが、本来の正月事始は、十二月八日に正月の準備に取りかかり、二月八日に年神の祭壇を取りはらうとするのが正しいと考えられている。

コトハジメの日には、近くの里山から松かざりにする木を伐りだしてくる。常神《つねがみ》半島の三方町神子《みこ》(現若狭町)では、十二月十三日を「松ハヤシ」と呼び、南向きの山から三階松を迎えるのが吉兆とされている。「松迎え」「門松おろし」「正月様迎え」「節木《せちぎ》伐り」「立初め」「木伐祝」「小柴刈」「柴立節句」「花迎え」「十三柴」などと各地で称され、この日迎えてきた年木《としぎ》には年神様が宿られていると考えられた。毎年一定の松迎え場山(佐渡)と呼ばれる山が決められている地方や、長野県北安曇《あずみ》郡のように上り松・日の出松と称して、決して自分の家より低いところから迎えない事例も見られるが、一般的には年神が来臨する恵方《あきほう》から迎えてくるとされている。一方、「さがり松」や門松を立てる前日に伐りだした「一夜松」「日帰り松」、二十九日に迎えてきた「苦松」は特に忌まれた。

また、当日は、「節搗《せちつ》き」「米搗き正月」といって正月用の米を搗いたり、「汚れ年」「日見ず」「煤《すす》取り節供」と称して煤掃らいをした。

京都・祇園の事始はテレビでも放映されて特に有名になったが、遊芸や職人の社会では「コトハジメの餅」を師匠宅へ持参する風習があり、この日からお歳暮やお祝儀がかわされる日でもあった。

(2) 大年と初詣・若水くみ

大年とは大晦日《おおみそか》(十二月三十一日)、または元旦までの夜のことで大年越、年越ともいう。正月のコトハジメ以降、正月を迎える新しい品々を買ったり、お節料理の食材を用意しておく。大年までにお節料理を調《ととの》え、餅搗きを終えて、門松・年木(幸木・新木)・松飾り・蓬莱《ほうらい》飾り・マユダマ・モチバナ・ヤスツボ(オヤス)などの正月飾りをつくり、門口や床の間・神棚・井戸・倉・便所などの年神が来臨される場所を華やかに飾り立てる。土間に臼をふせ農具にも注《し》連《め》飾りをしてウスブセの祝いも行う。これは「道具の年取り」ともいわれている。門松や年木の類は地域ごとにいろいろなバリエーションがあるが、年神の依代《よりしろ》として正月神の神聖なシンボルに他ならない。また、マユダマは養蚕の、モチバナは稲作の豊穣《ほうじょう》を祈る予祝儀礼である。年神を祀る準備は、元来年男の役目であった。当主や長男、新年のエトを同じくする家族が年男をつとめることになっている。

　正月飾りのなかでも、特に床の間は年神を迎える神聖な祭壇として重視されてきた。若狭地方では、年神のことを歳徳さん(トシトコサン)とかオトシサンと呼び、床の間に歳徳神の掛軸をかかげ、新米をつめた俵をすえ松飾りをして、鏡餅・クシガキ・ミカン・豆・トビ(白紙に包んだ米)・コンブ・野菜・ゴマメを三宝にのせ、年神を祀る。ところによっては、一斗枡や古銭、ゴオウギ(牛王木)などの縁起物や、農具・呪物《じゅぶつ》を傍らに置く家もある。大島半島の大島では、旧家の特別な家にかぎって、居間の鴨居にゴヘイとウラジロ・ホンダワラをたらしたシメナワをはりめぐらせ、神棚の下に歳徳神を祀る。これをオオカザリと呼んでいる。かつてはオオカザリとコカザリを区別する家格があった。

　近くの寺から、除夜の鐘の音が鳴りひびくころ、一家そろって社寺へ初詣にくりだす。午前零時まえの年が替わる直前に出かける者もあり、実際は大年詣りと初詣の区別がつかない場合も多い。道中、初詣客同士は決して言葉をかわさないこととされている。年が明けてまず神がみに新年の祈願をすることを専一に、いわば除夜は身を慎む籠りの状態にあり、日本古来の言霊《ことだま》の観念もあって初詣がすむまでお互いに新年の挨拶(年始)を欠礼するのである。具体的には、参道の無用の混雑をさけるという配慮もされていた。美浜町菅浜や三方町神子(現若狭町)では、大晦日からお籠りをしていた若衆が、年が明けると同時に、「明けりや元日な、世は注連の内、門にや青々それさ松ばかり」と伊勢音頭をうたいながら村中へくりだす。これを「ウタイゾメ」といい、そのあといっせいに村びとがお宮参りに出かけることになっている。

社務所では、参拝客に縁起物の破魔矢や豊作祈願に用いられるトシシパ（トビシパ）や牛王紙《ごがみ》を手渡す社寺も多い。これらの呪物には年神の霊力《マナ》がこもっていると考えられた。また、神社から火種をもらい受けてきて、灯明をともしたり雑煮を煮た。

大晦日の夜は、遅くまで起きているほど長生きをするといわれている。いろりにハシキサン（箸木さん・若狭）とか世継榾《よつぎほだ》（和歌山熊野・日高郡）・節榾《せちほだ》（同有田《ありた》郡）・セチクンゼ（高知県高岡郡）と呼ぶ太いマキをくべ、大晦日から七日正月まで火種を絶やさぬようにした。とりわけ年取りの夜は、炉に聖なる火をあかあかと燃やし、佐渡ではその火を大年火、長野では万年火と呼ぶ。青森県上北郡では、かつてはいろりを囲んで家族は長幼の順にお尻を枕にして寝る習わしがあり、これを「ケツマクラ」といった。

年が明けると、まず年男は誰よりも早く起床し、神棚や水神・荒神など家の神がみに参ったあと、井戸で注連飾りをした年桶に新しいひしゃくで若水をくむ。青葉山麓の高浜町神野《こうの》では、若水をくむ際につぎのような文句をとなえた。

「去年《こぞ》の古水かきわけて　今年の若水福トンプリ　徳トンプリ」

これは、つるべが左右どちらにかえっても、「今年一年トップリ福徳にめぐまれますように」との願いがこめられている。若水くみの文句は、父子相伝で決して他言しないところもあった。漁村の高浜町上瀬《うわせ》では若水をくんでくると、年男（戸主）が「やらったらしや（やれ楽しや）」といって必ず玄関口から入ることとされており、妻が「やらめでたや」と答えて若水を迎えた。奈良市中では、若水をくむ際に井戸にミカンを投げ、「若狭若狭」ととなえる。これは東大寺二月堂の「お水取り」を想起させる風習である。二月堂の若狭井は、小浜市下根来《しもねごり》を流れる遠敷《おにゅう》川の鵜瀬《うのせ》の淵に通じていると言われている。若狭は『風土記』逸文の国名由来譚にあるように、若さと長生の常世《とこよ》の神、若狭彦姫大明神の支配する国であり、年のはじめにその国の名を呼んで若水をくむことは、何ごとにも縁起をかつぐ国民性がよくあらわれていよう。

2　元日の行事

⑴雑煮と餅なし正月

井戸からくみあげた若水で福茶をわかし、雑煮をつくるが、ひとくちに雑煮といっても地方ごと、または各家の家例で異なる、実にバラエティに富んだ正月料理である。大きくは味噌仕立ての雑煮とすまし汁の雑煮があり、なかに入れる具も餅をはじめとしてカブラや大根・里芋を入れるなど、家ごとの食習があって、古くから家例として踏襲されている。餅も丸餅ばかりとは限らない。焼いた菱餅もあれば、餅を入れないそうめんやウドンの雑煮もあり、さまざまだ。一般的には削り節をふりかけて祝うが、山里の美浜町新庄《しんじょ》では、なぜか雑煮のうえに黒砂糖を二切れのせて食べることになっている。

なかには雑煮ばかりか、正月餅を一切搗かない村や家も見られる。いわゆる「餅なし正月」と呼ばれる地域は、これまで福井県の場合六か所ほど知られており、そのうち三か所が若狭地方に存在する。いずれも旧家、もしくは一族が守り伝えている食物禁忌である。

美浜町木野の大同一族の祖、大同兵衛盛近は、鈴鹿山の戦い(八〇七年)に際して坂上田村麻呂に従軍し、その戦勝祝いの餅がのどにつまり死んだため、大同カブ(同族)の家では決して正月餅を食べないことになっている。

高浜町小黒飯《おぐるい》の旧家、高橋刀禰《とね》家では、いわゆる「千匹狼」の伝説が伝えられており、雑煮を祝おうとすると、必ず餅のなかに狼の毛が入っており、代々雑煮を食さないといわれている。また高浜町上瀬では、村が雑煮組と節組に二分されており、節組は雑煮を食べることが禁じられている。かつて大火があり、その火元となった家が節組とされ、以来雑煮を祝うことはできなくなったと伝えられている。

なかには氏神が餅をきらうので、正月餅は一切口にしないというところもあり、これらの食物禁忌の伝説は一様ではなく、その理由づけもそれぞれ異なる。民俗学者の故坪井洋文は、名著『イモと日本人』『稲を選んだ日本人』のなかで、餅なし正月の背景に日本の農耕文化における畑作文化と稲作文化の相剋を見ている。

若水くみも雑煮の調理も、本来は年男の役目とされ、正月三ケ日は主婦は決して関与しない。もともと雑煮は年神に供えた神饌を煮たきして家族一同で祝う、神人共食、すなわち直会《なおらい》の古い形を伝えているのである。事実、雑煮のことを「ナオライ」「ノーライ」と呼ぶ地方もある。

(2) 枡つぎとセンジキ・鳥のオトボンサン

世間には、カラスの鳴き声を忌み嫌うひとが多い。ところが正月の明け方に鳴くカラスの声は、逆に稲作の豊凶を占うよすがともなった。青葉山麓の高浜町鎌倉では、アケガラスの鳴き声をかぞえて「一升、二升、三升、今年は豊作やぞ」とか「今年は枡はからなんだぞ、不作やぞ」とカラスの鳴き声に一喜一憂した。「北国にて元旦鴉《としのあしたからす》の声をきき て其の年の豊凶を判す これを升次《ますつぎ》といへり」と、『大日本年中行事大全』の森川保之筆になる元旦の挿絵の賛にある。

このようにカラスは、蛇や狼・狐・鹿などとともに神のお使いとして畏怖、神聖視され、ミサキガラスとも呼ばれた。とりわけ熊野牛玉の烏文字に描かれた八咫烏《やたがらす》や、安芸の宮島のお鳥喰《とぐい》の神事、江州の多賀大社のセンジキはよく知られている。

常神半島の神子でも、元日の早朝、浜宮前の海辺でセンジキが行われ、カラスが餅をついばむかどうかで大漁か不漁かを占う。この烏勧請《からすかんじょう》の神事を、高浜町内浦地方では「カラスのオトボンサン」と呼ぶ。カラスが餅や御供《ごく》を食べると「オトがあがらっしゃった」といって快哉を叫ぶ。「オト」はすなわち神事の当番（当屋）のことである。烏勧請の民俗には、神社の神事に組み入れられているものと、個々の家で鳥喰《とりば》み行うものの二種類がある。

3 正月の行事

⑴お年玉

オトシダマ・ネンギョク・ニダマ（新玉）・トビ（オトビ）・トミ（オトミ）などともいい、正月の子供たちの最大の楽しみとなっているが、本来は正月の特別なお駄賃でもおこづかいでもなかった。多額の金品がやりとりされる昨今のお年玉の風俗は、いかにも軽薄な世相を反映しており、残念というしかない。これは正月がどういう月で、年玉が何であるかを知ろうとしない、現代人の無関心に起因する風潮なのだろう。

正月が「正月様」と呼ばれる年神の異称であることは、先にのべた。満年齢とちがい、かつては数えで、年が明けると一つ齢《よわい》をかぞえることになっていたが、この年齢は正月様、すなわち年神からいただいた賜物にほかならなかった。タマモノとはタマス、もともとは獲物の分配のことであり、ひとの年齢もまた年の神から分配された霊魂ゆえ、決して粗末にできなかったのである。

出雲では大晦日に年神様が年玉を配られるとされ、「年玉の投げ玉」という昔話がある。むかしある男が年をとりたくないので藪の中にかくれていたら、年神が竹の上から年玉を投げていかれたので、仕方なくまた年をとったという次第。

薩摩の甑島《こしきじま》では、若衆が扮したトシドンという正月の神が、年玉の餅を持って各家を回り、子供たちに年齢をさずける。

高浜町難波江《なばえ》では、一月二日の早朝ガンダの浜で、平年は十二個、閏年《うるうどし》は十三個の玉砂利をひろい海彼《かいひ》から打ちよせる常世波に洗われた清浄なこの小石を「トシダマ」と呼んでいる。十一日のツクリゾメに藁づとにつつみ、榊《さかき》の枝をゆわえて豊作を祈り田畑にさす。近くの神野浦ではこの浜石を「トシノミ」と呼ぶ。「年の実」すなわち稲の実、お米のことであり、穀霊＝稲魂のことである。「トシ」とは古来稲の稔りを表わす言葉とされている。

この「トシノミ」の類語に「トビ」もしくは「トミ」という言葉があり、トシノミは東日本、トビは西日本に分布する。「オトビ」「オトミ」ともいい、お年玉の別称としても使われた。「トビ」は本来稲積《ニホ》の上にかぶせる笠状の藁のふたのことで、新穀の稲魂がこもるニホのいわばシンボルであり、トビが多いことは「富」そのものであった。東北では正月に仏壇に供える御飯を「ミタマノメシ」と呼ぶが、六百年以前に吉田兼好が『徒然草』の一節に「なき人の来る夜とて、魂まつるわざは」と記した祖霊への供物に他ならなかった。柳田国男の祖霊信仰論は現在批判にさらされているが、稲魂＝年魂＝祖霊とする仮説の手がかりが、素朴な習俗にひそんでいるのである。

(2) 初山入りとツクリゾメ・舟祝い

初山《はつやま》とは新年早々入山して山仕事のしぞめをすることで、一月二日・四日、もしくは八日・九日・十一日に行なわれる。

コリゾメ・トビヒキ・ワカヤマフミ・ヤマタテ・ネノミ・ヨホウギリ・フツカヤマ・ケンダレ・ハツヤマノコト・ヤマホメ・ヤマシメなどと呼ばれ、クヌギやホソ・カシなどの柴を一荷伐ってきて庭にすえ、カチグリやミカン、オヒネリを供えて一年間の山仕事の安全を祈る。柴を伐る際にも、山の神に神酒をそそぎ散米《うちまき》をすることを決して忘れない。東北ではヤマタテの際に、「オミサキ、オミサキ」と山の神のお使いのカラスを呼び、餅をついばませて吉凶を占った。この行事を青森県の八戸では「ノサカケ」、岩手県九戸郡では「ポウポウ」、秋田県北部では「ボッポカラ」、青森県上北郡では「シナイ、シナイ」などと呼ぶが、ポウポウとかシナイ、シナイはカラスをさそう呼び声である。

初山入りの折、柴とともにユツダ・ユリダ・ノンダ・ユアンジョの木などと呼ばれるヌルデやチサ・ミズキを伐ってきて、一月十一日に行われるツクリゾメ(クワタテ・クワハジメ・ウナイリゾメ・初田植)や小正月の子供たちの門付けに用いる祝木《いわいぎ》・祝棒・祝杖を作る。「小正月のモノツクリ」といい、その多くは削り掛けの形状をしており「ハナ」とも呼ばれる。特にアイヌのイナウに似た秩父地方のモノツクリは有名である。いずれも生業の豊穣を祈る呪具であり、年神の依代とされている。

若狭では十一日(現在は正月明けの四日が多い)を「ツクリゾメ」「仕事のシゾメ」といい、日の出前に田畑に出て、牛王木《ごおうぎ》とか祝木と呼ばれる祝棒、もしくは樫や榊、椎のトシシバをさし、三鍬ほど打ちぞめをして、その年の恵方に向かって豊作を祈る。ダイコンの模型をつくり神前に供えて畑作の豊作を祈る村もある。

屋内では餅花をこなごなに割り、それを米に見立てて収穫のまねごとを行う。

また漁村では、二日に漁船にお鏡をすえ神酒をそそいで「ノリゾメ」をする。その際に、小浜市犬熊《いのくま》では船の上から餅まきを行い、大漁を祈ってヌルデの木で「サバ」をつくり、十四日、年起しの日に神前に供えた。

(3)初弓

年頭に村ごとで行われる神事で、歩射《ぶしゃ》・百手・オマトイリ・弓祈禱などと呼ばれる。武芸の伝統をひく流鏑馬《やぶさめ》も各地で行われている。本来は矢が的中するかどうかで神意を占う卜占の神事であった。とはいえ、的に当たることを不吉とする村もなかにはあったりする。的には「鬼」の文字や三重丸、三本足のカラスが描かれ、縁起物として奪いあったりした。

美浜町早瀬では、一月三日の朝、漁港の広場で一年間宮役をつとめる代祝子《ほうり》が、烏帽子《えぼし》、狩衣《かりぎぬ》のりりしいいでたちをして、冬空の下で片肌をぬぎ、力強く初弓をひく。

「当浦へ参ろうまじきものは、天下の不浄、内外の悪神、病むということ、風の難火の難、千里の外へ射やろう」と大声で悪魔矢を海に向かって放ち、ついで「当浦へ参るぺきものは、京の白河、銭、米・七珍万宝・富・幸・美濃の国の糸・綿・当浦へ納まる」と二本の福矢を家並みに向けて射ることになっている。

4　年占と来訪神

⑴勧請吊るしと綱引き

注連縄は神域を示す結界の呪物であり、その形状は大蛇・龍神を象っているとされる。男根や女陰、魚のツクリモノ、ミテグラ、キヅタをはさんだジヤ・ジャナワと呼ぶ大注連縄を村の入口の巨木に吊るし、外界から災厄が入らないようにする勧請吊るしも、年頭に行う村総出の大切な行事である。滋賀県には「勧定」という小字が多いが、これはかつて勧請吊るしが行われた名残りであろう。大飯《おおい》町大島（現おおい町）では「オコナイ」「花祈禱《はなんとう》」といい、一月七日に集落入口にジャナワを吊るす。縄の中ほどには、仏典の呪文や梵字《ぼんじ》、草分けの家名をしるした尖頭形の勧請板を結びつけてある。隣町の高浜町下車持《しもくらもち》では、かつて勧請板に女性器の図案を描いた。これは性的な呪力によって魔物を村外へと追放するまじないである。

二つの勧請綱を引きあって年占をするのが、大綱引きの民俗である。勝敗によって生業の豊凶を占う綱引き競技は、分布上東日本では小正月、西日本では盆、九州では仲秋に多いとされている。敦賀市相生町(旧西町)の夷子大黒の綱引きは小正月の一月十五日に行われ、夷子方と大黒方に分かれ、夷子が勝てば豊漁、大黒が勝てば豊作といわれている。同日に行われる美浜町日向《ひるが》の水中綱引きは、災厄をもたらす大蛇退治に由来するとされ、日向湖の運河にたらした大綱を東所・西所の二手に分かれた若衆が、水中にとびこみ藁縄を切る、大漁と海上安全を祈る漁民の勇壮な行事である(共に現在は一月の第三日曜日に変更)。

(2)小正月の訪れ神

十四日年越の小正月の前夜には、蓑笠を着て恐ろし気な仮面をつけた一団が戸をたたき、初春をことほぐ祝言をとなえて各家を訪れてくる。東北地方のナマハゲやアマハゲ・スネカ・水かぶり・焼け八幡・カセドリ・パカパカ・チャセゴや能登のアマメハギ、中国地方のホトホト・トビトビ・トロヘイ、四国地方のカユツリ、九州地方のカセダウチ・ハラメウチなど、全国に分布する。南島では盆や稲の収穫祭前後に、ボジェ(鹿児島県十島村)やマユンガナシ(石垣島)、アカマタ・クロマタと呼ばれる来訪神が出現する。

これらの異装の神がみは、新年をことほぐ年神を演じているとされるが、若狭では一月十四日の夜、子供組の一団が「戸祝い」に各戸を訪れる。「イワオノボウ」「イワイヅチ」「トイワイボウ」「ガヤリノキ」などというヌルデで作った祝棒で戸口をたたき、「今年の年はめでたい年で／せどにはせどぐら　かどにはかどぐら／なかには黄金のドウドグラ」(小浜市阿納尻)などと年ぼめ・家ぼめの文句をとなえ、何がしかのお駄賃をもらう。新婚の家では若嫁の尻を祝棒で打ち、「嫁の尻祝い」をした。途中「狐のすしは七桶なから八桶にたらんとてキツネがりする」と大声でわめき、悪獣の狐を村境へ追った。これは東北の「鳥追い」や近畿の「モグラ打ち」類似の行事とされている。宿で楽しく一夜をすごし、翌朝ドンド(サギチョウ・サイト焼き)を焚く。小豆粥を祝い、庭の棟の木にナタで傷をつけ、

「なるかならぬか、ならねばプチ切るゾ」とおどし、傷口に粥をぬりつける。「成り木責め」「柿の木の祝い」ともいい、祝棒で打つところもあった。また、粥かき棒で粥をかき回し、米つぶのつきぐあいで豊作を占ったものである。

これらの奥ゆかしい民俗行事も敗戦と高度成長期以降ほとんど衰退した。バブルが崩壊し、人心の荒廃が叫ばれ、世紀末の混迷を深めつつあるいま、あらためて民俗行事にひそむアニミズムの再評価が求められている。

（『ほんとうの時代』ＰＨＰ研究所、一九九九年一月）

第二章　来訪神・餅なし正月・門松

1　訪れて来る神々―戸祝い・アマメン・アッポッシャ―

豊作や豊漁を願って、いわゆる民俗学用語でいう「予祝儀礼」としての年中行事が、年頭から二月にかけて集中している。競ってマスコミが報道をするので有名な行事も多い。ただ残念なのは、よく知られた地域以外にも同様な行事が行われており、現場の記者は一地域に偏らず、もう一歩踏み込んだ肌理《きめ》のこまかな取材をお願いしたい。たとえば若狭地方の戸祝いやキツネガリは、なにも小浜市下根来や新保・阿納ばかりではなく、若狭町上野本や上吉田・下吉田・兼田、美浜町佐野・北田などでも、今なお元気な子供たちが荒天をものともせず、神の代理として「今年の年はめでたい年で」などと祝言を述べに訪れる。

年頭の予祝儀礼のなかでも、特に節分に行われる門づけの民俗行事は、越前地方にもいくつか今も継承されている。既報の通り福井市白浜町のアマメンや、同蒲生・茱崎のアッポッシャ、西山光照寺のお多福神行事はもっと注目されていい。お多福神行事は一見して悪魔払いの追儺《ついな》とされるが、かぶり物や装束に古風を残していると思われた。四百年の歴史があると報道されており、今後詳細な調査が望まれる。

アマメンやアッポッシャは、いうまでもなく東北から能登半島にかけて見られるナマハゲ系の来訪神の行事である。「ナモミハギ」「ナマゲ」などとも呼ばれるように、囲炉裏ばかりにあたっていると火だこが出来やすいことから、それをはぎ取って怠け者を諌めるための行事と伝えているが、本来は新年を祝福するために来臨する年神を表しているともされている。

父親と母親、祖父母が連携して幼児をしつける役割分担について、『福井新聞』一月二十五日付の「風回廊(2)」の「伝統行事「あっぽっしゃ」継承」にあるとおり、「伝統行事を通じて自然に対する畏敬の念を身につけた子供たち」こそエコロジーの時代にふさわしい。今こそ再認識すべきではないか。

戸祝いやキツネガリ・アマメン・アッポッシャ・お多福神などの各戸を訪れて来る異形の神々を、民俗学の用語では「小正月の訪れ者」とか「来訪神」「マレビト」などと呼んでいる。これらの神々はいったいどこから訪れて来るのか。何者なのか。民俗学者の柳田国男や折口信夫はじめとしていろいろと考証されてきたが、今もって確固とした位置づけがされているわけではない。要は訪れて来るとされる異界や他界をどう考えるのか、折口は師匠の柳田に反して来訪神を祖霊とは認めなかったことはよく知られている。

この種の来訪神はなにも日本に限ったことではない。たとえば『福井新聞』十二月二十六日付「海外こぼれ話」の「ドイツ版なまはげ」はまさしく悪鬼の装束をして家々を訪れる。

オーストラリアのクランプスやベルヒト、スイスのクロイセ、メラネシアのドゥクドゥクなどなど、サンタ・クロースも同じ。旧来の神々が新興の宗教によって異端視され悪魔や鬼神の扱いをうけるのは洋の東西を問わない現象で、ハイネの『流刑の神々』に詳しい。

福井の来訪神が世界の古代の神観念に通じていることはなんと誇らしいことか。

(『福井新聞』二〇〇八年二月二十四日)

2　トブサタテのことなど

たぶん、漫然と見ていれば見逃してしまったに違いない。「木に祈り、感謝し、そして謹んで伐採する」と書かれたコピーに惹かれ、第六十回全国植樹祭記念の『福井新聞』全面広告（六月七日付十二面）の写真をまじまじと目にすると、思いがけない場面が写っていたからである。いうまでもなく二十年に一度の伊勢神宮の式年遷宮に際しては大量に檜が用立てられる。木曾上松の御料林で山口祭・御杣始祭《みそまはじめさい》・御船代祭《みふねしろさい》と御木引きの神事が遷宮に先立って行われるが、その伐採の光景に思わず釘付けになったのだった。

大地を響動《とよも》して今まさに檜の巨木が切り倒され、生々しい切り株にさしこまれた一本の檜の穂末。これはまさしく『万葉集』にみえる「鳥総立《とぶさだ》て」そのものではないか。『万葉集』には二首、沙弥満誓と大伴家持の「鳥総立て」の歌が採用されている。

身近なところで家持の歌「鳥総立て船木伐《きる》といふ能登の島山今日見れば木立茂しも幾代《いくよ》神ひそ」を引く。その歌意は、『新潮古典集成』版の現代語訳によれば、「鳥総を立てて祭りをしては、船材を伐り出すという能登の島山、その島山を今日この目で見ると、木立ちが茂りに茂っている。幾代を経ての神々しさなのか」とある。古語に「神さむ・神さび」という言葉があるように、能登の島山の照葉樹林の森こそ「幾代神ひそ」にふさわしい。以前、「トブサタテの民俗」（『森の神々と民俗』所収）と題してかなり長大な論考をものした。トブサが梢《こずえ》を意味することにかかわりないが、その語源までは追究できなかったものの、伐採後、樵《きこり》が切り株にひともとの梢をさして、山の神に許しを乞い、敬虔な感謝の念をささげる伐木儀礼であることを定説とした。吉野の歌人、前登志夫の最晩年の第八歌集『鳥総立』に「鳥総立《とぶさだて》し父祖《おほちち》よ、木を伐りし切株に置けば王のみ首《しるし》」ほか一首がある。氏主宰の短歌結社「ヤママユ」の歌会で拙論が話題になったとも聞く。門松を取り去った後にその松の梢を立てる「鳥総立」は、俳句の新年の季語として奥ゆかしい日本の年中行事を今に伝えている。毎年自然薯《じねんじょ》掘りにいそしむ知人は、ヤマノイモのショックビを必ず掘った穴に埋め戻して来期の再生を祈るという。敬虔な心配りがあれば山は荒廃しない。

盛大裏に全国植樹祭が開催されたことは大変よろこばしい。しかし植樹・植栽をもって植樹祭が完了したわけではない。里山・奥山と里川・里海の生態保全・環境整備が有機的に見直され、自然との共生が動機づけられるかどうか。「伊勢神宮の式年遷宮を基本とする循環系システムは、世界規模で進んでいる環境破壊への警鐘とそれを解決する知恵がちりばめられている」と広告にあるように、切り株に伐採した梢をさして種の保存と継承をはかるトブサタテの民俗こそ、再発見・再認識すべき習わしではないか。今更ながら日本人の智慧の奥深さに畏敬の念を禁じ得ない。

(『福井新聞』二〇〇九年六月二十一日)

3 「餅なし正月」と門松を立てない家

正月に餅を食べない、いわゆる「餅なし正月」については、既にここ四年ほどの間に「『餅なし正月』の餅、あるいは稲作禁忌の神話」「餅なし正月はどのように語られてきたか」「山陰の餅なし正月」の三編の合計二百枚ほどの小論を発表してきた。とはいえ、持論として仮説はないではないが、いまだ高邁《こうまい》な意見や理論を提起するには至っていない。

民俗学者の故坪井洋文は餅なし正月の食習を基に、「稲作文化と畑作文化との葛藤に餅無し正月の起源を求める考え方」(『日本民俗学辞典』)を提出したことで知られる。

一方、餅なし正月は単に餅正月の一類型であり「正月の持つ複合的性格」(安室知『餅と日本人』雄山閣出版、一九九九)によるものとする反論もある。いずれにしても、魅力的なテーマであることには変わりない。県内にも十七か所ばかり点在している。

というわけで、北悔道と沖縄県を除く、東北地方から鹿児島県まで、ここ数年来、伝承地を再々採訪してきた。各都府県の伝承には濃淡があり、岐阜県はこれまで一か所しか把握していないでいたが、今年の学会の折、岐阜県の伊東久之教授(旧丸岡町出身)からご教示をいただき、早速、先日の小春日和の日に岐阜県美濃市立花字佐ケ坂を訪ねた。

同地は長良川と板取川の合流地で、かつては立花湊《みなと》があり、舟運で栄えた土地柄でもある。那須氏の末裔とされる家々では、源平の戦《いくさ》の際に、落ち武者が門松の陰に隠れたものの血の跡が見つかって惨殺されたので、今なお門松を立てないとされ、またかつては正月餅も食べなかったという。いわゆる落人伝説の類である。ところが数人の古老に尋ねても、一向に餅なし正月の伝説に辿り着けない。即刻、伊東氏に再確認したら、十五年ほど前に一人の篤実なお年寄りから聞いた話だとのこと。長良川右岸の河岸段丘の地は山が間近に迫り、水田は戦後桑畑を土地改良したものので、むろん稲作地帯ではない。条件は充分満たしているのだ。いわば高度成長期以降の伝承文化の衰退を如実に示す一事例に直面して、あらためて危機感を募らせている。

(『県民福井』二〇一三年十一月十二日)

4　餅なし正月の謎

お餅一個が茶碗一杯か二杯、カロリー一五〇から三〇〇に相当するとなると、さすがにダイエット中の身ならグッと我慢のしどころ。とはいえ、日本人は古来餅好きの民族ときている。餅なくして正月は明けない。

北九州では、お雑煮のことを訛って「のーれい」というが、これは年神さま(正月神)への供物を下げていただく神人共食の儀式、すなわち直会《なおらい》のことである。直会を食べることで、新しい年魂《としだま》を体に取り入れ、活力の源とする日本古来のアニミズムの考え方がよく現れている。年魂とは稲魂と同義といっていい。稲魂とはコーンスピリット（穀霊）、穀物に宿る霊力《マナ》のことである。現在は年頭のお駄賃に成り果ててしまったが、お年玉の原義はここにある。餅はハレの日の儀礼食として欠かせない。

ところがどっこい、世間は広い。正月に餅を食べないという習俗が全国各地に点々と分布する。常識を覆すかのようなこの「餅なし正月」の家例や縁起の理由として、先祖の敗残や貧窮、餅が喉《のど》に詰まり頓死したなどという由来が集落や同族間に伝承されてきた。県内には実に十五か所（嶺南五か所、嶺北十か所）の「餅なし正月」が分布し、隣県の滋賀県三か所、石川・富山の二県は皆無とされることからすれば、なぜか異常に多い。

餅の代用食として里芋が普遍的に食されることから、民俗学者の故坪井洋文は「餅なし正月」の民俗の背景に、稲作文化と畑作文化の対立を想定し『イモと日本人』『稲を選んだ日本人』などの刺激的な論著を世に問うたことでよく知られている。後年、若い学究によってその論拠が批判されたが、必ずしも坪井説が完全に否定されたとは私は考えていない。

「落日の日本民俗学」などとその沈滞が指摘されて久しい今こそ、文化カテゴリの起源を根本から問い直すダイナミズムが求められる。拙稿「餅なし正月の餅、或いは稲作禁忌の神話」（『季刊東北学』一八、坪井洋文特集号、二〇〇九年二月）参照されたい。

（『県民福井』二〇〇九年一月九日）

5　されど門松

正月中はほとんどのテレビ番組がバラエティー番組ばかりで、お馬鹿キャラの悪乗りにうんざりしたものの、中には優れた番組もないではない。

例えば、元日夜の「秘密のケンミンショー」(FBC)や、三日夜の「ビートたけしの日本人の教科書」(同)は、全国の正月の習わしを取り上げて蘊蓄を傾けており、研究者にとっても大変参考になった。

ただ、ある大学の研究者が、初詣では明治維新以降に始まったとする見解を述べていたのはいかがなものか。大晦日の夜半から元旦にかけて行われる氏神や有名社寺への初参りや恵方《えほう》参りは日本古来の習俗であり、八坂神社のおけら参りは特に名高い。

鉄道の敷設によって観光行事としての物見遊山が流行したというのは風俗の一現象をとらえているにすぎない。本来は、除夜に戸主が氏神に参籠して厳粛に年神を迎え供応したものであり、今なお若狭地方ではいくつかの村で行われている。

年神すなわち正月神は、県内ではトシトコサン(歳徳神)とも呼ばれ、神棚や床の間、あるいは特設の歳徳棚(恵方棚)に祀られる。家内安全と幸福をもたらす年神を招来するためには、雄松・雌松の門松や松飾りが欠かせない。

テレビ番組の中で「高知謎の門松」として刷り物の門松が奇習扱いで紹介されていたが、この種のものなら県内では今でも高浜町で見ることができる。門松を伐ると山が荒れるからとの生態保全の理由から、年末になると軒内の全戸に印刷物の門松が配布される。いかにもしたり顔のえせエコロジー、ご都合主義が透けて見える。門松は年木や節木、幸い木とともに年神が降臨するための依代《よりしろ》(目印の木)とされ、正月にはなくてはならぬもの。たかが門松、されど門松なのである。一片の紙切れごときに神さまは降りては来ない。日本の自然は復元力が強い。自然との共生を言うなら、むしろ門松に年神が宿られるとする霊魂観こそ、あらためて見直さなければなるまい。

(『県民福井』二〇〇九年一月十六日)

第三章　小浜市矢代の手杵祭—唐《から》の王女の伝説にまつわる儀式—

1　矢代という地名の由来

小浜市矢代に伝わる手杵祭《てぎねまつり》は、漂着して殺された唐の王女の霊を鎮める儀式として行われたのが始まりといわれています。事件で使われたとされるのが手杵で、祭りでは、殺害場面を再現するかのように、この手杵を地面につき立てる所作が行われます。

小浜市矢代は内外海《うちとみ》半島のつけ根にある、若狭湾に面した戸数十八戸の小さな漁村で、古くは稲富浦とよばれていました。

永暦元年(一一六〇)の夏、京都では宮中に夜な夜な怪鳥が現れ、不気味な鳴き声で闇夜をとびかっては、しばしば天皇を悩ませることがありました。仁平年間(一一五一〜五四)のころにもそのようなことがあり、源頼政と家来の猪《い》の早太が怪物を退治したことがあったので、再び頼政に怪物をしとめるよう命じました。

そのころ、頼政は松永村と宮川村(ともに今の小浜市)を領し、館を宮川村の大谷にかまえていました。大谷の矢袋《やむろ》という山に生えていた篠竹を矢とし、近在の安賀里《あがり》村(現若狭町)で射とめた山鳥の尾を矢羽根にはいて、数本の矢を作りました。

不気味な鳴き声のする内裏の屋根に向けて矢をはなつと、みごとに命中して怪しいものがもんどりうってころがり落ちてきました。天皇を夜な夜な悩ませた怪物は鵺《ぬえ》という怪鳥で、体は虎、足は狸、頭は猿、尾は狐の形をしていたそうです。

天皇はたいへんおよろこびになり、ごほうびに大谷の山一つこえたとなり村の稲富浦を領地として与えられたので、稲富浦のことを矢代とよぶようになったといわれています。

また一説には、頼政がどうして怪物を退治しようかと一計を案じていると、ある夜の夢枕に観音さまが現れ、「わたしは稲富浦の観音である。怪物を退治しようと思うならば、ひたすら願をかけるがよい。必ずやお前の願いごとはかなえられるであろう」とのお告げがありました。

頼政は、さっそく観音堂で断食七日の願をかけて一心不乱に祈ったところ、七日七晩の満願の夜に、また観音さまが夢枕にお立ちになり、「稲富の山鳥の羽で矢羽根をつくり、宮川の竹やぶの竹を矢竹として矢を射よ。必ず怪物を射とめることができよう」とお告げがあり、観音さまの言いつけの通り、鵺を退治することができました。

頼政は稲富の観音さまに、稲富の一部と蘇洞門《そとも》(5)をお礼として寄進し、それ以後稲富浦を鵺退治の矢にちなんで矢代《やしろ》というようになったというものです。宮川村には、源三位頼政を祀った祠があり、矢代と田烏(今の小浜市田烏)の項の御所平には頼政の屋敷跡が今も残っています。また地名にまつわる伝説にちなみ、山鳥という言葉は絶対口にしません。

源三位頼政の娘の讃岐は、二条院の侍女をしていましたが、あるとき位階を下げられて、父の領地でわびしい浦住まいをしていました。御所平の屋敷跡には今でも女の人が立ち入ることを禁じているそうです。

田烏の銚《つる》姫《べ》という所に祀られている釣姫明神は、讃岐が都落ちして入水自殺したのを、浦人《うらひと》があわれんで社《やしろ》をたてたものだといわれています(6)(漂着した唐《から》の王女を祀ったという伝説もあります)。

田烏の沖に浮かぶ「沖の石」を詠んだ讃岐の歌があります。

わがそではしおひに見えぬ沖の石の人こそ知らね乾く間もなし(7)

沖の石によせるこの恋の歌は、『千載和歌集』(8)『小倉百人一首』に収められて、長く愛唱されてきました。

2　手杵祭の伝説

福寿寺の本堂に祀られている矢代の聖観音(9)は、このようにたいへんあらたかな仏さまとされ、子安観音(10)ともよばれて、安産祈願と子授け祈願の観音さまとしても近在に知られてきました。

像の高さ九七・七センチのこの檜材の座像は、平安時代末期の作と推定されますが、作者はわかっていません。

では地元に語り伝えられている手杵祭の由来を紹介しましょう。

むかし、矢代と志積《しつみ》(現小浜市)の間にある矢代崎に、唐船が漂着しました。船には唐の王女と八名の女﨟《じょろう》(召し使い)が乗っており、はじめ村人たちは異国の貴人たちを手厚くもてなしましたが、船底に積んであった金銀の財宝にしだいに目がくらみ、夜陰に乗じて奪ってしまおうと、機会をうかがっていたのです。

時あたかも三月の節句の日だったため、家ごとに雛もちをついていましたが、男たちはそのにぎわいをよそに、墨で顔にひげを描き、頭にシダ(ウラジロ)の葉をかぶって、浜で休んでいた王女の一行を手杵を打ちおろして惨殺し、まんまと目当ての財宝を奪いました。

殺した王女たちの遺体は、村下の浜へ「ボイヤッといた(捨て置いた)」ところ、しばらくして夜な夜な「ホームラ(火の玉)」が出るようになったため、唐船が打ちあげられた矢代崎の浜へ埋めなおしました。

ところが一か月もしないうちに、村中に奇妙なはやり病が流行して、村人が次々に倒れたり、時化《しけ》で船が難破したりの、大きな災難がふりかかってきたのです。

これは唐の国の王女の一行を殺した祟りにちがいないということになり、唐船の廃材でお堂を建てて、持仏の聖観音を安置し、手厚く祀りました。すると不思議なことに、猛威をふるった悪病は退散し、再び村に平穏な日々が戻ったといいます。また矢代崎の弁天さんは、王女を祀りこめたもので、漁の神さまとされています。

矢代の聖観音がなぜ「子安観音」とよばれるのかといいますと、一説では、唐国の王女は、(11)不義の子をはらんでいたからだといわれています。

3　野外劇としての手杵祭

以上のような由来を秘めて、手杵祭は毎年四月三日に行われます。地元ではむかしから手杵祭のことを、「お観音さんの祭り」とも「雛まつり」ともよんできましたが、もともとは旧暦三月の節句の行事でした。また別に「矢代の葬式祭り」ともよばれるのは、由来に述べた異人殺しの伝説を忠実に再現する儀式でもあるためです。

村人たちが演じる王女殺しの一幕を、以下に述べてみることにしましょう。

四月三日の朝八時ごろ、観音堂で万徳寺(12)の住職によりまず法要が行われたあと、女﨟役八名を除く当番全員が席につき、ヘラ藻のみそあえを肴《さかな》にして杯三献《さんこん》(13)の儀があり、次いで加茂神社で神事が行われます。

そのあと帳屋(14)で、村の中老組(15)からえらばれた三役、(16)すなわち手杵棒ふり一名、弓矢持ち二名の役者の扮装の三名が、王女殺しの悪役に変装し、大太鼓のはやしと音頭とりの甚句に合わせて、いよいよ手杵祭りがはじまります。

声がなくとも　ちとうたいましょ　ヨイヨイ
ハランヨォ　ハァーヨーイヤナァ

ハァリヤ　ハァリヤ　ハァリヤ　ハァーヤットセ
あとのつけごえ　しっかりたのむ
今度長崎　えびや（屋号）の甚句
親の代から　小間物売りよ
今は小間物　売り屋をやめて
大阪通いの　船乗り始め（略）

小禰宜《こねぎ》(17)が前日近くの山から採ってきた大葉のウラジロをカツラとして頭につけ、顔面には黒々と墨で歌舞伎十八番(18)の『暫《しばらく》』(19)のようにくまどり(20)をし、黒地の素襖(21)に荒縄の襷がけをすれば、これで準備完了です。

エイーエイ　ヤンラア　ハンハァ　ハハンエー
ヤァー　アンハァーエイ　ヤンラー
ハンハァー　ハハンエイー
エイーエイ　ヤンラァー　ハンハァ　ハハンエー
ヤーアンハァエー　シラメタリヤアーハンハァー　ハンハァエイ
ハンハァー　ハハハァァアー　コレハー　タイセイノオ　イヤアアン　ハハハァー
ヤットコセイー　ハァヨオイヤナァー（略）

現在では意味不明の部分もかなり多いのですが、若衆が矢代祭音頭をうたいながら、漂着した唐船をかたどった唐《とう》船丸《せんまる》をかついで、しずしずと帳屋を出発するところから、いよいよ厳粛な祭儀がはじまります。金銀財宝をあらわすタカラズキン（金袋《きんぶくろ》）を頭にいただいた女﨟と大太鼓・笹持ちがそのあとにつき、社殿へと向かいます。

なお、「唐船のつきたるぞ、福徳ぞ、幸いぞ」などの甚句や音頭は、以前は決して他村に口外してはならない呪句とされていました。いわば手杵祭そのものが秘密結社的な祭りであったためでもあり、口外すれば祭文の言葉から力が失われるとの危惧もあったのでしょう。言葉の力とは、すなわち言霊なのです。(22)(23)

さて、唐船かき・女萠・笹持ちの一行が社殿の後ろへ回るころ、祭りはピークをむかえます。社殿の右側から手杵棒ふりが現れ、舞殿の正面で力足をふんで、手杵を二度地面につき立てます。

ついで弓持ちと矢持ちが舞殿の広場で相対して、鏑矢(24)と刺股矢《さすまたや》(25)の矢先を触れ合わせ、唐船襲撃のシーンを再現します。王女殺害の様子をリアルに再現するのではなく、まるで無言劇のように、きわめて象徴的に演じるのです。この所作は広場では三回行い、加茂神社の境内での神事をひと通り終えると、次いで観音堂に舞台を移して、同じく唐船襲撃を再演します。一行が帳屋へ戻り、扮装をといて直会(神事のあとの酒宴)となりますが、なぜかこの行事は、必ず午前中に終了することとされているそうです。

4 手杵祭の意味するもの

手杵祭のことを、昔から「葬式祭り」ともよぶことは先にも触れましたが、以前ある新聞社が「矢代の殺人祭り」という見出しで報道したこともあって、村人の中には、不名誉なことと受けとめている人も少なからずいるようです。そのうえ福井県の無形民俗文化財に指定され、「毎年先祖の悪業を再現する祭りをくりかえすのは、ほんまのとこ嫌やけんど、やめるにやめられん」と語る老人もいます。しかし手杵祭は村人にとって、恥じるべき不名誉な祭りなのでしょうか。

注意深くこの祭りを観祭し、いろいろ考えてみますと、手杵祭のなかに日本の民俗の様々な要素が流れこんでいることがわかります。

人殺しの子孫とされて引け目を感じる人もいるでしょうが、唐船襲撃の筋書きはあくまで異人殺しの伝説にすぎません。若狭湾の沿岸には、異国からの渡来伝承が多くあり、なかには寄神として祀る所もあります。海のかなたから寄り来るものは、人びとに富や幸いをもたらす神にほかなりませんでした。

三方郡美浜町金山には、沖殿神社という小さな神社があり、田辺株(一族)[26]によって祀られています。矢代の手杵祭同様の由来を伝え、毎年十二月八日夜に田辺講(沖殿講)という秘密の講が行われ、一族の結束の場ともなっています。

これらの異人殺しの背景にあるのは、まぎれもなく御霊信仰といえるでしょう。罪もない王女の一行を惨殺したたりで、悪疫が流行し、その御霊を鎮めなぐさめるために毎年祭りを行い、やがて持仏とされる聖観音が子安観音としての信仰を集め御霊仏となったのです。一方、王女を祝いこめた弁天は、漁の神ともなりました。

かつて手杵祭が「雛祭り」とよばれたように、もともとは、旧暦三月三日の雛の節句の行事でした。ですから、唐国の王女の一行は、本来なら雛祭りの人形を演じているようにも思われます。村人の一年間の罪けがれを人形に移して流す流し雛の民俗と、唐国の王女の貴種流離譚[27]が複雑に入り交じった祭りといえなくもありません。

また旧暦三月三日は、一陽来復[28]を祝う山遊びの日でもありましたから、手杵棒ふりや弓矢持ちが頭につけるシダは、山の精霊を表しているともいえましょう。

スイスのバーゼルのフォーゲル祭には、森の精霊ワイドマンが木の葉の冠をつけ、モミの木をふりかざして、踊りくるいますが、矢代の手杵祭における手杵棒ふりたちの所作にも、春の到来を祝い、豊穣を祈って地固めをする意味がこめられているのかもしれません。弓矢持ちの役割は、矢代という地名伝承とも深くかかわっているのでしょう。

このように、手杵祭について考えてみることで、祭りのたびに祈りや願いごとをこめてきた先祖たちの思いが、身近に感じられ、営々と築き上げてきた先人たちの苦労をしのぶよすがともなるのではないでしょうか。

註

（1）古くはわが国で、朝鮮や中国を指す語として使われました。
（2）中央が手で持てるように細くくびれている杵で、縦に上下させてつきます。
（3）福井県の越前岬（丹生郡）から、京都府の奥丹後半島経ヶ岬《きょうがみさき》（竹野郡）を結んだ線の内側の海域をいいます。
（4）平安時代末期の武将（一一〇五〜八〇）。平治の乱で平清盛に味方し、推挙されて従三位に昇格しましたが、のち以仁王を奉じて平家打倒を試み、敗れて自刃しました。源三位入道と称せられ、歌人としても秀でていました。怪物を退治した話は、『平家物語』第四巻の「鵺」の段にも描かれてよく知られます。
（5）内外海半島の北岸にある景勝地で、奇岩や切り立った崖《がけ》があります。小浜湾の背面にあるので「そとも」とよばれています。
（6）小浜市獅子崎の西方約五キロの海中にある大暗礁のことです。
（7）私の袖は、干潮のときでも見えない沖の石のように、（涙で）乾くひまもありません。人は知らないでしょうけれども。
（8）平安時代末期に成立した、第七番目の勅選和歌集。藤原俊成の撰で、全二十巻、千二百八十六首が収録されています。「沖の石」の歌は、このほか『小倉百人一首』にも選ばれています。
（9）七観音（または六観音）の一つで、正しくは聖観世音菩薩といいます。衆生を救うため百通りにも姿を変えるといわれます。一般にいう観音さまは、これを指します。
（10）仏像。

(11) 正式の夫婦ではない男女の間にできた子ども。
(12) 小浜市金屋にある、高野山真言宗の寺。
(13) 酒席での正式な礼法で、吸い物や肴を添え、大・中・小の杯で一杯ずつ三度繰り返して酒を飲むこと。現在結婚式などで行われる三三九度の杯はその名残です。
(14) 几帳や幔幕などで囲った部屋。
(15) 村の代表格の人びとで、村で行われるいろいろなことの指導役。
(16) 江戸時代の後半から流行した民謡の一種。メロディーは地方により違いますが、主として七・七・七・五の四句形式をとります。
(17) 神社に奉仕する神職のうち、下級の位の者。
(18) 江戸歌舞伎の市川家が得意とした十八種の演目。七世市川団十郎が天保元年(一八三〇)ごろ選定したとされます。
(19) 市川団十郎・中村明石清三郎の合作による祝祭劇。悪役が善良な人びとを殺そうとする瞬間、花道から主役が「しばらく」と言いながら登場して、悪人どもをこらしめるという形式のものです。
(20) 歌舞伎で行われる化粧法の一つ。赤・青・黒などの絵の具で、その人物の性格や表情を誇張して表現するものです。『暫』の主人公は正義の象徴なので、赤を多く使った明るく派手なくまどりをしますが、手杵祭の場合は墨だけで描きます。
(21) 肩衣に袖をつけた直垂《ひたたれ》の一種。江戸時代以降は長袴を組み合わせ、儀礼用の服装となりました。『暫』の主人公も、篠を芯に入れた巨大な素襖を着て、その下には青と紫の太い縄状のたすきをしています。
(22) 祭りのときに神仏に語りかける言葉。

(23) 言葉にひそんでいる霊力。むかしは、その霊力によって言葉どおりの内容が実現されると信じられていました。
(24) やじりのかわりに蕪形の球をつけ、その先に雁股(二またの刃)をつけた矢。球が空洞になっているので、射るとき高い音を出すのが特徴です。
(25) やじりが刺股《さすまた》(首を押さえつける武器)のようにU字形になっている矢。
(26) 神社・仏閣への参詣や、奉仕・寄進などをするために作られる信者の団体。またその集まりをすること。
(27) 高貴な生まれの人が、故郷を離れて遠くさすらうのを主題にした物語。
(28) 冬が去って春が来ること。

(『全国の伝承江戸時代　人づくり風土記　聞き書きによる知恵シリーズ(18)ふるさとの人と知恵・福井』
企画・編集組木社、農村漁村文化協会発行、一九九〇年六月)

第四章　産小屋―浄穢観念にもとづく慣習―

1　力綱《りきみづな》のある風景

敦賀市をはじめとする若狭湾沿岸(1)には、産小屋の慣習がありました。これは出産のけがれを忌み、産婦を隔離するためのものでしたが、結果的に、日常の雑事や他人の目から解放され気がねなくお産ができるので、産婦保護のうえからも利口な方法だったといえます。

力綱を握る

低い梁《はり》に下《さが》っている
その部落のおんなたちは
おとこの手を握る変りに

産み日が近づくと
その部落のおんなたちは
自分のための力綱を
ほどよい太さにないはじめる

産院へ行く変りに
その部落のおんなたちは
自分がなった力綱と
たったひとりで産小屋にこもるのだ

幾本もの力綱をなったという
その部落の年老いた母が
ひとり生き残った息子の嫁に
力綱のない方を教えていた

まず、敦賀市在住の詩人、岡崎純の詩「力綱」（詩集『重箱』北荘文庫、一九六〇年六月）をじっくり味わってください。

臨月になると、自分でなった力綱をもって村の産小屋にこもり、「おとこの手を握る変りに」「低い梁に下っている／力綱を握」って、藁くずのうえに輝くばかりのいのちをうみおとす、壮絶な女性のお産の風景が、即物的な力強い言葉で表現されています。この詩人が並たいていの詩人でないのは、四連目にさりげなくえがかれた光景で一目瞭然です。「ひとり生き残った息子」とは戦死者の兄弟にほかなりますまい。その大切な跡地ぎの嫁に、「幾本もの力綱をなったという」年老いた母が、力綱のない方を教えるのです。

いかがでしょうか。ここには不条理[2]な戦争の悲惨さと、伝承文化の断絶、そして継承のありようが、生命の永続性のなかでみごとにうたわれているのです。

ところで、「力綱」にえがかれた産小屋は、敦賀半島の西浦海岸に現存するもので、若狭湾の沿岸の漁村には、次の地域に今もなお八か所の産小屋が残っています。

敦賀市　常宮《じょうぐう》・縄間《のうま》・沓《くつ》・色《いろ》ヶ浜《はま》・浦底《うらそこ》・立石《たていし》・白木《しらき》
小浜市　犬熊《いぬくま》

このうち、敦賀市色ヶ浜の産小屋は、村はずれの畑に移築され、福井県の有形民俗文化財として保存策がとられています。また、これらのほかにも昭和四十年代(一九六五〜七四)ごろまで現存し、使用されていたものもありました。現存するとはいえ、つい数年前まで実際に使用されていた白木の産小屋も、現在は物置小屋になったり、荒れるままになっていたりして、かつての面影はありません。

村はずれの草やぶにおおわれた産小屋の中をのぞくと、天井の梁からぶらさがった力綱が、すき間風に所在なげにゆれていたりします。しかし、かつてこれらの産小屋は、一人の生命を生みだすために、なくてはならない大切な村の施設だったのです。

2　産小屋はなぜつくられたのか

産小屋は、若狭湾沿岸の集落では、サンゴヤ・オサンゴヤ・ウブヤ・コヤ・コヤド・オビヤ・オンビヤ・オーゴヤ・オクゴヤなどとよばれています。

また、産後七日目にはじめて神棚のある台所へ出ることをコヤアゲといったり、出産祝いの金品をコヤミマイ・コヤンマイともいいますが、これらの用語の分布から、かつては広く産小屋の風習が行われていたと考えられています。産院で出産するようになる以前は、初産《ういざん》は実家に帰ってするのがほとんどでした。そのとき産小屋のない集落では、納屋や土蔵・土間・下屋《げや》(3)などの、日光の射しこまない部屋を産室に当てました。

ではなぜ、出産という重要な任務をなしとげる場に、このように日陰の粗末な場所がえらばれたのでしょうか。なぜ産小屋を必要としたのでしょうか。

一般的には、日本人の民俗社会における浄穢観念が(4)、これらの風習の相底にあるといわれています。つまり、白不《しらふ》浄《じょう》(出産)・赤不浄《あかふじょう》(月経)・黒不浄《くろふじょう》(死)とよばれる三つのケガレが、日常の生活を深く規制しているのです。

この三つのケガレのなかでも、白不浄と赤不浄は、女性の生命のいとなみに深く関わっていることから、女性たちは非常な苦痛を強いられることになりました。とりわけ「板子一枚下は地獄」(5)の船上暮らしが多い漁村においては、一切が神だのみであるところから、浄穢観念も強く、あらゆるケガレが排除されました。なかでもとくに女性の経血は嫌悪されたのです。

女性の生理がはじまると、家族と一緒に食事をすることはならず、納屋や土蔵の入り口で別に煮たきをして、一人で食べることとされていました。これを別火《べっか》といいます。大飯郡高浜町内浦地方では(6)、生理中は水車小屋にこもって生活をしたり、村境に行って食事をしたそうです。ケガレている間は、餅などのハレの食べものも食べてはいけないとされていたため、村はずれの山の中で食べたといいます。

生理中別火の生活をする住居を、月小屋とか不浄小屋・ベツヤ・タヤ・ヒマヤなどといいますが、当地においては産小屋と共用になっており、敦賀市白木・色ヶ浜ではアサゴヤ、沓《くつ》ではクチゴヤ、産室をフカゴヤ・オオゴヤとよんでいます。アサゴヤは「浅小屋」、フカゴヤは「深小屋」の意味で、ケガレの度合いをあらわしているといわれています。すなわち、当地の不浄観においては、月経のケガレ（赤不浄）よりはお産（白不浄）の方が深いとされているのです。

また、三方郡三方町（現若狭町）の常神半島では「生き火より死に火はきたない」という言葉があり、白不浄や赤不浄より、さらに黒不浄の火がきらわれました。

もっとも最近の研究では、血穢は後世の宗教者によって流布《るふ》された浄穢観念で、もともとは血をケガレとする観念は、日本人にはなじみがうすいものであったとする仮説も提起されています。

したがって産小屋も、大切な出産の場所を、一定期間ふだんの雑然とした住まいの場から清浄な場所に隔離して、だれにも気がねなく心やすらかに子を生むための施設といえるかもしれません。

3　産小屋の生活

陣痛のことを「ハラゲづく」とか「ケづく」「コバラが痛む」などといいますが、このような出産間際の状態になると、いよいよ産小屋にこもり、一人で寝とまりします。(7)

産小屋の入居期間も土地によって一定しておらず、敦賀市立石では出産の日から数えて、長子は二十八日（明治時代は四十二日）、次子以下は二十一日、白木では男児二十三日、女児二十四日と決められていました。白木ではつい先年まで産小屋が使われていましたが、市街地の産院で出産するようになってからは、退院後にしばらく静養する場所になりました。(8)

現存する産小屋からは想像できませんが、もっとも古い型を伝えているのは、昭和二十年代（一九四五〜五四）まで使用されていたという敦賀市池《いけ》ノ河内《こうち》の産小屋でしょう。

池ノ河内は、敦賀市の市街地から一〇キロほど離れた、滋賀県との県境に位置する標高三〇〇メートルの戸数十一戸の山村です。敦賀市内を縦貫して流れる笙の川の水源地に当たり、池ノ河内湿原の名で知られています。

お産をすると、屋敷内に一メートル四方、高さ二メートルの急ごしらえの掘っ立て小屋を作り、藁・カヤなどで屋根をふき、入り口には菰をつるします。小屋の中には魔除《まよ》けのために鎌をつるし、小屋の中央にはこぶし大の石を三つ、正三角形に配置します。(9) 実際は使用したわけではありませんが、これは、いろりのしるしといわれています。かつてはこの産小屋の中で分娩し、新生児とともに寝起きしたものと考えられますが、戦前にはすでに形ばかりの儀礼的な施設になっていたようです。

家の中で出産後三日目の夕方になると、産婦は子どもを抱いてしばらく産小屋に入ります。そのとき、ニシン三本にごはん一杯を膳にのせ、いろりの上に置きます。産後七日目のコヤガリ(小屋上り)の日に、仮設の産小屋をこわして、村の下手を流れる笙の川に流します。伝承によれば、昔はお産があるたびに産小屋を建てて、そこで出産し、一定期間新生児とともに寝起きをしていました。ところがある年のこと、狼に母子とも食い殺されるという災難がおきて、それ以来、このしきたりは形式化したといわれています。

なお、池ノ河内の産小屋に類似のものとして、京都府天田郡三和《みわ》町大原(現福知山市)垣内には、天地根元造り(10)の産屋が今も保存されています。

三方郡美浜町丹生《にゅう》でも、大正初期まで分娩のつど小屋屋敷に四畳ほどの小屋を建てて、コヤノウチという三十三日間をその中で過ごしたといいます。柱や木材は残し、お産の汚れものや、屋根の藁・菰などは浜で燃やしました。

古くは産小屋そのものに火をつけて焼いたらしく、谷川健一は「産屋の砂」(『古代史ノオト』所収)のなかで、次のように述べています。

丹生の部落で幾人かの老婆にあったとき、私は数年来、切望していたこと、すなわち産屋に火を放って焼く話を聞くことができた。丹生ではお産をするときには、初子は実家にもどって産む。もっともこれは丹生にはかぎらない。丹生では次子からは婚家で産んだという人もいたが、なかには実家で三子まで産んだという人もおり、まちまちである。おそらく以前は、実家ですべて出産したのではないかと想像される。

産屋は実家の屋敷の中に立てられる。それはせいぜい畳二枚か三枚しく程度の広さのものであって、屋根も壁もすべてワラで作られる。一番底は砂がしかれたと言っているが、正確には砂まじりの土と言ったがよい。丹生の海岸べりの土はすべて砂がまじっている。砂の上には他所とおなじくワラシベをおく。ワラシベを立石半島ではスベと呼んでいる。丹生では初子は三十三日、次子からは二十七日の産屋生活をした。産屋には炉はなく七輪(11)がもちこまれた。出産後の一週間はワラにもたれたまま寝た。食事は家からはこんだ。あとでは産屋のくらしは二十五日となり、初めの十五日間は陽にさらされると罰があたるといわれて小屋を出なかった。風にあたったらいけないともいわれて窓も開けなかった。あとの十日はちょっと小屋の外に出た。産屋を出て家にもどるときには、潮水で髪を洗った。

産屋はあとで火をつけて焼かれ、こわされて、海に流された。そして「私が産屋を焼いたという丹生の話を重視するのは、『古事記』(12)にコノハナサクヤヒメが、戸の無い大きな家屋を作り、その中に入って土をもって塗りふさいで『その殿に火をつけて産みたまひき』という記述があるからである」と言及しています。

また谷川は、常宮《じょうぐう》の河端亀次郎さんが、産小屋に敷く砂を「うぶすな」とよぶとの伝承に注目して、「産土」(13)の語源を明らかにしました。

敦賀市常宮・縄間《のうま》・沓《くつ》では、お産のたびに新しい浜砂を敷きつめ、そのうえにワラシベやゴザ・ムシロを敷いて、産褥（出産のための寝床）としました。浜砂のかわりに灰をまいたところもあります。いずれも出血や後産《あとざん》の処理のために吸湿性のよいものが用いられました。(14)

岡崎純の詩にあるように、産小屋では力綱《りきみづな》につかまって、背後から母親に抱いてもらい座産で分娩しました。(15)方角も北を避け、東か南、またはその年の恵方《あきほう》（縁起のよい方角）を向いて産んだそうです。産神として箒を拝むところもあります。

ヘソの緒は金気をきらうため、アワビ貝や竹ベラ、茶碗の破片で切りました。そしてよく乾燥させて保存しておき、病気の際に煎《せん》じて服用すると効用があるといわれています。(16)胎髪とともに便所の入り口に魔除けにつるすところもありました。

胞衣《えな》(17)・胎盤をアトザンとかノチザン・ヨナなどといいますが、海岸部では砂浜に埋めたり、海に流したりしました。(18)一方、母屋の大黒柱の根元や日の射しこまない部屋の縁の下、桑の木の根元、水田のミトに埋めるところもあり、ヨモノ（獣）にヨナを食われると子供の夜泣きがやまないとの言い伝えもあります。

産小屋には村中から続々とコヤミマイが届けられます。乳がよく出るようにと、タイ・コイ・オコゼもふんだんに食べられ、だれに気がねなく休養できたので、産小屋での生活はまるで天国のようであったと、白木のお婆さんたちは昔の日々をふりかえり、若かりしころをなつかしんで言うのでした。

註

（1）　福井県の越前岬（丹生郡）と、京都府の経ヶ岬（竹野郡）とを結んだ線の内側の海域をいいます。

（2）　筋道の立たないこと。戦争はそもそもすべて不条理なものですが、この詩では、「幾本もの力綱をなった」（つまり何人も子どもを生んだ)のに一人しか生き残っていない、というところにそれが凝縮されています。
(3) 軒下に一段低く屋根をさしかけ、周りを簡単に囲って造った部屋。物置や作業場などとして使われます。
(4) 何が清らかなもので、何がけがれたものか、についての考え。これは同時に、清らかなものを良しとし、けがれたものを排しようという意識につながります。
(5) 船底の板一枚を隔てて、下は生きて戻れないかもしれない恐ろしい海である、という意味。船乗りはいつも危険にさらされていることをたとえたものです。
(6) 改まったこと、正式なことを指します。反対に日常的なこと、正式でないことはケ(褻)といいます。
(7) 出産間近に、子宮《しきゅう》が収縮することによって生じる痛み。周期的にくり返され、分娩《ぶんべん》が近づくにしたがってその間隔が短くなります。
(8) 長男または長女。第一子。
(9) 真菰《まこも》を織って作ったむしろ。のちには藁でも作るようになりました。
(10) 壁を造らず、屋根を直接地上に置いた形の造り。
(11) ものを煮たきするのに使う土製のこんろ。
(12) 奈良時代に成立した全三巻の歴史書。天皇の命で、稗田阿礼が暗唱したものを太安万侶が選録しました。天皇の系譜、神話、伝説などが記されたもので、コノハナサクヤヒメのことは上巻に書かれています。
(13) 人の生まれた土地。生まれ故郷。
(14) 胎児の分娩後、胎盤(胎児を保護・育成するための器官)を排出すること。
(15) 出産のとき、産婦や子どもを守ってくれると信じられている神。

(16) 胎児のときから生えている髪の毛。産毛・産髪《うぶがみ》ともいいます。生まれて七日目にそる風習があります。

(17) 胎児を包んでいる膜。一般には、胎盤も含めて、後産で排出されるものの総称として使われます。

(18) 水田の水の排水口。シリミトともいい、下の田に水を取り入れる口でもあります。

(『全国の伝承江戸時代 人づくり風土記 聞き書きによる知恵シリーズ(18)ふるさとの人と知恵・福井』企画・編集組木社、農村漁村文化協会発行、一九九〇年六月)

第五章　山八神事・ガリアイ・八朔綱引

1　山八《やまはち》神事

⑴行事の名称

「山八神事」もしくは「山八の御講」と言い、その名称の語源として、一般的には神事が行われる男山八幡神社の略称の「山八」とされている。かつて民俗学者の谷川健一は来若の折、神事の中で柱に赤土で「山八」と書くことから、根来峠を越えた滋賀県の旧朽木村小入谷（現高島市）、すなわち「小丹生」の地名起源説に基づき、「小入」を「山八」と誤記したとし、辰砂（水銀）の産地との関連を説いたことがある。

⑵実施場所

小浜市下根来は、北川の支流の根来川（遠敷川・音無川）の中流沿岸に所在する山林業を営む戸数三十五戸の渓谷の集落。下から白石・高野・下根来の三集落が川沿いに点在する。白石には「若狭国鎮守一二宮縁起」によると霊亀元年に若狭彦神、養老五年に若狭姫神が降臨されたとされる白石神社が、椿やタブの巨樹の社叢のなかに鎮座する。その下方の渓流には鵜の瀬と呼ばれる深く淀む淵があり、その河原で毎年三月二日夜におごそかで荘重なお水送りの神事が営まれる。

⑶実施時期

毎年三月二日（旧暦二月）午後の神宮寺でのお水送りを前に、八幡神社の長床で午前十時より準備作業後に神事が行われる。

⑷伝承組織

八幡神社の氏子約四十戸から選ばれた宮役（一和尚二人・二和尚二人・三和尚二人）が準備する。宮座の当番が毎年交替し、元に一回戻ることを「ハナガエリ」という。

⑸由来・伝承

本来「山八神事」と「お水送り」は当区が主催する五穀豊穣を祈る重要な年頭の神事とされてきた。白石の原井太夫家の伝承によると、東大寺の初代別当良弁僧正は当家の次男とされ、乳児の頃に鷲にさらわれて行方不明となり、その後、良弁は東大寺の別当に出世し、持仏の柳の木の十一面観音が証拠となり、母親と面会する。母堂が臨終の際、若狭の水が飲みたいと所望したため、良弁が若狭の方を向いて末期の水を祈願したという。その由来により当家は代々、お水送りの世話役を務めてきた。遠敷明神が二月堂の修二会に閼伽の水を送ると約束したとの『東大寺要録』の記事とは異なり注目される。かつては当区が主体となり見昌寺と神宮寺を招いて神事を執行してきたが、途中で見昌寺が抜け、約五十年前より神宮寺が主宰するようになり現在に至っている。

⑹実施内容

神事はまず、宮役の二人が事前にユンダノキ（ヌルデ）で「バイ（祝い棒）」を作成し、社殿の裏から赤土を採取し御神酒で捏ねて二つ「ドマンジユウ」を作り、お盆に載せて用意しておく。午前十時半に氏子一同が正装して拝殿で二拝して長床に集合。市長や区長などの区の役員も参席する。神宮寺の山川住職が上段の白石明神に向かって着座し、囲炉裏の周りに宮役、その下段に氏子十名が並ぶ中、山八神事が厳かに行われる。途中、住職・宮役がバイを畳に叩き付けるのは修正会の乱声に他ならない。その後、全員が香水や樒の葉、洗米で体を清め、ドマンジユウが廻され、各自赤土を舐めお神酒をいただく。正午前に、長床の二本の柱に袴姿の一和尚二人が赤土で「山八」と旧年の文字の上になぞり書きをして終了となる。

(7)行事内容の変遷

八幡神社所蔵の『下根来三社宮役年中行事覚』及び『一和尚年中行事覚』によると、「二月二日御講　土ニテ山八ノ行事　五穀成就　桜本出張祭典」とあり、「二月」が新暦の三月に訂正されている。桜本とは神宮寺の桜本坊別当のことである。また「昭和五六年正月神宮寺別当尊護写之」と後書きのある『一和尚年中行事表』には「三月二日修二会」とあり、以下の記事が見える。「山八ノ御講　一和尚ハ赤土饅頭ヲ神酒豊ニ練リ、ばいヲ添ヘテ二盆ツクル、外ニばいヲ七本用意スル、其ノ他ハ初御講ニ同ジク行フ、午前十一時、神宮寺桜本坊別当参社シテ、長床上段ノ間ノ白石明神ノ壇ニ於テ、白石明神御本地仏ノ薬師如来ノ悔過法ヲ修法シ、終ツテ御講、樒ノ葉、手水、香水洗米ハ、前二回ノ御講ニ同ジ、ソノ次ニ御祈禱シタ赤土饅頭ヲ役頭ガばいノ先端ニ少シ付ケテ差シ出スノヲ、講衆一同ガ一和尚ヨリ次々指先ニ付ケテ各自ガ舐メル、終ッテ一同用意ノ白イ半紙ノ中心ト四隅ニ赤土ヲばいニ付ケテ押シ、四ツ折ニシテ牛玉木ニ挟んで持チ帰り、畑ニ挿シ麻ナドノ豊作ヲ祈ル、御講ノ結ビニ至テ、役頭両人ガ赤土饅頭ノ盆ヲ持ツテ長床ノ下段ノ間ノ二本ノ柱ニ、『山』ト『八』ノ字ヲばいノ先ニ付ケタ赤土デ書キ、農耕祈願ヲ行ヒ、オ開キトスル」(「お水送り修二会神事」は略す)。一月四日の修正会に配布された牛玉紙は、各自牛玉木にはさみ、一月二日のツクリゾメに虫除けと五穀豊穣を祈って田に挿す。ばいは麻の豊作を祈り畑に挿したが、いずれも現在は行われていない。

(8)類似の祭り・行事

奈良市押熊では井戸で若水を汲む際に、釣瓶にタチバナを入れて「ワカサ、ワカサ」と唱えながら福を汲むとされ、いわば民間のお水取りが行われている。また、滋賀県余呉町摺墨・上丹生(現長浜市)ではオコナイの際に、寺の柱に酒で溶いた赤土の泥を塗る。近江には長命・息災を祈って朱印を額に押捺する事例もあり、当社の山八神事も同様のオコナイの習俗と考えられる。

2 坂尻《さかじり》のガリアイ

(1)行事の名称

ガリアイとは「狩りあう」こと、すなわち小正月における来訪神行事の「キツネガリ」のことで、嶺南各地では一般的に「キツネガエリ」とも言い、美浜町新庄では「カエリ」が訛って「カイロ講」とも呼ばれている。小浜市若狭では「ガンヤリ」、同泊では「ガヤリ」と言い、十八世紀末刊の『拾椎雑話』（木崎惕窓）の「左義長の事」に「狩やれ、狩やれ、狐の鮨は」とある。美浜町山上や太田ではかつて子供たちが冬に着用するデンチ（ドンギ〔胴着〕）ともいい、防寒用の綿入れの袖なし羽織）の背守りの小型の祝い棒を「カリライ」と呼称した。

(2)実施場所

坂尻集落は、天王山（三三〇・七メートル）山麓の旧国道二七号沿いにある戸数五十戸の半農半漁の集落。海抜〇メートル地帯のラグーンの機織池《はたおり》は水田化され、海岸に防風林の松並が続き、冬季は用水が流れず小規模の天橋立のような景観となる。

(3)実施時期

本来は一月十四日夜に行われたが、区の新年の行事が多くあり、子供たちも学業に忙しいことから、現在は小正月前の日曜日の夜に変更されている。

(4)伝承組織

元来、男子児童の行事であったが、男子だけの行事では女子児童がかわいそうという理由により、「カマドマツリ」の名目で昭和二十五、六年ごろから女子児童が各自拍子木を持ち、打ち鳴らしながら「火の用心」を唱えて村通りを回るようになった。祖父母や父母に背負われた乳幼児から参加し、年長組の中学二年生が大将役を務めリーダーとして行事を指導、差配する。中学三年生になると進学の勉学のため「オキャクサン」として時折り顔を出す。女子の場合も特に役割の名称はないが、年長者がリーダー役を担う。

(5) 実施内容

毎年小正月の前夜に、子供たちが銘々祝い槌と重箱を持参して当番のガリアイノヤドに集合し、午後六時半ごろからいよいよガリアイに出発する。まず、氏神の一言主神社に参拝し、村通や細い路地を抜け集落を一周。その際に、「キツネのスシは七桶半《なか》ら八桶に足《た》らいで地頭殿のおおせでキツネガリするといの　ガリアイガリアイ」と大声で唱えながら、解体した門松を削って作った祝い槌で銘々が激しく地面を叩きまわる。一旦宿に帰って宿が用意した豆やオツケモンをおかずに夕食を食べたあと、次いで七時、九時ごろにも同様に村中を回り、その間、宿でカルタやすごろく、現在ではビンゴゲームなどをして楽しく過ごす。前日までに厄年(初老・還暦など)や結婚、新築などの祝事のあった家から集めた祝儀で購入した学用品やお菓子を年長者の大将が分配をする。

その後、年長者の子どもたちが真夜中の午前零時頃に村中の玄関口を祝い槌で叩き、元気よく「今年の年はめでたい年で　カドにはカドグラ　セドにはゼニグラ　中には不動の宝蔵」と年誉め、家誉めの文句を唱える。さらに漁師の家の前では「一番福」、農家の前では「福は内」、商家の前では「末繁盛」、また新婚、新築、厄年の家の前では「祝いましょう」と唱えて新年の景気づけをする。祝い槌は長さ約三〇メートル、太さ五センチほどの横槌で、切った門松の全面を削って大人が作成するが、その木肌には「家内安全」「息災」「家内繁盛」「延命」などのめでたい文句を書き込む。

年長者のみ宿に一泊して朝を迎えたが、子供が外泊するのは風紀上問題があるとして現在は全員帰宅する。なお、当地では戦前ドンドの火が船小屋に燃え移りボヤとなったため、それ以降ドンドは廃止となったが、漁師が当日流木や流れ藻などを浜で焼却する際に銘々松飾りを持参して燃やしている。

⑹行事内容の変遷

前述したように、本来は学術用語で「小正月の訪問者」とされている来訪神の行事であり、小正月前夜の一月十四日の夜に行われていたが、国の祝日の変更や学業への影響を勘案し、坂尻区の役員たちと大将役を中心に、毎年年頭に支障のない日を選び年間の行事計画を立案し周知する。元来男子児童の子ども組の行事であったが、参加できない女子児童の淋しい心中を鑑みて、男子とは別に戦後「カマドマツリ」の名目で村中に防火意識を訴えて拍子木を鳴らし「火の用心」を唱えて回るようになった。五、六年前からはガリアイノヤドも坂尻公民館に変更され、男女合同で集合する。少子高齢化の影響で当区も子供の数が減少し、毎年十人ほどが参加。祝儀も全戸から五百円ほど集金するが、子供のいる家や祝事のある家は各々千円を寄金する。宿での遊びも双六やカルタからビンゴゲームに変わり、祝儀もその賞金や学用品の購入に充てている。呪術性を秘めているとされる唱言も、「地頭殿のおおせで」が「地蔵殿のおおせで」となるなどの一部に変化が見られる。

3 日引《ひびき》の八朔綱引

⑴行事の名称

旧暦八月朔日《ついたち》、改暦後の現在は九月一日午後に開催される綱引き行事を名付けて、古来「八朔綱引き」と呼称している。単に「八朔祭り」「綱引き節句」とも呼ぶ。

(2)実施場所

高浜町日引は、京都府との最西端の県境に位置し、内浦湾をのぞむ半農半漁の戸数二十戸の集落。集落背後の山麓に広がる広大な美しい棚田は先年「棚田百選」に選ばれている。氏神の気比神社は集落の中ほどにあり、その前庭で八朔綱引きが毎年開催される。宗旨は真言宗高野山派正楽寺で、本尊の木造観世音菩薩立像は高浜町指定文化財、絹本着色紅玻璃阿弥陀像は福井県指定文化財である。釣り客相手の民宿を営む家も数戸ある。

(3)実施時期

九月一日(旧暦の八朔)

(4)伝承組織

村中全戸が参加して、気比神社を境に二組に分かれて開催する。本来は若連中の年中行事であった。

(5)実施内容

当日午後二時から一時間半ほどかけて、農家十戸から昨年収穫した藁を持ちより、二組に分かれて当番の家の納屋で、「ヨイヨイ、ヨーヤサー、ヨーヤサー」と威勢のいい掛け声をあげて、長さ約三〇メートル、太さ(直径)五センチほどの太綱を綯う。本来はこの作業に女性は遠慮して参加しない。太綱が練りあがると、日引漁港の岸壁に運び、二本の綱を海中に垂らして三十分ほど漬けて清める。その後、気比神社の拝殿前の左右に大蛇がとぐろを巻くように左巻きにして安置する。「稲の穂」と呼ぶ綯い上げた綱の先端に、平年は十二本、閏年は十三本の新藁を束ねて組み込む。以前は「ワサ」(早稲)と呼ばれる青い未成熟な稲穂が綯いこまれた。左側の綱の穂が長く作ってあり、「ヒデコモチや」とか「オクテとワセの違いや」などとその出来を評した。拝殿には洗米が供えられるが、神職による神事は一切行われない。

終了後は一旦解散し、午後五時前頃になると、村中のあちこちから老若男女の住民が集まって銘々氏神に参拝。海と山にそれぞれ二組に分かれ、「ヨイーサ、ヨイヤーサ」と大声を張り上げて二回太綱を引き合う。勝敗にこだわらず二回目に、藁綱の真ん中を石か瓦の破片で切って綱引きの神事を終了する。刃物は絶対に使わないこととされている。切断された二本の藁綱は境内のタブの古木の根元に納め自然に腐らせる。その後、子供たちにはお菓子を与え、大人たちは社務所で直会の夕食会に参加し綱引きの行事を終了する。

(6) 行事内容の変遷

本来は風除けと豊作祈願の若連中の主要な年中行事として位置付けられていて、気比神社を中心に左右に集落を二分して綱を引きあった。どんなことがあっても中断してはならないとされていたが、明治時代にたまたま豪雨が降り、藁綱を切らずに放置したところ、気比の神さんが夜通し綱引きをして、一晩中村の者はその騒がしい音で寝つけなかったという。それからは必ず太綱を切断することにしている。現在は二組に分かれるのもかなりアバウトになり、「海」と「山」に分担するが、本来はやはり新年の生業の予祝を意図した綱引きであったに相違ない。また、綱の先端に綯いこむ新藁もかつては稲穂であり、若狭地方に見られる穂掛けの初穂儀礼を想起させる。

(7) 類似の祭り・行事

綱引きの神事は年頭に行われる東日本型のものと、九州地方を中心に見られる秋期の十五夜綱引きの系統の西日本型に大きく分かれる。県内各地で行われる綱引き行事はすべて正月・小正月に行われているが、当地の八朔綱引きは西日本型の境界に属していると考えられる。西日本には菖蒲綱引きや盆綱引きも行われている。ちなみに全国的に唯一の「日向の水中綱引き」は小正月の行事であるが、佐賀県唐津市波戸には盆の水中綱引きが毎年村中総出で行われている。

なお、大浦半島の西側の舞鶴市大波上のアクマバライや、同上根・別所・布敷・今田のエトンビキ（エントンビキ）と呼ばれる子供たちの蛇縄の行事も八朔に行われている。『青郷村誌』に「（七月）二十八日ニハ、子供等相集リ、自身ニ集メシ藁ニテ蛇形ニ大縄ヲ綯ヒ、コレヲ絢ヒ、コレヲ東西ノ区境ノ松ノ木ニ高ク結ビワケテ、以テ悪魔ヨケトセリ、今ハ廃レタリ」とあり、かつて青葉山麓の村々にもエトンビキに類似した「蛇グリ」と呼ばれる行事が行われていたことがわかる。稲・米には古来稲魂があると考えられており、その稲藁や藁灰、籾殻にも呪力を感じ応用した神事・儀礼が祭事として全国的に広く行われている。

（『福井県祭り・行事調査報告書　福井県の祭り・行事』福井県教育委員会、二〇一五年三月）

付1　無形であることの「恍惚と不安」

よくよく考えてみれば、「無形」とはなにかが時にはわからなくなることがある。「民俗文化財は衣食住、生業、信仰、年中行事などに関する風俗慣習、民俗芸能およびこれらに用いられる衣服、器具、家屋その他の物件で、日本国民の生活の推移の理解のため欠くことのできないものと規定され、前段は無形の民俗文化財、後段は有形の民俗文化財とされる」と『日本民俗大辞典』の「民俗文化財」の項にあるものの、つくづく用語、語義の規定はむずかしい。「など」とはなにか、「前段」とはどこまでをさすのか、考えてみればすんなりとは理解しがたい。私自身数項目執筆したが今となると不安になってくる。ここでは「民俗芸能」までが前段の「無形の民俗文化財」であるから読点を打ち、「および」から「有形の民俗文化財」とすればすっきりするかもしれない。

ちなみに文化庁監修『無形文化財・有形文化財要覧1』には、文化財を「有形文化財」「無形文化財」「民俗文化財」と三つに分け、さらに「民俗文化財」を「衣服、器具、家屋、その他の物件(有形)」を有形、「風俗慣習・民俗芸能(無形)」を無形と図示してあるから、一応は無形民俗文化財がわかりやすく説明されている。ここまではおさらいである。

しかし、厳密には無形にあらざるものはない。要は無形民俗文化財を保持・伝承しているのは所詮有形の、さらには有限の人間である。先日来、周防大島、相模湖町、群馬県甘楽町・鬼石町を調査で訪れたが、日本全国どこもかしこも少子高齢化、過疎地化し、現に限界集落に数えられている地域もざらにある。そのようななかでほそぼそと民俗芸能を継承されていることに対し、ただ敬服するしかないが、相当厳しい状況に追い込まれていることは聞書きのはしばしに感じられる。

たとえば表向き毎年続けられている正月行事を指定しようとしても、地区内の内部事情をたずねてみると、肝心の重役(当屋・祝《ほおり》など)の引受け手がいないなどの、きわめて基本的な難題に直面している地域もある。そこはいくつかの町指定もあり比較的民俗文化の豊かな土地とされてきたところにもかかわらず、一歩踏み込むと内情は必ずしも単純ではないし、決して楽観的ではない。ましてや民俗芸能の演者となるとさらに若い後継者が不足しているかみつからないという、絶望的な地域もある。さまざまな要因が考えられるが、有り体にいえば村落共同体を崩壊させた戦後日本の農政の失策に原因があることは自明である。その画期は高度成長期以降の民俗文化の衰退となって著しい。

このたび、第三十五回福井県民俗芸能大会の開催に際して、併せて出演団体の代表者との意見交換会が計画され、民俗部会から入江宣子さんと出席し、各部門からそれぞれが置かれている現況を拝聴させていただいた。いずれも当事者が直面しているさまざまな苦難と工夫に心打たれたが、その折、配布された資料の「民俗芸能アンケート集計結果」によれば、主に地域の少子高齢化や勤務形態の変化(サラリーマン化)、祝日の変更などによりその対応に苦心惨憺していることがうかがえる。今時の若者の感性にマッチせず、古来伝承されてきた意義を理解することなく、ただ民俗芸能を古臭いものとしか受け取られかねない面もある。「民俗芸能の成り立ちや目的を、今一度、問い直す必要がある」との意見はもっともである。

しかし、ただ手をこまねいているばかりではない。たとえば坂井市長畝の日向神楽のように積極果敢に、民俗芸能を地域全体の町おこしに活用し、逆に後継者が増加して、再現化された本家本元の高千穂神楽より祖型を保持しているとの誇りさえ感じられる。保存会の改革や、区民の積極的な参加がしやすいような柔軟な対応も求められている。幼少期からの芸事の習練、「伝統文化こども教室」の開催など前向きな提案には注目して聞くべきものが多い。衣装や道具の新調、祭礼費用等の補助金も極力対応してもらいたい。敦賀市沓見のように団地の移住者も仲良く祭礼に一区民として参加し、交流を深めている地区もある。

大会に先立って、「近年の少子高齢化や生活様式の変化により、その存続が危惧されている伝統行事や民俗芸能、生活文化を、全町あげて次世代に保存・継承していくことを目的とする」若狭町伝統文化保存協会設立総会が開催された。町が一丸になり全集落から代表会員を選出して組織された、強力で先端的な取り組みに賛意と敬意を表したい。なにより県指定無形民俗文化財の多いことに、「若狭」発端の町としての当町の誇りと自信を感じる。

「県内のたくさんの民俗芸能の中から、特に、次世代の地域文化の担い手である子どもたちが出演する芸能を中心に紹介」（広部教育長挨拶）された、第二回「ふくいふるさと祭り」は、さすがに傑出したものばかりでいずれも十分堪能した。なかでも勝山左義長ばやし保存会の「左義長ばやし」はとりわけ華やかで、活気にあふれ、浮き太鼓につられて観客も一緒に踊りだしたくなるほど愉快で楽しい。

指定に携わった一人として誇らしくなるが、とはいえ、今年は荒天のため寒気で三人に一人が体調を崩したという。寒空のなかでこそ雪国の春を待つ心がひときわ華やぐが、荒天が「三年続いたら続行不可能」とのこと。むしろ本来は小正月行事であることから、一月に戻すことはできないものか。ともあれ、勝山左義長はツクリモノや時世風刺の川柳、冬空を彩る華やかな短冊飾りにもいろいろと趣向がこらされ、終盤の弁天河原での「火の祭典」のクライマックスに至る、今様の風流の精神が横溢している。「選ばれてあることの恍惚と不安われにあり」と太宰治は書き残したが、指定された無形民俗文化財の「恍惚と不安」のアンビバレンスな感情を克服するためにも、若者をひきつける祭礼のカオスをかぶく、バサラの心をもっと見直ししたい。左義長ばやしの熱演を見ながらふとそんなことを考えた。

（『ふくい無形民俗文化財』福井県無形民俗文化財保護協議会、二〇〇九年四月）

第六章　福井県の田遊びと田楽

1　田遊びと田楽のあいだ

文研の芸能観賞シリーズ『民俗芸能入門』（文研出版）のなかで、西角井正大は「民俗芸能の分類」として「神楽」「田楽」「風流」「獅子舞」「祝福芸」「人形繰り」「民謡」の六つに大きくわけ、「田楽」についてはさらに「田遊び」「田植神事」「田楽踊り」「田楽能」「田植踊」に分類して、それぞれの特色や歴史・芸態等について要点を簡記している。田遊びや田植神事を大きく田楽でくくるのは問題はなくもないが、初心者の理解を深めてくれる好著である。

実際、全国各地の田楽・田遊び・田植踊りと称するもののなかにも、必ずしも名称が定かではなく、定義通りの分類があてはまらないものもないわけではない。県内の民俗芸能のなかにも、れっきとした田遊び以外に、田遊びとは称していないが稲作の所作を伴うものや、オコナイ系の予祝行事も各地に点在しており、田楽も若狭の春祭りや秋祭りに王の舞や獅子舞とともに登場する。池田町水海の田楽能舞は、いわずとしれた田楽と猿楽能の混合形態として今に伝えられている。

そのような意味においても、福井県は実に多様な民俗芸能が各地に混在していて、事例にことかくことはない。ここであらためて、県内に伝わる田遊び・田楽・田植神事等について、系統だてて紹介しよう。

2 田遊び以前

ここで「田遊び以前」として、年頭における数かずの稲作の予祝儀礼において、素朴な所作や祝意をこめた歌、言葉が伴った年中行事のなかから、その代表的なものをいくつかあげることとする。

(1) ツクリゾメ

主に嶺南地方に見られる大正月の農作の予祝儀礼で、本来は一月十一日早朝に行われたが、戦後雪が少ないこともあって、大飯郡内では正月三か日明けの一月四日に行うところもある。ツクリゾメは稲作の豊穣を祈るばかりではなく、大根やカブラの予祝儀礼も行われており、夜明けに当主が近くの田畑へ出て、当年の恵方を向き、供物を供えて三鍬ほど打ちぞめをし豊作を祈る行事とされている。

その際に田畑にさす呪具によって、①牛王木系、②シバ系、③藁づと系、④それらの混合系が見られる。牛王木とは社寺の村祈禱やオコナイなどでうけてきた牛王札を、ユルダとかユリダ・ノンダなどと呼ばれるヌルデの棒の先を十文字に割りはさんだもので「イワイギ」とも呼ぶ。杭状の形態から大根の予祝儀礼にも用いられる。シバとは同じく社寺から授けられた樫や杉・榊《さかき》・柳の枝を早苗に見立てて、「トシシバ」などと称し、「トシノミ」と呼ばれる浜砂利や川の小石を半紙に包み結わえたもの。同じく清浄な玉石を藁づとに包んだものもあり、牛王木にシバを束ねたものや、シバに藁づとを結わえ、田畑にさすものもある。美浜町耳川流域や上中町(現若狭町)内では、屋外での耕起や散米の所作だけではなく、屋内で田植歌をうたい、箕のうえで恵方をむいて餅花をこき、収穫の模擬儀礼を行う。上中町天徳寺の旧家三木治大家では、ツクリゾメの所作を演じるときに、つぎのような田植歌をうたった。

ことしゃ豊年年《ほねんどし》　穂に穂がさがる
道の小草も米がなる

ことしや豊年年　穂に穂がさがる
枡はいらいで箕ではかる
殿御さまは奥山へ　何か女郎の土産を
夏桃にさがり苺　さては梅の折枝（以下略）

⑵オマトイイリ（お的射り）

高浜町音海の気比神社で、毎年元日の早朝に行われる歩射を伴った田遊び系の神事。長床で豊作を祈る前半の神事と、社殿横で行われる初弓の神事の二段構えの構成となっている。音海に祝《ほうり》と呼ばれる禰宜二人（カミノネギ・シモノネギ）と、禰宜の候補三人の五人のゴンノカミが毎年選出され、一年間、宮仕えをする。

まず長床で年頭の挨拶や鍵渡しが行われる。そのあと、若衆三名が拝殿から三束のサカシバ（榊柴）を長床の玄関口からさも重たそうに運びいれ、カミノネギがゴンノカミの前へ進み出て、サカシバの根元をむけ、ドンドンと三回足を踏みならす。左足からまたいで「八升」、ついで右回りに「八升、八升」、株手をゴンノカミへむけて「一斗八升」と豊作を祝う。右回り、すなわち西の方向から回る所作は、雨が西空から降りだすためとされている。サカシバは三六本を一束分として、百八本用意する。百八本は煩悩を意味するという。サカシバのうえに白米をふりまき、ゴンノカミにひとつまみ宛配られた白米を半紙に包み、サカシバに結びつける。カミノネギが戸主にもサカシバを配り、甘酒をふりかけて回る。足を踏みならすのは雷鳴を、甘酒をふりかけるのは降雨をあらわし、用水に困らないよう祈雨の意味がこめられている。

社殿下のゴマタキの場で、昨年のお的を燃やし甘酒を入れて墨汁を作り、杉の木のヘギ（剝板）を十二枚（閏年は十三枚）編んで作ったお的に二重丸をえがく。初弓をひいたあと、そのお的を先頭に列を整え村通りへと降り、カミノネギの破風板にお的をこもに包んで一年間つるしておく。家の破風に的をつるし当屋のしるしとする習俗は、古くは『信貴山縁起絵巻』や『一遍聖絵』にも見られる。音海のお的射りは、稲魂がこもった甘酒をサカシバにふりかけたり、墨汁として的をえがき、悪魔祓いの歩射のあと当屋の破風を飾り、つぎの年にひきつがれるなどの稲作のサイクルがみごとにくみこまれた年頭の神事として、特異性が際立っている。

(3)シバノミイレ(柴の実入れ)

二月十一日(もとは旧暦一月十一日)の午前中、高浜町青の青海神社で旧青郷村(青・日置・関屋・横津海・出合)の五集落が参加し、豊作祈願の神事を行う。当日までに樫の木の枝に稲穂を結わえでシバタバネの準備をし、神事にのぞむ。修祓・開扉・献饌・祝詞奏上のあと、拝殿でシバカンヌシがおごそかに「宣詞」を読みあげる。読みおわるや否や、両脇に臨席していた各区の禰宜がいっせいにシバカンヌシにおそいかかり、三回奏読するたびにシバで思いっきり背中をたたく。よくたたけばたたくほど、荒天になっても良い実が入り、豊作になるといわれている。

シバはウシノシタモチとともに各戸に二本ずつ配り、ゴヘイをつけて床の間に飾っておく。かつては、ツクリゾメの日にユリダの木で作ったゴオウギ(牛王木)とシバをさし、大根・カブラを植えてお鏡を供え、三鍬ほどオコシゾメをして恵方をむき豊作を祈った。青海神社のシバノミイレは県内にはほかに類例がみられないが、三田市近辺の年頭のハナフリによく類似しており、音海のオマトイリとともに田遊びの原初的な形態がよくうかがわれる。

(4)オイケモノ

小浜市加茂の加茂神社で、毎年旧暦の一月十六日に行われる種占の神事。下社の拝殿でまずゴヘイフリがあり、そのあと弓打ち二回と社殿のない神籬《ひもろぎ》の上の宮での神事のあと、ムクの巨木の下に昨年埋めたオイケモノ(お生物)の箱を掘りだし、種子物の発芽状態で作物の作柄を占う。古くは二十四種と史料にみえるが、現在は銀杏《ぎんなん》・ドングリ(ミズナラ）・榧《かや》・野老《ところ》・栗・椎・串柿の七種類の種ものをウシノシタモチで覆い、木箱に封入している。上の宮の神事の際に、官総代が参拝者にむけ、ハナモチを「百万石」「百万石」と大声でとなえて撒き、新年の豊作を祝う。まさしく祝言による予祝である。

3　お田植え祭り

お田植え祭りは現在、敦賀市の気比神宮と高浜町宮崎の佐伎治神社の七年祭り、三方町向笠の国津神社の奉祭りに豊作を祈って奉納されている。お田植祭りは年頭や田植時期に、稲の農作を祈る神事であるが、杉や松葉などの模苗を用いるものや、実際に神田で早乙女が田植えをするもの、農作業の所作を伴うものなどのいくつかの形態がある。県内の場合、実際の田植を行うものはなく、田植の模擬行為と田植踊り・田植舞いが行われている。

⑴ 気比神宮のお田植祭り

毎年六月十五日に拝殿前の広間で、烏帽子・直垂姿の田長《たおさ》と、姉さん被りの苗乙女《さおとめ》がつぎのような田植歌を掛けあい、田長がエブリで砂をならし、苗乙女が松葉を束ねた苗を植えて、田植の所作を演じる。詞章は各二度くりかえしてうたう。

（田長）　神の御田植は、今日で候　苗乙女　今日で候　苗乙女
（苗乙女）袖打ちかついで　田を植ようよ苗乙女　田を植ようよ苗乙女
（田長）　田を植ようよ苗乙女　笠買うて　着しょうよ　笠買うて　着しょうよ
（苗乙女）笠買うて給うなら　なおも田を植ようよ　なおも田を植ようよ
（田長）　いかに苗乙女　天筒山を見よかし　天筒山を見よかし

（苗乙女）げにじっと見たうれば黄金の花も咲き候　よねの花も咲き候
　秋の垂穂のなびきたりや八握穂《やつかほ》なびきたりや八握穂
（田長）　千歳　千歳　千歳や　智登位乃千歳なり
（苗乙女）万歳　万歳　万歳や　与呂津乃万歳なり

⑵国津神社のお田植踊り

三方町向笠（現若狭町）の国津神社の春祭りは、四月三日に行われ、「越《こし》（輿）の村」「矢武勇《やぶさめ》」「大村《おおむら》」「田楽」と呼ばれる四組の神事講によって、王の舞・田楽・田植祭りが奉納される。田植踊りは「大村」が担当し、頭打ちの太鼓にあわせて「ワンナ　トンナ　三葉も咲いたら四つ葉も咲こよ　四つもとなれこそ　との村咲こよ　おしきゅ　ばんなヤーコハイヤー」と囃し、「おしずさん」「おたけさん」などと書いた紙きれを烏帽子につけた早乙女役の少年たちが優雅に田植踊りを踊る。

⑶佐伎治神社のお田植神事

高浜町宮崎の佐伎治神社の七年祭りは、巳の年と亥の年ごとに旧暦六月卯の日から酉の日（現在は新暦六月）までの七日間にわたって行われ、それぞれの氏子組織によって太刀振・お田植・神楽・曳山などが奉納される。

お田植は事代区（旧南浦町）が担当し、美しく着飾った若者と幼児が田植歌と田打ち、田植の所作を演じる。まず、着流しに角帯をしめ、白鉢巻、襷《たすき》がけをした若者がエブリ（二人）、クワ（六人）を持ち、音頭取りが「そろりの　このそろり　そとの」と歌うと「このそろり　そと　あれをさて　そろり　そとの　ん　てをやれば　てをやれば」（以下略）と受取りが応じ、「ごよがの」と呼ばれる田植歌の掛け合いで円陣をつくって優雅に舞う。

つぎに奉納される「大田植」は、三人の神主と二十余人の早乙女が登場し、「大田植」の詞章を掛け合い、エブリ持ちが田をならす所作を演じるもので、大蔵・和泉流狂言の「田植」の影響をうけているとされている。そのあとおじいさんが、「めでたく大田植わりまして　あとにションボリ小田植を行います」と言って「小田植」に移る。近江・和泉・播磨・丹後・若狭の早乙女と神主の問答形式で田植歌が奉納される（詞章は『福井県史・資料一五　民俗』を参照されたい）。早乙女役の幼児が持つ簓《ささら》は早苗を表わしていよう。

４　田遊び

県内で純然と田遊びとされる民俗芸能は、朝比奈威夫によれば福井市国山の正月神事、清水町大森（現福井市）の睦月神事、敦賀市野坂のダノセ祭り、池田町水海の鳴合《なるわい》神事の四か所とされている（「福井県敦賀市金山の田遊び〝ダノセ祭り〟」『民俗と歴史』第六号参照）。これらについては、これまでに各種の詳細な報告書類が刊行されているため、それぞれの奉納芸の概観と特徴について簡記しておく。全体的な比較、分析は今後の課題であろう。

⑴国山神事

福井市国山で四年に一度、一月三日（もとは旧暦一月七日）の夜に行われ、地元では「ナルワイ」とか「タガヤシ」と呼んでいる。稲作や養蚕の所作を演じて、農作物の豊作を祈る年頭の予祝神事である。西中座・西壁座・東中座・東壁座の四つの神座と呼ばれる宮座があり、それぞれの座から神主《こうぬし》（鍵主）四人と見習神主四人の社人衆がえらばれ、五年間奉仕する。ナルワイの主役を演ずる太夫《たゆう》のほか、古太夫・古々太夫・田主・棒振り・早乙女・酌取り・番様の役割がある。

まず夕刻、西東二座の太夫による「ショウ（所）の言い立て」からはじめ、種つけ・田打ち・麦の草取り・牛買い・苗代かき・牛洗い・牛放し・種蒔・蚕のはか・苗ほめ・田主の言い立て・東西の棒振り・大苗のはかなどの演目を、深更にかけて奉納する。舞台の中央には田に見立てられた大太鼓がすえられ、拝殿の天井にはシロダモのシバがぎっしりとつるされる。オオバンサマ・コバンサマと呼ぶ鏡餅や餅鍬が供えられ、上演後バンサマやシバを分配する。シバは早苗を表わすとも養蚕のたとえともされ、各自持ち帰り、十五日の小豆粥のたきつけとする。

⑵ 睦月神事

清水町（現福井市）大森で四年に一度、二月十四日（もと旧暦一月十四日）に行われる農耕と養蚕の豊作を祈る神事で、地元では「ナリワイ」と呼ぶ。元来は志津の庄の総鎮守、賀茂雷神社の氏子圏に属する大森・天下《てが》、末・滝波、山内・清水畑・平尾、本折・笹谷の四組九か村によって奉納されていたが、神社の火災や諸事情により退転し、現在は鎮座地の大森のみで継承されている。

当日早朝、賀茂神社に参拝後、大うちわを先頭に、チャリ（道化）・獅子舞・太鼓・笛・神輿・神主・大扇・太鼓打ち・舞子・棒さし・種まき太夫・牛仕太夫・花笠持ち・大太鼓・やっこ道中・囃子屋台と華やかな行列を仕立てて、奉納芸の祭場となる集落センターへと神輿渡御のお練りとなる。ご神体を祭壇に安置し明神参りをしたあと、大太鼓がはげしく打ちならされ、油おし（盃・長柄銚子・くわい銚子・酒樽・鯉・大根を描いた張りもの）・舞（祝い中・もどき・ささら・さいやいや）・囃子（扇本・田囃子・蚕囃子・献魚囃子・十二段囃子）・苗代打ち・種蒔・苗ほめ・福道よび・牛ほめ・牛仕いなどの演目が順次奉納される。舞台中央には米俵四俵の上に戸板を敷き、田に見立てた太鼓をすえて、農耕の所作を演じるが、油おしの鯉の絵や献魚囃子の演目から稲作・畑作・養蚕ばかりか、かつての淡水漁業の予祝儀礼がいくぶんか反映されていたことも十分考えられよう。美しく化粧をした舞子の稚児や、士官取太夫役の少年たちが大太鼓を囲んで候文の詞章を語る場面も当地の特色である。とりわけ前段の油おしの熱狂は、鳥羽市神島で元日に行われるゲータ祭を思わせる。丸い張り子の大玉を練り棒でつき破ると、蚕の出来がよいと言い、かつては鯉の目玉の奪いあいをした。

⑶ダノセ祭り

「ダノセーノセーノヤ」という田遊びの掛け声から「ダノセ祭り」と呼ばれるが、「ナリワイ」とも言い、敦賀市野坂で現在も保存会を中心に継承されている（同金山・沓見は廃絶）。当地の場合も稲作と養蚕の豊穣を祈る奉納芸であり、前段の神事「万歳楽」には削り掛けの祝棒が採り物として相互に授受される。

⑷鳴合《なるわい》神事（バイモショ・棒チギリ）

池田町水海の賀宝五社で、毎年二月十三日に行われる。

田遊びとされているが、かなり退転がうかがわれ、現在は拝殿奥に設営された祭壇の前で、ジイ（福童）とバア（姥）が交互に詞章の朗詠をし、わずかに餅鍬を回して鍬打ちをしたり、種蒔き、苗見の簡単な所作が演じられる。そのあと、縁から境内の子供にむけ棒が五本投げられ、奪いあいをして拝殿の板の間を棒ではげしくたたく所作があるが、これはいうまでもなく修正会（オコナイ）の乱声であり、近江の湖北から今庄町にかけて点々と散見される。「バイモショ」の掛声は「祝いましょう」にほかならない。

5　田楽

県内で田楽と呼ばれるものは、宇波西神社（三方町気山）、国津神社（三方町向笠）、多由比神社（三方町田井）（以上、現若狭町）の春祭りに演じられる田楽と、大飯町大島（現おおい町）の島山神社、高浜町小和田の伊弉諾神社の秋祭りの田楽があり、そのほかに唯一、池田町水海で毎年二月十五日に鵜甘神社（もと八幡神社）で奉納される田楽能舞がある。これらについても各種報告書で周知されており省略するが、前記三社は素襖と烏帽子を着用し、簓《ささら》（ビンザサラ）

と太鼓を持って囃やし、軽快に田楽踊りを演じるもので、一方、島山神社と伊弉諾神社の場合はかなり退転し、簡単な所作しか伝承されていない。

また水海の田楽能舞は、当社の前身の八幡神社の神職が書き残した由来記（文化十一年〔一八一四〕）によると、北条時頼が諸国を廻国中当地に立寄り、正月一五日の法楽として式三番と舞楽を奏したとあり、その由来を誇りとして現在に継承されている。由来記によれば、田楽の曲目は、①連中の舞（現在は「烏とび」）、②祝詞《のっと》、③三田楽《みでんがく》（御田楽・天田楽。現在は「あまじゃんごこ」）、④あま（阿満）がある。そのあと「翁」（式三番）「高砂」「田村」「呉服《くれは》」「羅生門」の五曲の能が奉納される。囃しは笛・小鼓・太鼓が用いられる。

なお、田楽の最初に演じられる「烏とび」については、京都府加佐郡大江町北原（現福知山市）の烏踊りや、福知山市天座の田楽、京都府北桑田市美山町樫原（現南丹市）の烏田楽など、各地に「烏とび」と称する演目があり、烏を害鳥視して鳥追いの芸態とするむきもみられるが、本来、烏は神使として全国各地の烏喰み神事にあるように、むしろ烏勧請の演目と考えられる。当社の「烏とび」は、黒ずくめの装束にほおかむりをし、腰をかがめながら中啓（扇）を左右に振りあげ、締太鼓と「インヤーハー」の掛け声にあわせて、交互に片足ずつとび舞台を一周する。「この舞は大八州の国造を示し、舞台（土地）の区画を定める意味をもつ」もので、「単調でありながら力強い太鼓の音と掛け声、生命の始動を思わせる舞人の所作は、万物の生命を呼びおこし、天地の邪気を払う感じを与える舞いである」との『能楽の里』（水海の田楽能舞保存会・池田の文化を守る会）の解説は、神事に先立って神饌を供え、お使いの烏がそれを食するかどうかで神意を占う、壮厳な烏勧請の主旨にかなうものである。

また、松岡町春日（現永平寺町）の柴神社で毎年三月十七日（直近の日曜日）の午前中に、祈年祭の弓引き神事が拝殿前の広場で行われる。豊島稜威夫宮司の発案によって十五年ほど前から続けられており、若連衆の木遣奉納のあと、

「しこ祓い」「田おこし」「種蒔き」「鳥追い」「田植え」「半夏生」「稲刈り」などの稲作の所作が演じられる。そのあと、弓引きをして天下泰平を祈り、恵方に向かって御年の神に拝礼し直会となるが、年頭の歩射が田遊びのなかにうまくとりいれられており、老若とも一体になって懸命に取り組んでいる。

（『福井県の民俗芸能―福井県民俗芸能緊急調査報告書』福井県教育委員会、二〇〇三年三月）

第七章　敦賀市野坂のダノセ祭り

1　伝承地と上演の期日・場所

敦賀市野坂（旧粟野村、戸数五百九戸）。嶺南一の高峰、野坂山（海抜九一四メートル）の山麓に所在する農村で、近年集落下に新興住宅地が造成され、急激に都市化がすすんで居住者が増加しており、新しく加わった住民たちも町づくりの一環として例祭にも参加している。

毎年旧暦の正月八日に、字堂後に鎮座する野坂神社の庁屋（社務所）で行われていたが、現在は例祭日に近い新暦一月か二月の日曜日または休日に変更された。これは戦後会社勤めが多くなったことと、神事を継承することを目的として学童も参加するための配慮である。上演の場も社地に隣接する公会堂が使われている。なお当社の例祭は五月五日（もと旧暦四月五日）、祈年祭は三月二十三日、新嘗祭は十一月二十五日に行われる。

2　行事の次第

⑴星祭りと式典

ダノセ祭りに先立って、午前九時より野坂神社で厄払いの星祭りが行われる。区内に在住する厄年の男女が本殿前に参列、神主が祝詞を奏上し御幣を振って厄を払う。本殿から撤饌した神饌を、宮年寄と区の役員が手渡しで御供部《ごくう》屋へ移したあと、ダノセ祭りの会場となる公会堂のお払いをすませ、午前十時より本殿前の広場に神主（公文名、天満神社菅井喜代一宮司）と宮守り（一人）、頭屋（新旧各一人）、宮年寄（六人、六人衆ともいう）、区役員（十四人）が参列し、神事が行われる。宮年寄の装束は烏帽子、水干・袴を着用する。祝詞奏上後、御供部屋の神饌をお払いし、ついで参列者一同を払う。御供部屋から順繰りに手渡しでお洗米・お神酒・スルメ・昆布・大根・人参・シイタケ・クダモノ・塩・菱餅・お鏡と、ダノセ祭りの田打ちの棒（チサの木）が本殿に供えられる。再度祝詞があげられ、新旧頭屋、農家組合長、区役員、宮総代、宮年寄の順に玉串奉奠をして参拝後、供物を御供部屋へ撤饌し本殿での神事が終了となる。その後、本殿に向かって左側にある祓殿で献饌、祝詞奏上、拝殿下の池にある弁天社でも同様の神事が行われ、午前十一時前に例年通り神事を終える。

(2)万歳楽と頭渡し

ついで十一時より社務所で、床の間を背に神主が正面の上座、その右横に区長、左右に相対して三人ずつ宮年寄の六人衆、下座に新旧の頭屋が着座し万歳楽を奉納する。末席にひかえる宮総代の簡単な挨拶のあと、部屋の外で宮守り（宮総代）が太鼓をきざみ打ちにゆっくりと打ちならし、「イワイボウ」（祝棒）を両手で高くかかげた宮年寄が片足をあげて「万歳楽とよ」と文句をとなえ、図示の通り左から右へ一歩踏みだしイワイボウを受け渡す所作を行う。この動作を左右交互に行い、最後に宮総代に祝い棒をもどし、床の間の神棚に安置する。

イワイボウは御幣の代りとされ、長さ四五センチ、直径六センチのヌルデの木で作る。地元では「カツキ」と言い樹種は桂とされているが、よく説明をうかがうとヌルデに相違ない。嶺南地方では「ユッダ」「ユルダ」「ノンダ」などといい、小正月の戸祝いやキツネガリの採り物として普遍的に用いられている。十二月中旬に近くの山から伐ってきて、宮守りが前日までに作ることになっているが、現在は大工の笹山卯一氏が細工をしている。上皮をはいで四段（上下二段）の削り掛けをほどこし、十六弁のハナビラをのこす。使用後床の間に飾り、翌年の万歳楽の練習に用いた

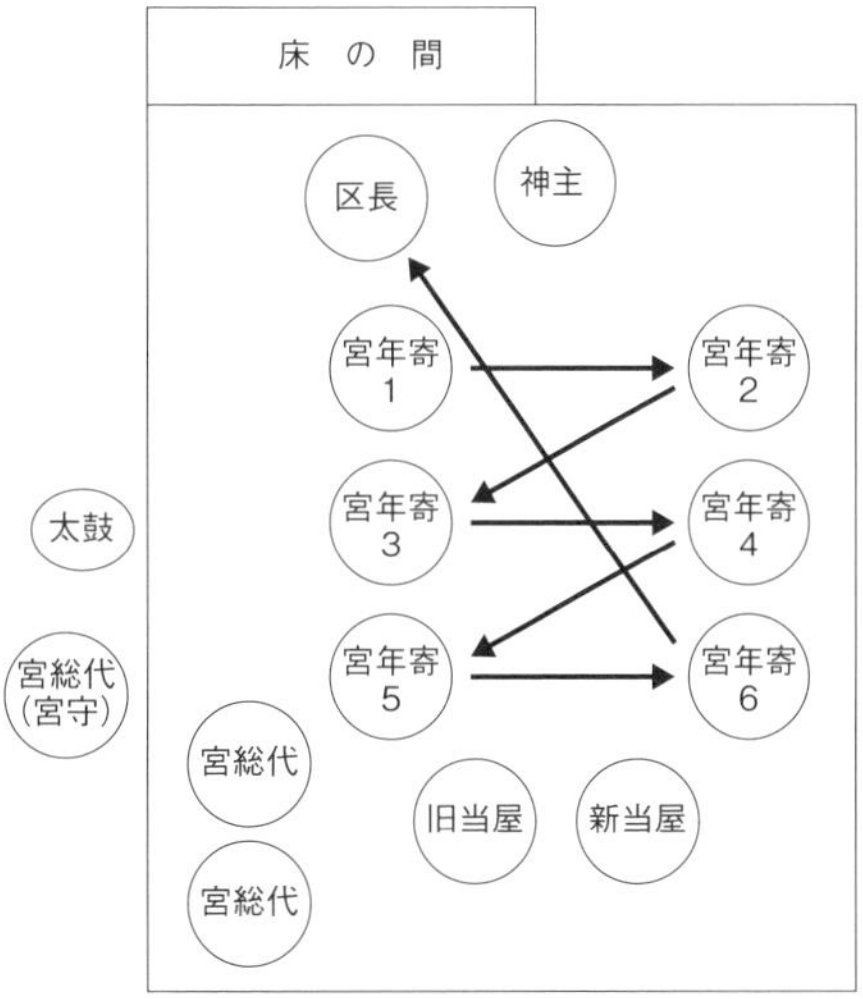

「万歳楽」の座席配置図
(高早恵美「野坂のダノセ祭り」より転載)

あと一月一五日のドンドに燃やすことになっている。

万歳楽の奉納後、頭渡しの儀が行われる。宮総代が新旧の頭屋を前にして、前年の頭屋に「一年間おつかれさまでした」と労をねぎらって重ねた上の餅を、今年えらばれた新しい頭屋には「今年一年よろしくお願いします」と下の餅を渡す。神主より頭渡しの儀の終了が告げられ、ついで直会に移り、六人衆から神主・区長・宮総代・旧頭屋・新頭屋・参列者の順にカワラケにお神酒がそそがれ、昆布・スルメと榊葉一杯分のお洗米がさずけられる。ひととおり行きわたると神主より「以上をもちまして直会を終了させていただきます」と閉会の挨拶があり、野坂神社における午前中の行事はすべて終わり、関係者一同は隣接する公会堂で昼食をとる。

(3)ダノセ祭り(ナリワイ)

午後一時すぎより大太鼓が打ちならされて、一時二十分ころからいよいよ野坂公会堂でダノセ祭りがはじまる。公会堂の一階会場の演壇には「野坂大神」の掛け軸がかかげられ、板敷きの広間が舞台にあてられる。下座に参集した観客を前にして、中央に大太鼓がすえられているほかは、いっさい飾り物は設営されていない。演壇の向って左手に宮守りが椅子に腰をかけ、歌方となってダノセの歌詞を一節ごととなえ、その傍で区長が補佐役をつとめる。

演日は現在「田打ち」と「田植え」にわけられ、田打ちは、①子供、②大人(福の種)、③子供、田植えは、①大人、

②子供（えぶり）、③大人（小昼）の順に奉納される。これは次世代に祭りを継承するため、昭和五十五年から小学生が参加することとなったためで、本来は六人衆が演じることとされていた。演目も「明治三十七年二月書写　上田八百治郎（三島）により」と記された二巻の巻子『田打の歌』『田植の歌』には、「鍬初め」「種当て」「鍬打」「田鋤」「代かき」「田植」「草取」「稲刈」「稲扱」「稲供」「牛ほめ」「苗代かき」「大足」「種蒔」「苗見」「苧紡ぎ」「養蚕」「田植」「田刈」などの詞章が筆写されており、現在はその三分の一ほどしか演じられていない（詞章は新井恒易著『農と田遊びの研究』上、石井左近著『敦賀郡神社誌』を参照されたい）。

まず宮守り（歌方）が「阿良田主。五畿七道尓波陸乃道、南海道、東山道、東海道、西海道、山陰道、山陽道、王城与里丑寅向、北陸道波七ケ国、中尓茂越前国敦賀尓気比大神宮、野坂庄野坂神社大御前起羅里いんと参りて候。（以下略）」と、いわゆる福井市国山の国山神事にみられる「ショウ（所）の言い立て」の名乗りをし、「鍬初」の詞章を荘重に節をつけて朗唱する。素襖を着た六人衆は舞台の中央に伏せられた大太鼓を、両膝をついてとりかこみ、詞章の一節ごとに立ちあがりチサの棒で勢いよく打ち、「ダーノセノセノヤ」と大声で囃して田打ちと代掻きの所作を演じる。「ダノセ祭」の呼称はこの囃言葉による（ダノセは田主か）。「チサノキノバイ」と呼ばれるチサの棒は一メートルほどの枝が二本当てがわれ、田鍬を表わし、大太鼓は田に見たてたものとされ、右回りに田打ちが一回行われるたびに一反二反と数えることになっている。

詞章の朗唱を終えるごとに、「オッサイ」「オッサイ」と掛け声をあげて三回六人衆の胴上げを行う。かつては新築・新婚・出生・厄年などの祝事があった家のものを胴上げしたという。そのあと、裃姿の種蒔き（福男）が登場し、六人衆のまわりを三周し一升枡から白米を「オー、フックラタネ（福の種）をまこいのー」ととなえて振りまく。『敦賀市野坂だのせ』（三好一房著、一九九九年）によれば、「六人衆が『蒔こよ蒔こよ福の種を蒔こよ』と謡い、歌方が

『ここらほどに蒔こうよ』と謡う。種蒔男は無言だが、演出の変化であろう」とのべている。

再度胴上げが行われ、ついで「田打ち」の段となる。「田植」の詞章はつぎの通り。

なりはいのおきなハ、たのせのせゑのや、卯月にたち人、たのせのせゑのや、さつきにさうとめ、たのせのせゑのや、一二万しゃじて、たのせのせゑのや、候ひければ、たのせのせゑのや、なりはいのおきなハ、たのせのせゑのや、上千町ハ、たのせのせゑのや、朝はかたに差植、たのせのせゑのや、中千町は、たのせのせゑのや、昼はかたに差植、たのせのせゑのや、下千町は、たのせのせゑのや、夜はかたに差植、たのせのせゑのや、三千町を、たのせのせゑのや、ただいちにちに、たのせのせゑのや、植とりたまい、たのせのせゑのや、候ひければ、たのせのせゑのや、なりはいのおきなハ、たのせのせゑのや、ミずかきまうせ、たのせのせゑのや、御らんのふれば、たのせのせゑのや、上手のくんだ、たのせのせゑのや、飛入かために、たのせのせゑのや、げにさもにたり、たのせのせゑのや。

六人衆が早苗に見立てた杉葉の束を両手に持ち、太鼓を前にして互いに肩を組み、田植歌にあわせていっせいに太鼓から一歩とびはねて早苗を植える所作をし、ふたたび太鼓を背に肩を組みあうという動作をくりかえす。途中橙色の頭巾をし布きれで顔を覆った「エブリサシ」が登場し、柄振を頭上でふりまわしながら、六人衆のまわりを右回りに三周して、田ならしの所作を演ずる。エブリサシが終わると三度目の胴上げをして景気づける。

ついで、同様に六人衆が太鼓のまわりで歌方の門田の詞章にあわせて田植の所作をすると、二人の「ヒルメシモチ」(コビルモチ)が登場し、右まわりに三周し退場する。腹ボテ姿の妊婦と娘の姿に扮し、風呂敷をかぶせた小昼(空櫃)を頭上にいただき、恥ずかし気に布で顔をかくしている。妊婦姿はむろん豊作を祈ってのかまけ技であろう。続いて「稲刈」の詞章がつぎのように朗唱される。

さかゆれや。さやにさまぐれや。栄ゆれや。すわさまぐらや。
大わろや、七わろや、しゃく太郎、しゃく太郎や、ふくべとうや、田刈りなんど見まひな。
けふの田の刈数いくら、万束や、いくら万束や。十二万四千束や、あしうら万束や、あしうら万束や、
ひるひもちはよよふし、二かいもちの事から

詞章のみの演唱で稲刈りの所作は行われず、最後に区長を胴上げして終了となる。時に午後二時十五分、閉会となり、あとは二階の会場で慰労会が催される。早苗に見立てた杉の枝は各自持ち帰り、豊作を祈って田の水口にさす。タイコのバイとして用いられたチサの木の棒は魔除けとして玄関につるしたり、マムシ除けの呪具として用いられた。神饌として供えられた菱餅は、直会として区民に配られる。

3 組織

当地は『敦賀郡神社誌』によれば、垂仁天皇(十一代)二十五年に大和国十市郡の人が移住して田畑を開拓したとされ、中世には野坂庄と称して荘館があり、貞享元年(一六八四)より字上庄に安房加知山(勝山)藩の代官所(野坂役所)が置かれた。当社は懿徳天皇(四代)二十三年に伊予国越智郡三嶋大明神の祠官、越宿禰成相翁と稲鶴姫の夫婦が勧請したとされ、御嶽権現、六社大明神と呼称、延喜式神名帳の野坂神社に比定されている。むろん神社の縁起と開拓伝承の年代が合致しないが、成相翁が「ナリワイ」(生業)を意味し、稲鶴姫がいわゆる穂落神話の類話であれば、むしろダノセ祭の由来と関連づけて伝承されてきたことも考えられよう。

社家は代々越宿禰の末裔とされる宮田家がつとめ別当家と呼ばれていたが、明治以降神職を離れ、宮守りとしてダノセ祭の歌方を担当している(平成十五年より宮田勝氏が神職就任予定)。ほかに宮年寄(六人衆、花人ともいう)と宮

総代、頭屋がダノセ祭と例大祭に宮役として奉仕をする。万歳楽とダノセ祭の太鼓の打ち方を担当する宮年寄は、氏子の六十歳以上の男性から六人が選出されることになっている。任期は特になく、つぎの該当者があれば交替する。宮総代は四人で任期は三年をもって交替となる。頭屋は当番とも言い、御供田を耕作して神饌の鏡餅と菱餅を用立てる。御供田は神田であることから〆縄をはりめぐらし、決して下肥をいれたりせずに一切男手で耕作することとされていた。当日早朝に作る神饌も女性の手を借りたりしない。頭屋が関与する神事担当を「ハナント」とも呼ぶ。

このほかに、新旧住民の親睦と後継者の育成を図る目的で昭和四十七年に「野坂だのせ祭り保存会」が結成され、ダノセ祭の継承、保存活動に大きく寄与している。

4　近隣の類似の祭り

敦賀市内には、野坂のほかにかつて近隣の金山と沓見にも「ダノセ祭」が行われていたことは『敦賀郡神社誌』や朝比奈威夫「福井県敦賀市金山の田遊び〝ダノセ祭〟―翻刻・正徳四年銘田遊び台本」（『民俗と歴史』第六号、民俗と歴史の会、一九七八年）にすでに紹介されている。以下にその概略を記しておく。

⑴金山

野坂に隣接する金山では、集落中央にある字宮畑に鏡座する金山彦神社で、毎年旧暦二月十八日に古式祭（御田植式）、通称「ダノセ祭」（ダノセのオコナイ）が昭和初年ごろまで行われた。

毎年二月十五日のダノセの口開けから祭りの準備に入り、当番六人が頭宿につめて、十七日にお鏡つき、当日朝にオゴク（白蒸）と酒肴を用意する。当日昼に宮年寄、太郎治、その他が獅子を先導に、笛・太鼓の囃子を伴い社参し祈願。同時に膳上げと言って各家から頭宿へ出向き、オゴク・刻み昆布・焼き豆腐・里芋などをもらう。社参から宮年寄の一行が頭宿に戻り、「ヒツアゲ」の直会の席につく。酒がまわった頃合をみはからって、頭人六人と子供たちが、大黒柱に結んだ櫃の綱を双方にわかれて引きあう。子供勢が毎年勝組とされていた。

「ダノセのオコナイ」とも呼ばれる金山のダノセ祭は、夜七時から深夜にかけて行われるため、「夜のオコナイ」ともいう。八畳の座敷の畳をあげ四隅の柱に灯明をともして、床・板の間を舞台とした。まず、太郎治（田主・田長とも）が削り掛け状の「年越しの棒」を振って「年越しとや　万歳楽とや」と言い立てを三回くりかえす。ついで直垂を着た太郎治が「福の種蒔こいの」ととなえて舞台をまわると、子供たちは各自一本の棒を持って舞台を囲み「スイギョウスイギョウ」と叫んで床枚を棒でつきならす所作をする。修正会の乱声を想起させる。

そのあと、田圃に見立てた太鼓を舞台の中央に据えて、太郎治が音頭取りをつとめ、田植・代掻き・牛飼などの詞章をとなえると、素襖を着た八人の子供たちが（二人宛四組）が「ダノセノセノヤ」と囃し、早苗に見立てた杉葉を植える所作をしながら太鼓を右回りに移動していく。途中、エブリサシとヒルモチ（孕女《はらみおんな》）が登場する。代掻きの段になると、頭宿の土間《ニワ》で祝事のあった家の者を「オッサイ　オッサイ」と掛け声をあげて胴上げをする。この所作を「カキシロのオコナイ」と呼ぶ。新しく氏子入りした名前を読みあげると、笛と太鼓で囃して祝う。最後に太郎治は「牛飼」の詞章をとなえ太鼓を転がして、酷使した耕牛を逃がす所作をしダノセのオコナイを終了する。

翌日十九日の午後、頭宿で頭人が宮年寄を供応したあと、六社明神の掛軸をつぎの頭人宅へ持参して頭渡しを終える。道中、四辻で頭人は即興でニワカを演じた。

⑵ 沓見

金山に隣接する沓見の字宮之内に鎮座する信露貴彦神社で、戦前まで「田打ノ式」「種蒔祭」俗に「ダノセ祭」と呼ばれる田遊びが旧暦一月二日に行われた。「モロト」と呼ばれる宮株七人衆によって、田に見立てた拝殿で「百姓ノ耕作スル状ヲナシ、次ニ種蒔ノ式ヲ挙行」（『敦賀郡神社誌』）し、つぎのような田遊びの詞章が伝えられている。

今日は三十吉（朔）日、日がらもよき事にて候程に、神の田を打ちませう、

若殿原やとひましよ　是三度

春田打男のうちや　始めたりや　所よしや、そよそよ　是三度

脇は　そのま長じゃ　打や始めたりや　所よしやそよそよ　是三度

是より西に山候が、山の名をば福王でん（殿）と、山の谷に瀧候が、瀧の方に木候が、其名をばしりや水木（榊）酒や水木元打なをせ、末うちはやせ（以下略）

『敦賀郡神社誌』は「右ノ歌ヲ音頭ナル者謳ヘバ他ノ者ハたのせのせやト云ヒツツ杖（径五、大分長三尺余木ノ皮ヲ削リタルモノ）を銜キツツ苗（杉ノ若芽ニテ作レル苗ノ形）ヲ中央ニヲキテ周ルナリ」としているが、朝比奈威夫は「沓見は拝殿の床を田になぞらえ、音頭取りはモチ鍬（モチをさした棒）を、宮年寄衆は棒を持って床を突き鳴して回る」、「沓見の田植は、正月のダノセ祭には行われず五月六日の春祭（近年は五日）の行事の一つで、宮年寄の一人が苗を捧げ持って左右左に振り神前に拝をするだけの簡略なものであった」とのべており、時すでにかなり退転がみられたようである。

なお、現在金山では毎年二月十八日の午前中、金山彦神社で宮年寄九名と厄年の者が参列し、公文名の天満神社の菅井宮司により一連の祈禱が行われ「ダノセ祭」と呼んでいるが、田遊びの類はいっさい継承されていない。わずかにチサの木の棒（名称不詳）十八本や、大太穀のバチ（チサの木）、エブリ、「フキノトウ」と呼ばれる削り掛けの祝棒、杉束十八本が作られ、ハンギリに入れて供えられ、往時の盛況がしのばれる。

（『福井県の民俗芸能—福井県民俗芸能緊急調査報告書』福井県教育委員会、二〇〇二年三月）

第八章　美浜町織田神社の春祭り

1　伝承地と上演の期日・場所

三方郡美浜町佐田《さた》(戸数二百九十戸)、太田《おおた》(六十戸)、山上《やまがみ》(八十三戸)。いずれも旧山東村。敦賀半島の基部、東地区と呼ばれる旧山東村の金瀬川、太田川の流域に所在する、旧郷社織田神社の氏子、三集落によって受けつがれている。生業はかつては主に農業に従事していたが、戦後敦賀市内の会社や原子力発電所に勤務する勤労者が多い。

毎年五月十一日に、大字佐田字織田所に鎮座する織田《おりた》神社で春季例祭(俗にソッソ祭りとも)が行われる。当社の縁起を記した「先祖景図並由緒控」に「五月一一日御鎮座ニ相成」とあるように、本来は旧暦五月十一日に執行されていたが、戦後農業技術の著しい発達により、田植え時期が早くなり、農繁期をさけて一か月遅れの六月十一日に変更されていたのを、昭和六十三年より、もとの祭日にもどした。

2　行事の次第

⑴祭礼の準備

当社の春祭りには、佐田が神輿舁き・王の舞、太田が獅子舞、山上がソッソを奉納することになっており、例祭当日までそれぞれの集落において参道の草刈り、幟立て、御幣作りなどの祭りの準備をし、奉納芸の練習をする。

①佐田　鎮座地の当区には、かつて宮百姓の二十五人衆と呼ばれる宮座が存在し、五戸五組ごとに毎年輪番で神事

を執行していた。戦後民主化されて村座に移行し、従って王の舞の舞手もカイト（垣内）と呼ばれる組から男子少年が一人選出されることになっている。本来は二十五人衆の長老によって王の舞の指導がされていたが、先代の宮司山東士清氏の代から、毎年五月の最初の日曜日より九日まで、宮司により「王の舞の稽古」が連日行われる。十日の宵宮の神事に習いおぼえた王の舞を披露し、祭礼当日を迎える。

②太田 当区にもかつては二十八人衆と呼ばれた宮座があったが、昭和六十三年以降は村座に移行し、毎年獅子舞を奉納する。獅子舞の囃子（笛・太鼓・ササラ）の練習は、四月中旬より例祭直前まで笛の演奏を四、五回行う。祭礼前日の宵宮には「四月講《しんがっこう》」の講員十二人衆が羽織袴の正装で、午後七時頃、道中笛、太鼓ではやして当社へ獅子迎えに行く。十二人衆の講員に新しく加入した三十歳前後の若い衆が「シシオイ」（負い子）役をつとめることになっている。再び集落センターに戻り、獅子舞の稽古をする。獅子の頭舞は当屋、後は次年度の当屋がつとめる。前年の当屋は幣差しを担当する。四月講のまかないは昭和六十三年以降十年間ほど当屋宅で行われたが、それ以後は集落センターで前夜祭の会食を取る。獅子迎えに持参したチョーチンに社殿の灯明が移され、その火で煮焚きをすることになっている。なお、会食用のパックや酒は区費で購入するが、煮豆（アズキ）・白豆腐・梅干は現在も当屋が用意する。

③山上 当区はかつて「四月講」と呼ばれる宮百姓（百姓分）の二十三人衆が「ソッソ」を奉納することになっていたが、昭和三十六年より村座に移行し、現在に至っている。当区には組が六組あり、当番組に当った組から、当屋と脇当二人の計三人が選ばれ神事を担当する。宵宮には区長、当番三人が神酒を持参し参拝することになっている。祭礼当日の午前七時三十分に婦人の家に集合し、前日までに三人の当番が準備しておいたヨボノキ（リョウブ）九尺もの三本、竹四尺もの約六十本を当人（組員）十二人、組親が協力して午前中御幣作りを行う。昼食の賄《まかな》いは当番の女性があたり、お汁（かしわ）、漬物、パック（さしみ・たこ・フライ・野菜など）を準備する。織田大神の掛軸をかかげた床

の間の祭壇に鯛・洗米・塩・お神酒を供える。「ソッソ」の奉納は毎年アドリブをまじえて演じられるため、特に稽古は要しない。

④浦安の舞　昭和十五年の「紀元二千六百年」祝典を契機に行われるようになった浦安の舞は、前記三区の少女たちによって奉納される。もともとは中学生がつとめたが中学校の統廃合以降、帰宅時間が遅くなり小学五年生が担当する。前姫四人、歌姫四人の役割があり、佐田四人、太田二人、山上二人が分担し、前姫が次の年の歌姫となって後輩を指導することになっている。四月の第一土曜日あたりから練習につく。

(2)例祭当日の式典

昭和十三年ごろまで、参道入口に屋根をシバや檜の葉でふいたカリヤが設営され、上段に神輿を安置し、扇をつけた御幣やヨボの木のソッソの御幣をたてて宵宮の式が行われた。石の鳥居前に左右二基の灯明台が設けられ、若衆によって五百灯が点火、佐田の神輿番が神輿の祭壇下で一晩おこもりをしたが、現在は神輿は能舞堂に安置され、午後十時ごろまで飲食しながら番をする。

例祭当日、午後一時より関係者一同が本殿に参集し、修抜・開扉・献饌・祝詞奏上・浦安の舞等の形通りの神事が行われたあと、神輿を鳥居下へはこび、祝詞奏上後、佐田の青年たちによって神輿舁きがはじまる。約二〇〇メートルの長い参道を、酒に酔いしれた若者たちが威勢よく掛声をあげて三回往来し、上の境内でも三回神輿を練り、ようやく四回目に拝殿へと神輿上げをすることになっている。時には意気があがると佐田の村通りを練り、通りに面した家々を訪れてお神酒をふるまい、祝儀をもらうこともある。神輿は平成四年四月に新調されたが、古い神輿の時には酒の勢いで若者が屋根に登ったり、転落させるなどの乱妨狼籍を行い「アバレミコシ」と呼ばれた。なお、白布にくるまれたご神体(分霊・オミタマサマ)は宵宮に本殿の漆塗りのお堂から神輿に移され、神輿番が帰ったあと再度本殿に戻し、翌朝、午前六時にふたたび神輿に安置することになっている。

⑶王の舞

午後三時ごろ、「ミコシアゲ」をして神輿が拝殿に納まると、能舞堂で王の舞・獅子舞・ソッソの順に奉納芸がはじまる。左右に区の役員や宮世話が座り、祭りの見物客が取りかこむなかで、まず王の舞が演じられる。出演者は「オノマイサン」と呼ばれる舞い手と、その父親が担当する太鼓、祖父か親戚の古老がつとめるホコモチの三人。もともとは笛役もいたとされているが現在はなく、列座する役員たちの「ヒーロイロイ、デンデンデン」の掛声で国土安全・五穀豊穣を祈って王の舞を舞うことになっている。装束は金襴の緞子に鼻高の王の舞の面をつけ、矛を持つ。面を納めた箱の箱書きに宝永四年(一七〇七)の銘がある。当社と宇波西神社の王の舞の面は男面、弥美神社は女面という。面や装束は大人用のため、元来成人男子が演じたとも言われている。芸態はごく簡素で数分で終了するが、その次第を「王ノ舞栞」(山東二郎執筆)から引く。(原文のまま)

王の舞

1 右手を腰につけ左手に矛《ほこ》をとり、右足より三歩右《1》左《2》右《3》と前に出る。

2 次に右足(出た方の足)を後へ引きながら右向となり両膝を折りて腰を落す。(落居、しゃがむ)この動作三回終るや矛を持つ手(左手)で一、二、三と三度で矛をシャクリ上げ(この時矛の下部が腰辺にくるよう具合を考へて)右手で矛の下部をとり右腰には、更に左手で矛を支え伸ばしながら(矛を掌上で滑らす)矛先を左方より(足の出ている方)右方へ廻し右斜後で両足を折ると同時に左膝を突く。この動作三回繰返し終らば、

3 左足を後へ引き矛を持ち返え(この時左手矛の下部をとり左腰に付右手矛を支える)右方より左方へ矛先を廻し左斜後で両足を折ると同時に右膝を突く。この動作三回。

4　次に左より右に向きを変へ左足より（矛に近い方の足）デンデン三回繰返す（この時右手腰）。

5　次にヒーロイロイの動作であるが（腰につけていた右手の薬指、中指二本を伸ばし他の指は折る）矛より速い方に置き矛に向って大きな輪をかく如く三回つづける。この時のかけ声「ヒーロイロイ　そらトーヒイロイロイ　そらヒーロイロイ」（動作大きく）三回終らば両手で一まづ矛をとりながら左に向き（左手腰）右手に矛をうつし

6　同様デンデン三回ヒーロイロイ三回を行ふ。

7　次に矛持すぐ矛を持つや、右向きとなり両手肩にデンデン三回、ヒーロイロイ三回を行ふ（この動作何れも大きく行ふこと）又ヒーロイロイの場合両手指組み薬指中指は揃えて伸ばす）。

8　次に両手を抜きながら左向きとなり同様デンデン三回ヒーロイロイ三回行ふ。

9　終らば更に右向きとなりデンデンのみ三回を行ひ次に左に向き（この時両手肩よりさげ抜き再び肩にのせ）デンデン二回行ひ次ぎは正面でデンデン一回右の足よりを行ふ（左より正面に向き直るとき両手は肩からはなさず）正面でのデンデン終るや、

10　両手肩から「一、二、三とおろし大きく矛をとり、右足を引き矛を左より（足の出ている方）右方へ廻し右斜後で両足を折り左膝を突く。この動作三回。

11　次で左向きとなり同様動作三回　次に右足を引き両足を揃え

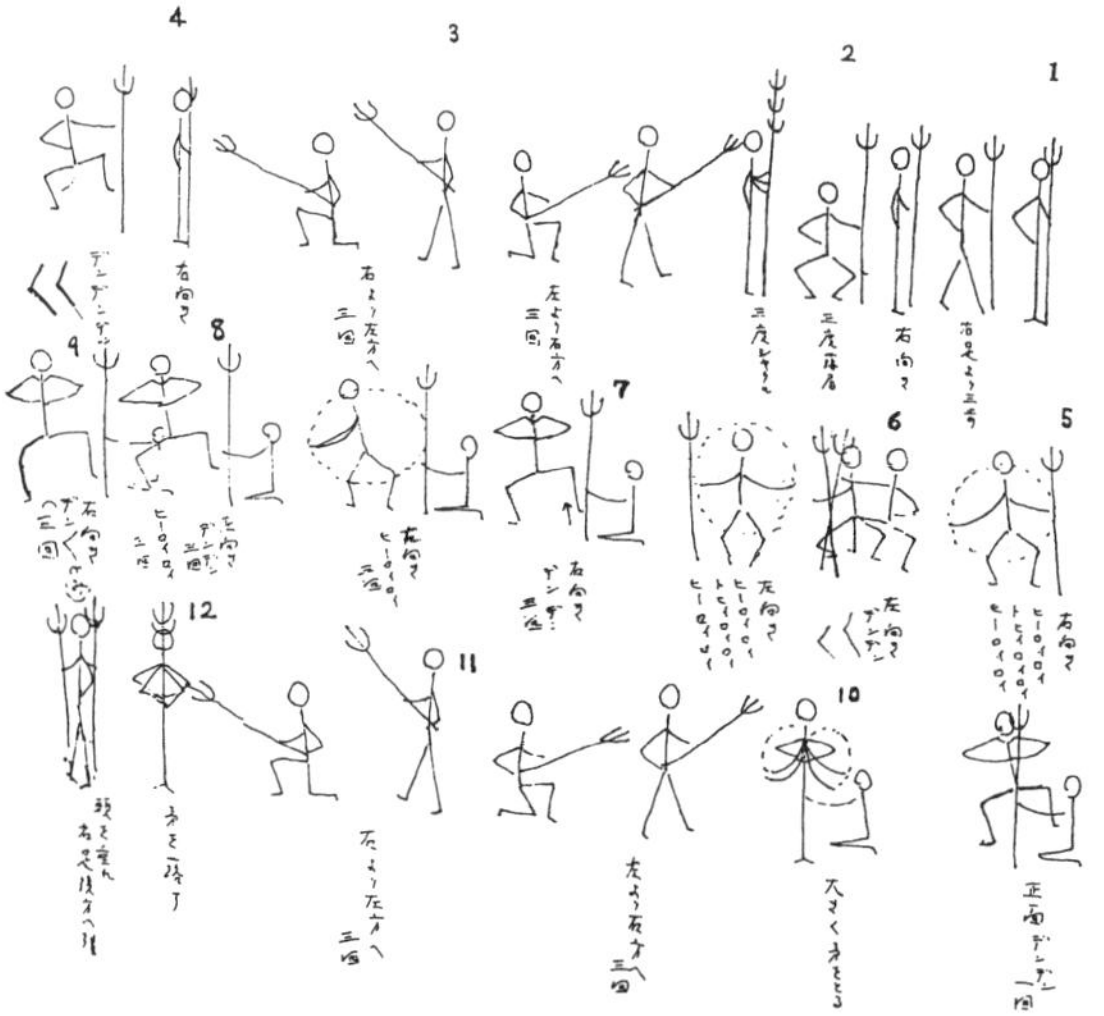

「王の舞図解」織田神社 山東二郎宮司 画

て正面に向き直り矛を落す。

12　次に頭を大きく垂れ（終りの礼）右手を腰に当て右斜後に向く（この時右足は後に引く）。

右向ホコ廻し三
左向ホコ廻し三
右向デンデン三
　ヒーロイ三
左向デンデン三
　ヒーロイ三
右向デンデン三
　ヒーロイ三
左向デンデン三
　ヒーロイ三
右向デンデン三
左向デンデン三
正面デンデン三
右向ホコ廻し三
左向ホコ廻し三

(4) 獅子舞

王の舞のあと、同舞台で太田の獅子舞が奉納される。演者は頭が当人、後は次の年の当人がつとめる。威勢よく大股で足を踏みならして登場し、三回右回り（時計回り）にまわり、舞台の正面にくると大きく頭を突きだし、口を三回パクパクと音をたててあけ、観客の拍手喝采をあびて楽屋へと退場する。途中大きく口をあけて、観客の頭をかみ愛敬をふりまく。獅子に頭をかまれると息災になるという。

⑸ソッソ

ついで山上のソッソが奉納される。三人の当人（当屋一人、脇当二人）が羽織袴の正装で楽屋から威風堂々舞台に登場し、大手を振り肩をいからせて右回りに三回足音高くまわり、舞台の正面に三人が並び、扇をひろげて一礼する。向って左側の当人がまず「エッヘン」と咳払いをし、「ソー」と大声をはりあげる。ついでまん中の当人が「ソニー」と受け、最後に右側の当人が「ソー」と大声で応えるだけの俄狂言風の演《だ》し物であるが、ごく単純な身ぶりに滑稽味があり、観客のひやかしや野次がとびかい、ヤンヤの喝采となる。

3　組織

「行事次第」のなかで折にふれて述べたように、佐田には二十五人衆、太田には二十八人衆、山上には二十三人衆の「宮百姓」「百姓分」と呼ばれた宮座があり、当屋輪番制で毎年神事を担当した。その役割を「当人」「当番」「講員」などと呼び、かつては当屋宅に講宿を定め神事を中心になって差配したが、戦後は集落センターで祭りの諸準備や稽古、賄いが行われる。

三集落の宮座を今でも「四月講《しんがっこう》」と呼んでいるが、佐田では戦前まで例祭に先立って「三月講」「四月講」が営まれ、四月三日の講「花の塔祭り」には二十五人衆（五人五組）のうち五人の当屋が前日から出仕して、四月田と呼ぶ神田から収穫したもち米で花平十二個、半花平十二個、お供十個、鏡餅二重ね、ヒシモチ四十三個、鯉茶形巾着餅五十五個を作り神前にお供えしたあと、直会として他の宮百姓に配った。つぎに宮座の変遷を跡づける史料として「当神社三月講事」明治十一年旧正月中改正）の一節を掲げる。

三月講之事

当神社三月講之義、大古ヨリ当村田辺半太夫ヨリ寄附ニテ、田圓《（圃か）》出サレ、旧高壱石以上ノ所有者ヲシテ御講之参列ヲ為致、其御講番ワ神社附属之諸共廿五名、貧福之差別無ク相勤メ来リシ処、明治九年地租改正ニ際シ中絶シヲ憂ヒ、十一年ニ至リテ是ヲ再興仕、村中末々至ル迄不残参得サシメント協議ヲ尽シ、永世保存之為寄附者左之如シ、

（以下、田・米・金銭の寄附等の記述あり）

なお現在、当区では三月講・四月講とも行われていない。

また、山上でも昭和三十六年以降二十三人衆を解体したが、「織田神社大祭札神事実施要領」の沿革のなかで、「古来より弐拾参人衆は百姓分と称し、八人八人七人と参組に割れ御講を組織し、当家当人割にて神事を執行来りしも是を解消し要領を定め、昭和参拾六年より部落神事に改める」として、御講次第、財源次第、代行次第をこまかに規定している。

4　由来と伝承

当社の春祭りを俗に「ソッソ祭り」と呼ぶように、山上の「ソッソ」神事はその祭礼の由来を伝えるものとされている。『若州管内社寺由緒記上下』（若狭地方文化財保護委員会刊）の「佐田村　二十八所宮」の項によれば、

当社の素神織田の明神は当所開闢の荘主也、年代深遠にして其次第を記する事なし、今左辺の一社是也、本社二十八所の大明神は、八百七十七年以前、延暦十八年己卯の春、於二当社一種々瑞相あり、又同社人蒙二霊夢一依レ之郷里の士庶民評議をなし、卯月朔日宮代に参詣して神輿をむかへ奉り、余多の祭□□《(勢流)》来委は縁起に有レ之と書出せり、

とある。本項には年月の記述はないが、他の書上げから推して延宝三年（一六七五）の文書と考えられる。地元の伝承では、太田のヒノクラ（山の地名）から新庄の字奥をへて宮代へ出、弥美《みみ》神社から二十八所大明神を迎え、佐柿の興越坂をこえて山上に至り、現在地に二十八所大明神の分霊を勧請したという。「ソーとソッと」大切にご分霊をお迎えしたので、当社の春祭りを「ソッソ祭り」と呼び、その様子を再現したのが「ソッソ神事」といわれている。山上の輿越坂から佐田の織田神社までの村道を「ソッソの道」と言い、祭りの前日（現在は当日朝）にその道筋の傍らにヨボ（リョウブ）の木の御幣を立てることになっている。重い神輿をかつぎ輿越坂をこえて、ようやく山上に着きひと安心したので、山上婦人の家の裏道を「アンドの道」と呼ぶ。当社へ神輿をかつぎ出した子孫が宮百姓とも伝え、弥美神社はそのため神輿がなく、ヨボの木の大御幣を神輿替りにし、弥美神社の例祭（五月一日）が晴れると織田神社が逆に雨天になるなどと両社を関係付けている（伝承では、いわゆる神輿盗みの話として伝えられている）。

しかし、「先祖景図幷由緒書控」（慶応四年〔一八六八〕）に、

当社祭神国常立尊、景行天皇六年五月十一日御鎮座ニ御座候、古記等茂多分御座候得共、永禄之兵火ニ過半焼失仕居故、荒増左ニ記シ奉備、高覧候、

一延暦十八年、宮代村廿八社大明神ヲ相殿ニ勧請仕てより、俗ニ織田廿八社大明神ト相唱申候、

一往古神領四百八拾石余御座候所、豊臣代以来無禄ニ相成申得共、古来ヨリ未御宮附入別百姓廿五人御座候而、

　神事之節式相勤申候、
一四月二日祭礼、神輿御出遊王舞獅子之舞等之式御座候、（以下略）

とあり、宮代から迎えた二十八所大明神の分霊は、国常立尊を祭神とする織田神社の相殿として勧請されたことがわかる。なおまた、この控が書かれた慶応四年当時も「御宮附人別百姓廿五人」が存在し、四月二日祭礼に神輿・王舞・獅子の舞が奉納されていたことがうかがえる。元文三年（一七三八）の「鏡格家訓永用記」にも

夫当家可勤者専一之口伝見覚之大事　当社織田二十八所大神宮御神祇大一也、毎歳正月之格儀、○三月節句之儀式、○四月朔日二日之祭礼、○五月十一日之御神事御格式、右此日者太元ト申而当社大一之太元主織田大神宮当所ニ御影向之日ニ而、当社開闢之日也、毎歳御神事之中ニモ別而太切ニ勤御神事也、此日則太元ト号ス、則御札皆行者也、○六月三日之祭事、○同月十七日能之格法、○同月晦日水無月御祓、○八月朔日新嘗祭式、○九月晦日御神送御祓、○十月晦日御神迎御祓、○十一月十一日御火焼之行事、○十二月晦日歳暮之出仕、○其外毎月之大元、十一日之社参御勤、○毎月朔日之御礼、○五節句之勤行、
　右之御神事掟之通専一大事ニ可勤者也

とあり、「四月朔日二日之祭礼」が「花の塔祭り」に、「五月十一日之御神事」が現在の春季例大祭に該当するようである。なお、現在の列祭には特殊神饌はなく、御食《みけ》（お洗米・餅）・神酒・魚・野菜・海菜・果物・菓子・塩・水が供えられる。五月十一日の例大祭の他には、二月の節分祭、三月十一日の祈年祭、四月三日の花塔祭、八月二十日の夏祭（夷祭り）、十一月十一日の新嘗祭、二月十五日前後に七五三祭が行われている。王の舞の伝播、由来等についての伝承は特にない。

（『福井県の民俗芸能―福井県民俗芸能緊急調査報告書』福井県教育委員会、二〇〇二年三月）

Ⅴ　伝承の力—若狭民俗私考—

一　峠にはじまる

大まかに言えば若狭は、東は関峠、西は吉坂峠によって仕切られた狭隘な土地である。私は昭和十八年（一九四三）九月二十二日に、若狭と越前の国境に当る関峠の登り口の村に生れた。正しく言えば旧山東村佐田第五十号十三番地が出生地である。昭和二十九年の町村合併によって美浜町となったが、町制施行以前は村役場の所在地であった。

民俗学の調査研究に携わるようになってすでに二十年近くなるが、若越国境の村に生をうけたことが、私をして民俗学へと赴かせたのである。

宿命と言えばそれに他ならなかった。国境は必ずしも習俗のちがいを際立たせる場所ではないが、峠をこえればそこは越前弁がとびかう異土へと続いていた。

羽ぶりのいい時には村長や郡会議員をつとめた家柄であったが、幼くして父をなくしたばかりに母一人子一人の極貧の家に育ったから、大学まではやってもらえず、福井県立敦賀高校を卒業すると国家公務員初級試験を受けて、敦賀郵便局へ配属となった。隣接する敦賀とは昔から関わりが深く、越前とはいえ土地柄はむしろ江州に近く、それほどの異和感はないが、四年後福井郵便局へ転勤となってそこで三年間すごした土地は、まさに異土に他ならなかった。生れてはじめて出生地をはなれ、移り住んだ土地が異郷であれば、迎え入れる側の者にとって私は異人視されて当然であったろう。

職場にとびかう粗野な在郷ことばの冷酷さに、幾度首をすくめたことか。気心が知りあえば素朴な人たちなのだが、越前弁のなまりにはどこか他人を軽侮するような響きがあり、内気な者にはその言葉は強く当った。三年間私は辛酸をなめ、病を得て郷里に帰った。まさにカルチャーショックであった。

越前弁のことを若狭の人間は「エッチェンベン」と言うが、言葉のちがいが若狭と越前の差異を際立たせている。方言のニュアンスによるいきちがいが、時に感情のもつれを生じせしめることにもなるのであった。

大よそ越前の人間は時に軽慢で虚栄心がひときわ強いと見るのは、若狭の人間の卑屈さや姑息さなのであり、劣等感の裏がえしに他ならない。要するに人さまざまなのだ。

昔から若狭の人間は丸くておぼこいという。「ぼこい」にご丁寧にも「お」がついているのは自嘲かもしれぬ。また「越中泥棒、加賀乞食、越前詐欺、若狭正直」などという韻を踏んだ手前味噌な言い回しもあって、時にしてやられたりすると「越前坊《えっちえんぼう》めが」とか「下《しも》の者《もん》」といった言い方で溜飲を下げるのがせいぜいであったのである。兵隊言葉にも「美濃安八、若狭、高島郡、またも敗けたか第十九連隊」というのがあって、温和で従順な性格を代表していた。「要領ヲ本分トスヘシ」とされる軍隊という非常時の世界であるがゆえに、目先のきくものきかぬものの持ち前の性格が無惨に露呈したのである。これらの性格は、関峠と吉板峠の間にあって、前後を海と山にはさまれて立地する若狭の風土によってつちかわれた。

けだし『人国記』の作者は次のように言う。

若狭国之風俗、人ノ気十人一和セズ而、思々ノ作法也、今日親シミ有テ、明日ハ其親ミヲ離レテ、其人ノ悪儀ヲ人ニ触知ラスルノ類ナリ、誠ニ九思一言之語ニ甚ダ違タル国風也、サルニ仍テ、下ト而ハ上ミヲ欺キ、気ノ怠リ有、上ヨリ其罪ヲトガメラレテハ己ガ科ヲ隠シ、非道ノヤウニ云ナシ、我ガ非ヲ不レ知ニモ非ズ而、如レ斯ナル事マコトニイヤシキ風俗也、然ドモ、取廻シ利発成国風故ニ、差当ル問答ナドニハ、如レ形弁舌能ク、一花ハ気勢ニ随テ振舞フトイヘドモ、根ヲトテシマル意地無レ之、中途ニ而止ムノ類也、（中略）右北陸道七ケ国之風儀

区々也トイヘドモ、若狭越前ノ風儀、一入不レ好也、（後略）

思い当る節もないではないが、相当底意地の悪い見方をされているような気がする。総じてこの作者の北陸の人間への評価は過酷で、越前評も相当きびしい。

高慢ニシテ底意地悪敷、軽薄ニ有レ之、一旦頼母敷ヤウニテ語ル処ツレナク、譬ヘバ人ヲ過メ走り入テ頼ム時ハ、心安ク請合テ、詮議有リ成時ハツレナク突放シ、或ハ旅人之渡リニ舟ヲ求レバ、アタイノ甲乙ニテ舟ヲ不レ渡、亦ハ執行暮テ宿ヲ求ムルニモ、餘国ニ違テ萬事ツレナク、如レ此成作法百人ニ四五十如レ此ナリ、智有テ智ヲ発ツ而、諸事ニ闇キ事ナク弁ズルヲ本智トス、是国ノ人ハ智有テ邪智ヲ、クシテ義スクナシ、

先述したように当初の私の印象もおよそこのようなものだったから、昔も今も人当りの悪い土地柄だったのかもしれない。駅前の食堂がその土地の味覚を印象づけるように、所詮県民性などというものは科学的な根拠のない印象批評でしかないが、「余国ニ違テ」とあるように、この『人国記』の作者はくまなく諸国をめぐり歩いてお国ぶりを判断したのだから、それなりの識見は具っていよう。もとより住む土地が違っていても人間にそれ程の差があるわけではないので、「弁舌尾州ニモ劣ルマジキ国ナリ」と述べているように、越前弁の粗雑で冷ややかな言葉当りに原因していはしまいか。現今、「福井弁」などという言い方がされるが、これは越前人の思いあがった中華思想であって、大まかには「若狭弁」と「越前弁（嶺北弁）」と言うべきだろう。「福井方言」ならまだしも、もとより「福井弁」などという方言はないのである。若狭の人間はこの言葉に何のアイデンティティも感じないはずだ。

しかし、「人ノ気十人一和セズ」とはよくぞまあ喝破されたものである。日本一の原発密集県となって劫火を背負いこんだのも、大国のはざまで常に圧迫されてきた小国の当然の帰結であったかもしれない。貧しいがゆえにはびこる事大主義によって、辺境の若狭の国びとは一和せず分断されてきた。

弱小国であるがゆえの隣国との軋轢は、時の境石をめぐる伝説として語りつがれている。本間諦観翁の採集した昔話集には「関峠立石谷の由来伝説」として次のような話が記録されている。

それによれば、戦国時代の頃、山東村と越前の関の住人が国境をめぐって争いとなり、闇夜に乗じて越前勢が境石を若狭側へ移したところ、山東十郎という大力無双の郷士が大いに怒り、その巨石を一人で持ち上げてもとの位置に戻したという。その由来によって石をたてたところを立石谷と呼ぶ、とある。

西の国境吉坂峠にも同様の争いがあったことが『福井県の伝説』に出ている。

むかし両国が境界の争いをした。その時それぞれ一匹の犬を出して、その犬の勝敗によって、境界を決めようとした。若狭の犬が優勢であったので、ついにこの所まで追いかけてきて、丹後の犬を殺したという。

『若狭郡県志』は六路谷の道傍に犬の形をした二つの石があり、右側を若狭犬、左側を丹後犬と呼ぶという「犬石」の伝承が記録されている。なお、高浜町青の一瀬平助家所蔵の「当地之由来写替ノ覚」（永正二年〔一五〇五〕三月）によれば、次のようにある。

夫犬ト云字ノ盡ヲ知ルベシ、土ト云文字盡ヲ二ツニ分レバ、犬ト成ル義理也、況犬ハ地ヲ守リ主人ヲ守ル寄戦也、依之境石ヲ犬石ト申也、

更に江若国境についても興味探い伝説が語り伝えられている。

昔、江州と若狭の国境を決めることになって詮議したがまとまらず、それでは決められた時刻に領地を出発して出合った所を国境にしようということになった。若狭の殿様は「下ニィ〳〵」とのんびり大名行列をしたてて出発したが、江州の殿様は馬に乗って出かけたため、水坂峠を越え大杉のところでようやく両者が出会った。峠下が国境となったのはこのためであるという。

境界争いをめぐるこの三つの伝説にも、三者三様のお国ぶりがよく出ているようである。なお正保の若狭敦賀絵図にも犬石や境石のことが出ている。伝承は事実より多く真実を語ることがあるのである。

関峠の立石谷の地名伝承には後日譚があって、山東十郎の他にも佐田には力持ちが輩出し、ある者は米三俵を背に負い、一俵を首につるし、また一俵を頭にのせ、両脇に二俵をはさんで日和下駄をはいてのっしのしと歩いたという。ところが「帝釈寺前ノ多宝塔ノ下ニ大蟻ガ生息シ居シガ、或時他国遍路者、其ありヲメンツニ入レ持チ行キシ由、其ヨリ大力者出生セズト」と本間翁が記しているように、大力は大蟻の変身であったとされている。採話は断面的だが行間を読めばたぶんこの行旅の僧は弘法大師であったろう。いわゆる弘法伝説から派生した類話と思われるが、乞食僧にほどこしをしなかった罰として大蟻を持ち去ったにちがいない。真夏の脈打つような焼けた地表を、夕立の気配にせきたてられて黙々とせわしげにエサを運ぶ蟻の大群をじっと目をこらして眺めていると、そこから豪傑の姿が立ちあがってくる。わが先祖たちの罪科も、共同幻想のやさしい心根も、私たちの血の中に流れているはずだ。

『国吉籠城記』にあるように、山東村は若狭武田と越前朝倉がはげしく対峙し、戦場となったところである。「越前者《えつちえんもん》が通ったあとは草木も生えぬ」という言葉があるが、この土地にたたずめば四百五十前の往時の怨念がよみがえってくるかのようだ。

大力無双の伝説上の人物である山東十郎は、実在の郷士で武田方の武将として活躍した。戦国の英雄として若狭の悲願が託されているのである。

つまり関峠は若狭の前線でありつづけた。維新以後はもっぱら越前出身の警察と教師、小役人に支配されることとなったが、行政面で冷遇される限り明治十五、六年の復県運動の底流はいつまた噴きだすともかぎらない。言葉も人情も京滋との間に一体感があるからだ。

峠の頂には波よけ地蔵が祀られているが、昔大津波がここまで押しよせてきて引いたという。伊勢代参のサカムカエも峠で行われ、征途の兵を見送ったのもこの峠であった。

若くして一度越境した人間として、ふり返っておのが生地を私は見つめ直した。私の民俗学の研究は、若越国境の峠に立ち、眼下の風土とそこに息づく習俗を俯瞰することからはじまったのである。そこから足しげく私は歩きはじめた。

二　ヌタノト幻聴

秋末になると静かな入江の村も波が高くなり、岸にうちよせる怒濤の音が一晩中聞こえるようになる。美浜町佐田は織田湾の最奥に位置しており、大陸から季節風に吹きよせられてきた怒濤が、岸辺をめざして魂魄の力をふりしぼってたちあがりくずれおちるところだから、波音もたけだけしく荒い。そのうえ海岸段丘上に山脈を背にして集落がたてこんでいるので、人が寝しずまる頃になると段丘下の砂浜にうちよせる波音が、大地の背骨をたたきのめすようにひときわ高くなるのであった。

村のものは疲れたからだを湿ったふとんに横たえながら、夢うつつのなかで暗い地底を伝わってくる鈍重な波の音を聞きわけ、「岩出が鳴っとるさけ、明日は雨やで」とか、「明日は久しぶりに上天気や、北田尻が鳴っとるさけな」とつぶやいて、翌日の仕事の段取りをしつつ深い眠りにつくのが習い性になっていた。

私は母のふところのなかで、大地を響かせて枕辺に届く暗い波の音を聞きながら育った。水上文学の語彙にならえば、幼くして「おんどろどん」の物音をいやおうもなく耳にした人間の一人である。ひとの魂を根源からゆさぶる、たけり狂った荒海の音は、背後の山に反響し、樹木のざわめきとともに戸板をふるわせ、荒壁のすき間からうなり声をあげておそいかかった。ブリおこしの雷鳴がとどろく頃は、天地が裂けんばかりになる。荒れくるう海面を稲妻がひときわ輝かせる原生の光景は、いつしか私の暗い情念を形成したのだった。

　村のものは、昔から波のことをノタとかヌタといった。「ノタノト」とか「ヌタノト」というのは波の音のことである。故老たちはいまでも「海《おみ》のヌタノトがいかい（大きい）」と言ったりする。ヌタノトと言えば、『日本書紀』仲哀天皇二年の条の渟田門《ぬたのみなと》のことが想起される。

　夏六月の辛巳の朔庚寅に、天皇、豊浦《とゆら》津に泊ります。且、皇后、角鹿より発ちて行まして、渟田門《ぬたのと》に到りて、船上《みふね》に食《みおし》す。時に、海鯽魚《たひ》、多《さは》に船《みふね》の傍に聚《あつま》れり。皇后、酒《おほみき》を以て鯽魚《たひ》に灑《そそ》きたまふ、鯽魚、即ち酔ひて浮びぬ。時に、海人《あま》、多に其の魚を獲て歓びて曰く。「聖王《ひじりのきみ》の所当《たま》ふ魚なり」といふ。故《かれ》、其の処の魚、六月に到りて、常に傾浮《あぎと》ふこと酔へるが如し、其れ是の縁《ことのもと》なり

　古来この「渟田門」については種々の説があり、広島県沼田郡とか同豊田郡味潟あたりの海が有力とされてきたが、若狭出身の国学者伴信友は『神社私考』の「常神社」の項で、「とまれ角鹿津より舟発《ミフナタチ》して、安芸わたりの海路をば通り給ふまじきことわりなれば渟田門を安芸なりといふ説は信《ウケ》がたし」として、次のような口承を引いて反証している。

　若狭に在りし時、小浜の市長《イチオサ》に木崎幸敦、字は藤兵衛とて、古事慕《シヌ》ぶ翁のありけるに逢て、比事語らひければ、いたくめづらしがりて、みずからまめやかに常神浦に行逗留《トドマリ》居て、渟田門と称ふ海門《ウナド》やあると、浦人どもに問《ヒ》尋巡れるに、みな識らずといふ、尋ねわびたるに、いたく老たる翁のよろぼひ出て、此常神と円生浦とのさし出たる岬《ミサキ》の間を、むかしの老人《トシヨリ》の能多乃登《ノタノト》と云ひしを聞もちはべり、今の若人は知りはべらじ、もし其処《ソコ》をや尋給

ふと舌だみよよみて語るに、まずよろこばしくて、其は渟田《ヌタノ》門にはあらぬか、さて字はいかに書にかと問へば、おらが名だに書得ぬものの、何しに字など知り侍るべきと、むつかしげに言《ヒ》さして這入《ハヒリ》にき、これ古の渟田《ノ》門を訛《ヨコナマ》れるなるべしと、帰り来て語れり。按に、当国の浦人等の詞に、波の太《イタ》く起《タチ》てうねるをヌタといひ、またノタともいひて、ヌタのたつ、ノタうつなどいひ、波の音をノタノトなども云ふをおもへば、渟田《ノ》門を、言便にノタノトと訛れるなり、然れば渟田《ノ》門といへる処は、常神崎と琴引崎との間の海門なる事決くおぼゆ、

民俗学者の谷川健一は「もっとも厳密な学者であった伴信友が土地の言い伝えを無視することなく、それを自分の学問の探究の助けとしたことを、私はゆかしく思う」（「伝承と歴史―若狭で考える」『歴史地名通信』九）と述べているが、日本民俗学の先覚者としての、伴信友の学問の特徴をよく伝えている一節である。

私なども「古事慕ぶ」部類の人間であるが、「さて字はいかに書にかと問へば」以下の喜色満面の体で性急に老人に問いかける箇所は、何度読んでもおもしろおかしくかつ深い共感を禁じえない。「目に一丁字もなき」常民の伝承を学問の対象とした民俗学の方法論が、すでにここでは体現されているのだ。文盲だからこそ続々と伝えきたった歴史の真実というものがあることを、片時も私たちは忘れてはならない。伝承にもし力があるとすれば、名もない常民の何でもないようなささいな言い伝えや、素朴な信仰のなかにひそんでいるのである。民俗学のエッセンスが確かにここにはある。「神は細部に宿り給う」のである。

民俗調査で各地を訪ね歩いていると、どこの村にでも「むつかしげ」な顔をした老人が一人や二人は必ずいるもので、白髪の翁は時に神となって、私の行末を指し示すのである。常神の村通りの一角には、日がな一日念仏を申したり世間話に興じながら余生をすごす老人たちの集会所があり、私はそこで私の神に出会ったのだった。

ポール・ヴァレリーは、海原に「虚無への捧げものとして／一滴の高貴な葡萄酒を注いだ」（『消え失せた葡萄酒』）

が、日本のいにしえの聖王は、征途を寿いで船端に集ってきた鯛に酒をそそぎ、木綿垂たる五百枝榊を和幣《にぎて》として琴を引き、妹の玉妃命をシャーマンにしたて神楽を奏し海神を祀った。「管絃渡」「琴引崎」などという海上地名はその故事に由来するとされている。いずれにしても大海原に美酒をそそぐ行為は、洋の東西を問わず詩心をかなでるものらしい。

「傾浮《あぎと》ふこと酔へるが如し」とある鯛は、明治の頃まで西津の界隈ではマドロコダイと呼ばれていた。ウトウトとまどろむのマドロである。「まどろひくより乞食がましや／乞食や夜寝て昼かせぐ／鯛は釣らいでも帆を巻きゃ嬉し／家のかかみりやなおうれし」と志摩民謡集にあるように、三重の安乗地方ではマドロ網を引くときの櫓拍子をマドロ唄とも言った。

とまれ、仲哀記の渟田門は敦賀半島の突端の丹生と常神の間にあることが、常民の口承によって証明されたわけで、この信友説は『大日本地名辞書』や岩波古典文学大系『日本書紀(上)』の語註でも支持されている。渟田門と呼ばれる海上地名の一帯は、暗礁でもあってひとたび北風が吹けば白波が大きく立ち騒ぐのであろう。つまりそこは、私の村からは真正面に当り、ノタが生まれる沖合に位置しているのである。幼くして私は海神の雄叫びを聞いたのであった。

ノタの最大のものは津波ということになるが、美浜町内には津波伝説が多く残っている。例えば第一回の末尾でふれた波よけ地蔵は、関峠の頂上まで押しよせてきた大津波を、フーフーと息を吹き防いだと言われている。また何時の頃かはわからないが、昔大津波があって坂尻の村は海中に没した。天王山へ逃げたものは腰まで、御獄山へ逃げたものは足まで水につかったという。

奇しくもこの原稿を書いている(昭和六十三年)五月二十六日は、五年前の日本海中部地震が発生した日と同日であるが、今なお津波を報じるテレビニュースの映像が鮮明に想い出されてくる。

気象庁作製の「日本付近の地域・海域別の地震・津波分布図」によれば、北海道から北陸にかけての日本海沿岸はこれまで大小十七回津波が襲来したという。もとより当地の津波伝説がいずれの津波をさすかは不明であるし、「日本付近の被害地震年代表」（東京大学地震学研究所）を見ても、一山をのみこむほどの大津波の記録はない。所詮共同幻想の所産でしかないのだが、そのよってくるところを知りたいと思う。

例えば太田山の中腹には「のた平」とか「のた窪」と呼ばれる場所があって、そこは舟よせ場になっており舟をつなぐ大岩がつき出ているという、まるでノアの方舟がアララット山頂に漂着した旧約の一節のような伝説であるが、おそらくこの「のた平」は猪の「ニタバ」を意味していよう。「にたとは猪の背をする事」と『鹿児島ぶり』巻之三にある。

猪は山中の湿地に身をすりつけて凹みをつくる。そこに水がたまると、猪は夜間に来てその水を飲み、また泥に全身を浸し、泥のついた体を近くの木の幹にこすりつける。これをニタ、またはニタバという。猟師はこのニタの近くに身を隠して猪を撃う。これをニタ待ち、或はヌタ待ちという。ニタ待は九、十月の月の明るい夜に行なう

と補註にあるように、猪が泥の中で波のようにのたうっている様子から派生した言葉であり、伝説であろう。料理のヌタ（ドロズとも）も語源は同じである。

ノタノトが高くなる季節になると、時どき津波におそわれる夢を見てうなされることがある。大洪水で地表が海中に沈み、孤島の針のような頂に尻から串ざしになりながら、もだえ苦しんでいる図像はおぞましい。

これらの奇異な伝説や悪夢は、荒れた海辺に生を享けたものの、夜ごと地をつたい荒壁のすき間から吹きこんでく

るノタノトの、心底深くこびりついた幻聴の所産なのである。

　生気に充ち躍動感あふれる民俗誌の記述も、波の音や葉ずれにことよせて語りかけてくる、精霊《アニマ》の息づかいを聞きわける心なくしては成り立たないのであった。

三　語り部の裔

　幼い頃私は「嘉兵衛のちょっぽ」と呼ばれていた。「ちょっぽ」とは大切に育てられた子という意味である。『越前若狭乃方言』（藤本良致著）には「チョッポコ　かわいい子」とある。何かの本には「寵坊」と宛字してあったが、あるいは「重宝」かも知れない。『日本国語大辞典』（小学館）には方言の「ちょっぽ」はあるが、「点」とか「ひとかたまりの物」「ねぎの花、ねぎ坊主」「栓」としか出ていない。「おちょぼ口」の「おちょぼ」とも関連があるやも知れないと思ったりする。韓国語で大切な「族譜」のことを「チョッポ」ということからすれば、渡来語かも知れない。

　言葉の詮策はこれぐらいにしておくが、「ちょっぽ」と言われて育ったからといって、なにぶん土百姓の小粋のことだから乳母日傘というわけではない。祖母に手を引かれてよく念仏講についていったので、年寄連中からひやかし半分にこのように呼ばれたのだろう。むろん結婚後三年目に生れた、根っからの一人っ子だったから、その分大切に育てられたことは相違ない。

　とりわけ幼い頃は祖母に溺愛されたらしい。そのくせ不思議と祖母から昔話を聞いた記憶は皆無なのである。その頃村では祖父のことを「おじゃん」、祖母のことを「おばん」と呼んでいた。村長や郡会議員をつとめた私の祖父《おじゃん》はすでに他界していたので、もとより祖父の想い出はなかった。祖父は妻子を日本に残して渡米し、シアトルで一旗あげて帰国すると、村の名誉職につき地元の発展に精魂を尽したが、手がけた耕地整理事業の財政上のつまづきの責を取り、一代で築きあげた身代を蕩尽し逼塞した。

祖母は父のあとを追うように七十三歳で世を去った。小学二年生にして私はあいつぐ肉親の死と出会ったのである。不幸なことに私には、祖父母からの隔世伝承が皆無なうえに、どうしたことか母からも昔話を聞いた覚えがないのであった。祖母は隣近所から嫁に来たが、実家は門徒だったから伝承には無頓着だったのかも知れない。母は末子だったものの、長男が大陸で早世したため家つきとなり、私が生れたのである。父は「大将軍《だいじょご》さん」と呼ばれた菅浜の網元から養子に入ったのだった。

昭和三十年頃まで台所には囲炉裏があり、まだ莫蓙やむしろがしかれていたが、すでに私は炉辺の昔話とは縁のない世代であった訳である。後年民俗調査で故老から昔話を採話するまで、じかに昔話に接しなかったということになる。

そのかわりと言うべきか、よく世間話は耳にした。とはいえ口承文芸の一ジャンルとしての世間話ではない。純然たるふだんの世間のうわさ話であり、口から口へと伝えられる世話ばなしなのである。

私がどのような話を問題にしようとしているか、まず母の口調をそのまま写しとってみることにする。

ほんじゃけどびっくりしたわのう。ほんまによ、他人《ひと》のことでももう我身のことのように思て、ほんまにもう、用心せいにゃお前らも。血圧産婆さんに来てくれって計ってみたら、二百四十、四十五かいな、「こりゃあかんわ。氷でひやさにゃあかん」ちゅうて、ひやしたんにゃてや。ほんまにもうびっくりしたわいなア。あさま畑でな、もういのまいと思て、もうこんなけあさま私もほんでもあんだけ打っときゃこそやわな。キヌザヤのあとやら、ホウレンソウのあとやら、もうあんなもんおいといてもあかんさけ、みな引いたさけもう打ったりなんどしてよ、ほてキャベツのあとも打ったりして、ほいて液肥ちっとといてやりましょとといでやっとったら、おもっせピーポーがくるんやんか。あらッ、こりやまた織田《おった》(佐田のこと)へきたなと思て、織田《おった》やなと思とったら、農協の倉庫のとこへ回ってきたさけ、誰やろなと思たら、チョンと行こかと思たらチョーンとまってしもたさけ、ほいたら畦地の成男さんが出てきて「おばさんどこやい」「知らんぞよ、どっかそこらでとまったんてなのう。学校へおもしろい後から車があがるがな、あがったぞよ、学校やないかや誰か」ほいたらそこぞこやない、Kマートのおばさんな、店しとってほいて「あのう、久左のばあちゃんやてや」「久左のばあちゃん、きんの日暮れにあんね元気ようおったのにのう、『内職きとるやア』ってとりにきてきとらんし『皆な今日はほんでも休もとまあやのう』ちゅうてしとったのに、病気てのう」って、ほんじゃけどなあ、血圧の薬もいつものんどるんじゃしのうと思て、ほいてまあ何しとったんやけど、ほいたらそこぞこかいや、おんさんやて。おんさんな今日名古屋へ何でもかでも行かんならん用や、そんねいうとなあ、あのわたし行きしなにチョンと車置いちゃったわいや。

(中略)

五十三やてや。うちの父ちゃんとはまだ十いかいわと思てよ。ほいたら今日も作左インキョや「おめとこのおんさんものう、あのときにィほんまにィ五太夫の嫁取りやったんかな、ありゃ。方丈さんから戻ってきて、あそこで三人のもな万才万才いうて、ほいてのう、そのあくる日のよさり悪うなったんやものう」「おいや、あの時や区長うかって、ほいて方丈さんの晋山式《しゅんさんしき》に方丈さんなもう方丈さんになられたというて、そのお祝いによばれていって、ほいて戻りしなにうれしのォよろこんでよろこんで、あの五太夫の嫁取りを万才、万才いうて戻ってきたんにゃ」「あの時のこと今おもいだしてよ」ちゅうさけ、わたしも今朝産婆さんがそね言うさけ「お前とこァいくつやった」ちゅうさけ、あのじぶんなかぞえ年やけのう、今五十三ちゅうのは満で言うんにゃろの、五十三やてやちゅうとった。どうかなおりやええがのう。

だらだらと書き写していては紙数がつきそうなのでこれぐらいにするが、如何であろうか。母は私が帰宅すると、その日のうちに起こったいろいろな出来事を話すことが日課になっている。ここに書き写したのは、近所の遠縁に当る当主が、くも膜下出血で倒れ救急車で入院した時の会話の一部である。

会話と書いたが、実際は「ほんで？」とか「いくつ？」とかあいづち程度のことしか私は発言していないので、母の独壇場に等しい。一刻も早くコトのあらましを伝えたいという意気込みのためか、時に文脈が前後しているのは仕方あるまい。

「　」の会話は、その時の相手とのやりとりを他者になりかわって、その人の口調や身ぶりをそのままに語り聞かせるのである。実は私の関心もこの会話のやりとりにあるのであって、数年前から気になっているのだが、案外誰も注目していないように思うのだ。

自分のしゃべり方を顧ればわかるはずだが、現代人は――、少なくとも戦後世代の人間は私の母のような話し方をしないはずである。もとより方言のことを言っているのではない。私たちはコトを誰それの第三者に伝える際には、文章がそうであるように極力出来事を簡略かつ正確に話すのが最上の話し方であると思っている。誰それがどういった、こういったということを、その人の口調をまねてまで話しはしない。その分、会話は無味乾燥になる。

母の話を聞いていると、まるで落語家が話しているようなのだ。一人で何役もこなしながら話をする。むろん村の年寄りは余程の有識層でないかぎり、話し好きか否かの差はあるが似たりよったりの話しぶりである。省略することを知らないから、要領が悪く時には話がくどくなる。二重カギカッコの『　』は、話題になっている人の口ぶりを真似し、代弁しているのだ。

先夜テレビドラマを注意深く見ていたが、母のような話し方をする登場人物は一人もいなかった。小説の会話でさえかなり省略と抽象化がされているのである。生きとし生けるものの話しぶりには、回りくどさや無駄口がつきまとっている。文章化される際、無駄は極力はぶかれ、けずられて語りのデモンを失い、情念がうすめられるのだ。母はむろん文盲ではないが、母の話しぶりには口承の時代の語りの伝統が細々ながら息づいているのである。縄文土器の渦巻文様のようにうねる熱く脈打つ言霊の力に、私は深い感動をおぼえる。現代人は言葉の機能性を偏重するあまり、本来会話がもつ豊かな喜怒哀楽の表情を失ってしまったのではなかったか。言葉とは言霊の息吹きなのだ。

『無文字社会の歴史』の著者で文化人類学者の川田順造は、「討論・時代を読む」のなかで「アフリカの、文字を使わない社会に暮らすと、声の力を感じます。文字のないところでのことばの教育は、声によるものです。だから子どもも、大きな声で実に上手に話すし、ことばの表現に個性があって、荒々しい、アナーキな輝きを持っています。農閑期には、村のあちこちに一〇人、一五人と集っておしゃべりに興じますが、なかでも子どもが実に元気よく生き生きと話す。また、聞くほうも上手に聞く…。そういう声が作り出す共同性のようなものに、僕はとても感銘を受けました」と述べ、肉声の復権を説いている。

「なんまいだあ、なんまいだあ、なんまいだんぶつ、なんまいだんぶつ」とくりかえしとなえる老婆たちの称名も、幼時の私には、涙、涙、涙と聞こえたが、念仏の座のぐちやくどき、くりごとのなかに語りの系譜は生きながらえたのである。伝承にもし力があるとすれば、こうしたポリフォニックな（多声的な）語りによって育まれたのであった。『大鏡』の世継の翁の世間話のなかに説話が胎動をはじめるのも、由縁のないことではない。

四　もう一つの「金閣炎上」

盆が近づくたびに、金閣寺の炎上事件にまつわる因縁話が思いだされる。現代民話というべきか、昔話としてなら世間話に分類してもいいほど、高浜や舞鶴市成生の界隈では人口に膾炙している話なのだが、残念なことに私の知るかぎりではこれまでのところどこにも記録されていない。こころを打つ話なのでここに紹介しておくことにする。

民俗調査をしていると、当然のことながら世に知られていない「奇譚」によくめぐりあう。民俗研究の醍醐味の一つでもあるが、この話に出会ったのも青葉山周辺の地主荒神の調査をしていた時のことであった。併せて水上文学の足跡もたどりながら、再々内浦地方をくまなく歩き回っていた。

水上勉の『金閣炎上』が新潮社から単行本として発行されたのは、昭和五十四年七月のことである。当時一気に読了したことをおぼえている。とりわけ「私」が真夏の日盛りに、六年後に金閣寺の放火犯人となる林養賢と杉山峠で運命的な邂逅をする第二章に強く魅かれた。

「運命的な邂逅」と書いたが、水上にとって決して大げさな表現ではないことは、水上が再々林養賢への共感を表明していることでも納得できよう。共感という言葉が不適切なら、むしろ一体感とでもいおうか。初期の犯罪小説は社会的な弱者へのアイデンティティの確証を求めているかに思われる。「私」はほぼ水上勉と等身大の存在だが、機縁が熟せば「私」は養賢でもありえたはずである。すなわち『五番町夕霧楼』『金閣炎上』において、作者は放火犯人を分身としてえがいている。むろん峠での邂逅はフィクションにはちがいない。虚構ゆえに「虚実の皮膜」が深い陰影を帯びるのである。「私」は杉山峠で放火犯と出会わねばならなかった。いな陽炎のなかで両者の運命がクロスしたのである。

ひとは時にみずからの分身とすれちがう時がある。『スキャンダル』（遠藤周作）の老作家のように、「自分の背の恰好」をした醜悪な「もうひとつのお前」である二重身《ドッペルゲンガー》に出会うのだ。それは死への誘いともなる、もっとも危険な生涯の場に現出するまぼろしでもある。

「昭和十九年の八月はじめである。確かな日はわすれたが、陽のかけらがそこらじゅうにつきささる暑い午すぎだった。杉山峠から北へ少し行った茅っ原で、その男たちと出あった」と語り出される情景は、いな水上文学の語彙にならえば「けしき」は、まるで白昼夢を見ているかのようである。写真集『冬日の道から』には「林養賢と出会った若狭・杉山峠で」の説明書きのある舞台再訪の写真が掲載されている。コートをはおり両腰に手を当てて、荒涼とした峠の細道にたたずむ愁いをふくんだ作家の肖像が右はしにあり、野分になぎたおされたススキと、柿の木とおぼしい葉を落とした木立ちが画面一杯に写しとられており、墓石が一基枯草に埋もれている。写真家水谷内健次の力量を存分に発揮した影像に心うごかされ、私もその場にたたずみたいと思った。

土地の言葉では杉山峠という地名はなかったが、高野から今寺を経て青葉山の山道をぐるりと迂回し松尾寺の門前に出、舞鶴市杉山へと向う途中の山野の一本道で、小説にえがかれた光景を発見したのだった。昭和五十六年の初秋のことである。

時間があったので、ついでに養賢の生地である成生まで足をのばすことにした。途中大山や田井でも地主荒神の調査を行い、大雑把に習俗の概観をつかむことで、大よその民情を理解しようとするのは、もう私の習性のようなものだ。

舞鶴市成生は、大浦半島の突端にある戸数二十二戸の小さな漁村である。漁村といっても半農半漁のなりわいをしており、昔は高浜の漁師から「百姓漁師」とあざけられたことがあったという。「猫の額ほどの土地」という慣用句があるが、猫が肉球をギュっとにぎりしめたように、山と海の間の狭い土地に民家が軒を並べている。林養賢が生れ育った西徳寺と鳴生神社の社前から磯へ降りる二筋の細い小路があり、舟虫がはいずり回るうす暗い露路によって家と家がつながれた漁村の景観はどこかわびしい。

とはいえ漁村というと荒涼とした寒村の草屋を連想しがちだが、いずれの家も入母屋の堂々とした構えをしている。大正十年の頃ブリの大漁で一戸当り八千円の分配があり、どこもかしこも二千円の家を新築したためだという。

豪勢な家と窮窟な屋敷地の間に、屋敷神としての地主荒神を祀る家が数戸あり、たまたまT・P家で聞書きをとっている時に、金閣寺炎上にまつわる因縁話を聞いたのだった。

T・P氏(明治三十四年生)によると、金閣寺が炎上した翌年の昭和二十六年八月二十四日のこと、馬立島と上瀬の間の海峡を、御輿のような形をしたものがボックン、ボックンと流れてきて、成生の入江に漂着した。T・P氏ら村びと数人が漁協の二階で見ていると、その漂流物は湾内を行ったりきたり漂っていたが、急に風が変ったのか海面をすべるように走り、まるで意志があるいきもののように西徳寺前の磯に乗り上げたという。当初ウキにでもならんかなと思ってながめていると、それは毎年八月二十三日に行われる、高浜の火送りのだし物の一つとして流した家型の灯ろうで、こともあろうに「金閣寺炎上」と書いてあった。事件当時村の者は「承賢(本名)の奴えらいことしよったなあ」とうわさしあった程度で、特別の緑のあるお寺さんではなかったこともあって気の毒だとは思わなかったが、その時ピンとくるものがあり、ねんごろに供養をしてもらい寺僧に焼いてもらったというのである。

ことの顚末はこれだけのことだが、むろんそれで一件落着というわけではなかった。心ある村びとがピンと直感したものの正体について、あれこれと穿鑿しあい、漂着した灯ろうには養賢に面会を拒絶されて保津川に身を投げた、母志満子の迷える霊魂が乗り移っているのだということになったのである。信心深い人は、ことのいきさつに深い因縁を感じ、「余程寺へ帰りたかったんやろ」と涙した。ふだん海流の方向からしても高浜近辺から漂流物が流れ着くことはないとあれば、なおさら奇異な出来事にはちがいない。世間話は尾鰭をつけて高浜にも伝わっていった。

高浜町事代在住のＳ・Ｔ氏（大正三年生）によれば、横町の大工が「金閣寺炎上」と書いた灯ろうを作り鳥居浜から流したものだという。当時灯ろう流しには、「日支事変」とか「肉弾三勇士」などのだし物を流すことが流行っていたのだった。

ことの真相などは所詮確認しようがないのだが、七月十六日に成生を七年ぶりに再び訪ねた。

あいにくＴ・Ｐ氏は京都へ出かけており留守であった。家の人に紹介してもらった三人の老人から、漁協の一室で当時の思い出を聞くことにしたが、いささか迷惑そうな面持ちである。名作『金閣炎上』の評判もここでは芳ばしくはない。つまり養賢に加担して成生のことを悪しざまに書いているというのである。なに分、小説（フィクション）のことですから、といってもはじまらない。『道の花』では成生出身の老女が主人公としてよく書かれていますよ、というと「そんなもんはおらん。いや一人大島へムコに行ったもんがいたという話は聞いとるが」という。全く話がかみあわないのには困り果てた。五度ばかり当地を訪ねた作家をうさん臭く扱った論理がここにある。

村の者は養賢一家を冷遇したというが、当時一般の家で百円から二百円の生活をしていた時に、寺へは五百円支給していた。村は不漁続きで貧乏のドン底にあり、血の出るような金で寺を養い、養賢を学校へあげたというのである。「来る時も去る時も傘一本」というのが禅寺の習いというが、村は極力厚遇した。にもかかわらず志満子はランクがちがうというような顔で、村の者を見下していたところがあった。村の者は日に焼けた黒い顔をしているのに、いつも化粧をしてお姫さまのようなくらしぶりだったと並べたてる。

灯ろうが流れついたのも、盆風に吹き寄せられたのです。T・P氏はこの村の生まれではないから本当のところは何もわかってはいない。当時氏は銀行員として舞鶴へ出ていたはずだ。彼は話がうまいからともいう。つまりいま時この村ではそんな因縁話を信じる者はいないのだという口ぶりである。今日葬式のあった九十歳以上の年寄りなら因縁を感じた者もいたが、という語り手三人とも八十歳をいくらか超えている。

あんた先程だし物のことを言ったけど、肉弾三勇士の真相を知ってますか。あれは美談を捏造したものなんですよ。私自身軍の人事係にいて、兵隊が一人死ぬたびに何種類もの文書を厚さ三〇センチにもなるぐらい作製して、手厚く靖国に祀られるよう、出来れば金鵄勲章が当るように努力したものです。犬死にならぬよう全て本人と遺族の名誉のために紛飾したのですよ、と元職業軍人のC・Cさんは語るのであった。なるほどと思う。「ゆきゆきて、神軍」のリアリティに通底する実話が、戦後四十三年目の夏に語られようとしているのである。英霊という言葉の深い意味をただちに私は了解した。少年の頃神武天皇は侵略者だと作文に書いて、軍の中枢にいながら要注意人物視された、草の根の唯物論者C・Cさんの貴重な歴史の証言をもっと聞きたいと思った。

成生の故老たちの言い分を、それはそれでさもありなんとも思う。しかし、私の立場は、とはいえ、なのである。

七日盆の朝、妻と二人でカーペットを洗っていると、風のなかから生れたようにどこからともなく黄揚羽が飛来し、まつわりつくようにひとしきり軽やかに舞ったあと、あえかに息づく羽根を休めながら水をのんでいる。やがて黒揚羽も現れて、手をさしのべるとしばし羽根を休めた。その時おばんとおじやんが帰ってきていると直感したのだった。この霊異を感知する不思議な感情は、理屈や犬死の紛飾では決してない。現世と他界の合せ鏡が写しだす光景を、ひとは一瞬白昼夢のように垣間見るのである。

さればこそ金閣寺炎上にまつわる哀話は、深い因縁に彩られ、「馬立島と上瀬の間の海峡を、ボックン、ボックンとおかしな物が流れてきた」と、方言のオノマトペアでリズムをとりながら昔話として語りだされ、末ずえまでも語りつがれていくのである。

五　武勲の碑と塞の神

これまで二十年ばかりの間に、私は若狭のほぼ全集落を歩いた。

むろん約二百五十か所の村むらを悉皆調査したわけではない。ライフワークとすべき民俗学上の私の主要な関心は、大島のニソの杜やダイジョコ、地主荒神、地の神などの民俗神(森神信仰)と、「小正月の訪問者」とターミングされる戸祝い、キツネガエリ、ホトトイワイなどと呼ばれる「マレビト」にあったから、まずこれらの習俗がどのように分布しているかを集中的に調べたのである。従って少なくとも神社と墓地・小祠がどこの村にどう立地しており、どのような伝承を持っているかは熟知しているつもりだ。私にとって若狭がとりわけいとおしいのは、村むらのたたずまいがさまざまな伝承を秘めて、土地の名とともに風光をまとっていつでも眼前に浮びあがってくるからなのである。

若狭の村むらを歩いていると、時折奇妙な光景に出会うことがある。あるいは社会学的な現象とでも言ったらいいのか、統計をとったわけではないので普遍的とまではいえないが、よくあちこちで見かけることがあったので、いつしかこれらの光景に異和感をおぼえつつ、心のなかに住みついてしまった。

ともかく村の入口に、「英霊」を讃えた石碑が多いのである。神社や墓地などの村の奥まった所ではなく、在所の入口付近、しかも家並から離れた村はずれに、道路に面して一基、あるいは数基建っている。この一事は何を物語っているのか。

しかもこれらの武勲の石碑は、当時の流行なのか一様な体裁をしている。御影石を用いて祭壇の中心に二メートルほどの石塔を建て、囲りに石垣をめぐらし、いかめしいゴシック風の鉄製の門扉がついている。祠や墓地のように松やモチなどの常緑の植栽を配して、一応霊域の形をととのえているのだが、何故か村里の風景にそぐわないものがある。「多くの不平と辛苦ののちに／晏如として彼等の皆が／あそこで一基の墓となっているのが／私を慰めいくらか幸福にしたのである」（伊東静雄「帰郷者」）というわけにはいかないのだ。それは、何故か。

御影の尖頭型の石塔には、例えば次のような慰霊の文字が刻んである。「日露ノ役起ルヤ隊中ノ模範トセラレ各地ノ戦ニモ好成績ヲ挙ゲ遼陽ニ於テ卒先敵塁ニ追リ明治三十七年九月三日戦死ヲ遂ゲタリ」と。これは「故陸軍歩兵上等兵勲八等〇〇〇〇之碑」の武勲をたたえた碑文であり、「法名　鉄心貫忠居士」とある。「故陸軍歩兵伍長勲八等／功七級」とされる碑も、拓本をとらないと碑面の文字がよくわからないが、「明治三十七年日露ノ役起ルヤ」と書きだされ、「征戦奮闘敵弾ノ為終ニ名誉ノ戦死ヲ遂ゲタリ」となっている。

これらの一群の石碑に気づいた時、うかつにも当初私は先の太平洋戦争の慰霊碑と思って疑わなかったのだが、よく調べてみると全て「日露ノ役」の戦死者のものであった。友人に言わせると、「この間の戦争の時には、そんな余裕がなかった」というのである。

先述した二基の慰霊碑は、碑文によれば、「明治四十一年」と「明治三十八年九月」に建立されている。年表によれば、明治三十七年九月四日は遼陽を占領した日に当り、前者は碑文の通り遼陽会戦に於て戦死したのである。いずれにしても苦戦の末に、日本は強大なロシアに勝利したわけで、戦勝気分に湧きあがっていた頃のことである。石碑を建立した当時のことが詳しく伝わっていないので、経緯は不明だが、美浜町北田在住の下川正一氏の話によれば村が顕彰と慰霊のために建てたものであるという。

何故神社や墓地、広場ではなく、村はずれなのだろうか。むろんそういった村の主要な場所にもないわけではない。だが私がこれまで目にしたものは、断然村はずれの路傍に多いように思うのだ。つまりそれだけ目にとまったということになる。慰霊碑の調査を目的として村々を訪ね歩いたわけではないのだから、単なる印象にすぎないが、その分確信はある。

母によれば、よく目立つところだからだとこともなげにいう。たしかに朝に夕に村びとの誰もが通りぬける場所にはちがいない。日に二回は必ず碑の前を通れば、手をあわせ頭をさげていくものもあるだろう。兵《つわもの》の武勲を讃えて、のちの世まで伝えてくれるものもあるにちがいない。よく目立つということはそういうことなのだ。建立したものらの心情が痛いほど伝わってくるではないか。

だがこの「こともなげ」な風景は、立地する場に限っていえば、民俗学上重要な意味をおびてくるのである。村はずれの一角は、古来塞の神の祭場として常民に伝承され、誰《た》そ彼時《がれ》ともなれば魔物が跳梁する恐ろしい場所なのであった。蓬魔が時が出現するのである。塞の神は道祖神とも道陸神《どうろく》とも呼ばれているが、故斎藤槻堂によれば若狭には道祖神は存在しないとされている。たしかに信州の双体道祖神のようななまめかしい石造物は、私もこれまで見かけたことはない。もとよりこのことは習俗の差異を示す事例でしかなく、若狭には若狭の塞の神が各地に祀られている。

例えば地名にも「才神」（小浜市須縄）、「才ノ上」（上中町下夕中、現若狭町）、「境之森」（小浜市加斗・岡津）などの塞の神関連地名が、小字として残っている。「才」「斎」と表記された小字は滋賀県にも多い。

青葉山麓の高浜町高野の村の入口には、路傍に「サエノカミノモリ」と呼ばれるひともとのタモの木が繁っていて、根元には石仏が祀られている。高野は北地と広野の字にわかれるが、サエノカミの森の樹勢が左右いずれが繁茂するかによって両字の盛衰がわかれるのだという。先年道路改修工事の際、道路拡張の支障になることからとりこわされようとしたが、神の祟りをおそれたのか、少し根元がけずられただけですんでのところで破壊から守られたのは何より幸いであった。何しろサエノカミノモリとして今なお信仰の対象となっているのは、管見では、美浜町麻生字東山の塞神社とこの森をおいて他にないのだから。

大飯町小車田（現おおい町）の筒井甚四郎家の裏には、「サヨノモリ」と呼ばれるタモの木がある。もとは本家筒井甚左家の所有地にあり、小夜という娘の墓だという。傍の川岸にはサヨノモリの地蔵が祀られている。

同様の伝説は父子にもあって、「サヨの木」と呼ばれている。昔又兵衛家にサヨという愛娘がいたが、幼くして病死した。はかない命をあわれみ、葬地にタモの木を植えて慰めとしたという。おそらくいずれの伝説もサエの転訛から派生したのにちがいない。薄幸の娘サヨは常民の共同幻想の所産である。サエからサヨと呼びならわすようになるまでに、幾星霜が流れたか、城がいくつ変ったか。ともあれ常民の深い悲哀や無情感が塞の地に放擲され、埋めこまれたのである。

塞の神とは何か。『日本国語大辞典』によれば「境にあって外部から村落へ襲来する疫神や悪霊などをふせぎ止めたり、追い払ったりする神。また行路の神、旅の神、生殖の神ともされる」とあり、語源説として「道で悪魔をサヘギル（遮）神の意」（『大言海』）、「サヘ（塞）は、遮断妨害の義」（折口信夫「道の神境の神」、柳田国男「神樹篇」）、「行く道のササへを守り除く神で、ササヘノカミ（碍神）の義」（『名言通』）を引いている。『日本民俗事典』の「塞の神」の項も、「人間が集落を成して社会生活を営んだ原初の段階から、自分たち仲間の生活の安全を守るべく、そのムラに邪霊悪鬼の類が立ちいらぬよう、サエギリ、はねかえすための呪物を境域に置くことがあった」（和歌森太郎）と説明している。そこから「サイは幸福を意味するサチ、サキの転訛」（喜田貞吉『福神信仰の変遷』）と付会され、「障の神」とも宛字されるようになる。岐神《ふなどのかみ》とも久那斗神と書き、道の神とされる。

虫送りや盆の精霊の送り迎えにともされるタイマツは、いずれも村境をめざした。東北でサイト焼きとも呼ばれるドンドの火がたかれるのも、もともとは塞の神の祭場であったのである。若狭一円の小正月のキツネガエリやサルマキ(敦賀市杉箸)の行事も、やはり隣村との境界まで悪獣を追い払った。

つまり塞の神が祀られる村はずれの空間とは、以上のような意味をもったいわくつきの土地なのである。そこに戦勝気分に酔いしれて戦死者の慰霊の碑が、いな武勲の碑が建てられているのだった。

いたましいではないか。国境防備という名の侵略戦争にかりだされ、凍てつく塞の地で銃弾にたおれた日露ノ役の防人たち。死してなお境界に祀られて、魂はどうしていこえようか。慰められようか。謹言実直なステレオタイプの美文の、武勲の碑の行間からは、人間の真実の声が聞こえてはこない。はたして戦死は遂げられるものなのか。鉄心貫忠居士という戒名にまで忠君愛国を鎧う非情さ。肉弾三勇士の美談の論理がここでも横行しているのである。

これ以上は慰霊碑についてとやかく言うまい。要するに場所が問題なのだ。風景への異和感は、私の民俗的な感受性に根ざしている。

赤坂憲雄は現代は境界喪失の時代であると言う(「境界喪失―または闇の不可能性をめぐって」)。とまれ「日露ノ役」後八十四年、武勲の碑も押しよせる都市化の波のなかで、時にはラブホテルやパチンコ店に囲まれもする。いかがわしい遊興の地と化しつつある現代の塞のトポスに、武勲の碑は何を語り、どのような伝承を残すのだろうか。

六 「鬼神を祠らず」ということ

「門徒もの知らず」という言葉がある。あるいは「片法華《かたぼっけ》」という言葉もある。いずれにしても民俗学の研究者にとっては、あまり好ましい言葉ではない。というのはすでにわれわれにとっては自明のこととされているが、浄土真宗や日蓮宗を宗旨とする土地は、極めて民俗事象が貧しいとされてきた。すなわち年中行事が熱心に行われず、いわゆる田の神とか山の神、地の神などの民俗神に対する信仰が見られない。日本古来の神まつりに限って言えば、とりわけ家ごとの祭りごとは極端に少ないのである。

若狭と越前を比較すれば、この差異は歴然としている。大まかに言うなら、若狭は三方郡と上中町（現若狭町）・小浜市の一部を除けば、ほとんどが禅宗（曹洞宗・臨済宗）か天台・真言の密教系の宗旨に占められている。大勢としては禅宗の勢力の強い土地であり、「民俗学の宝庫」とされるように民俗行事が今なお濃厚に残存している。一方、総本山永平寺がある越前地方は曹洞宗の本家本元でありながら真宗王国といわれるように浄土真宗・一向宗の門徒が多く、従って民俗に見るべきものが少ないとされてきた。事実全県下を歩いてみると、この民俗上の差異は実感として了解できることである。例えば故老に「地の神や田の神さんは、いつどのように祀りますか」と聞いても、即答はない。田の神ということじたいがよくわからないらしいのだ。答えに窮したのか氏神の祭りと混同するトンチンカンな老人もいる。もっとも一切の神まつりを主とする民俗行事が村の鎮守に統一されているから、無理もないのだが、それにしてもことほどさように真宗地帯ほど民俗研究家にとっていらだちを覚えるところはないのである。

「門徒もの知らず」と言い「片法華」というのも、もとより民俗的な知識が欠除していることを指している。『故事俗信ことわざ大辞典』（小学館）によれば「門徒の無知をあざけることば。浄土真宗においては、阿弥陀仏の称号をひたすら唱えることを教え、他のことはいっさい顧みないというのを、無知とあざけったもの。『門徒物知らずといふが、浄土もやっぱり物知らずだな』（伎・鼠小紋東君新形―二幕）」とある。類語に「門徒宗の秘密なし」「門徒の正月」「門徒は仏正座で神側《かみかたわら》」などがある。

「片法華」という言葉は小浜市東勢で採集したが、当地区は日連宗のためものごとが偏っているのだと、自嘲気味に故老から教えてもらった。「門徒物知らず、法華骨なし、禅宗銭なし、浄土情なし」などという鎌倉仏教の祖師たちをこきおろしたようなことわざもある。言い得て妙などとは決して言うまい。所詮愚衆のひがごと、さかしらごとである。

何故「モノシラズ」なのか。正月には仏事がきらわれるのに、何故「門徒の正月」なのか、「神側《かみかたわら》」なのか。その根拠は浄土真宗に限って言えば、やはり弥陀一仏を一大事とする親鸞の神祇不拝の教えに求められよう。『顕浄土真実教行証文類』（教行信証）の「化身土文類六（本）聖道釈　三時開遮」に次のような言葉がある。

『般舟三昧経《はんじゅさんまいきょう》』にのたまわく、「優婆夷《うばい》、この三昧《さんまい》を聞きて学《まな》ばんと欲せんものは、乃至、みづから仏《ぶつ》に帰命《きみょう》し、法に帰命し、比丘僧《びくそう》に帰命せよ。余道《よどう》に事《つか》ふることを得《え》ざれ、天《てん》を拝《はい》することを得《え》ざれ、鬼神《きじん》を祠《まつ》ることを得ざれ、吉良日《きちりょうにち》を視《み》ることを得ざれ」となり。

またのたまわく、「優婆夷《うばい》、三昧《さんまい》を学ばんと欲せば、天を拝し神《じん》を祠祀《しし》することを得ざれ」となり。

余道に決してつかえることなく、ただひたすら三宝に帰依して称名念仏に徹し、絶対他力による聞信往生をせよと説くのである。在来の密教系の宗教が日本固有の神祇思想と習合してもっぱら加持祈禱を専修したのに比して、この畏れを知らぬ神祇不拝の教導は、八百万の神がみと、魑魅魍魎、百鬼夜行の日本の宗教的風土に一大革命をもたらそうとした。

『愚禿悲歎述懐和讃』に「かなしきかなや道俗の／良時吉日えらばしめ／天神・地祇をあがめつつ／卜占祭祀をつとめとす」とある親鸞が悲歎する風俗は、オカルトまがいの新興宗教が流行する現今の世相と何らかわらない。巷間には易占がはびこり、大安吉日は今もって大衆の行動を律している。

「鬼神を祠ることを得ざれ」とされた「鬼神」とは、いったい何か。

『真宗新辞典』（法蔵館）の「鬼神《きじん》」の項によれば、「夜叉・羅刹・八部衆・餓鬼・魔などを指す。また天地の神霊や故人の霊魂をもいい、日本の神祇を含めて称することがある。変化自在のはたらきをもち、仏法を守護する善鬼神と国土人畜に災害をもたらす悪鬼神とがある」とある。ところが『古語大辞典』（小学館）には漢音のキシンと呉音のキジンがあり別義としている。すなわちキシンは「死者の霊魂（鬼）と天地の神霊（神）」、キジンは「常人の目には見えない、超自然的能力を持つ神霊。自由自在の能力を持つ、下級の精霊。荒々しく恐ろしい鬼」と分けて説明している。例えば「鬼神に横道なし」ということわざは漢音の方である。従って『真宗新辞典』の解説は、キジンとして立項しながら漢音と呉音を混同しているように思われるが、ここでは深く論及しない。

また曹洞宗の教典『修証義』第十二節には、

> 徒《いたず》らに所逼《しょひつ》を怖《おそ》れて山神《さんじん》鬼神等《きじんとう》に帰依《きえ》し、或いは外道《げどう》の制多《せいた》に帰依《きえ》すること勿《なか》れ、彼は其帰依《そのきえ》に因《よ》りて衆苦《しゅく》を解脱《げだつ》すること無し

と邪信におちいることを強くいましめている。大洞良雲は『修証義講話』（大法輪閣）のなかで、鬼神をわかりやすく「祟りの神さま」などがそれに当ると述べ、一方、笛岡自照も『修証義詳解』（古径荘）に「病気をはじめとして、その他すべての不幸や災厄を、一も二もなく何ものかの祟りによるものとして、その祟りからのがれるべく怪しげな宗

教を信仰したり、あるいはえたいの知れぬ廟祠を帰依の対象としたりすること」と説いている。つまり山神鬼神は淫祠邪教の類いということになる。浄土真宗においては鬼神を祠ることを自力の業としてしりぞけ、曹洞禅もまた外道による禁厭祈禱、難行苦行の修行によっては解脱は不可能と説くのである。信の徹底においては無知を笑う俚言は、門信徒にとって決して卑下すべきものではなかった。

呪術宗教の否定はすでに孔子の『論語』のなかにも見られる。「樊遅《はんち》知を問う。子曰く、『民の義を務め、鬼神を敬して之を遠ざく、知と謂う可し』」（雍也編）、「季路《きろ》鬼神に事《つか》えんことを問う。子曰く、『未だ人に事うる能わず、焉《いずく》んぞ能く鬼に事えん』」（先進編）とする。しかし戦国後期の儒家は呪術を背定し、「智者は鬼神を役使して、愚者は之を信ず」（『管子』軽重丁編）として、鬼神への帰依を通して民衆のエネルギーを再発見するのである。

民俗学からものを言えば、これらの「鬼神」は民俗神ということになるだろう。民俗宗教と呼ばれる民俗信仰の多種多様な神々たち。なかでも私が研究対象とするニソの神・モリさん・地の神・地主荒神・ダイジョコ・饗《あえ》の神などの零落した民俗の神々は、言わば鬼神の最たるものである。これらの小さな神々たちは先祖や死霊の祟りを斎いこめて祀られたり、神人共食の場に降臨して豊作を祝福する神である。祖霊とも呼ばれ、いくら敬遠しても季節ごとに必ず訪れてくる家の神なのである。

伴信友のように「仏ざま」として祖師、先哲の言説に異をたててしりぞけ、さかしらごとを私は述べようとは思わない。しかしこれらの家の守護神は「天神・地祇はことごとく／善鬼神となづけたり／これらの善神みなともに／念仏のひとをまもるなり」（『浄土和讃』）とはならぬのだろうか、という思いはある。

過日、北陸三県民俗の会の年会が金沢であり、真宗の民俗をテーマにシンポジウムが開催された。発表者のなかに真宗地帯民俗不毛論を排し、「習俗的信仰・儀礼の中にこそ真宗があるとみるべき」であり、「決して神祇不拝ではなくむしろアニミズム的で民俗信仰が基層にある」と述べた者もいたが、あえて正論としても、やはり真宗の民俗への異和感は残るのである。饗の神の調査で滋賀・石川両県へよく出かけるが、これらの真宗地帯では民俗伝承は思った以上に稀薄で、あらためて若狭の特異性を痛感する。研究者としてはなおさら「若狭にあることの恍惚と不安我にあり」といったところだ。

悪人正機説にひかれつつ、決して妙好人のような生き方を肯定したくないとも思う。とまれ真宗は日本古来の神観念を破壊し、素朴で善良な民俗をも亡ぼしたことはまぎれない歴史的な事実である。人の一生においてどちらが幸せだろうか。本土の神道、仏教と長らく無縁でありつづけた沖縄の民俗が、この場合参考となるにちがいない。

「私」とは何か。要は民俗的な自己のありようなのだ。「私」とは集合的無意識（ユング）の一つの帰結に他ならない。「私」とはすなわち「他者」なのだ。谷川健一は「民俗学は、神と人間と自然、この三者の交渉の学である。」（『古代史と民俗学』）と定義したが、常民にとって鬼神というデモーニッシュで超越的な契機なくして、アルカイックな神々や精霊《アニマ》の豊かで大らかなコレスポンダンスも成り立たなかった。落ちぶれ果てた蓑笠姿の鬼神なるがゆえに、常民のささやかな世界観《コスモロジー》の一翼を担うことができたのである。

七　相の木と饗《あえ》の神

「相の木」といっても学名を持つ植物ではない。すなわち固有名詞でもない。かといっていかなる辞典類にもいまだ立項されてもいない。とはいえ、なによりも先ず「相の木」は地名として存在する。さかしらごとを申せば、今後の調査研究の如何によって、この言葉に意味が吹きこまれ、原初のいのちをとりもどすはずである。誰もまだこの作業には手を染めてはいない。民俗学の醍醐味は、無償の情熱によってこそわがものとなる。「相の木」とは何か。どのような木が、どのような契機で地名「相の木」と呼ばれるようになったのか。

岡崎純の詩「相の木」に出会わなかったら、これほど深く地名と関わりあうことはなかったにちがいない。むろんニソの杜をはじめとする若狭の民俗信仰を研究していたから、「大将軍」とか「地主」「森」「大縄号《だいじょうごう》」などといった祭祀に深く関連する地名には、以前からとりわけ関心があり、日本地名研究所の研究員として地名を体系的かつ理論的に学んではいた。特に祭祀地名としての「モリ」については、語源が朝鮮古語の「ムイ」にまでさかのぼることを知った時には、民俗的な開眼をしたと思ったほどである。若狭という大変恵まれた民俗学のフィールドに調査研究を限定して、自己満足に陥っていた研究姿勢に厳しく内省を強いた体験であった。

ところが「相の木」の研究には先学の蓄積がほとんどなかった。いわば未踏の領域なのである。関連地名のわずかな資料報告はあるにはあったが、それは研究ではなかった。思いがけない展開がこめられていようなどとは誰も考えなかったのである。

岡崎純の詩「相の木」は、日本現代詩人叢書第二五集『岡崎純詩集』（芸風書院）に掲載されている。初出は黒田三郎編集の詩誌『詩と批評』昭和四十一年十月号（昭森社）で、当時足繁く岡崎宅に出入りしていた折、岡崎から見せてもらったのだった。

樹齢数百年を経たという
ぼくの部落の中ほどの
欅に似た一本の木

二本がひとつになったといい
相の木というのです

父たちは
大きくなるに従って
相の木にあこがれて
いつか愛の木と呼びました

相の木の下に
愛を埋めて征く若者もありました

発表当時「混の木」と題されていたが、これは「二本がひとつになった」木のイメージを「混」と宛字して「アイ」と読ませたものである。『王子保村誌』には「間の木」の伝説として掲載されている。一読後「アイノキ」と村びとから呼ばれる場所が、私の村にもあることに気づいた。公称では美浜町佐田八二字相の木、同八三字奥相の木となっている村の一画で、今は立派な一般県道東美浜停車場線が通っているが、ひと昔まえまでは金瀬川沿いの藪地で、墓山の裏にあたり、秋にもなると一番早く日がかげったところである。つい先頃まで畑仕事をしていた老婆が狐にばかされた話の舞台になったりした。相の木橋のたもとには大きな欅や榎の林があり、子供の頃よく榎《よ》の実をとりに行ったものだった。そこは村中を一巡して流れる玉川用水の水源地に当り、いつも冷たい清水がわいている。

私の村の「相の木」はただそれだけの土地で、何の伝承もなかった。小祠も石仏も祀られてはおらず、とても祭祀地名とは思われなかったが、岡崎純の詩とともに心の奥にいつしか住みついて気がかりな地名となっていたのだった。

一方、美浜町の周辺には「アイノカミ」という小祠や地名が数か所点在している。このうち丹生と白木のアイノカミについては、藤本良致・小林一男の報告によって学界の知るところとなり、『綜合日本民俗語彙』（平凡社）、『分類祭祀習俗語彙』（角川書店）に「アイノカミ」として再録。以後、藤本は『福井県史資料編一五　民俗』の年中行事の章において田の神として位置づけている。

初出の『近畿民俗』三（一九五〇年五月）に掲載された藤本の「アイの神」によれば、「丹生（若狭三方郡）・白木（越前敦賀市）にはアイの神が祀ってあります。丹生では田の口と奥の二つに部落が分かれていますが、その中間に、昔は小さな祠があり、今は崖崩れのため形はありませんが、以前は古いお札を納めたのだと言います。部落の人に聞きますと、田の口と奥の中間にあるからアイの神と言ったのだろう、と言って居ります。白木では正月二日をアイノザシキと言います。比処には、アイの神のお堂があります。これは昔、この日にボラが一万二千尾も獲れたことがあって、そのお祝いだと言ってをり、十五軒の家が毎年五人づつ当番になって、その中の年長者の家で祝宴を催します。以前はアイの神のお堂でやったのだそうですが、現在ではお堂も小さくなったので当番の家でやるそうです」とある。この他にも浦底には「相《あい》ノ上《かみ》」という地名があり、神社としては饗神神社（美浜町北田）があり、アイジンサン（同佐野）、愛大神（三方町南前川、現若狭町）、相大神（三方町田井、現若狭町）が祀られているが、すでに伝承を語る人はいない。佐野のアイジンサンは、もと雲谷の山中に祀られていたのを、耳川の治水の神として移し、伴信友風に言うなら「仏ざま」によって僧侶の介入で現在は愛染明王に変身してしまっている。わけしり顔の仏僧の牽強付会によって、如何に日本の歴史や民俗が見えなくなっているかの一例である。

眼を越前地方に転じれば、アイノカミは田の神の別称となり、南条郡から坂井郡の穀倉地帯にかけて濃密に分布する。もっとも名うての神祇不拝、「鬼神を祠らず」の真宗地帯だから、すでに信仰上の位置は弱く、伝承も稀薄である。

このうち坂井町島（現坂井市）の春日神社の境内にある合葉神社は、村びとからアイノカミと呼ばれており、百姓の神、農作の神とされている。石の祠のなかには、左に箕を持った神、右に升を持った神が笏谷石に彫られており、まさしく田の神に相違ない。島の合葉まつりは節分に行われるが、坂井郡一帯には田の神を「アイバサマ」と言ったり、相葉神社、稲葉神社と書く神社も数か所あり、祭神は曽保登神とされている。ソホト（ヅ）即ち一本足の山田の案山子《かかし》である。

田の神は稲の葉先で目をついたとか、泥中に一年間すごされるとかで片目とされると共に、一本足の片脚神といわれている。目《め》鍛《かん》冶《ち》の製鉄神天《あめの》目《ま》一箇神《ひとつのかみ》に一直線につながっていく。母も田の草取りでよく稲木で目を突き、長浜市の眼科に通い、帰りに片目の蛙が住むという木の本のお地蔵さんに願を掛けた。言わば母は田の神であり地母神なのであった。不具であることはすなわち神なのである。聖性の一条件なのであり、スティグマに他ならない。

坂井郡のアイバマツリの事例は、地名・家名「饗庭」を道饗祭《みちあえのまつり》、邪神破却の祭場とする柳田国男の仮説に訂正をせまるものである。

奥能登のアエノコトは若狭のニソの杜とともにあまりにも有名な民俗行事であるが、武生市余田《はぐり》（現越前市）にも北・中・南の三垣内《かいち》で祀る田の神の祭りをアイノコトと呼んでいる。このうち南出の垣内の田の神は、余田三九相の木にある。岡崎純の生地、武生市白崎（現越前市）の間の木の傍にある田の神を故老はアイノカミと呼ぶ。ここにおいて相の木とアイノカミ、アイノコトが完全に結びつく。語源と習俗が復元されたのである。アエノコトは即ち「饗の事」で民間新嘗とされている。外に祭場があることは、内祭りの奥能登のアエノコトに先行する。つまり相の木はアエノコトの神、饗《あえ》の神の依代《よりしろ》なのであった。京滋には綾の木・綾の神・綾戸として濃密に分布する。

柳田国男は言う。「うちに取って一番大事な、家督としていつまでも手離さぬ田の一つに、斯うした特徴のある樹があってそれが地名となり、やがては又そこを根拠として住む家の苗字ともなったものと思ふ」（「御刀代田考」）。越前に点在する相木姓の由来はここにある。

哀しいまでに人は樹によって天と地下他界につながろうとする。それは何故か。私のモリの研究は、すでに日本の宇宙樹という最終日標を見出してもいる。「相の木の下で／幾組もの夫婦が生れ／ときどき　雷が嫉妬して／相の木に落ちました」「たびたびの落雷に／相の木は空洞になっていきました」とうたい語る詩人の想像力に導かれて、ようやくたどりついた小さな一里程標である。見者《ボワイヤン》岡崎純は、イナウルイと呼ばれる稲と稲妻の祝婚を常民の集合的無意識のなかにみごとに見出しているのだ。

八　あらたま考

正月さん　正月さん
どこまでござった
丹後の宮まで
味噌ねぶりねぶりござった

と、かつてうたわれた正月。この童唄は美浜町菅浜で採集したが、楽しい正月を待ちこがれる子供たちのはやいだ気持ちがよく表われている。サンタクロースのように、子供たちにとっては、新年は「正月さん」と親しみをこめて呼ばれる、幸福をもたらす神に他ならなかった。

このように新しい年を迎えることは、かつては大きなよろこびであったが、何時頃からこの素朴な感動を私たちはなくしてしまったのだろうか。

物があり余っている今日、正月だからといって、お年玉で新しい玩具を買い求めて、村の大通りで元気に遊び興じている子供たちの姿もあまり見かけない。むろん凧上げやこままわし、羽根つきなどという古典的な遊びも当節はやらないようである。家の中で一人テレビゲームとやらに夢中なのだろうか。ブラウン管のなかに、すでに自分の一生を垣間見てしまった「恐るべき子供たち《アンファン・テレブル》」の、不気味な虚無。かつて小説家の神田貞三は、彼らのことを「アンファン・テレビッ子」といみじくも呼んだことがあったが、今は「新人類」の一属性となっている。

若狭全域の民俗調査にもとづいて言えば、このような無感動な風潮は、やはり高度成長期の所産と思われる。例えば昭和四十年代を境として、各地の民俗行事が衰退の一途をたどりはじめるのもこの時期である。

その頃青春時代のただ中にあった私は、生来のひねくれ根性を丸出しするかのように、何で正月がめでたいのかと言わんばかりに、散髪もせず平然としていっこう新年のハレの気分にもなじめなかったのだった。更に満年齢で歳をかぞえるようになっていたから、正月が来たからといって、あらためて一才歳をとるということもなかったのである。

祭りや年中行事に一切背を向けていた私が、民俗学に関わるようになってから、自ずと古来から受けつがれてきた民俗行事を見直すようになったのは、むろん当然のなりゆきであった。

私とはいったい何ものなのか。私の背後には、私をしてかくあらしめている幾千万という闇に埋れた人類の歴史があり、伝承の世界が横たわっていることに、ようやく気付いたのだった。無文字社会を形成する壮大な象徴の大系に、人知れず戦慄をおぼえたのである。

ところで、新年のことを「あらたまの年の始め」というように、年や月に掛かる枕詞として「あらたま」という言葉がある。

『万葉集』には二十首、『古今和歌集』と『新古今和歌集』にそれぞれ一首掲載されており、例えば万葉集には、

あらたまの　年返《かへ》るまで　相見《あひみ》ねば　心もしのに　思ほゆるかも

とうたわれている。

「あらたま」とは何であろうか。種々の国語辞典を調べても、語源についてはいろいろと説があり、定説を見ないとしている。言語学的なことは私にはわからないが、各地で行われる正月行事のなかに、何か語源を解明するヒントが見出せないものか、民俗学からのアプローチを試みてみよう。

古来日本人は、新しい年がめぐりくるたびに、年の神から人としての年齢をさずかると考えていた。大歳の夜は身を清め年ごもりをして、新しい年の到来をおごそかに迎えたものである。除夜の鐘が鳴りだす頃、氏神の社へ初詣に出かけるが、途中で人に会っても一言も言葉を交さないのは、先ずうぶすなの神々に向って新年の祈りの言葉を捧げねばならないからであり、日本人の素朴な言霊《ことだま》の観念が背後にひそんでいる。神と対面する前に人間と言葉を交すのは、いたずらに身をけがすことであり、新しい言葉の霊力を弱めると考えたのであろう。すなわち、籠りの民俗がここにある。

敦賀市白木は半島の突端にある小さな漁村であるが、今なお古俗を伝えている。元日の朝、ワカオトコと呼ばれる家の主が井戸から若水をくみあげる際に、井戸の神、すなわち水神さんに向って口のなかでおごそかに新年の寿ぎをする。その唱えごとは家ごとに異なっており、戸主から戸主へと口伝えで受けつがれ、他人に口外するとその威力を失うといわれている。従って戸主以外はその家の若水くみの祝言を誰も知らない。上中町三生野《みしょうの》(現若狭町)では、

「千早振る　年の始めの井戸はじめ　清めたまえ　守りたまえ」と三回唱えることとされている。言霊の信仰をよく示す習俗である。常世へと通じる浄闇の井戸の底から、つるべでくみあげる若水には、まさしく魂を若返らせる精霊が宿っていた。

お年玉という言葉は、現在正月に子供たちに与えるお駄賃かお小使い程度の意味しかないが、高浜町難波江《なばえ》では正月にガンダの浜で拾う小石のことをトシダマと呼んでいる。平年は十二個、閏年は十三個と決っており、十一日のツクリゾメにワラヅトに包み、榊の杖をゆわえて田や畑にさす。豊作をもたらす新しい年の稲魂《いなだま》は、海の彼方の常世の国から訪れるのだと、古来の日本人は考えたのである。

大飯町大島(現おおい町)でも一月八日の朝、浜へ降りてツクリゾメに用いる小石をひろう。島ではこの行事をカネヒロイと呼んでいる。一方上中町三生野(現若狭町)や高浜町関屋などの海のない所では、小川や背戸の清浄な石を用いる。お盆のお精霊《しょうらい》を川筋や屋敷裏の山麓で迎えるのと同じ心意がうかがえる。

難波江のトシダマはお年玉の原義に近いと考えられるが、残念ながらこの他に県内には有力な資料が目当らないようである。

全国的にはどうであろうか。例えば三河地方の山村では、祭りに小石を神前に供えて、後で参詣者に一つずつ与えるのをトシダマと言っている。一方九州では、初詣や若水迎えの祭に用いる、神饌の米を白紙につつんでひねったものをトビともトシダマとも言うそうである。また出雲の海岸地方では、大晦日に年神様が年玉を配られるといい、「年玉の投げ玉」という昔話が伝えられている。昔ある男が年を取りたくないので藪の中にかくれていたら、年神が竹の上から年玉を投げていかれたので、仕方なくまた一つ年を取ったという。薩摩の甑島では正月の神トシドンが年玉の餅を持ってきて下さるという言い伝えがあり、元日に子供たちに与える丸い餅を年玉と言っている。

このように、正月の神である年神からいただく新しい霊魂が年玉の語源と考えられる。それが直会の神饌となり、正月に主人から使用人へ、家長から家族へと贈られる贈答品を意味するようになったのであった。若狭では年神のことを歳徳《としとこ》さんとか年取さんと呼び、床の間に米俵をすえて正月の祭壇とする。トシという言葉は、稲の稔りに由来するとされている。一年の稲作のサイクルがトシの語源であった。

従って秋田県の男鹿地方などで年玉をニダマ（新玉）と呼ぶように、年神からいただく新しい霊魂は、まさしく「あらたま」と言ってよい。白木では年男のことをワカオトコと呼ぶが、「ワカ」とか「アラ」という言葉には、霊魂をふるいたたせるような、プリミティブな力がこもっている。新しい年の波濤が打ちよせる波打際から迎えてきた、潮がしたたる輝くばかりのトシダマには、荒々しい霊力がみなぎっているのである。疲弊し萎縮した魂を、いやして再び蘇えらせるのは聖なるトシの霊力に他ならない。

中国の古典を持ち出して日本の民俗を補足するのは如何にも唐突であるが、『老子』第十九章には「見素抱樸《けんそほうぼく》」という言葉がある。「樸」とは、アラキ、即ち伐りだしたばかりの丸太を指し、無為自然を尊ぶ老子のキイ・ワードとされている。加工以前の木の丸太を最善とする老子の理想がこめられているが、実はこのアラキとアラタマは観念のよく似た言葉のように私には思われる。漢字で表わせば、木扁と王扁のちがいにすぎない。すなわちアラタマ（荒玉）は「璞」とも書き、掘りだしたばかりの原石のことである。その原石に常世の霊魂が宿っている。

荒々しく若々しいプリミティブな、海彼《かいひ》の常世から訪れる浜石に憑霊《ひょうれい》した霊力は、人びとに齢《よわい》を与え、生命力をふるい起す。ツクリゾメの予祝儀礼によって、稲作に豊穣をもたらすコーンスピリットともなる。収穫した米や餅には従って常世の霊力がこもっているのである。トシの精霊―石―餅―現金と変遷したトシダマの原義を知らずしては、子供のしつけもおぼつくまい。お年玉は決して資本主義やマルクス経済学では論じられない、日本人の神観念の領域なのである。

故に、日本人をして日本人たらしめているのは、正月行事における「あらたま」――「トシダマ」体験なのであり、日本人のアイデンテティを形作っている。

言霊の幸う国の、すがすがしい浄福感を存分に味わえるのも、正月だからこそと、私もこの年になってようやく考えるようになった。年神から賜ったあらたまを、一年間大切にしたいと思う。

九　的のある家

『新版絵巻物による日本常民生活絵引』第一巻（渋沢敬三・神奈川大学日本常民文化研究所編、平凡社）の「信貴山縁起」、第二巻の「一遍聖絵」、及び第三巻の「粉河寺縁起」の項に、「的のある家」の絵が模写されて掲載されている。先ずは第三巻の説明を引いてみよう。

家の破風に的を描いた家は『信貴山縁起』『一遍聖絵』にも見られる。これを現在に残存する習俗について見ると、香川県、奈良県などで祭礼の頭屋をつとめる家が的を描いたものを入口の上にかかげておく風がある。これは正月におこなわれる的の神事とも関係があると考えられる。村民が神社の境内にあつまり、頭屋にあたった者が的を射るもので、土地によってはこの行事を歩射、奉射などと言っている。すでに的を射ることなく、ただ正月の祭を奉射などといっているところまで含めて見ていくと、関東以西全般にひろく点々と残存している。この家もそうした祭礼の頭屋にあたった家と見て差支えないであろう。

第一巻の解説にも、

今日宮座の頭屋《とうや》にあたった家が、入口の上の壁に的を描く風習が大和から東瀬戸内海にかけて点々としてのこっている。つまり頭屋のしるしとせられている。それは同時に魔除けの意味をもっていたと思われる。近畿地方では正月に氏神の境内で的射の神事をおこなう所が少くない。的の裏に鬼と書くこともあるが、これによって一年間村の中にわざわいの入らないことを祈念するのである。すべての家の破風に的が描かれているのでないところからすると、この図の場合も頭屋などつとめている家ではないかと思われ、さらにその家が特別に大きいものではないから、頭屋は同じような家々を順まわしにおこなったのではないかとも推定せられ、今日の農村と大してかわっていない村落構造のあったことも考えられるのである。

とほぼ同様な記述がある。

ともに平安後期の作とされ、いずれも大和の農村風景が描かれている。『日本の絵巻』五の「粉河寺縁起」（中央公論社）の絵の説明には「それにしても、屋根のしたなる丸印は、いったい何であろう」とあるが、「絵引」の解説の通り歩射の的に相違ない。こういった問いに確実に答えられるのは、やはり民俗学をおいて他にないだろう。何よりも常民の日々のくらしに熱いまなざしをそそぎ、その意味するところを日本人の心性深く掘りさげて、たゆまず追究してきた民間学の成果である。

岩井宏實（国立歴史民俗博物館）の話によれば、奈良県の十津川流域に今もなお破風に的をつるす習俗が現存するという。現行の民俗行事はおおむね応仁の乱以降とされているが、絵巻物にえがかれた八百年以前の習俗が、数少ない事例ながら今なお伝承されているのは驚異というしかない。

「民俗学の宝庫」と呼ばれているだけあって、若狭にも「的のある家」が高浜町音海《おとみ》に残っているのを、一昨年正月行事を調査した折に発見した。地元では元旦に行われる正月の神事を総称してオマトイリと呼んでいる。お的射り、即ち歩射のことで、悪魔祓いのハツユミが元日のメイン・イベントとなっているので、このように呼ばれているが、実際は早朝から精進潔斎をしたホウリと呼ばれる宮役が氏神気比神社の長床に集合、新年を迎えて豊作を祈る数種類の神事が厳然ととり行われる。

高浜町音海は内浦半島の突端にある内浦湾に臨む半農半漁の寒村で、村の背後は音海断崖が舵彫りされたような岩肌を怒濤の逆まく外海にさらしている。半農といっても水田は少なく、漁業が生業となっているが、正月行事は豊作を祈願する予祝儀礼が主体となっている。

氏神に奉仕する宮役は、下《しも》の禰宜、上の禰宜、ゴンノカミ三人の計五人で、祝《ほうり》とも呼ばれている。ゴンノカミは五年間つとめ、一年ごとに一人ずつ交替することになっている。上の禰宜は鳥居から上、下の禰宜は鳥居から下の守をするが、毎日浜でシオゴリをとり朝参りをかかさない。大敷網に出る日は三時頃に起床するという。

長床でホウリ、戸主一同が列席し、まず下、上の禰宜が年頭の挨拶を述べ、次いで鍵渡しの儀が行われる。その後、上の禰宜の三人の親戚の若衆が、稲藁にみたてたサカシバ(榊)三束を如何にも重たそうに拝殿から長床へ運びいれる。サカシバの根元をホウリの方へ向け、ドンドンと三回左足からまたいで「八升」、次に右回りして「八升八升」、株手をホウリへ向け「一斗八升」と言って景気をつける。

上の禰宜がサカシバを戸主の前へ配り、甘酒をふりかけて回る。この時床板を強く踏みならすのは夕立ちの雷鳴を、甘酒は雨を表わすのだという。昔は紋付きが汚れるほど景気よく甘酒をサカシバにふりまいたというが、この神事は年頭の予祝儀礼である田遊びの一種と考えられるから、大仰な振舞いが許され歓迎もされたのであろう。サカシバは煩悩を意味する百八本、三十六組が用意され、半紙に米を包みゆわえてある。神棚に供えておき苗代《のしろ》を作るとき田にさす。

その間、拝殿下の護摩焚き場では、二人のゴマタキが昨年のお的とゴマがら、アワがらをもやして、その灰に甘酒をまぜ墨汁をつくる。この場所は上の禰宜とゴマタキ以外は立入ることのできない禁足地とされている。いわば神さんをつくる別火の場所だという。発火は火打石を用い、枯れた藤の根を「ケッポケッポ」すると火がつきやすく、火種は火箱に入れて持ち運ぶ。半紙を口にくわえ、決して息やつばをかけない。出来上った墨汁でへギに円を描き的をつくる。

ウタイゾメの儀と磯引きのくじ引き、一献の直会のあと、いよいよ神事の場を社殿横の的場に移し、初弓をひく。天地、東西南北にねらいをさだめ、次々と二本の矢を射るが、不幸になるからといって、お的には的中させない。必ずしも的を射るとはかぎらないが、美浜町早瀬・新庄、三方町神子(現若狭町)、小浜市平野・犬熊、敦賀市高野などで、今なお初弓をひく歩射が行われており、新庄の場合も的中を凶とする伝承がある。ことほどさように常民の一生は災厄が多かったのであろうか。不運に見舞われることを極度におそれる心中が痛いほどわかろうというものだ。

歩射の後、折りたたんだ的を今年の上の禰宜が大事に胸元にかかえ、細い参道を列を組み神妙な面持ちで村へと降りていく。その際、上の禰宜の跡取りが稲の穂にひたした甘酒をふりまきながら、道を清め先ばらいをつとめるのは何とたのもしい風景であることか。的は薦につつまれて、上の禰宜の家の、ナイショ側(納戸・台所)の屋根の破風板の下に一年間つるされることになっている。薦でかくされているとはいえ、八百年以前の平安末期の田舎の光景がさりげなくここに現出したのである。営々たる常民の時間の、何と奥床しいことか。城かわり、星かわりして、なお神の祀りがある。

破風につるした的で思い浮かべるのは、岩見重太郎の狒狒退治の話である。講談にもなっているが、敦賀市刀根には昔話として伝えられている。人口によく膾炙されている話ゆえよくご存じのことだろう。屋根に白羽の矢がささると、娘を人身御供として差出さねばならないという昔話のモチーフはいずれも同じだが、『泉村民話集・妙春夜話』（中道太左ヱ門著）の「しっぺい犬」の一節を次に引いてみよう。

むかし、ある村では、毎年お祭の前夜になると、何処からか一本の白羽の矢が飛んで来て、何れかの家の棟に打ち立った。

この白羽の矢の立った家は、不思議にもその年に十六歳になる娘のゐる家に限られてゐたのである。

白羽の矢の立ったこの家では、祭礼の宵の晩に、そこの娘を人身御供として、鎮守の神様に供へねばならぬと云ふ村の掟があった。

そこで明けて十六の春を迎へた娘を持つこの村の親達は、この白羽の矢の立つのを恐れて祭礼が近づくにつれ、全く生きた心地を失ってゐたのであった。

と云ふのは、若しもこの白羽の矢の御宣託に反いて、人身御供をしなかったならばそれこそ大変で、神様は大いに怒り、その年は大雨を降らせて田畑を流したり、旱魃で作物を枯死させたり、或ひは、大風を吹かせて折角実った作物を根こそぎ吹き飛ばして、秋の収穫を皆無にしてしまふからであった。

とあり、また西亀太郎『郷土の伝説』には、

名田庄村納田終の加茂神社の柴走りは、三月二日に行なわれるが、その由来譚によれば「昔、この部落の顔役の家に、年のはじめに白矢が立った。その矢が立つと、その家の娘を神社に人身御供として、あげねばならぬ。それが毎年続くと困るので、神社に御願いして、祭仲間といって、二十数戸の家が交代に二戸一組、二組四戸で、柴（榊）を持って、競争し勝った方が、春祭・秋祭に区別して、舌餅といって、細長い舌の形をした餅を八十枚作り、それをおそなえし、お祭りする。

とあり、字白矢の地名の由来譚ともなっているようである。

これらの人身御供の伝説の背景には、破風に的をつるす習俗があると私は考えている。祭りの当屋を一年間つとめることは、神に奉仕することであるから大変な名誉にはちがいないが、その分肉体的にも経済的にも過酷な犠牲を必要とした。とりわけ烏勧請《からすかんじょう》と呼ばれる、神饌をカラスがついばんだかどうかで神意をうかがう神事があるような所では、その一事をもって「オト（お当）があがらっしゃった」と言わしめるほど常民にとっては重大な役目だったのである。まさしく白羽の矢が立つような気持ちだったであろう。矢が的中することはむしろ不吉なことに思われた。

人身御供は日本の祭礼にはつきものといっていいほど各地に見られるが、残念ながら本格的な研究が少ないようである。人身供儀《じんしん》というより入巫《にゅうふ》儀礼だとする研究も近年提起されている。シャーマンという名の神の嫁となることは、世俗と断絶することであった。祭りの当屋をつとめ、神に奉仕する巫女となることは、一方で狒狒退治の英雄譚を必要としたのである。

悪魔矢を新春の海に向けて放つ際、「当浦へ参ろうまじきものは、天下の不浄、内外の悪神、病むということ、風の難、火の難、千里の外へ射やろう」と大声で唱える、美浜町早瀬の浜祭りの文句にあるように、歩射行事はいずこも悪厄退散と招福を念じて行われる。的はいわばそのシンボルとして当屋の破風に一年間つりさげられた。

不安は時に的中する。音海のお的射りにおいて、プリミティブな山の精霊がこもったシバ（榊）と、稲霊のエッセンスともいうべき甘酒が、一連の儀礼のなかで終始重要な役目を負っていることに気付く。破風につるされた悪厄封じの弓矢の的には、いわば山野の精霊がやどり、さまざまな災厄におそれおののく村びとを守ったのである。

一〇　オイケモノ考

「オイケモノ」（お生物）は、小浜市加茂の加茂神社で小正月に行われる稲作の予祝行事である。七種の木の実を巨木の下に埋め、一年後とりだして種子の発芽状態を検分し、豊凶を占うところから「オイケモノ」と呼んでいる。正月にはさまざまな予祝儀礼が行われるが、種占は全国的にも類例がなく大変珍しい。

このきわめて特殊な神事が行われる加茂神社は、上社・下社に分かれており、「オイケモノ」は上ノ宮の神事である。下ノ宮は一間社流造の本殿と拝殿、両側に末社を配しているが、下ノ宮の東方約一〇〇メートル上手にある上ノ宮は村人が「ノガミ」と称するように、神さびた森の中には鳥居と石積みによって仕切られた禁足地しかなく、神体山とされる野木山周辺に顕著に見られる神籬《ひもろぎ》の神社と言われている。

『若狭郡県志』によれば、当社の創建の由来は次の通りである。

在上中郡賀茂村伝言、霊亀二年降臨之時、白猿供奉然指《ゆびさス》二東方軒《ニ》一、以其ノ所《ハ》レ指為二霊地一、養老元年建社于其処而祭焉、若狭国神階記遠敷郡正一位賀茂大明神云云、正保二年酒井忠勝公有祈願事而修補神殿、毎歳正月九日奠レ粢供醴是謂五穀祭、同十六日有二御種会《みたなへ》一奉レ幣《ヲ》献《シ》二米醴及《ビ》鮮物二十四種《ヲ》一、供神楽有二駒会一射人二是流鏑馬之儀也、二月六日有二斎祭洗祭一、同十日有二駒会一射人六其謂武社祭《ト》、四月朔日有二葵祭一奉レ幣供レ米又有二神事能一、九月九日有相撲会《ゑ》、十一月朔日献二米醴一供神楽是謂阿加羅賀志波《あからかしば》祭《ノ》一、

祭神は『若州賀茂社記録』には「若狭志曰、社記曰、祭二事代主命一。大和国葛上郡鴨都味波八重《カモツミハヤエ》事代主《コトシロヌシ》神祭ると云リ」と記され、「若州賀茂庄賀茂大明神縁起」は「夫当社者地神三代天津彦彦瓊瓊杵尊也」とする。

一方『若狭国賀茂大明神縁起』によれば「当社之濫觴山城国賀茂上宮別雷神也」と述べており、祭神に混乱が見られる。この他にも「火照命」（『越前若狭の伝説』「若狭国一宮御縁起」）、「山神則大明神御旅所」（『若州管内社寺由緒記』）とするものもある。

伴信友は『若狭国神名帳私考』（『神社私考』巻五）のなかで「そもそも山城の賀茂は、上ノ社は別雷《ワキイカヅチノ》神、下ノ社は御祖《ミオヤ》賀茂《カモノ》建角身《タケツヌミ》命、玉依《タマヨリ》日売二座を祭れる社なるに、事代主ノ命を祭れるこの賀茂社に、山城の賀茂の社司の預かるべき由縁なきを、社号を賀茂と云へるによりて、己が奉仕れる方の賀茂の神と同神なりと誣言《シヒゴト》して、村人を欺ものしたりしなるべし、但し山城の賀茂社の祭神は、既くよりとりどり混らはしき説あれど、事代ノ主神といへる事は、さらにあることなきを、此賀茂社の祭神を、事代ノ主命なりと申す伝説のしかすがに伝はりて、社記にもしるしおけるはめでたし」と述べ、『若狭国賀茂大明神縁起』の主張する祭神をしりぞけている。

『神社明細帳』も、人皇四十二代元正天皇の御宇霊亀二年（七一六）に、大和国葛上郡鴨都味波八重事代主命が、根来谷白石を経て当国へ御踏分されたと由緒に記している。

祭神についての穿鑿はこのくらいにしておくが、宮川谷の一帯が平安末期以降京都賀茂神社の神領となった歴史的な経緯がこれらの縁起に反映しているようである。とすれば、地名の加茂は賀茂神社に由来せず、鴨都味波八重事代主命にちなむ土地ということになろう。すなわち大和大神《おおみわ》神社の別宮鴨都味波神社に縁由の深いことが明らかとなる。事代主神は大国主神の御子神であり、大神神社は大国主神を祭神とする。このように考えると、神体山である野木山周辺に一言神社や弥和神社・河原神社などの神籬の社が点在することが理解できよう。上ノ宮から北を望むと、下ノ宮の本殿の背後に神奈備《かんなび》と思われる三角山がそびえている。一方当社と弥和神社がある野木山の中間に弥生中期の田の神遺跡があり、これらの聖地は一直線上に位置していることが注目される。

「オイケモノ」について、先に引いた『若狭郡県志』には「十六日有㆓御種会㆒奉㆑幣献㆓米醴及鮮物二十四種㆒」の記事がある他、『若州管内社寺由緒記』『若州賀茂社記録』『旧藩秘録』にもそれぞれ次の記事がある。

①若州管内社寺由緒記

上ノ宮者山神則大明神御旅所、毎年正月十六日に祭礼仕、二十四種の生物を備え、神前の扉を開□軀を拝申候、

②若州賀茂社記録

上宮社内に二十四種の生物あり。毎年正月十六日、前年之生物開き拝見し、又其年之生物を納置なり。昔は二十四種とあれとも、今ハ山の芋・野老・栗・椎・柿此五種を箱ニ入、餅を以て是を籠め、則社内に埋み翌年正月までに其餅則土と成て、五種何れも芽を出す。是を開て其年之五穀ノ吉凶をしるとなり。

③同(年中行事之次第)

十六日、本社御供・花ひら・御酒・御菓子串柿壱把。上宮下宮中馬場にて的を射る。当人勤之。上ノ宮にて的を射る。二重の棚をかさり、御供ハ竈《かまど》殿よりろうしに入、行列をして是を送る。当人御幣振、禰宜祝詞を唱へ、棚ノ上ニ七膳乃御供を献なり。社人餅花をまく。去年之生物を取出し、下ノ宮へ持参、丁(ママ)屋において拝見す、上ノ宮神事の間、本社の前にて神子《みこ》神楽を奉り、丁(ママ)屋において中老以上之氏人、酒をひらき、舞太夫を召して舞をなさしむ。是を御留守事といふ。

④旧藩秘録

十六日御祭、ミキコクウ、神楽、種ノタナ物土へ生置、前年生置ハ披評申候。

以上の記録から生物の種子の種類を見ると、『若狭郡県志』は「鮮物二十四種」、『若州管内社寺由緒記』は単に「二十四種の生物」と出ているが、『若州賀茂社記録』には「昔は二十四種とあれども、今ハ山の芋、野老、栗、椎、柿

を此五種を箱ニ入」と記しており、種類の上ではかなりの変遷がある。なお現在は山の芋を減じ、銀杏・ドングリ・椎の実を加えて七種となっている。

この種類の増減については、三国正二の「加茂神社の祭神と年占関係神事」(『小浜市史紀要』第五輯)と題するすぐれた論考がある。そのなかで三国は「当社草創の祭神は上宮神地に鎮まる葛城遷祀の事代主神、下宮(本社)鎮祭の祭神は寛治立庄のあと、山城より遷祀の賀茂別雷神と断じたい」として、山城上賀茂神社と当社の年中行事次第を詳細に検討し、年占神事や人身御供を寛治以前の上ノ宮の神事、御棚会や歩射神事を山城型の下ノ宮の神事と結論づけている。従って、『若狭郡県志』の「御種会《みたなえ》」は御棚会の誤記ということになり、「正月十六日の御棚会であるが、本祭事は完全な山城型神事であり、山城本社の魚鳥、種菓、種菜等に見合う神饌として、当社で献した鮮物が二十四種(何故二十四種としなければならなかったのかは、さらに後考に譲りたい)であったことを思わせ、あながちにこれを年占の生物としての二十四種とは考えられぬところがある。従って郡県志にいう鮮物二十四種は、あくまで神饌の品種を表示した記録として捉えるのが妥当である」として、「はじめ二十四種とある生物は、当初より五種か、もしくは多少の増減があったとみても、現在の七種を上廻ることは無かったものとみたいのである」と述べている。納得のできる推論である。

ところで、『若州管内社寺由緒記』に「上宮者山神則大明神御旅所」、『御一新ニ付廃止先例記録帳』に「正月十六日神事　十五日夕方迄弐人　山ノ神江参勤跡神楽」とあるように、上ノ宮を山の神とする記録もあり、三国の論考も近江の山の神との比較を通して結論を導いている。しかし故老に聞いたところでは、上ノ宮が鎮座する宮の森の右側山麓に、山の神や愛宕神社が祀られているとされ、今後の究明が待たれる。むろん山の神は一村に一か所とはかぎらず、垣内・字・株ごとに祀られている場所もあるところから、加茂の事例を特殊とはしないが、注目すべきは「大明神御旅所」の記述であろう。何故なら御旅所が元宮の跡であるとする伝承も各地にあり、従って事代主神を祭神とする上ノ宮の意義は極めて大きい。

では現在「オイケモノ」神事がどのように行われているかについて、以下に概略を述べることとする。

「オイケモノ」が行われる旧一月十六日は、新暦では二月末から三月初旬に当る。年によってはこの時節にも積雪を見ることがあり、厳しい寒気のなかで春を待つ厳粛な神事がとり行われるわけである。

午前九時頃、区長、宮総代、宮世話(大戸一人、加茂二人、三年交替)、神事当番(十八歳になって氏子入りした男子)などが社務所に集合、神事の準備をする。

神饌は神酒・塩・米・海山の幸・ウシノシタモチ二箱(七十八戸分)を用意し、本社の拝殿に供える。神事当番は当社に伝わる弓矢を奉持し、関係者一同が拝殿に並び、ゴヘイフリと呼ばれる神事当番が御幣を振りお祓いを行う。その後区長が代表して五穀豊穣等を祈願、一同拝礼して下ノ宮における神事を終える。次いで御幣持ち・弓矢の順に整列し、雪道を踏み小北川を渡って上ノ宮へ向う。

上ノ宮でも神饌を供えて祈願拝礼し、一同神酒をいただく。その後、五〇メートル程上手にある椋の巨木の下に行き、昨年埋めた「オイケモノ」の箱を石の下からとりだし、今年の箱を安置し神酒をそそいで埋めもどす。なお椋の木がある一角は小高い丘になっており、古墳とする考古学研究者の見解もある。

社務所へ戻ってしばらく休憩後、区長を上座にして一同着座、「オイケモノ」の箱を開き、中を検分、七種の種子の発芽状態を次のように報告する。

「今年のタネモノの芽立ちを拝見します。今年のタネモノの芽立ちがよくて、本年も豊作間違いなし。芽をきってはいませんが、胸いっぱいはちきれんばかりにふくらんでおりますので、本年も豊作間違いなしと存じます。

区民の皆さまに慎しんでご報告申し上げます」

「オイケモノ」の箱を順次回して発芽状態を確認したあと、直会に移行し無事神事が終了となる。ウシノシタモチは末社九か所にも供えられ、神事終了後全戸に配られる。「オイケモノ」の箱のなかへ七種のタネモノの「エサ」とか「コヤシ」として入れられたウシノシタモチは、以前は小豆で赤く色をつけたといわれている。当社のウシノシタモチは若狭各地に見られる同名称やハナビラモチと形状も同じであり、何ら特殊なものではない。

さて以上の神事の他に、戦前まで行われていた神事として、ユミウチとヒトミゴクがあったといわれている。ユミウチはいわゆる歩射といわれる神事であり、現在も若狭の各地で年頭に行われているが、加茂の場合ユミウチの弓も武器の一種だとして進駐軍によって中止させられたという。

ユミウチが行われた場所は中稲馬場と呼ばれる橋向いの広場で、こもにワカバをつるして的とし、二〇メートル手前から三回神事当番が弓を射、豊凶を占った。ユミウチはこのあと、上稲馬場と呼ばれる上ノ宮と椋の木の間でも三回行われた。

ヒトミゴクは神事当番役の家から毎年一人娘を選出、前後二人の神役がかつぐ神饌を納めた榊の下で、榊の葉を口にくわえて行列に加わったとされる。中稲馬場での最初のユミウチのあと、上ノ宮の手前二〇メートルの谷川の瀬に「マクラガミ」と呼ばれるシメナワを張った椎の森があり、行列がその場所へさしかかると、「ウワッー」といっせいに大声をあげる。伝説では昔このマクラガミを枕にして大蛇が寝ていたといわれ、尾は「オイケモノ」を埋める椋の丘までのびていたといい、大声をあげて道をあけさせた故事によるとされている。

上ノ宮への献饌のあと、前記のユミウチを行い、その後宮惣代が餅花を「百万石」「百万石」と大声をはりあげてまくと、われ勝ちにひろい集めたものだという。

以上の二神事は残念なことに戦後中止されたままになっているが（現在復活）、各地にごく普通に見られ「オイケモノ」神事にまつわる特殊な神事とは思われない。

なお当社の宮座としては、「若州賀茂社記録」によれば、根本七座として前座（この座より後・南座派生）、中井座、畠中座、孫太夫座（以上左座）、由里座、小池座、瀧森座（以上右座）があり、七家とも七座と称したとされ、一老（本社禰宜）、二老（無役）、三老（納戸）、四老（末社）、五老（灯明）などの社職があった。これらの家々は草分けの家とされているが、かなり転変が見られる。大正十五年五月郷社に昇格し、以後宮惣代四人とし、年齢順に、大禰宜、脇禰宜（無役）、納戸（出納役）、小禰宜（灯明）、区長の五人制に改革して現代に至っているが、大禰宜も現在存在せず、これらの呼称もあいまいになっている。また家格により禰宜衆・脇衆の名称があった。

冒頭にも書いたように、当社の予祝行事は全国に類例を見ない極めて特殊な神事である。縄文的ないぶきを秘めたプリミティブな祭りであり、今後採集植物（縄文）と栽培植物（弥生）との仮説上の比較検証を通して論究ができるのではないかと大いに期待している。

（『一滴』第9号～第19号、若州一滴文庫、一九八八年六月～一九八九年四月）

対談　民俗文化を見つめなおす

野本　寛一
金田　久璋

オイケモノ神事に見る若狭の民俗

金田久璋　本日は『焼畑民俗文化論』、それから『生態民俗学序説』さらに『熊野山海民俗考』その他にもたくさんの本を相次いで出しておられ、重厚かつスケールの大きな論考を次々と発表されて、私たち若手にとっても大変刺激的な仕事で、日本民俗学界においても根幹を揺るがすような大きな仕事をされておられる野本寛一先生をお迎えして、私どもが胸をお借りするつもりで、いろいろとお話を伺いたいと思っています。

本日(平成四年〔一九九二〕二月十一日)は旧の正月の一月の十六日にあたるわけですけれども、小浜市加茂で「オイケモノ」あるいは「ご神事」とか言っております行事があります。先生も以前から大変関心をもたれていて、今日ご案内することができました。先ほども言いましたが生態民俗学というものを最初に提唱されたお方ですので、そういうところからも今日のオイケモノの神事を実際見聞されてどういう印象をもたれたか、あるいはご感想をお聞きしたいと思います。

野本寛一　オイケモノの神事の特徴はいくつかあると思いますが、まず、木の実を埋めて、その芽立ち、根差しの具合によって、新しい年の作柄を占うという、全国的に見ましても、きわめて貴重な行事だと思います。その木の実と申しますのは、クリ・ギンナン・カヤ、それからドングリといっておりますが、これは内容はコナラですね。シイ、それから干しガキ、それにヤマノイモ科の根茎類でトコロというものが納められています。トコロは多くの細根が出ていますから「野老」という字をあてます。そのようなものを箱の中に入れるんですね。箱は二二センチと一二センチ、深さ九センチという箱を用意しまして、その箱の横には合計十三個ずつ両方面に通気孔があけてあります。それに「牛の舌モチ」という長い舌べらみたいなモチを下にしいて、その上に今列挙したものを入れて、蓋をする。こまかく拝見しますと串ガキは一番上に置き、堅果類（果実が堅い殻に包まれている）のたぐいは下の方に入れて、それの芽差し、根差しを見ようというんです。串ガキやモチは肥やしだと地元の人はおっしゃっていますね。

金田さんからこの話を伺って、なぜ関心を寄せたのかと申しますと、私は次のテーマとして、始原生業民俗論という大きなテーマを抱えているからです。もっとわかりやすく言うと、縄文の民俗が現在まで伝承されているというものを考古学ではなくて、民俗学からやらなければいけないというのが私の次のテーマです。そうした時に、このオイケモノの神事というのは全国で最も注目すべきお祭りであると思いました。なぜかと言うとクリ・コナラ・カヤ・シイ・トコロ、その木の実は全部縄文時代の食物です。これを旧暦の一月十六日、いわゆる小正月に埋めて一年間置いて、小正月に出してきて見るということは、小正月自体が今の一月一日、すなわち元日の正月にくらべて古いわけですから、その古さを証明するもののひとつであると同時に、最も古いタイプの食いものが入っていることなどが注目すべき点です。この中でトコロというのはサポニンを含有しており大変苦く、食べにくいものです。そのトコロというのは和泉流狂言の演目の中に出てきます。「トコロが人間にくわれて非常に残念だ」と、トコロの精が出てきて訴えるものですけど。近世では静岡県の例ですが、トコロのアク抜きをした粉がヒエの精白したものとだいたい同じ値段だった記録があります。均等に取引された記録もあります。江戸時代までは山村では重要な食料で、縄文時代からずっと続いています。東北地方や新潟県には今でもアクヌキしないで煮たものを食べる例があります。そういうクリ・ギンナン・トコロ・カヤ・シイ・コナラ。それにコナラで申しますと、例えば岩手県ではそれで酒を造ります。シダミ酒。長野県ではそれで味噌を作ります。というようにそれがもちろん近代まで続いているわけです。そういうものが若狭小浜の加茂に集約されて、ひとつの神事として伝承されているという。鳥浜貝塚は縄文の遺跡として大変有名ですが、私に言わせれば、それに匹敵するほどの重要なものである。

金田　生きた民俗である。

野本　そうです。しかも今日気がついたのですが、加茂神社の神職はこの神事に関与していないんですよ。村の人びとがやっています。神社とか神道とかに関係ないところで村の人びとがずっと続けてきたということですね。しかも山の神なんですよ。加茂神社の上社は山の神の場所なんですよね。入り口のところはなんていいましたか。

金田　枕神です。

野本　枕神とは境界線なんですよ。その聖域に悪いものを入れないために境界を「まくらがみ」という神を祀ることによって、しかもどういうことを言っているかというと、そこに大蛇の頭がきてそこにまくらがあったと。大蛇の尾は今のオイケモノを埋めるところまでいっていた。ここには大蛇がいるんだよ。人が入ってはいけないところ、聖域として伝説を構成しながら山の神の場所を守ってきたのです。そういういわゆる空間論から言いましても祭祀の内容から言っても、祭祀の組織から言っても、これは日本で屈指のお祭りだと言っても間違いないと思いますよ。

若狭というところは大変深いところでそういうものがいくらでもあるんですよね。金田さんが詳しく調査しておられますが。私は今まで見たくて期待していたお祭りを見ることができてうれしかったし、私の期待していたとおりでした。祭祀空間論から、組織から言っても期待以上の古さをそなえていると考えられますので、これは私の始原生業民俗論の核になるお祭りであるということで大変感動しました。

金田　先生は全国各地をくまなく歩いておられるし、

しかも、焼畑文化や生態民俗学という新しい視点で、オイケモノを今のように分析されて、評価されたということでね、地元の私たちとしては非常にありがたいことです。私自身、あれは非常に縄文的で、縄文文化を今に伝えるような行事だと、以前から思っていたのですが、先生のように改めて再評価されますと、今後の研究をする場合にも、大変示唆に富んだお話だと思います。

野本　もう少し補足しますと、あそこの現在の村の伝承では七つのものによって新しい年の作柄を占うという。こういう場合、イネになりますよね。イネおよび畑作物になりますが、さらに古い時代には七つの採集食物の豊凶を占っていたのだと思います。今年はクリはどうだとか、それが縄文的なんですよね。クリの芽立ちはいいけども、コナラの芽立ちが悪いとかいうことを見たわけですね。それがすごいですよ。

金田　木の実の採集文化のひとつであったわけですよ。今日は福井県の文化財保護審議会委員の先生方が県指定に向けてたくさん来ておられます。

野本　指定は当然すべきです。絶対そうです。もう鳥浜とセットです。

佐野周一（福井新聞社文化生活部長）　どこにもないですかね。

野本　ないです。絶対ありません。ものを埋めるというのはないわけじゃありませんが、ものを埋めて作柄を占うというのはないです。たしかに現在の伝承を大事にすることも重要ですが、その裏に何があるかを読んでいくと、イネの作柄だけじゃなくて、採集食物、堅果類を中心として根茎類もふくんで、縄文的な食料構造の全体ですね。しかもそれが日本の食生活の構造を見ますと、稲作が浸透してきても、採集を必ず引きずるわけですよ。ですから一番古層の場合は、採集食物を占い、次には栽培とセットとして占い、それでいよいよ、採集的な要素が捨象されていってイネだけの占いになっていったと考えられます。

金田　あそこの小さい箱の中にそれが全部入っていることも驚くべきことです。それとトコロの食習について先生に詳しく説明していただきましたが、若狭の民俗で言いますと、トコロは弥美神社や名田庄村納田終（現おおい町）の加茂神社をはじめ神饌として供えられていました。それが普通は食べられない、ヤマノイモではないですから擂っても苦いので食べられないトコロがなぜ神饌としてあるのかということは、前から問題視していたのですが、先生が先ほど解明されました。ところがトコロがね（笑い）、輪島の朝市で、今でも売られていて、苦味やえぐみを取るために一日ぐらい米糠などを入れて煮ないと食べられないそうです。それほどのトコロがなぜ神様に供えられるのか、（一説には飢餓の時に食べる）救荒植物との見方もあります。そういうものがここに残されています。

野本　貴重ですね。トコロ全体を見直してみる必要がありますね。煮る方ももちろんですが、水さらしの方法もありますし、苦いのがいいと言って苦いのを食うところもあります。また日当りの具合によって苦いのとそうでないものがある。トコロ全体で言うとトコロ文化をやっておかないといけないんでしょうがね。能登の輪島の話が出ましたが、輪島市内では苗代にカエルが入ってあらすんです。そのカエルよけにトコロを擂って流すわけですよ。そういう用い方もある。便所のウジよけとかにも。トコロというのは相当すごいものなんです。民俗学のおもしろさというのはこうした総合的な探索にもあります。

オイケモノの神事にはとても感動しました。是非県民の皆様に広く知っていただきたい貴重な神事です。

佐野　先生がおっしゃったみたいにね。こういうかたちで構成されてきたと初めて聞いたんですが。そういうことでもって深まっていった。

野本　トコロの食べ方とか、コナラ、ここではドングリと言っていますが、よそでは味噌にしたり酒にしたりするということをもって見ると、また違うと思うんですよ。

金田　オイケモノについてはいろいろ文献の記録があります。『若州管内社寺由緒記』とか『若州賀茂社記録』

とか。特に注目すべきは『若州賀茂社記録』というのがありまして、その中に昔は二十四種のオイケモノがあった。今より多いです。ちょっと読みますと「上宮社内に二十四種の生物あり。毎年正月十六日、前年之生物開き拝見し、又其年之生物を納置なり。昔は二十四種とあれとも、今ハ山の芋・野老・栗・椎・柿此五種を箱ニ入、餅を以て是を籠め、則社内に埋み翌年正月までに其餅則土と成て、五種何れも芽を出す。是を開て其年之五穀ノ吉凶をしるとなり」。

野本　伝承なんですね、二十四というのは具体的に示されてはいないんですよね。

金田　そうです。この時にはちょうど五種。今現在も五種(異動あり)。

野本　その五種はヤマノイモ・トコロ・クリ・シイ・カキですすか。

金田　そういうことでオイケモノについては、しっかり見直さねばなりません。

野本　すごいですね。本当にすごい。

金田　それとね、あそこの加茂神社というのは、いわゆる山城の賀茂神社じゃなしに、奈良大和の三輪山の鴨都味波神社の祭神ですね。それは鴨都味波八重事代主命と言いまして三輪山系の神をとりあげています。だから蛇が出てきたり、あそこの周辺は神体山が密集しているところで、野木山をはじめ上野木の河原神社があるし、大戸の彌和《みわ》神社があるでしょ。今オイケモノをやってい る上社というのは、鳥居はあるんですけども社殿がない。

野本　神体山・磐座など、社殿以前の信仰でしょうね。

金田　磐境ですか。そこの一帯が先生がおっしゃられた山の神。以前は近くに山の神があるんだと言っていましたが、今日聞いたら山々の神と言っていましたね。ノガミサンとも呼びます。

野本　木の根に埋めるということをもう一度ちゃんと説明しておいた方がいいですね。椋の木と言われておりますが、直径一メートル五〇センチぐらいの椋の木の根元の石組みの中に埋めこむわけです。結果的に石室の感じになりますが、石を積んで祠状にしているわけですから一種の磐境《いわさか》と考えることもできるでしょう。神木と盤境の組み合わせです。

金田　あの加茂神社の神は大和の系統の神で、ひょっとするとあちらにも同じようなものがあるのではないかと思っていましたが、ところが先生はあくまでもあの土地固有の民俗であるとおっしゃっていますが。

野本　たとえば大和では正月にトコロを供えますね。これはいろいろ聞いてみますと「所に居着く（定着する）」ための祈願を示すものだという言い伝えがありますが、多くの細根を持つトコロの定着性と野老《ところ》と所《ところ》の言語呪術、さらにトコロが古層の食物であることとかが関わっていると思います。簡単にこれは言えないことですが、一つには現在神職が関与しないで村人がやっているというところに非常に土着的なかおりが感じられます。

金田　昔はなんかもっとちゃんとした形があったのが、今はだいぶ形が崩れていますが、以前はもっときちんとしたものがあったそうです。

野本　そういう物をもって祭りを行うのというのは、奥三河の花祭りのなかでの天狗祭りではトコロとかカヤとかクリとか山の採集食物を供えます。天狗さんの好きなものだと言われています。要するに山の文化ですね。

若狭と熊野

金田　若狭の民俗の恐ろしさについては、同感です。今までね、若狭の民俗を語るキャッチフレーズとして、「若狭は民俗学の宝庫である」ということはよく言われてきたのですが、私はもっと広言して「若狭は民俗学のブラックホール」であると思っています。まったくそうじゃないでしょうか。あの狭い土地に。

野本　ないものがない。

金田　逆にないのはなぜなのかということを考えてしまいます。先生と私との出会いは、数年前に先生がお水送りの時、小浜市下根来の山八神事が行われる時八幡宮に来られて、そのあと福井市清水町の大森の睦月神事に来られて再会しました。

山八や睦月神事をご覧になり、睦月神事についてはこれからまとめられるそうですが、福井の民俗について今までご覧になってどうお考えですか。

野本　先ほども申しましたとおり若狭・越前ともに、非常に変化に富んでいますね。越前の方には焼き畑民俗が残され、そして水田地帯では金田さんが研究しているアエノコトにつながる信仰など全国的に注目すべき民俗が多い。しかも若狭の方もないものがない。ニソの杜から小正月の行事から戸祝い、キツネガリ、王の舞などありとあらゆるものがあり、そして海の方も金田さんが調査をされているそうですが、魚撈予祝として大変注目すべきものがあるようです。まだ全国的に見ると本格的な報告がなされていないものも多いようです。

金田　四、五年前ですかね。山八をご覧になって、参加者一同が赤土をなめ、そして赤土で柱に「山八」と書く。それが地元の研究でもわからないとされていますが、あれはやはりオコナイの一種なんですね　修二会と言いますか密教的です。赤土をなめるというのはないですが、赤土を用いて、牛王宝印と言いますけれども、赤土を柱に塗ったり、額に押したりするのは近江のオコナイで正月の行事にありますね。他と比較してみるとよくわかるんです。今日は持ってきてないのですが牛王杖も多く分布しています。祝い棒についてはまた後で話しますが。

先生は私たちとは違ったグローバルな視点から福井の民俗というのを評価されておられますが、私自身が若狭の人間ですから、若狭・越前と福井を二つに分けて考えてみますと、民俗はやはり越前の方が希薄です。非常に層が薄い。それはなぜかと言いますと、敦賀は越前ですけれども、敦賀市を縦断して流れる川で笙の川があります。笙の川の西側までが若狭民俗圏ですね。そこから東の向こうが越前の民俗圏なんです。これもよく指摘されるんですけども、やはり浄土真宗、こちらも一向宗の一大拠点ですから一向宗の影響が民俗文化に与えた影響が大きい。

たとえば親鸞の「教行信証」の中に、『般舟三昧経《はんじゅうさんまいきょう》』にのたまわく「優婆夷《うばい》、この三昧《さんまい》を聞《き》きて学《まな》ばんと欲せんものは、乃至、みづから仏《ぶつ》に帰命《きみょう》し、法《ほう》に帰命《きみょう》し、比丘僧《びくそう》に帰命《きみょう》せよ。余道《よどう》に事《つか》ふることに得《え》ざれ、天《てん》を拝《はい》することを得《え》ざれ、鬼神《きじん》を祠《まつ》ることを得《え》ざれ、吉良《きちりょう》日《にち》を視《み》ることを得《え》ざれ」となり」と。また「天《てん》を拝《はい》し神《じん》を祠祀《しし》することを得ざれ」とあります。私自身は親鸞という人を一人の偉大な宗教思想家としては大変尊敬しているのですが、日本の貴重な民俗社会に与えた影響がかなり大きくてやはり問題があると思っています。それはなぜかというと「鬼神を祠ることを得ざれ」ということの「鬼神」なんですが、これは日本の古層の神々であり、八百万の国津神です。民俗の神であり、全く小さな神々。俗信の神々にとらわれている民衆から救いの道を指導されたのが、親鸞であり蓮如であるわけですね。ところがそれが若狭・越前の民俗文化にその違いが何百年も経って出ています。

近年、北陸の三県の民俗学会でも「真宗地帯の民俗」というテーマを共通テーマにしてシンポジウムを持ちました。「決してそうじゃないんだ。民俗が決して希薄ではないんだ、真宗地帯には真宗地帯の民俗があるんだ」と主張される。たとえば「弘法大師の伝説が親鸞になり、蓮如なりにかわっているんだ」と言われる研究家がいるんですが、やはりニュアンスが違うんです。果たして親鸞がそういう教えを説いて、鬼神を祠らずとして今日はいい日であるとか悪い日であるとか、そういうことにとらわれずにひたすら弥陀一仏を「南無阿弥陀仏」を唱えれば救われるという教えでしょう。それはそれでいいんですが、果たして何百年かたったあとに、越前と若狭とを比較した場合に越前の人間は果たしてそれで救われているのか幸福であるのか。決してそうとは言えないのではないか。やはり人間の場合、無常と無明をかかえているし、果たしてどうなのかなと。現在は創唱宗教と呼ばれているような、キリスト教とか禅宗とか日蓮宗などがありますが、むしろ面白いのは現在民俗宗教が息を吹き返していることです。オカルトまがいのものがいっぱい出てきていますね。改めて民俗宗教、民俗信仰を今みつめ直してみたいと思っています。

野本　越前と若狭を比べますと、確かに金田さんのおっしゃる通りです。外の県の真宗地帯でも、民俗が希薄であるというのは定説になっています。私どもがそういう真宗地帯の調査に行きますと、真宗の方々の方から「門徒モノ知らず」だからワシらはダメですよーと断られますよね。そこは確かにそうであろうけれども、すでに切り捨てられた真宗地帯での民俗を希薄であると嘆いてみても仕方がないわけで、果たしてどうなのかと、調べてみるとやはり独自の民俗を形成しています。たとえば白山麓にもそういうふうな村が多いのです。焼畑をやっていた時代、春から秋まで出作りをしまして、収穫を終えて本宅に帰ってきます。山を出る「出山」の儀礼食があるんです。ヒエのダンゴを作ります。ヒエのダンゴで出山の儀礼をしてきて、その出山のタイミングを報恩講に合わせているんです。だから報恩講というものは真宗世界の中における民俗の時間的構造の中でどういう意味を持つかというようなことも考え直す必要があるのでしょう。焼畑の出作りをして出山の儀礼をして、それを報恩講につなげるという独自の民俗パターンだと言えますよ。しかも報恩講固有の食べ物は画一的なものであって、かなり土着的な食材で工夫がこらされたものがあります。皆さんそれを楽しみにしている。真宗以外の民俗と真宗地帯の接点、焼畑と真宗民俗との接点とかがどうなっているのか、さまざまな点で研究課題が多いと思います。

そしてまた福井県で言えば中野重治の『梨の花』という土の臭いのする小説がありまして、これは傑作だと思っています。民俗的なものを多量に含んでいます。文学はもちろん金田さんの方が詳しいのですが、近代文学と民俗の関わりで考えてみたいことがいくつかあります。私がもし福井県に住んでいたら、『梨の花』に出てくる地域社会における少年の成長過程を中心にして詳細な民俗誌を編んでみるでしょう。民俗は信仰だけではないのですから、信仰以外の民俗がさまざまあります。『梨の花』を読めば、それが非常に豊かに文学世界との接点の中で描き出されているように思います。信仰に視点を据えて民俗信仰、民間信仰というレベルで言うと真宗地帯の民俗はかなり希薄であるけれど、そのほかの部分はかなり注目すべきものがあると言えるでしょう。中野重治さんがあれだけのものを書いておられるのですから……。

金田　そうなんです。だから北陸三県での研究者の発表でもそういう視点をすえてね。

野本　中野重治さんをやってくださいよ。（笑）

金田　私なら中野重治より、やるなら水上勉をやってみたいですけど。中野重治については中野重治研究会があって活動しております。

野本　民俗のレベルでやっている方はないでしょ。私はそれは可能だと言いたいのです。不可能だと言われる地域において、かなりの可能性があるでしょう。

佐野　民俗とは別ですけど、『梨の花』の言葉で描いている風習が忘れられつつあるんですね。

野本　そうです、そうです。

佐野　そういうものを全部抜き出して一回考証しなければという気がします。

野本　まさにその通りです。風習というのは民俗なんです。それはすごく多様なんですが、それが克明に記録されていますから、非常におもしろいのです。

ですから金田さんは、若狭はもとより、福井県ばかりか、全国の調査をして、成果をあげて地域、民俗学を活性化させていく使命がありますね。

金田　ただ私自身はいわゆる曹洞宗でね、禅宗を宗旨とする家で生まれ育っているので、私はどうしても我慢できないというか、仏の教えで民俗社会を解釈して話すでしょ。それは伴信友なども「仏ざま」として批判するわけです。民俗というのはいろんなものが複合し習合していますから、後世になって仏教が入ってきて、仏教でものごとを説くというのは当然だと思うんですが、私たち研究者としてはやはりそれをより分けてやはり始原にさかのぼり、祖型にさかのぼって考えていきたいと思っていますから。どうしてもやはり民俗文化というのは原初的アニミズムが起点にあるわけです。アニミズムは再評価の時代でもありますが、感性の上には何かぴったりするんですね。親鸞さんが「鬼神を祠ること得ざれ」とおっしゃっていますが、それはその時代の世相があるわけですから、ああいう風に言わざるをえなかったと。ところが真宗では、「弥陀一仏」でいっさいが救われる——というその背景には古いアニミズムがあり、すべてに仏心があるということと、私は少し違った目で民俗研究家としてそれを感じます。

先生は若狭も時々来られるし、熊野についての本も書かれておられますが、若狭と熊野の両方をご覧になって、その印象はいかがですか。

野本　熊野はもとより三山信仰、海に関わる問題をはじめとして、民俗学、あるいは修験道研究などで注目されている地域です。民俗の濃密さから言えば、若狭の方が濃いように思われます。それは何故かというと簡単には言えませんが、私の見たところではそうです。今かなり修正されてはきましたが、北側を裏日本という表現をしますね。それが誤りであるということは申すまでもなく、歴史時代、あるいは歴史時代以前、文化の交流は常に日本海側を中心に行われてきました。とりわけ若狭はさまざまな文化の窓口だった可能性がかなりあります。しかも、大陸系のみならず、青潮文化、南につながる海の文化も若狭に入ってきている。そういう点では熊野にない重層的な文化の集積があり、民俗の集積もある。熊野から民俗の濃密さが感じられないというのは人口密度の問題が関わっていると思います。熊野は熊野でなぜあれだけ注目されるのか。奈良・京都など、文化の中心地から直線距離では近いにもかかわらず、行こうと思うときわめて隔絶されています。都邑《とゆう》から見ての異郷性が意識されてきたのではないでしょうか。若狭はうんと近いですね。でも熊野は現在でも高速道路が入らない、新幹線が入らない所ですからね。隔絶されていますね。ところが近代初頭期には、たとえば熊野の新宮はけっこう流行の先端をいっていました。東京・横浜と船便で結ばれていたからです。明治・大正時代にはそういう時期もありました。しかし、隔絶性が熊野の魅力として語り継がれる伝統が形成されていたのです。もう一つは熊野の人々を引き付けてきた天皇とか法皇の熊野詣でですね。

行幸が相次いだということの基本は、今までは熊野三山で集約されましたが、私は確実に太陽信仰だと思います。神武天皇がなぜ熊野から大和に入ったのかと言えば、それは、太陽信仰なんです。太陽を背に受ける形でというのは、背に受けるならば伊勢から入らなければいけないが、ところが太陽を背に受けて大和へ入るといいながら南から入っている。ということは　太陽信仰とは、太陽の力を背景にしてということですから、あれは方角ではないと思います。潮岬という地は障害物のない突出地形で、太陽の動きをつぶさに知ることのできる「場」です。障害物がない所で太陽のいぶきが展開されている所です。潮岬を含む熊野は太陽信仰のメッカであり、神武天皇はあそこから入らざるをえなかった。従って天皇・上皇が熊野に執着する根源は熊野三山信仰のみではなく、それ以前の太陽信仰にも深いところでつながっていると思います。八咫烏伝承、扇祭りも太陽と強く関わっています。

そういう点から言えば、若狭はそういうものはないけれども濃密な民俗文化があって、しかも小浜は小京都と言われるくらい、さまざまな文化が集積されている。隔絶性は熊野ほどではないにしても、近代にいたるまではほどほどの隔絶性があって、それが民俗を消さないで残存させている。先ほどお話があった「宝庫」であると思います。重層性が重要だと思います。黒潮・青潮系の文化もあり大陸系の文化もあり、しかも沿海州からの北方文化がある。これが一つの大きな魅力になります。福井県自体がやはり、北方文化の要素を基層としてもちますね。焼畑でも北方型の焼畑ですよ。蕪を優先させて作りますからね。これは美山町（現福井市）ですね。あそこでは蕪を大野の朝市に売りに行くおばあさんがいるみたいですね。この赤かぶを焼畑で現在でも作っているのですから、それが北方系の焼畑の大きな特徴です。そして鱒をとる。今はないでしょうが、かつてはね、鱒が入ってきた。鱒と赤かぶは北方系の落葉広葉樹林系の文化の大きな特徴です。そういうものをベースにして、一方は大飯町大島（現おおい町）のニソの杜のタブの木は照葉樹であって南方系の色合いを含んでいる。大陸のものが入り、京都のものが入り、非常に多層構造になっている。先ほどの縄文系の文化も残っている。すごいですよ。

金田　若狭と熊野はまったく経度がほぼ同じなんです。熊野出身の作家に中上健次がいるし、若狭には水上勉がいるでしょ。二人とも文豪視される作家です。民俗文化で言っても、若狭はいわゆる「常世の入り口」という考え方がありますし、若狭彦・姫の伝説があります。それから逆に熊野は、どちらかというと「黄泉の国」という印象があるのですが、先生も書いていますよね。それは今までの熊野の概念からいくと熊野は黄泉の国であるという言い方がひとつの概念としてある。先生は太陽の昇る国であると言われ、ところが逆に若狭は太陽が沈む国なんです。常世信仰がある。舞鶴の沖にある冠島は常世島と言われています。これも去年秋に冠島が見える所の漁村で調査しましたが、昔、島に翁嫗が住んでいて神さんに捧げる稲を作っていた。おいとじま(老人嶋)とも言いますね。浦島太郎の昔話が生まれる風土が、まさしくここにあります。常宮・常神岬などは、名前からしても常世信仰ですね。

野本　それは全く異論がありません。そういう空間構造は十分考えられる。ところが熊野が黄泉の国とか死の国というのはおかしいことです。スクナヒコナが熊野の岬から常世に帰ったという伝承があります。そうすると熊野の補陀洛渡海も。補陀洛というのは理想郷ですから、日本古来の常世の上に仏教思想を重ねているのが補陀洛渡海で、すくなくともスクナヒコナが常世へいったということですから。私は両方に常世があっても全く不思議ではないと思います。要するに熊野を黄泉の国であると位置づけるのはきわめて観念的であろうと思います。

熊野を歩いていて気になったのは、どうしてそうだと言えるのだろうか。熊野にも毎日生活している人がいます。あなたの住んでいるところはあの世だと刻印を押せません。日々暮らしているのですから。もう一つ言えるのは、たとえば出雲が他界であって黄泉の国だとか言いますね。これだって同じです。そういうある地域をもって他界であるというようなことは、方位論とか空間論とかをかなり観念的に操作することで、いわゆる私が目指す民俗学の方法からすればそういうことは、かなり慎重であるべきだということになります。

金田　つまり、「黄泉の国」そのものじゃなくて、「黄泉の国」の入り口とか「常世」の入り口というふうに考えるわけですが。

野本　「常世」と「黄泉」というのは基本的に違うと思います。黄泉というのは字のとおり夜を見る国ですから。他界概念というのはやりだすときりがないです。沖縄でも非常に矛盾しています。ニライカナイ、ニールスク、カネグスクと並べていますね。カネグスクは地の底で矛盾しています。非常に難しくてある意味では一つの地域に、若狭なら若狭で生活している人間の「常世」であってあるいはまた他界である。一つの空間の中でどこが黄泉的であり、どこが黄泉に対応する明るい場所なのか、というようなことを一つの地域の中での空間構造と考えることはできるのかも知れませんが、それを国レベルでやるとどうしても観念的になります。

金田　いわゆる神話でいくと、熊野の方では「花《はな》の窟《いわや》」。

野本　イザナミノミコトがカグツチノミコトという火の神様を産み、死んでその遺体が熊野に葬られたところが花の窟と言われています。これは一つはやはり水葬の印象があるのでしょうか。ですから補陀洛渡海とは舟に遺体をのせて水葬したことと関わる表現ですから、同様の習慣を言えば、あそこから死者を送るとなると水葬の印象があるだろうとも考えられますが、まあむずかしいでしょう。

金田　若狭には若狭彦・若狭姫が祀られていますが、若狭という地名の中には起源伝承などいろいろ説があり、まだ確定はしていないと私は思っています。全国には若狭地名が点在しており、沖縄にも若狭町という地名がある。今までの若狭語源説・地名語源説をもう一度洗い直さなければならないと思います。若狭神話というのは、谷川健一先生の産屋の民俗になってくるわけです。あそこにあるのは死じゃなくて生の話になってくる。

野本　世界観の図式的解釈は非常に危険性があると思っています。私は熊野の山、熊野の川、熊野の海などで生きてきた人びとの民俗に注目しています。

縄文的な、しかし民俗というレベルに限って言った場合は、修験道とか神話とかそういったレベルではなく、民俗というレベルで言った場合には、熊野の民俗の重層性とその多様性はまだ十分に報告されていないし、局部的に部分的に報告されていると言えるでしょう。だから金田さんをはじめとして、地元で民俗学を進めている方々の使命は非常に大きいと思います。トータルなかたちで若狭の民俗文化を描きだしていただきたいのです。たまに誰か東京の方から来て何かつまみぐいのようにしてものを書いても実像は描けません。それでは地方の時代は始まりませんよ。修練を積んだ金田さんのような方が、やはり総力を結集して描きだすべき横綱級のフィールドなんです。若狭は。

金田　いつも野本先生に若狭は怖いと。重層的な民俗社会だとおっしゃられますが、そのことによって大変叱咤激励されまして、これから自分の仕事にとりいれていきたいものです。

野本　民俗学というのは比較的入りやすいですが、金田さんくらい時間をかけてひとつのフィールドに関わり、粘り強く克明に調査研究している、そういう民俗学者は実は少ないんですよ。金田さんはいろいろこまかいものをたくさん書いているけれど、私はやっぱり若狭での民俗文化の世界をトータルで、全体構造としてぜひ描いていただきたいと思っています。

金田　ありがとうございます。

生態民俗・環境民俗のまなざし

金田　野本先生の『生態民俗学序説』という大著があり、巻頭のことばに生態民俗学の提唱という文章があります。その中に「こうしてさらに民俗調査を重ねるうちに民俗検証を自然と人間のかかわりという原点にさし戻して見つめ直していかなければならないと考える。それは生態学的な視点から民俗文化を見つめ直すことに他ならない」ということを書いておられます。また私たち共通の師匠と言っていいのか、谷川健一先生は「民俗学は神と人間と自然、この三者の交渉の学である」と書いておられます。今まで私もいろいろ正月の行事とかニソの杜、ダイジョコとか森神などをやってきました。そして小正月、戸祝い、「餅なし正月」などを研究テーマにして調べてきましたが、そういった視点が抜けていました。生態学的に民俗文化を見直すという点が抜けていた。それを先生が最初にまとめられ、その仕事を拝見していくうちに　私自身もこれまでの民俗学を改めて見直したいと思っています。特に近年地球環境が大変おかしくなっていると言われている。現代にあって、今は何もかもが世紀末的な現象が出ていて危機感が強まっている中で、先生が生態民俗学を提唱され、さらに環境民俗論でいこうとされているというもくろみとかをあらためて教えて下さい。それは先ほど言った始原生業論にも関連があるのでしょうか。

野本　あります。例があります。福井県でも必ずあるはずです。今後調査をしたいのですが、今、鮭・鱒の民俗学の調査をしております。東北では「鮭の大助」という伝説があります。山形県最上川水系の話です。エビス講の夜に「鮭の大助、今とおる」と言って、鮭の親玉の夫婦が川を遡上する。その時に川に行ったり、その声を聞いたりすると命を落とすというのです。山形県の小国川あたりでは「耳塞ぎ餅」というのがあって、「鮭の大助、今とおる」という声を聞かないために家で餅をついて物忌みに入ると伝えています。この伝説には「鮭を守る」「種の保存」「資源保全」の民俗思想が見られます。こうした民俗思想を日本人は昔から伝えてきているわけです。これは白山麓の熊猟師は、「親子連れの熊を撃つと山が荒れる」と語ります。親子連れを獲ってしまうと種が断絶するというのでそういう配慮をしているのです。宮沢賢治の「なめとこ山の熊」という大変面白い作品があります。猟師の小十郎が熊と対話をしていますね。「あと二年経ったら死んでやるから待ってくれ」と。二年経つというのは母熊が仔熊を育てて離す期間でね、宮沢賢治は岩手県のマタギの話を基にしてこの作品を作っているのです。マタギとか鮭の猟師などはみんな自然のサイクルとか、種の保存ということを承知してやってきているのです。私が「生態民俗学」とか「環境民俗学」とかをやらざるを得ないのは、環境問題のハード面ではなく、ソフト面で日本人はどんなふうに自然環境と関わってきたのかということを勉強し直し、皆さんにもお知らせするのが民俗学の役目だと考えているからです。

さらに二、三例をあげてみますと、先ほど浦島太郎の話が出てきましたが、なぜ浦島太郎が亀を助けなければならないかということです。亀が産卵する場所は砂浜でなくてはならないんです。漁師が毎年亀の産卵の場所を確かめて台風を予測するわけです。渚に近い所に産んだ年は台風はあまり来ないし、来ても小さい。うんと奥の方の松林に近い所で産んだ年は大きい台風がたくさん来る。従って亀は気象を予告してくれたわけです。

それだけならウ～ンと感心して終わるんですが、私が参ったなあと思ったのは次のことを聞いたからです。熊野で聞いたんですが、大きい台風が来そうになると漁師は亀の卵を掘ってみる。そして舟をその卵の位置よりも奥にあげたというのです。猟師にとって舟は財産。それを亀の卵が教えてくれるわけです。従って浦島太郎は亀を助けざるをえない。

浦島の話は、『日本書紀』にも『万葉集』にも出てきます。こういうものを日本人は言い伝えてきていますね。特に伝説などには一つの村社会の遺言が入っていると見てよいでしょう。話に、人びとの守るべきことを浦島太郎の伝説に込めたのです。それはなぜか、その成立基盤にちゃんと環境民俗的な視点がある。民俗モラルが埋め込まれているのです。こうした例をあげるとご理解いただけると思います。

環境民俗学に関わる伝説が若狭・越前辺りには間違いなく相当あると思います。金田さんは海の予祝問題をはじめとして良い資料を集められておられます。ハード面だけでなくソフト面でのことを発見なさったら、検証していただいて、そして今の心ない環境破壊者に対する警鐘を鳴らしてほしいと思います。木地屋なんかもそうですよね。一本の木を切るのに皆伐しないわけです。一本選んで伐って、しかも一番いい木を選ぶ。そしてそれを切ったら一本全部使う。これからは生態民俗、環境民俗を見つめることが必要になってくると思います。

金田　先生のそういった持論から非常に刺激を受けまして、美浜の早瀬で一月三日に奥の堂とか極楽堂と言いますが、そこで行われる堂の講という行事で、「ハナドリ」と言います。こういった祝い棒の「削りかけ」とも言いますが、その一種なんですが、これを代祝人《ほおり》が打ちならしてみんなが見ている前で鳴らしながらタモをかぶせる行事なんです。叩きながら魚の名前を呼んでいくわけです。タイとかブリ、ヒラメ、ぐるっと回ってタモでかぶせる。大漁を祈願する行事です。これは美浜町の早瀬では伝承が残っているんですが、若狭湾の漁業予祝、正月に行われる予祝の行事の代表的なものです。いろいろ調べますと、皆さんコウナゴ知っておられるでしょ、小魚です。イカナゴとも言いますが、こちらではコウナゴとかコナゴと言います。どういうふうに漁をするかというと、コウナゴは砂に潜っている習性があり、水温が十五度くらいになると潜る。どちらかというと低水温の所を好む魚です。秋から冬ずっと、早ければ正月前から漁に入ります。シンコとか寒のコナゴと呼ばれ砂から出てくる。大きな魚、たとえばメバチ・タイとか、いわゆる底物と呼ばれる大きな魚が中途まであげてくる。あげてくるとそれをハナドリ・マトリとかアビとか、潜水性の海鳥がかたまりを水面まであげてくるのです。それを漁師がいち早く見つけまして、その魚群のことを「たかり」というのですが、それを「たかりダモ」ですくうわけですよ。多い時には百貫くらいあったらしいですが。早朝、手漕ぎの舟で魚群を見つけて行きました。見つけたところをまたクジラが来ましてガブッと横取りしていくこともあったらしいです。底物の魚をあげることを「うわあげ」と言いますが、うわあげする魚とそれから潜水性の鳥とさらに人間、クジラの四つ巴の一大ドラマが冬から春にかけての海上で繰り広げられた。それが今現在は海水の汚れ、海流の異常でコウナゴがほとんどいなくなって、そういった漁法が絶えてしまった。あと、動力船になってその音が鳥を驚かせていなくなったとも言われています。

野本　ハナドリというのは鳥のことですか

金田　ハナドリというのは学名ではないのです。いろいろ調べた結果、アトウと呼ばれる鳥で、北海道や東北などの北の方におりまして若狭の方まで飛来してくる。あまり数はいないそうですが、アトウはハナドリと呼ばれる。アビとマトリ(海スズメ系らしい)、それぞれ習性があって、たくさんあげる鳥はハナドリが一番だそうです。

野本　今のお話は大変すばらしいと思います。まず食物連鎖に注目しないかぎりは今ご紹介の漁法も予祝儀礼も発生してきません。特殊な漁法と、それからそれが予祝儀礼につながっているのがすばらしいです。しかも絶妙なバランスで種の保全も保たれていたのでしょう。それが環境破壊、海水汚染でなくなってしまったということで多様な問題を示唆していますね。こういう調査をうんと期待しますね。日本人の自然観察から生業へ、そして祈願へという展開が見られます。これはすばらしい調査ですね。

金田　これなんかも三方町(現若狭町)の世久見という漁村で、一月十一日に行われた行事でこれは鯖をあらわしています。これをたくさん作りまして(実際のものを鳴らす音が聞こえる)お堂でばらまき、拾い合う行事があります。そしてまた一人一人の前にこれとそれから餅よりも小さな餅を「ぷくぷく」と言いましてそれをつける。そのフクが来るとそれを追って鯖が来て、大漁になるんだということです。これなんかは漁労の予祝儀礼です。

野本　漁労の予祝儀礼は他所でも聞いていますが、どうも金田さんの調査が一番面白いですね。太平洋沿岸のものよりおもしろいです。やはり若狭はおそろしいな。こんな食物連鎖になっている漁法だけでもおもしろいのに、それが予祝儀礼になっている。

ニソの杜は環境保全の最右翼

金田　それと先ほど言いました削りかけの形になっているものを祝い棒とか言いまして、昨日先生に見ていただいて大変感動されましたが、これは若狭では牛王木とか、祝い木という呼び方をされています。木の種類はヌルデ、若狭ではノンダとかユルダとか言いますが、あるいはカワヤナギを使ったりしています。これを若狭の場合は一月十一日の作り初めの日に田畑に差して稲あるいは大根とかの畑作儀礼と稲作儀礼とが混在しているんですが祝い棒が儀礼棒として用いられています。

野本　この物自体はどういうんですか。

金田　牛王木あるいは牛杖とも言いますが、半紙の牛王紙を挟んで、田畑にさします。

野本　牛王木。牛王杖という意味ですね。

佐野　造形的にもおもしろいですね。

野本　そうですね。

金田　これを削って、削りかけの形が残っているのもあります。

佐野　形も意味があるんでしょうね。

金田　その考え方も先生と若干違っているんですが、これと同じような形ですけど粥かき棒があります。一月十五日の粥かきに使われる。これが小正月の子どもたちの行事に戸祝い等に使われている。祝い棒の形はいろいろありますが、これは螺旋系の模様で、この模様というのも呪術的《マジカル》です。同じ祝い棒でも神名を描き、さらにめでたい図柄を描いたものに変わっていく変遷が大変おもしろい。先生はこういった牛王木は各地で見られているんですが、若狭との違いはどうですか。

野本　若狭にこれだけの祝い棒、牛王木が残っているとは思いませんでした。これは近畿地方あたりではかなり衰退していますから。山梨県とか群馬県とかあのあたりにかなり濃厚に残っています。それが若狭にこれだけあるとなると、こういう問題を全国的に見直さなければいけないですね。

削りかけの根元は、御幣の祖型で、神の目じるしだと考えていますが、それが多様に用いられるようになったのだと思います。その一つが粥かき棒だと思います。一月十五日に小豆粥をかくわけです。これは占いです。小豆粥が削った部分にどれだけつくか。粥の占いには二種類あり、凹型と凸型と私は呼んでいます。凹型は竹とかヨシを使い、その節の中に粥がどれだけつまるかで豊凶を占うものです。凸型はこういうものでここにどれだけ粥が付着するかで見ます。粥かき棒は二本セットで飾れることが多いのですが、そうなると「箸」につながることになります。

金田　十五日の粥をここにのせる場合もあります。

野本　なぜそれを削るのかというと、それは箸だからです。元来は箸で占ったものでしょう。私はそういう解釈をしています。山梨県などでは箸ですからセットで二本そろえて立てます。ところが若狭は一本だと。しかも粥占いの日ではなく、作り初めの十一日に立てるという。私の考え方をもう一回問い直してみなくてはいけませんね。

金田　富山県の黒部地方に行くと祝い棒を作りまして、もう少し削りかけのかたちが残っていますが、それは確かに先生がおっしゃるように、粥を食べる箸に使われる場合もありますが。

野本　このデザインは何かというのはかなり難しいです。田んぼの字の形をしているでしょ。一つは私はそれを考えています。それをかねてそこに元来は粥の入り方だっただろうと。そこに今度は餅を挟んだり御幣を挟んだりという形にだんだん変形しているんだろうと思います。こういう小正月を中心とした新年の造形、モノツクリと言いますが、小正月の造形物の問題は金田さんもかなり力を入れて調べておられますが、まだ全国レベルでの解決はなされていないようです。今後若狭を中心に山間部ではどうなっているかなどいろいろ調査して、他の所も比べながら、いい研究をしていただきたいと思います。

金田　先生はこれを箸だと具体的におっしゃっていますが、私はこれが山の山霊というか樹霊というか、木霊じゃないかと思うんです。ここに神がおりてきて宿るのではなく、これそのものがすでに精霊であると考えます。となると今まで日本民俗学はなんでもかんでもその依り代論で解決してきました。神様の依り代であるとかの言い方をされるんですが、その辺を少し反省していきたいと。日本の民俗文化の基調はアミニズムです、アミニズムはすべてに森羅万象に精霊が宿っている考えですから、そこまで一度戻りたいと思っています。

野本　それはおもしろい考えだと思います。私もすべて依り代にしてしまう考えには反対です。そういう場合、依り代でない造形物の場合は、かなり形象化が先行するだろうと思います。これはなんなんだということにもっていかない限りは、いわゆる山の精とか木の精というものを象徴しえない。木の枝の方がいいです。事実、木の枝を持ってきて立てることはよくあるでしょ。松の木、樫の木、クリの木、いろいろあります。なぜあえてこういう造形をしなければいけないというその点がかなり気になりますが、基本的な一つの考え方として、私はかなりおもしろいと思います。

金田　これ以外にたとえば「シバタテ」の行事があります。万葉集に二種「鳥総立《とぶさた》て」の歌があります。これは大木を伐ったあとに木の梢を株にさして山の神を祀るんだという説があります。その他にも手斧を立てるという説もありますが、私は「鳥総立て」とは「シバタテ」であると。山の神を祀るというよりは、樹霊を継承する儀礼じゃないかと。

野本　そういうことです。私は再生儀礼だと思います。

金田　それがお正月に作り初めに畑に牛王木を立てるところまでいくのではないかと。「鳥総立て」につきましては現行の季語として、「トビソマツ」とか「鳥総松」とか言いまして、七日に門松をとったあとに門松の梢だけをその場所にさす儀礼を「鳥総松」とか言いますが、そういうことにつながっていく。

いろいろ先生からご教授いただいたんですが、昨年末の日本民俗学会のシンポジウムに先生も出られまして発言されていたなかに、現代日本の民俗は大変危ないのではないかと。一人のお年寄りが亡くなるたびに一つの大きな伝承世界がなくなるわけです。先日のテレビ番組でオスマン・サンコンさんが、「ギニアではお年寄りが一人亡くなるたびに図書館が一つなくなるのと同じだ」と言っていました。

若狭でもお年寄りが亡くなると一つの宝が失われていくなと思います。聞き書きの調査に行きましても六十歳では駄目ですね。七十歳以上でないと話が聞けないというほど現在の民俗社会というのは、民俗学の研究者の立場としては非常に危惧感を持っています。危惧感を持たない研究者の方もいますが、私や先生は危惧感がある。民俗調査や、これからの民俗研究はどうあるべきか。たとえばドイツ民俗学は今までの民俗学では駄目だということで、テレビ番組までとりあげられていて、ドイツ民俗学は世界の先端の学問ですから、そういう風に変わってきているわけです。このような時代にあって日本民俗学も変わらざるをえないと。

野本　民俗学の研究者もいろいろありますが、民俗世界から何を学ぶかということでかなり変わってくるのだと思います。私は日本人の伝統的な価値観や伝統的な生活習慣の意味を学びたいわけですよ。古層の民俗を身にまとって生活してきている人は、先程のお話のとおり日一日と数が減ってきているわけです。なぜそんなことを調査する必要があるのかと言うと、先程来の浦島太郎の話にしても、若狭の浦島太郎の話はいくつもあるし、金田さんが発見されたような魚の漁をめぐる多様で立体的な民俗がある。それがどんどん消えていくわけです。そこで学んでおくことが将来の示唆になることはまず間違いない。これから特に環境問題とか教育問題など、すべての面でグローバル化、現代化の中でどう考えたらいいのかという問題がいろいろあります。それを解決する時に必ず伝承知、民俗思想が必要になってくると思います。継承していかなければいけないでしょう。ところが雪崩のような勢いでそれが減ってきている。どうしたらよいかというと、一つは視点を新たにして伝承を発掘していくことです。柳田国男が考えた民俗世界の柱だけを頼りにそれを発掘しようと思っても限界がある。例えば生態民俗学とか環境民俗学という新しい視点で村の古老たちがかすかにでも伝承していることをかぎわけて、それをなるべくたくさん集積していく。それは日本の現代状況に対して民俗学が発信することにつながるはずです。環境問題も当然そうです。環境学問題もいろいろあって、砂浜や海水の問題も先程来の話でいかに重要かわかりますよね。

　ところが、例えば青森県の中津軽郡西目屋村では、一人のおばあさんが自分の人生の中で二回ダムに追われるという実態を伺ったことがあります。これは水源の人の犠牲を求めなければ現代都市民の生活が成り立たないということを語っています。ところが現代都市民の方はスイッチをひねると水が出る。またスイッチを入れれば電子レンジが作動するということで、火の姿も水の姿も見ない、流れの姿も見ないで生活する。そうすると日本人は流れというものをどういう意識をもってきたか、火というものをどう扱ってきたかという伝統的なものに対する思いがわからなくなってしまう。そこをやはりもう一回振り返って、お互いに見つめることで水の無駄遣いもなくなるだろうし、そして水源地帯でそうした苦悩に耐えながら生きている人へのおもいやりも生まれるだろうと思います。おもいやりがあるかないかでその人は救われるということがある。

　もっと例をあげれば、たとえばかつてこの木の芽峠を越えるのにどれだけ苦労したか。でも今は木の芽峠を歩く人はいない。下のトンネルを通ればいい。一瞬にして通れるわけです。ですから時々事故が起きます。これは太平洋側で言えば東名高速道路の日本坂トンネルで大事故がありました。かつてはあの上に日本坂という奈良時代の峠がありました。みんな苦労して「たむけ」をしながら通っていましたが、今やそういう苦労は全部忘れはてしまいました。峠とかトンネルを通る時、たまには、環境変革のスピードなどについて考えてみたいものです。コックをひねる時も紙を使う時にもそうです。環境とか日本人のモラルの問題でもそういうところを見返していかなければいけないと思います。そういうところに関して民俗学から発信していくようにしていきたいと思っています。

金田　現代民俗学、あるいは日本民俗学界が駄目な理由は、現実との接点を見失っているところではないかという思いが裏にあるのですが。今後やはりそういうところを考えていく。そういう民俗学の背後にある世界観ですね。

野本　若狭のニソの杜はやはり環境保全の最右翼だったわけです。自然植生を保存していますしね。それを守り続けてきた若狭の人びとの心はどうだったか、それを日本中に波及させてしかるべきでしょう。心の問題の原点になりうる。金田さんはこれまで通り、民俗の深みに錘鉛をおろし続け、地元紙の『福井新聞』もそれを取り上げていってほしいと思います。

（『福井新聞』土曜対談、一九九二年四月十一日、ただし抄録。対談全文は本書所収のもの）

編集ノート—あとがきにかえて—

日本民俗学会の機関誌『日本民俗学』の投稿規定では、内容によって「論文」「研究ノート」「調査報告」に分類し、毎号会員の力のこもった論考を掲載している。その厳密な基準が何に因るのかは必ずしも理解しているとは言えないが、本書に収載した拙稿の数々は、むろん適正な意味での論文ではない。終活期にあたって、これまで長年にわたって執筆してきた雑駁なエッセイや民俗評論ともいうべき文章を、この機会にまとめ、次いで数年のうちにいよいよライフワークにあたる本格的な研究論考の集大成を予定している。

最初にお断りしておきたいが、本書に収載した拙文の多くは、地方紙や、機関誌、会報、雑誌類に、求められるままに執筆したもので、したがって重複した内容のものも多い。一九七四年に『若越産業新報』に寄稿した「ダイジョコという神」が初出の年代としては最も古いが、これは、先学の助言や指導を得て近場のダイジョコや地の神、地主荒神、ジノッサンなどの同族神の調査研究に取り組み始めたころの、いわゆる若書きの論考である（いかに接続詞の「が」が多いことか！　いわば「我」がはびこり、文章が整理されていない）。まさしくフィールドワークの現場から生成するエクリチュールの細々とした変容もまた無様にあとをとどめている。そのため、原文をできるだけとどめ、改稿・加筆は極力抑制した。研究テーマの視点や軸足が、長年のあいだにどのように変わったのかを、あとづけておきたいという思いもないわけではない。

とりわけ、大島のニソの杜については、佐々木勝氏との祖霊信仰をめぐってのささやかな論争も引き起こし、こまごまとした文章も記録として残しておきたいという気持ちも、一方の当事者としては重要と考える。ニソの杜は大方の文化財関係者や研究者、行政当局のご支援、ご尽力をいただき、二〇一〇年三月に国の記録作成等の措置を講ずべき無形民俗文化財に選択となり、昨年度末には大部の『大島半島のニソの杜の習俗調査報告書』『同 資料編』の刊行をみた。本年十一月二十四日にはその刊行記念のシンポジウムの開催が予定されている。まさしく祖霊信仰という日本民俗学の重要な命題をめぐって、錚々たる研究者による学説史上の画期的な展開が期待されてもいる。

なお、書名に関して「ニソの杜と若狭の民俗世界」としたが、越前地方に顕著に見られる田の神祭りのアイノコトについても多くのページを割いており、本書がとりあげる種々の習俗は必ずしも若狭地方に限っているわけではない。しかし、わたくしのアイデンティティの基層をなす民俗世界はあくまでも出自の地である若狭にあることから、あえて若狭の地名にこだわったことをおことわりしておきたい。敬称も極力省かせていただいた。

本書の刊行について、旧知の編集者である岩田博氏には、ご多忙中、編集の一切合財をお世話になった。厚く感謝を申し上げたい。岩田氏は、現在の岩田書院を作る前は、名著出版にいて、私のニソの杜の論争相手であった佐々木勝氏の著書（『屋敷神の世界』）を担当した方でもある。なお、煩わしい初出の拙文の入力を担当された敦賀市立博物館の坂東佳子学芸員と、野本寛一先生との対談のテープ起こしをしていただいた山本編集室社長の山本和博夫妻にも、心よりのお礼を伝えたい。むろん、四十五年の長きにわたって研究生活を支えてくれた妻にして管理者の、紗智子さまにも多謝多謝。まして各地の古老・伝承者はなおのこと！

二〇一八年八月二十四日　七十四歳の最後の月に

金田　久璋

著者紹介

金田 久璋（かねだ ひさあき）

昭和18（1943）年9月22日、福井県三方郡美浜町（旧山東村）佐田に生まれる。

曾祖父の松波資之（遊山）は幕末桂園派の歌人で、柳田国男の三兄井上通泰の師（『井上通泰文集』・柳田『故郷七十年』掲載）。

福井県立敦賀高校を卒業後、郵政職員となり、民俗学者の谷川健一に師事して民俗学を学ぶ。この間、国立歴史民俗博物館共同研究員、国際日本文化研究センター共同研究員、日本地名研究所研究員、福井県文化財保護審議会委員・副会長、日本民俗学会評議員、わかさ美浜町誌編纂委員会委員長、福井民俗の会会長、若狭路文化研究会会長、敦賀短期大学非常勤講師などを歴任。

主要著書に、『森の神々と民俗』（白水社）、『稲魂と富の起源』（白水社）、『あどうがたり－若狭と越前の民俗世界』（福井新聞社）、『田の神祭りの歴史と民俗』（吉川弘文館、森田悌との共著）他、共著多数。

詩集に、『言問いとことほぎ』（思潮社）中日詩賞新人賞、『歌口－エチュードと拾遺』（土語社）、『賜物』（土曜美術社出版販売、第19回小野十三郎賞）、『鬼神村流伝』（思潮社）、評論に、『リアリテの磁場』（コールサック社）、『詩論と世論の地場』（土語社）がある。

ニソの杜《もり》と若狭《わかさ》の民俗世界《みんぞくせかい》

2018年（平成30年）11月23日　第1刷　350部発行　**定価［本体9200円＋税］**

著　者　金田 久璋

発行所　有限会社岩田書院　代表：岩田　博　http://www.iwata-shoin.co.jp
〒157-0062 東京都世田谷区南烏山4-25-6-103　電話03-3326-3757 FAX03-3326-6788
組版・印刷・製本：新日本印刷

ISBN978-4-86602-057-0 C3039 ¥9200E

岩田書院 刊行案内（25）

			本体価	刊行年月
946	長谷川裕子	戦国期の地域権力と惣国一揆＜中世史28＞	7900	2016.01
947	月井　剛	戦国期地域権力と起請文＜地域の中世17＞	2200	2016.01
948	菅原　壽清	シャーマニズムとはなにか	11800	2016.02
950	荒武賢一朗	東北からみえる近世･近現代	6000	2016.02
951	佐々木美智子	「産む性」と現代社会	9500	2016.02
952	同編集委員会	幕末佐賀藩の科学技術　上	8500	2016.02
953	同編集委員会	幕末佐賀藩の科学技術　下	8500	2016.02
954	長谷川賢二	修験道組織の形成と地域社会	7000	2016.03
955	木野　主計	近代日本の歴史認識再考	7000	2016.03
956	五十川伸矢	東アジア梵鐘生産史の研究	6800	2016.03
957	神崎　直美	幕末大名夫人の知的好奇心	2700	2016.03
958	岩下　哲典	城下町と日本人の心性	7000	2016.03
959	福原･西岡他	一式造り物の民俗行事	6000	2016.04
960	福嶋･後藤他	廣澤寺伝来　小笠原流弓馬故実書＜史料叢刊10＞	14800	2016.04
961	糸賀　茂男	常陸中世武士団の史的考察	7400	2016.05
962	川勝　守生	近世日本石灰史料研究Ⅸ	7900	2016.05
963	所　理喜夫	徳川権力と中近世の地域社会	11000	2016.05
964	大豆生田稔	近江商人の酒造経営と北関東の地域社会	5800	2016.05
000	史料研究会	日本史のまめまめしい知識１＜ぶい＆ぶい新書＞	1000	2016.05
965	上原　兼善	近世琉球貿易史の研究＜近世史44＞	12800	2016.06
967	佐藤　久光	四国遍路の社会学	6800	2016.06
968	浜口　尚	先住民生存捕鯨の文化人類学的研究	3000	2016.07
969	裏　直記	農山漁村の生業環境と祭祀習俗・他界観	12800	2016.07
971	橋本　章	戦国武将英雄譚の誕生	2800	2016.07
973	市村・ほか	中世港町論の射程＜港町の原像・下＞	5600	2016.08
974	小川　雄	徳川権力と海上軍事＜戦国史15＞	8000	2016.09
975	福原・植木	山・鉾・屋台行事	3000	2016.09
976	小田　悦代	呪縛・護法・阿尾奢法＜宗教民俗９＞	6000	2016.10
977	清水　邦彦	中世曹洞宗における地蔵信仰の受容	7400	2016.10
978	飯澤　文夫	地方史文献年鑑2015＜郷土史総覧19＞	25800	2016.10
979	関口　功一	東国の古代地域史	6400	2016.10
980	柴　裕之	織田氏一門＜国衆20＞	5000	2016.11
981	松崎　憲三	民俗信仰の位相	6200	2016.11
982	久下　正史	寺社縁起の形成と展開＜御影民俗22＞	8000	2016.12
983	佐藤　博信	中世東国の政治と経済＜中世東国論６＞	7400	2016.12
984	佐藤　博信	中世東国の社会と文化＜中世東国論７＞	7400	2016.12
985	大島　幸雄	平安後期散逸日記の研究＜古代史12＞	6800	2016.12
986	渡辺　尚志	藩地域の村社会と藩政＜松代藩５＞	8400	2017.11

岩田書院 刊行案内（26）

			本体価	刊行年月
987	小豆畑　毅	陸奥国の中世石川氏＜地域の中世18＞	3200	2017.02
988	高久　　舞	芸能伝承論	8000	2017.02
989	斉藤　　司	横浜吉田新田と吉田勘兵衛	3200	2017.02
990	吉岡　　孝	八王子千人同心における身分越境＜近世史45＞	7200	2017.03
991	鈴木　哲雄	社会科歴史教育論	8900	2017.04
992	丹治　健蔵	近世関東の水運と商品取引 続々	3000	2017.04
993	西海　賢二	旅する民間宗教者	2600	2017.04
994	同編集委員会	近代日本製鉄･電信の起源	7400	2017.04
995	川勝　守生	近世日本石灰史料研究10	7200	2017.05
996	那須　義定	中世の下野那須氏＜地域の中世19＞	3200	2017.05
997	織豊期研究会	織豊期研究の現在	6900	2017.05
000	史料研究会	日本史のまめまめしい知識２＜ぶい＆ぶい新書＞	1000	2017.05
998	千野原靖方	出典明記 中世房総史年表	5900	2017.05
999	植木・樋口	民俗文化の伝播と変容	14800	2017.06
000	小林　清治	戦国大名伊達氏の領国支配＜著作集１＞	8800	2017.06
001	河野　昭昌	南北朝期法隆寺雑記＜史料選書５＞	3200	2017.07
002	野本　寛一	民俗誌・海山の間＜著作集５＞	19800	2017.07
003	植松　明石	沖縄新城島民俗誌	6900	2017.07
004	田中　宣一	柳田国男・伝承の「発見」	2600	2017.09
005	横山　住雄	中世美濃遠山氏とその一族＜地域の中世20＞	2800	2017.09
006	中野　達哉	鎌倉寺社の近世	2800	2017.09
007	飯澤　文夫	地方史文献年鑑2016＜郷土史総覧19＞	25800	2017.09
008	関口　　健	法印様の民俗誌	8900	2017.10
009	由谷　裕哉	郷土の記憶・モニュメント＜ブックレットH22＞	1800	2017.10
010	茨城地域史	近世近代移行期の歴史意識・思想・由緒	5600	2017.10
011	斉藤　　司	煙管亭喜荘と「神奈川砂子」＜近世史46＞	6400	2017.10
012	四国地域史	四国の近世城郭＜ブックレットH23＞	1700	2017.10
014	時代考証学会	時代劇メディアが語る歴史	3200	2017.11
015	川村由紀子	江戸・日光の建築職人集団＜近世史47＞	9900	2017.11
016	岸川　雅範	江戸天下祭の研究	8900	2017.11
017	福江　　充	立山信仰と三禅定	8800	2017.11
018	鳥越　皓之	自然の神と環境民俗学	2200	2017.11
019	遠藤ゆり子	中近世の家と村落	8800	2017.12
020	戦国史研究会	戦国期政治史論集　東国編	7400	2017.12
021	戦国史研究会	戦国期政治史論集　西国編	7400	2017.12
022	同文書研究会	誓願寺文書の研究（全２冊）	揃8400	2017.12
024	上野川　勝	古代中世 山寺の考古学	8600	2018.01
025	曽根原　理	徳川時代の異端的宗教	2600	2018.01

			本体価	刊行年月
026	北村　行遠	近世の宗教と地域社会	8900	2018.02
027	森屋　雅幸	地域文化財の保存・活用とコミュニティ	7200	2018.02
028	松崎・山田	霊山信仰の地域的展開	7000	2018.02
029	谷戸　佑紀	近世前期神宮御師の基礎的研究＜近世史48＞	7400	2018.02
030	秋野　淳一	神田祭の都市祝祭論	13800	2018.02
031	松野　聡子	近世在地修験と地域社会＜近世史48＞	7900	2018.02
032	伊能　秀明	近世法制実務史料 官中秘策＜史料叢刊11＞	8800	2018.03
033	須藤　茂樹	武田親類衆と武田氏権力＜戦国史叢書16＞	8600	2018.03
179	福原　敏男	江戸山王祭礼絵巻	9000	2018.03
034	馬場　憲一	武州御嶽山の史的研究	5400	2018.03
037	小畑　紘一	祭礼行事「柱松」の民俗学的研究	12800	2018.04
038	由谷　裕哉	近世修験の宗教民俗学的研究	7000	2018.04
039	佐藤　久光	四国猿と蟹蜘蛛の明治大正四国霊場巡拝記	5400	2018.04
040	川勝　守生	近世日本石灰史料研究11	8200	2018.06
041	小林　清治	戦国期奥羽の地域と大名・郡主＜著作集２＞	8800	2018.06
042	福井郷土誌	越前・若狭の戦国＜ブックレットH24＞	1500	2018.06
043	青木・ﾐﾋｪﾙ他	天然痘との闘い：九州の種痘	7200	2018.06
045	佐々木美智子	「俗信」と生活の知恵	9200	2018.06
046	下野近世史	近世下野の生業・文化と領主支配	9000	2018.07
047	福江　　充	立山曼荼羅の成立と縁起・登山案内図	8600	2018.07
048	神田より子	鳥海山修験	7200	2018.07
049	伊藤　邦彦	「建久四年曾我事件」と初期鎌倉幕府	16800	2018.07
050	斉藤　　司	福原高峰と「相中留恩記略」＜近世史51＞	6800	2018.07
051	木本　好信	時範記逸文集成＜史料選書６＞	2000	2018.09
052	金澤　正大	鎌倉幕府成立期の東国武士団	9400	2018.09
053	藤原　　洋	仮親子関係の民俗学的研究	9900	2018.09
054	関口　功一	古代上毛野氏の基礎的研究	8400	2018.09
055	黒田・丸島	真田信之・信繁＜国衆21＞	5000	2018.09
056	倉石　忠彦	都市化のなかの民俗学	11000	2018.09
057	飯澤　文夫	地方史文献年鑑2017	25800	2018.09
058	國　　雄行	近代日本と農政	8800	2018.09
059	鈴木　明子	おんなの身体論	4800	2018.10
060	水谷・渡部	オビシャ文書の世界	3800	2018.10
061	北川　　央	近世金毘羅信仰の展開	2800	2018.10
062	悪党研究会	南北朝「内乱」	5800	2018.10
063	横井　香織	帝国日本のアジア認識	2800	2018.10
180	日本史史料研	日本史のまめまめしい知識３	1000	2018.10
181	増田　和彦	焼畑と森の民	7000	2018.10